漢語アクセント
形成史論

Historical outline of the formation of
Sino-Japanese pitch accent

加藤大鶴 KATO Daikaku

笠間書院

目　次

はしがき……*ix*

凡例／出典・準拠本一覧／参考資料一覧……*xii*

序章　本書の目的と構成

Ⅰ．本書の目的……………………………………………………………　*2*

Ⅱ．先行研究と問題の所在………………………………………………　*3*

Ⅲ．本研究の構成…………………………………………………………　*18*

第1章　字音声点を分析する上での基礎的問題

この章の目的と概略………………………………………………………　*22*

1.1　声点の認定とそのデータ化に関わる問題 ………………………　*25*

 1.1.1　字音「来源情報」と声点の認定……*25*

  1.1.1.1　はじめに……*25*

  1.1.1.2　字音来源情報……*25*

  1.1.1.3　声点の認定……*29*

 1.1.2　声点と声調の対応──軽点の認定に与える字体特徴の影響……*30*

  1.1.2.1　はじめに……*30*

  1.1.2.2　資料……*31*

  1.1.2.3　差声体系と平声軽点認定について……*31*

  1.1.2.4　字体による声点認定……*32*

  1.1.2.5　字形別の声点一覧……*36*

  1.1.2.6　抽象される点図……*38*

  1.1.2.7　曖昧なB点……*45*

  1.1.2.8　おわりに……*47*

 1.1.3　漢音と呉音の認定に関わる問題……*48*

  1.1.3.1　はじめに……*48*

1.1.3.2　呉音系字音漢語の抽出方法……50

1.1.3.3　分析……52

1.1.3.4　おわりに……57

1.1.3.5　資料　呉音系字音二字漢語　声調型別一覧……58

1.2　字音注記とその出典に関わる問題──『医心方』を中心に……………　67

1.2.1　字音声点の加点目的……67

1.2.1.1　はじめに……67

1.2.1.2　加点の順番について……67

1.2.1.3　反切と共に現れる声点……70

1.2.1.4　声点を加えられた字の傾向……72

1.2.1.5　『広韻』と一致する字……73

1.2.1.6　呉音系字音に基づく声点が加点される字……75

1.2.1.7　呉音系字音加点の目的……79

1.2.1.8　まとめ……82

1.2.2　字音注記の出典と加点方針……83

1.2.2.1　はじめに……83

1.2.2.2　調査対象……83

1.2.2.3　字音注記の概観……84

1.2.2.4　まとめ……100

1.2.2.5　字音注記加点の具体相……102

1.2.2.6　おわりに……106

1.2.3　玉篇・切韻系韻書を典拠とする反切注文……107

1.2.3.1　はじめに……107

1.2.3.2　半井家本巻8識語の内容整理……108

1.2.3.3　調査方法……109

1.2.3.4　反切注文の典拠……111

1.2.3.5　反切と声点の不一致……120

1.2.3.6　おわりに……121

第2章　原音声調の継承と変容

この章の目的と概略……………………………………………………………… *124*

2.1　原音声調の継承と変容の一形態──音調のグループ化と多様化 ……… *127*

  2.1.1　音調のグループ化……*127*

    2.1.1.1　はじめに……*127*

    2.1.1.2　呉音系字音漢語の抽出方法……*128*

    2.1.1.3　声点の組合せから見て取れる声調型の数的偏在……*129*

    2.1.1.4　予備的検討……*130*

    2.1.1.5　音調のグループ化の定義……*131*

    2.1.1.6　字音からの検討……*133*

    2.1.1.7　語の意味カテゴリによる検討……*136*

    2.1.1.8　変化の固定化……*141*

    2.1.1.9　おわりに……*143*

  2.1.2　中世和化漢文訓読資料に現れる漢語声点の揺れ……*144*

    2.1.2.1　はじめに……*144*

    2.1.2.2　『新猿楽記』の声点について……*145*

    2.1.2.3　声調体系について……*147*

    2.1.2.4　声調型の分布……*149*

    2.1.2.5　三本の比較……*153*

    2.1.2.6　2拍（1+1構造）……*154*

    2.1.2.7　3拍（1+2構造）……*156*

    2.1.2.8　3拍（2+1構造）……*158*

    2.1.2.9　4拍（2+2構造）……*160*

    2.1.2.10　まとめ……*164*

2.2　漢語の声点に反映した原音声調の継承と変容 ………………………… *166*

  2.2.1　『尾張国郡司百姓等解文』における字音声点……*166*

    2.2.1.1　分析の目的……*166*

    2.2.1.2　『尾張国郡司百姓等解文』について……*166*

    2.2.1.3　分析の方法……*168*

2.2.1.4　声調体系……*170*

2.2.1.5　濁声点……*173*

2.2.1.6　漢呉音の分類……*180*

2.2.1.7　分析のまとめ・課題……*186*

2.2.2　『尾張国郡司百姓等解文』における漢語の声点……*188*

2.2.2.1　はじめに……*188*

2.2.2.2　字音系統分類の方法……*189*

2.2.2.3　早大本……*190*

2.2.2.4　東大本……*200*

2.2.2.5　真福寺本……*205*

2.2.2.6　中低形回避の方法……*207*

2.2.2.7　おわりに……*209*

2.2.3　『宝物集』における漢語の声点……*211*

2.2.3.1　はじめに……*211*

2.2.3.2　宝物集について……*211*

2.2.3.3　声点について……*212*

2.2.3.4　分析の方法……*215*

2.2.3.5　固有名詞　人名：中国……*216*

2.2.3.6　固有名詞　人名：印度……*218*

2.2.3.7　固有名詞　人名：日本……*218*

2.2.3.8　固有名詞　地名……*220*

2.2.3.9　その他の固有名詞……*221*

2.2.3.10　詩や仏典からの引用……*222*

2.2.3.11　その他の名詞……*223*

2.2.3.12　まとめと展望……*225*

2.2.4　延慶本『平家物語』における漢語の声点……*227*

2.2.4.1　はじめに……*227*

2.2.4.2　資料と分析方法について……*229*

2.2.4.3　和語声点の分析……*230*

2.2.4.4　漢語声点の分析……*236*

2.2.4.5　おわりに……*243*

第3章　漢語アクセントの形成

この章の目的と概略……………………………………………………*246*

3.1　字音声調から漢語アクセントへ ……………………………………*248*

　3.1.1　下降調と下降拍……*248*

　　3.1.1.1　本項の目的……*248*

　　3.1.1.2　半井家本『医心方』における和訓と漢文本文の声点……*249*

　　3.1.1.3　先行研究における平声軽音節の扱い……*252*

　　3.1.1.4　和語下降拍の消滅による影響説について……*254*

　　3.1.1.5　諸方言にみる平声軽音節の現れ方……*255*

　　3.1.1.6　結論　試案と課題……*258*

　3.1.2　原音声調における下降調についての試案……*260*

　　3.1.2.1　はじめに……*260*

　　3.1.2.2　日本語アクセントで中国声調を写し取ること……*261*

　　3.1.2.3　金田一春彦 1951 における下降調推定の根拠……*262*

　　3.1.2.4　他の研究者による『悉曇蔵』からの調値推定……*263*

　　3.1.2.5　方言間対応による字音下降調の検討……*265*

　　3.1.2.6　外国借音による検討……*265*

　　3.1.2.7　小倉肇 2014 による平声軽の音調推定……*267*

　　3.1.2.8　アクセントの体系変化前後の対応関係……*268*

　　3.1.2.9　結論……*270*

　3.1.3　去声字の低起性実現から考える漢語アクセントの形成プロセス……*271*

　　3.1.3.1　はじめに……*271*

　　3.1.3.2　去声字における 2 つの実現形……*272*

　　3.1.3.3　資料の概略……*273*

　　3.1.3.4　字音系統の推定……*274*

　　3.1.3.5　語頭環境に《去》を持つ 2 字漢語……*275*

　　3.1.3.6　非語頭環境に《去》を持つ 2 字漢語……*281*

目次　　*v*

3.1.3.7　2つの中低形回避プロセス……*286*

3.1.3.8　結論と課題……*292*

3.2　アクセント体系変化前後に見る漢語アクセントの対応 …………… *295*

3.2.1　漢字2字3拍の漢語アクセント……*295*

3.2.1.1　研究の目的……*295*

3.2.1.2　分析対象……*296*

3.2.1.3　字音系統の推定……*297*

3.2.1.4　アクセント型の認定について……*299*

3.2.1.5　1+2構造の3拍漢語……*302*

3.2.1.6　2+1構造の3拍漢語……*310*

3.2.1.7　まとめと課題……*317*

3.2.2　漢字2字2拍・4拍の漢語アクセント……*334*

3.2.2.1　研究の目的……*334*

3.2.2.2　分析対象とアクセント型の認定……*334*

3.2.2.3　字音系統の推定……*335*

3.2.2.4　1+1構造の2拍漢語……*337*

3.2.2.5　2+2構造の4拍漢語……*340*

3.2.2.6　語形と声点の字音系統が一致しない例について……*351*

3.2.2.7　拍数・構造ごとの比較……*352*

3.2.2.8　字音系統別に見たH1型への類推変化……*353*

3.2.2.9　結論……*355*

終章　原音声調から漢語アクセントが形成されるまで

Ⅰ．はじめに……………………………………………………………… *374*

Ⅱ．字音声点の認定と字音学習に関わる問題……………………………… *376*

Ⅲ．原音声調の継承と変容………………………………………………… *378*

Ⅳ．漢語アクセントの形成………………………………………………… *386*

Ⅴ．おわりに　課題と展望………………………………………………… *389*

参考文献……393

本書と既発表論文との関係……402

あとがき……405

中国語訳要旨……407

英語訳要旨……416

事項・書名・人名索引……431

著者名索引……436

語彙索引……438

はしがき

　日本が最初に大陸から中国語を輸入してから 1600 年以上が過ぎたとされる。輸入当時に外国語であった中国語は日本語に取り込まれたが、今も音配列上の特徴を残し、ひとつの語種を形成するに至っている。同様に、現代の日本の漢語アクセントには、未だ中国語原音の特徴を伝統的な発音のなかに保持するものがある。また、逆にその特徴をすっかり失ってしまったものもある。長い歴史の中で、輸入当初は漢籍や仏典を読みこなすため精確に学習され発音されたはずの中国語とその声調がどのように日本の漢語アクセントを形成し、また近現代に至るまでのその史的プロセスにおいて伝統性を取捨していったのかについて、未だそのほとんどが明らかにされていない（本書での声調とアクセントの定義については凡例を参照）。

　本書は、文献資料に記されたアクセント記号である声点の調査を通じて、外国語としての発音が志向される漢字声調が日本語のアクセント体系に融和し、漢語アクセントを形成して行く様子を、音韻史の流れの中にモデルとして捉えることを大きな目的としている。

　本書の構成は、以下の 3 章からなる。

　第 1 章では、主として院政期の漢文訓読資料に差された声点をもとに、それを言語資料にするための手続き的な問題を扱う。ここでは声点の伝統性を考えるうえで重要となる漢音と呉音の認定の問題を取り上げるほか、テキスト読解において声点が反切などの音注と関連しながらどのように機能していたかを考え、声点を言語資料として用いる場合の限界を見定める。

　第 2 章では漢字声調を、日本語がどのように受容し変容させていったかについて分析する。取り扱う文献資料は主として鎌倉期以降の和化漢文訓読資料（『尾張解文』『新猿楽記』諸本）と和漢混淆文資料（『宝物集』諸本、延慶本『平家物語』）である。これらは正格漢文をもとにした規範性の高い字音直読資料や訓読資料に比べれば位相が低く、日本語の影響を相対的に強く受けたことが推測される。こうした資料の分析を通じ、漢字声調に由来する多様な音調が一

つの型に収斂する様子と、それとは逆に多様化する様子とを観察する。

第3章では第2章で扱った資料を中心に据えながら、漢字声調から漢語アクセントが形成される史的プロセスをモデル化する。ここで着目したのは、漢字声調の下降調と上昇調（contour tone）の受容と実現、およびそれらが連接する際に生じる日本語としての「不自然さ」を如何に回避するかという問題である。特に上昇調の連接を回避する方法は呉音と漢音とで異なる。それは漢語アクセントの形成プロセスそのものが異なるためであった。また鎌倉期の漢語アクセントを漢字声調および近世期の漢語アクセントと比較することを通じ、その対応関係を類型化し、音韻史における伝統性の有無をモデル化する。

改めてまとめると、刊行の目的と意義は次の2つである。

（1）本書では借用語である漢字声調が日本に受容され漢語アクセントを形成していくまでを音韻史の流れのなかにモデルとして捉える。従来、漢語アクセントの伝統性を問おうとすれば、それが近現代のアクセントであれ、漢字声調に立ち返る方法のみが取られていた。しかし、本書が主として扱う鎌倉期の漢語音調を用いれば音韻史の空白を埋めることができ、受容と変化の史的プロセスを総合的に理解することができるようになる。

（2）日本語の影響を相対的に高く受けたと考えられる和化漢文訓読資料、和漢混淆文資料を分析に用いることで、漢字声調が日本語に受容し変化するプロセスをより詳細に観察できるようになる。またその変化を日本語アクセントの問題として捉えることが可能になり、古い文献資料に基づくアクセント研究に漢語の面から新たな光を当てることになる。

1980年代から'90年代にかけての沼本克明氏による平安・鎌倉期の漢籍や仏典の訓読・直読資料を対象とした実証的な漢字音研究を礎として、'00年代に佐々木勇氏は同時期の資料の位相的裾野を拡大し漢字音の発音には位相差があったことを明らかにした。一方、漢語アクセントの史的研究は'50年代から'60年代の金田一春彦氏による研究や'70年代の奥村三雄氏による研究から大きく進展しておらず、文献資料に基づく研究においても'70年代における桜井茂治氏による研究のほかは'00年代に入り上野和昭氏によって近世の漢語アクセントが明らかにされるまで目立った動向に乏しい。そのため、日本語アクセントの史的研究・方言研究の両面において漢語アクセントを取り扱うことの困難な

状況は継続している。本書は、こうした状況に鑑み、漢字音研究の知見と漢語アクセントの史的研究による知見とを架橋し、漢語アクセントの史的研究における新たな局面を開こうとする。

　本書は「漢語アクセントの史的形成についての研究」（2016 年、博士論文、早稲田大学）を改稿したものである。

■凡例

1. 本書で「声調」というとき、声調言語（tone language）である中国語における、「音節ごとに定まる高さ、あるいは高さの変化」と定義する。声調には、低平調・高平調・上昇調・下降調があり、伝統的な用語である「平声」・「上声」・「去声」・「平声軽」にそれぞれ対応する。ただし音節末に現れる、-p, -t, -k の子音による開放を伴わない閉鎖音節（＝内破音で実現する音節）である入声も、「声調」に含める。入声には閉鎖音節でありながら高平調に実現するものと、低平調に実現するものとがあり、それぞれ「入声軽」・「入声」と呼ぶ。また中国語における声調体系に基づいた「区分」と「音節ごとに定まる高さ、あるいは高さの変化」とを、「調類」と「調値」と呼び分けることがある。

2. 声調を示す際に、《平》（＝低平調）・《東》（＝下降調）・《上》（＝高平調）・《去》（＝上昇調）・《入》（＝低平内破音）・《徳》（＝高平内破音）などと示すことがある。

3. 呉音系字音の場合、その調値の体系は《平》・《去》・《入》の三声体系であるから、声調変化の結果《去》が高平調で現れ、上声点が差されたとしても調類としては去声として扱う。

4. 声調の連接を示す際には、「声調型」という用語を使う。

5. 声点を表す際には、〈平〉（＝平声点）・〈東〉（＝平声軽点）・〈上〉（＝上声点）・〈去〉（＝去声点）・〈入〉（＝入声点）・〈徳〉（＝入声軽点）とする。

6. 字の連接（必ずしも漢語であることに基づくわけではない）を単位として声点を示す際には、「声点型」という用語を使う。

7. 本書で「アクセント」というとき、高さアクセント言語（pitch accent language）である日本語における、「単語ごとに定まる高低の配置」と定義する。高低の配置は、高拍・低拍・上昇拍・下降拍の 4 種類の声拍の配置とし、それぞれを H・L・R・F という記号で表すことがある。

8. 本書で「アクセント型」というとき、HHH、HHL、HLL、LLH、LHL などの声拍の連続として記述する。ただし近世以降のアクセント型を表す際に、これらをそれぞれ H0 型、H2 型、H1 型、L0 型、L2 型と呼ぶことがある。これははじまりの高さ（高起式か低起式か）と、その直後

に H から L に下降する拍の有無、また下降があるときにはその位置（語頭から数えて何拍目か）を意味する。

9. 資料に現れた声点を「アクセント」の現れとみなすか、「声調」の現れとみなすかは、資料の内的徴証（中低形をどれほど含むか等）や外的徴証（正格漢文か和化漢文か等）を手がかりにする。その解釈を保留する際には、慎重を期して「音調」という用語を使う。

10. 一般的に、「漢音」・「呉音」と呼ばれる字音系統は、それぞれある単一の中国語の音韻体系を直接的に示すのではなく、一定の期間の間に連綿と輸入されてきた複層にわたる外来音の総称である。本論においては、そのことを文脈上明確に表現するときは「漢音系字音」・「呉音系字音」という用語を使うこともある。しかしその意味するところは「漢音」・「呉音」と同一である。

11. 参考文献（引用文献）は、巻末に一括して掲げる。本文中での引用に際しては、「加藤大鶴 2015」などとし、必要に応じて「加藤大鶴 2015, p.100」「加藤大鶴 2015, 第 4 章」などのようにしてそのページや章を示す。

12. 注は、脚注形式で示した。

■出典・準拠本一覧

以下に、本書で主として取り扱った資料について、その出典と準拠本を掲げる。準拠本を記していないものは、原本による。また ［　］に略称を示す。

1. 『医心方』諸本
   • 半井家本：東京国立博物館蔵平安期書写 27 巻、鎌倉期書写 1 巻、江戸期書写 2 巻（原本閲覧）、『国宝半井家本医心方』オリエント出版、1991 による影印
   • 仁和寺本：仁和寺本庁蔵院政期写本（巻 1、5、7、9、10）および 19 零葉、27 の 6 巻（原本閲覧）。巻 1 ～ 10 は京都仁和寺蔵本、巻 27 は前田家尊経閣文庫蔵本

2. 『尾張国郡司百姓等解文』諸本（［07 解文］）
   • 早大本：早稲田大学図書館蔵弘安 4 年（1281）写本（原本閲覧）

- 東大本：東京大学史料編纂所蔵応長元年（1311）写本、東京大学史料編纂所編『東京大学史料編纂所影印叢書 5　平安鎌倉古文書集』八木書店、2009
- 真福寺本：真福寺宝生院蔵正中 2 年（1325）写本、新修稲沢市史編纂会事務局『新修稲沢市史　資料編三尾張国解文』1980

3. 『宝物集』諸本（[08 宝物]）
- 久遠寺本：身延山久遠寺蔵 15 世紀末頃写本、小泉弘 1973『古鈔本寶物集　中世古写本三種（貴重古典籍叢刊 8)』角川書店（以下同様）
- 光長寺本：光長寺蔵弘安 10 年（1288）写本

4. 『新猿楽記』諸本（[[15 新猿]）
- 古抄本：書写年代不詳（声点を含む訓点は鎌倉時代後期頃かとされる）、前田育徳会尊経閣文庫（編）『新猿楽記』尊経閣善本影印集成第 42 号、八木書店、2010（以下同様）
- 康永本：康永 3 年（1344）抄本
- 弘安本：弘安 3 年（1280）抄本

5. 『平家物語』（[09 平家]）
- 延慶本：大東急記念文庫蔵延慶 2-3 年（1308-1309）および応永 26-27 年（1419-1420）写本、佐伯真一編『延慶本平家物語（大東急記念文庫善本叢刊 中古・中世篇 別巻 1）1～6』大東急記念文庫、2006-2008

■参考資料一覧

　以下に、本書のデータを解釈する際に参考とした資料について掲げる（これらの資料はアクセント史資料研究会編 2011 にも収める）。また [ ] に略称を示す。ここに掲げていない文献については略称を用いず、その都度文献名を示す。

1．古今和歌集声点本：秋永一枝 1972 による、古今和歌集声点本諸本（[01 古今]）
2．和名類聚抄諸本：高山寺本　院政期書写（馬渕和夫編著『古写本和名類

聚抄集成』勉誠出版、2008 による影印、以下同様）、伊勢廿巻本　神宮
文庫蔵室町時代初期書写、京本　東京大学国語研究室蔵江戸前期書写、
前田本尊経閣文庫蔵明治期書写（[02 和名]）

3．類聚名義抄諸本：図書寮本　院政期（1100 頃）成立（勉誠社、1969 に
よる影印）、観智院本　鎌倉期写（天理図書館善本叢書 32-34、1976 に
よる影印）（[03 名義]）

4．将門記諸本：将門記諸本：楊守敬旧蔵本　1058-1080 年頃書写（貴重古
典籍刊行会、1955 による複製）、真福寺本将門記　1099 年書写（古典保
存会、1923 による複製）（[04 将門]

5．前田育徳会尊経閣文庫本色葉字類抄：中田祝夫・峰岸明編、1977、風間
書房による影印）（[05 色前]）

6．四座講式：元禄版涅槃講式のみ（金田一春彦 1964 によるデータ）（[06
四座]）

7．平家物語諸本：延慶本『平家物語』（既述）、熱田本『平家物語』（真字
熱田本平家物語，侯爵前田家育徳財團、1941 による複製）（[09 平家]）

8．平家正節：上野和昭 2000、上野和昭 2001、上野和昭書籍 2011 による、
平家正節諸本に基づくデータ（[10 正節]

9．補忘記：元禄版のみ（白帝社、1962 による影印）（[11 補忘]

10．近松浄瑠璃本：坂本清恵 1987、坂本清恵 2000、による近松浄瑠璃本のデー
タ（[13 近松]）

序 章

本書の目的と構成

I．本書の目的

　本書は、文献資料に記されたアクセント記号である声点の調査を通じて、外国語としての発音が志向される「字音」の原音声調が日本語のアクセント体系に融和し、「語音」としての漢語アクセントを形成して行く様子を捉えることを大きな目的としている。これを論じるためには、知識音として流入した「字音」が学習の場を経ていわば人口に膾炙し日常的な発音として裾野を広げていく位相的な動きと、それが通時的に変化していく動きと、2つの観点が必要である。

　第1の観点のために、本書では和化漢文訓読資料や和漢混淆文資料を主として用いる。これまで蓄積されてきた文献資料に基づく字音声調研究では、中国語原音への規範性が相対的に高いと考えられる資料（字音に対する高度な知識を有する者が音調を記したと考えられる資料）、たとえば平安鎌倉期における漢籍や仏典の訓読・直読資料等が用いられることが多かった。そうした研究からは、外国語としての字音声調が原音に忠実に実現されるかどうかをスケールとして「字音声調の日本語化」が測られるが、日本語のアクセント体系の側から積極的にデータを解釈することで漢語アクセント体系を措定していこうとする試みについては乏しかったと言わざるを得ない。そのため字音声調から漢語アクセントが形成されていくプロセスを具体的に描くことはほとんどなされてこなかった。本書では和化漢文訓読資料や和漢混淆文資料のような、中国語原音への規範性が相対的に低いと考えられる資料（字音に対する高度な知識を有さず、口頭による伝承等によって把握された音調を記したと考えられる資料）を用いて、字音声調から漢語アクセントへ至る位相的な動きを見ようとする。

　第2の観点のためには、本書が主として取り扱う鎌倉期の文献資料から推定される漢語の音調を、すでに報告されている院政期以前の音調、近世期の音調と対比させ、それらの対応関係を明らかにする。例えば、近世期の文献資料から知られるアクセント体系との対応から、南北朝期ごろに生じたとされる日本語アクセントの体系変化が読み取れるのであれば、そこには知識音に止め置かれるだけではない、通時的な漢語アクセント史の流れを描くことができる。先行研究では、近世期以降における漢語アクセントの伝統性を見る際には、院政

期・鎌倉期の仏典ないし仏典との関わりが強い辞書類、および韻書に頼ること
が多かった。本書が主として取り扱う文献資料は、その間隙を補うことになる
と考えられる。

　以上の2つの観点を通じて、漢語アクセントが形成されて行く流れを捉える
ことが本書の目的である。本書の論述の順序は次のとおりである。

　　1．字音声点の認定と字音学習に関わる問題を明らかにする
　　2．原音声調の継承と変容を記述する
　　3．漢語アクセントの形成過程を明らかにする

　本書は、いまだ十分に明らかにされていない、古代における漢語のアクセン
ト体系を考える上でのひとつの基盤となると考えられる。また一部の漢語につ
いて観察される和語のアクセント型のような、アクセントの方言間対応がどの
ようなプロセスで成立したか、あるいはそのような比較言語学的手法を適用さ
せる上での有効性を考える上でも示唆を与えるだろう。

　以下では、本書において論述の足場となる、先行研究における字音・漢語か
ら音調を推定するうえでの方法、および字音・漢語の音調をめぐる問題を概観
し、そのうえで本書の構成について述べる。

Ⅱ．先行研究と問題の所在

（a）字音声調から漢語アクセントへのパースペクティブ

　古代の日本語に語彙として大量に取り入れられることとなった中国語は、当
初は知識層に受け止められ、外国語としての発音が志向されたという。学僧・
学者による仏典・漢籍等の漢文資料の直読・音読においては、ときに字音の規
範的な拠り所である切韻系韻書などを反切の形で参照するなどして、原音の持
つ微細な音の区別まで学習したようである。また源為憲による『口遊』では「当
時の貴族の子弟が常識として心得てゐなければならなかった事項」（金田一春
彦 1951，p.645）として漢語に四声を示す声点が差されており、中国語音を外
国語として学習した知識層がある程度の広がりを持っていたことがうかがわれ
る。その一方で、当時にあっても日常的に用いられ人口に膾炙したような漢語

には、早くから日本語の音韻・アクセント体系に「鋳直さ」[*1]れたものもあった。

　本書では、A. 外国語としての発音が志向される漢語の音調を声調（中国語の体系としての規範性を持つ、tone）、その対極に C. 日本語のアクセント体系に融和した音調をアクセント（pitch accent）と捉え、この２つの体系の間に、B. 学習音・知識音を配置し、漢語アクセントの形成史を考える。音韻史を考える一つの常套的な方法として、通時態（diachrony）と歴史のある時点に言語体系を措定する共時態（synchrony）と区別し、言語変化を捉えようとすることがある。ところが、字音声調から漢語アクセントを見渡そうとすると、もとは外国語であった字音を借用語として日本語音韻体系に融和させる諸段階においては、学習対象としての高度な実現／高度ではない実現、外国語を志向する実現、日本語音韻体系に完全に馴染んだ実現など、さまざまな具体相が想定される。そのような位相的に異なる文献資料に基づいて諸段階を包括する観点から言語史を描こうとする時、体系性を前提とする共時態と通時態のみではうまく受け止めることができない。

　とりわけ B. 学習音・知識音をどのように捉えるかは難しい。A に近づこうとする学習や伝承の力が弛緩すると考えれば、それは要するに不完全な中国語音の体系なのであって、それをそのまま日本語音韻史の俎上に載せることは難しい。C の影響を強く見れば、そこから日本語音韻体系を垣間見ることが可能で、そこから通時的変化を考えることはできるはずである。結局のところ B を日本語音韻史の上に載せうるかは、個別的な資料に現れる字音注記をひとつずつ丁寧に分析するしかない。しかしだからといって、字音声調から漢語アクセントへというパースペクティブ（ここでは "historical perspective" という意味合いの、歴史的立場も含意している）自体が無効であるというわけではない。別の言語体系から摂取した外国語が借用語として定着するプロセスは、大きな枠組みとしては明瞭に存在している。その大きな枠組みのなかに、諸段階を包括的に見ようとすれば、そこには位相の観点がどうしても必要になる。

＊1　亀井孝 1966, p.171 によれば、〈鋳直し〉は、「既存の体系のなかへよそものをくみいれるために起こるところの」解釈と言う、すなわち外国語を借用語として定着させるに際して、受け入れ側の言語体系の枠組みに合う形に変容させることを指す。

（b）漢字音の位相

　言語学における位相または位相差とは、一般的には性差、年齢差、階層差など種々の社会的属性による言語の変異・変容の様相を指す。言葉が人間社会で使われている以上、どのような時代であっても位相差が存在したと考えられ、本書が主として扱う鎌倉時代の言語生活においても例外ではないだろう。しかし漢字音を発音するについては、それが外国語由来であるという点で、社会的属性に加えて、どの程度外国語音に忠実（規範的）であったか／忠実でなかったかという観点がさらに必要となる。佐々木勇 2003 では社会階層や使用場面と字音の実現との間に次のような関係があることを想定している。

　　1．社会階層・学習の度合いによる使い分け
　　　a．外国語を学習した者の外国語音…原音に近い漢字音
　　　b．外国語を学習しなかった者の「外国語音」…聞いた漢字音を真似た発音
　　2．場面による使い分け
　　　a．外国語としての発音…原音に近い漢字音
　　　b．日本語としての発音…原音の規範がゆるんだ漢字音

　たとえば 1a では遣唐使として中国に渡った学僧の外国語の発音等が想定される。そこでは外国語としての実現が求められるのであるから、日本語の音韻体系では区別しない弁別的要素も発音しわけられることが指向されただろう。1b では「阿弖河庄上村百姓等言上状」（13C）に現れる片仮名で表記された漢語のように、日本語の音韻体系のなかで実現した発音が想定される。2a と 2b は 1a と 1b で見たような外国語としての指向性の度合いが、言葉の使用場面に対応している。字音研究における位相論について先行研究を整理しながら概括的に論じた佐々木勇 2009a, p.41-42 では、1 を書写者・加点者の「社会的属性」の差から生じる言語変異（様相論）、2 を当該文献の「文体」の差から生じる言語変異（様式論）とし、より文献研究に即した表現に改めているが、2 つの使い分けにおいてそれぞれ異なったレベルがあると考えることについて違いはない。

　「Ⅰ．本書の目的」に示したように、本書では主として「中国語原音への規範

性が相対的に低い」文献資料を用いて字音声調から漢語アクセントが形成され
るまでを見ようとするが、これは上記の「外国語を学習しなかった者」の「日
本語としての発音」を捉えて字音を分析・考察しようとするものである。本書
で扱う文献資料は次の（1）から（3）に分類されるが、（1）から（3）の順に
外国語音への規範性が低くなり、逆に日本語としての発音に近づくものと目さ
れる。

（1）正格漢文資料（中国漢文字音直読資料・中国漢文訓読資料・日本漢文訓
　　読資料）
（2）和化漢文資料（変体漢文訓読資料）
（3）和漢混淆文資料（片仮名漢字交じり文とのつながりを持つ）

（1）は「中国語原音への規範性が相対的に高い」性格を持つ。本書では『医心
方』半井家本・仁和寺本を用いる。（2）は語法・語彙・用字法から見ても正格
漢文から逸脱し日本化する特徴を持つ*2。本書では『尾張国郡司百姓等解文』
早大本・東大本・真福寺本、『新猿楽記』古抄本・弘安本・康永本を用いる。（3）
は漢文訓読文脈を主たる由来の一つとする広義の和文脈*3であり、（2）以上に
中国語原音への規範性が弱いと考えられる資料である。本書では『宝物集』久
遠寺本・光長寺本、『平家物語』延慶本を用いる。

＊2　峰岸明 1986，pp.10-11 では、用字・用語・語法の上で和化漢文が純粋漢文と異な
　　る性格を持つとし、それらを（一）漢文の作成を志向するものに（1）純粋漢文と（2）
　　純粋漢文を目指しながらも中国古典文にない要素を含むもの、（二）国語文の作成を志
　　向するものに（1）漢文様式によって日本語の文章を表記したものと（2）本来のもの
　　としての仮名文を背後に想定しながら漢文様式をとるもの、を分類している。本書で
　　扱う資料はこの分類でいえば（二）にあたる。
＊3　ここでは和漢混淆文を文体としての側面から捉えて取り上げているわけではない。
　　漢文訓読文脈から語彙の影響を受け広義の和文脈において成立しているという点で、
　　漢字音が日本語音韻体系の上に実現したと想定される事例として取り上げている（山
　　田俊雄 1997、中田祝夫 1982、三角洋一 2011 参照）。

(c) 調値と声点

　本書では「声調」と「音調」という用語を使い分ける。「声調」とは、言うまでもなく声調言語（tone language）である中国語における、「音節ごとに定まる高さ、あるいは高さの変化」である。声調には「調類」と「調値」という2つの側面がある。「調類」とは声調の種類を指し、その区別に対応する名称＝ラベルとして中国語音韻学の伝統的な用語に基づく「平声（重）」、「平声軽」、「上声」、「去声」、「入声（重）」、「入声軽」が存在している。それらの名称が指し示す音調としての実態が「調値」であり、それぞれ「低平調」、「下降調」、「高平調」、「上昇調」、「低平内破音」、「高平内破音」が対応している。ゆえに唐代長安音を受け入れた日本では、「調値」を示すのに「調類」を示すラベルが便宜的に用いられ、たとえば上昇調を示すのに「去声調」という用語が用いられる混乱もあった。また、唐代長安音では「上声」のうち全濁音と呼ばれる音節頭子音を持つ群が、音節の発端高度を低くすることで上昇調に近い音調を持つに至り、その結果、音調上「去声」と同じ声調に合流する現象がある。この現象を指して、「全濁上声字の去声化」と言い習わしてきたが、ここにも「調値」と「調類」の用語上の混乱が存在している。そこで、本書では「調類」を示す際には、そのまま平声・平声軽・上声…と表記し、「調値」を示す際には《平》《平軽》《上》《去》《入》《入軽》と表記し、両者を区別する。

　この「調値」を示すために、日本では漢字の四隅に差す「声点」が用いられてきた。「声点」はその差される位置によって、「調値」を示す仕組みを持っているが、その「調値」の名称は伝統的に「平声点」「上声点」…などのように言い習わされてきた。したがって、唐代長安に生じていたとされる「全濁上声字の去声化」を反映する漢字に、日本で声点を差すのであれば、「中古音の枠組みにおける調類では上声」だが「音調として上昇調に変化した」字に、「去声点」を差すということになり、理解に混乱が生じやすい。そこで声点の位置を示す際には〈平〉〈上〉…などのように〈　〉で表記して区別することにする。

　さて、以上を踏まえた上で、「調類」「調値」、および「声点」について、本書に関わる研究史を見ておきたい。金田一春彦 1951 では、中国語の四声、現代に残る諸方言の漢語アクセント、仏家に伝承する四声、古文献に現れる四声の調値についての記述から、次のように調値を推定している（頼惟勤 1951 で

序章　本書の目的と構成　　7

も天台宗に伝わる漢音声明を用いて、概ね同様の推定がなされた）。

1．平声　低平調（低く平らな音調）。ただし軽声は下降調（下り音調）。
2．上声　高平調（高く平らな音調）。
3．去声　上昇調（上り音調）。
4．入声　低平内破音。ただし軽声は高平内破音。

　調値を記述するには、文献資料における多くの場合、声点が用いられた。漢字の周囲を四角形に見立てて、そのどの位置に点を差す（加点する）かによって示す方法である。唐代長安音に基づく、六声体系を表す代表的な差声体系を図1にて示した。四隅の点が調値の表示機能を持つ「声点」であるかを認定するには、次のような手続きが必要である。

1．一つひとつの漢字の周囲に差された点の位置に、確率的に有意な分布がある。
2．それらの分布からa（a'）〜d（d'）の点を抽象化する（図1）。
3．抽象化された点を、調類や中国語音韻学における清濁の分類と対照し、対応があれば、その調類や中国語音韻学の分類が指し示す調値とも対応があるとみなす。
4．以上の手続きをもって、物理的な点を声点とみなす。声点の名称には、古代人が調類の名称を用いたことを継承し、a点を平声点（〈平〉）、a'点を平声軽点（〈東〉）、b点を上声点（〈上〉）、c点を去声点（〈去〉）、d点を入声点（〈入〉）、d'点を入声軽点（〈徳〉）と呼ぶ。

　日本語学（国語学）によってここに推定された調値は、唐代長安における中国語の調値推定の基礎にもなった（平山久雄 1967，p.154）。中国語の四声は分節音とは別の独立した弁別的要素であるが、その実現調値は頭子音の影響を受けることが知られる。すなわち、頭子音が中古音の清濁でいうところの陰類（全清音・次清音）であれば概ねより高く初まり、陽類（全濁音・次濁音）であれば概ねより低く初まる調値に実現した。となれば原理的に考えると四声全

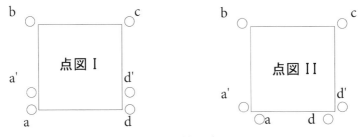

図1：2種類の点図

てにこの別があり得るので、その実現調値は八種あるいは十六種考えうるが、実際に日本漢音として定着したのは平声と入声のみに陰陽を区別する六声体系か、平声のみを区別する五声体系であった[*4]。もっとも、受け止める側であった日本語のアクセントを担う拍が高・低・上昇・下降の四種類しか持たなかったということも、六声（五声）体系の支えになっていただろうと考えられる。たとえば去声に軽重の別があって、その音調上の違いが上昇の仕方の微細な異なりにあったとしても、知識人の学習音として実現することこそあれ結局はその異なりを日本語のアクセント体系として受け止め切ることはできなかっただろう。

(d) 漢音・呉音の声調体系

　唐代長安音を母体とする漢音の声調は典型的には六声体系を持つ。頭子音と音調の関係は表1の通りである（沼本克明 1986, p.52 の表に基づき作成）。平声は中古音の陰類・陽類に応じて軽重を分かつが、入声は全清音・次清音・次濁音が軽、全濁音のみ重となる。また唐代長安音では上声のうち全濁音は発音の発端高度をやや低くしたために高平調から上昇調へと漸次的に変化しつつあり、日本の漢音声調にもその変化を受けているとされる（沼本克明 1973）。

　漢音声調では鎌倉期に入ると平声・入声の軽重の区別が曖昧になり、やがてその別が失われる（柏谷嘉弘 1965）。このことは字音直読資料や漢籍訓読資料の分析を通じて、資料の位相や漢語の音環境などの観点からより実証的に確か

[*4] 安然『悉曇蔵』（880 成立）巻五によれば旧来二家、新来二家、計四家の声調体系が日本に伝来していたことが知られている。

	中古音声調	清濁
平声軽	平声	全清・次清
平声重	平声	次濁・全濁
上声	上声	全清・次清・次濁
去声	上声 去声	全濁 全清・次清・次濁・全濁
入声軽	入声	全清・次清・次濁
入声重	入声	全濁

表1：調類と中古音声調・清濁の関係

められている（佐々木勇 1988・佐々木勇 1995・佐々木勇 1997 ほか）。ただその衰退が日本語音韻史上の変化を受けた実音調の変化（調値の変化）なのか、規範の衰退（調類を区別する学習の衰退）に関わるものなのかといったことについては必ずしも定説をみない（佐々木勇 2009a，p.617）。

　漢音以前に朝鮮半島経由で日本に流入した呉音は陰陽を区別しない、漢音声調より単純な四声体系である（下降調と高平内破音を原則として持たない）。呉音の声調体系は漢音のように切韻系韻書による整然とした学問的分析を背後に持たず、むしろ漢音と共に輸入された調類の枠組みによって、それまで日本にもたらされ日常的な漢語や仏典読誦音として埋没していた旧来の字音調値を新たにとらえたものである。そこから、（中古音の枠組みで）調類平声である字が、漢音では低平調であるのに呉音では上昇調、といった事実が浮かび上がり、それを調類の用語で説明したために「漢音ノ平声ハ呉音ノ去声也」（『法華経音義』）等で知られる、やや複雑な理解を要する事態を生じたこともあった。

　ともあれ、呉音の調値に関する分析の集積によって、呉音の声調は、もと低平調（《平》）・上昇調（《去》）・低平内破音（《入》）の三声体系であったことが知られている。それが法華経読誦音等、実際の話線的関係に置かれたときに、上昇調同士の連接のうち後続する上昇調が「声調変化」を起こし高平調で実現された。奥村氏の言葉を借りれば、共時的体系内での、ラングとしての調類は

三声体系だったが、パロールレベルでは四つの音調として実現していたのである[5]。それを四声観で捉えたときに、高平調は「上声」と把握されることになったわけである。

　平安期には三声体系だった呉音の声調体系に高平調が加わり、時代を降るごとに資料には上声点が差されるようになることは、沼本克明 1976 によって更に理論的な整備がすすめられた。奥村氏による一連の論文では、上昇調が声調変化を起こす条件として主に「連音上の声調変化を掲げつつ、さらに、上昇調＋上昇調の後続環境でない場合（低平調＋上昇調、低平内破音＋上昇調、あるいは句頭・語頭に上昇調がある場合）においても、高平調を表す上声点が現れることがあると指摘している。また一字が発音される際の拍数（奥村は音節数とする）によって上昇調と高平調の現れ方が決まるとして、「二音節カナ表記の字音」は上昇調、「一音節カナ表記の字音」は高平調、といった相補分布傾向についても指摘する（二音節カナ表記字は、「敵」チアクのように拗音にて実現される場合も含む）。

　沼本氏は『金光明最勝王経音義』（1079 写）『法華経単字』（1136 写）の分析を通じ、連音上の声調変化ではない高平調出現の理由に、和語アクセントにおける曲調音節の衰退、とりわけ上昇拍の衰退を掲げている。金田一春彦 1964, p.343 で述べられるように、アクセント史では鎌倉初期頃の中央語において上昇拍が消滅し高平拍に変化したことが説かれるが、この現象が呉音声調をも襲ったために院政期の資料では漸次的に例外的な環境における高平調が増加した、と考えるわけである。

(e) 「字音」と「語音」

　単漢字を単位とする漢字音＝「字音」と、漢語を単位とする漢字音＝「語音」

---

[5] 奥村三雄の 1950 年代から 60 年代初期の諸論文では、「《去声は一音節表記が殆どなく、上声はその大部分が一音節表記である》」（奥村三雄 1957）「『語中尾に存する上昇調（三声）が、高平調（二声）に変り易い』『三声プラス三声においては、あとの三声が二声に変る。一声プラス三声においては、あとの三声がそのまま保たれる』」（奥村三雄 1961）といった重要な指摘がある。また高平調（二声）の発生については、「恐らく、かかる〈話線的関係による声調変化〉の或るものが、しばしば、〈字音の声調のラング的区別〉としてとらえたのであろう」とされる。

序章　本書の目的と構成　*11*

はその性質を異にする。先に「外国語としての発音が志向される漢字音調を声調」としたものが「字音」レベルの音調、「日本語のアクセント体系に融和した音調をアクセント」としたものが「語音」レベルの音調にそれぞれ該当する[6]。

　ところで、中国語[7]の音節構造はIMVF（Iは頭子音Initial、Mは介母Medial、Vは主母音principal Vowel、Fは韻尾Final）で表すことができる。日本語は基本的にはCV（Cは子音Consonant、Vは母音Vowel）の音節構造をなす。両者はこのように音節構造を異にする。ゆえに中国語の語彙が日本語に受容される際には、音節構造レベルの鋳直しが行われることとなる。小松英雄1971, pp.16-24によれば、声調は「ひとつの字音を分割不可能な単位として、つまり、IMVFというくさりをひとつのまとまりとして、そのうえにかぶさっていたもの」であり、それが日本語の高低アクセント（pitch accent）に鋳直されるに際しては、主として2拍[8]のCV+Cv構造等[9]で受け止めることによって、ひとつの単位における高さの変動をふたつの単位間における相対的な高さの関係として捉え直した、とする。すなわち、IMVF構造を単位とした音節にかぶさる声調は、CV構造を単位とした場合、典型的には次のように実現したわけである。

- 平声重：低平調→LL
- 平声軽：下降調→HL

＊6　小松英雄1981, pp.203-204、林史典1982, p.319、それらに言及した小倉肇1983ほかにおいて、このような漢字音の2つのレベルが設定されている。沼本克明1982, p.526でも「漢語が日常語化すればする程、その漢語を構成する漢字の本来の単字声調が変化して行く―漢字本来の四声が無視され、和語として安定度の高い語アクセントの型へ変化して行く―ことは十分考えられることである　」と述べられる。

＊7　ここで用いる「中国語」「日本語」という用語は学術的なものではないが、A言語からB言語への語彙的借用を説明するために便宜的に用いる。

＊8　本書は声拍観に立つため拍とするが、小松英雄1971では2音節としている。ここではいずれにせよ、2つの単位で受け止めたことを意味する。

＊9　CV+C構造の場合はvを補い開音節化する。この他、CjV+Cv、CV+N、CjV+N、CV+V、CjV + V（jは拗音音素、Nは音節主音的な鼻音韻尾を総括した記号）がある（小松氏同書）。

- 上声：高平調→ HH
- 去声：上昇調→ LH
- 入声重：低平内破音→ LL

字音／語音	「字音」	「語音」
音節／拍	音節（IMVF 構造）による把握	拍（CV-Cv 構造等）による把握
小倉肇 1983 の整理	原音に回帰できるような（或いは、原音になるべく近づけた）レベルの字音（小松英雄 1981, pp.203-204）、四声規範の影響下（小松英雄 1971, p.17)	原音への回帰を諦めてしまったレベルの字音（林史典 1982, p.319)
音調	漢字声調	漢語アクセント

表2：「字音」と「語音」の関係

以上、述べ来たったことを表2に整理して示した。

(f) 2拍字（2音節カナ表記字）の問題

前項にて、中国語の IMVF 構造は日本語の CV-Cv 構造等に鋳直されたことを述べたが、実際には主として2拍に開かれただけでなく、1拍で受け止められたものもあった。たとえば「湯」という字は*t'aŋ（推定音は平山久雄 1967による）で一つの分節単位で実現されたものが日本語では「タウ」と二つの分節単位で実現され、「他」という字は*t'a「タ」と一つの分節単位をなす。すなわち元は一つの分節単位であったものが、日本側では二通りの受け止め方が生ずるのである。ただしこれは仮名表記で記述された事実をそのまま分節単位の異なりとして受け止めたものであって、たとえば「タウ」を中国語風に一分節的に発音したか二分節に発音したかは、時代や社会階層、あるいは学習された字音か日常的な口頭文脈での字音かといった位相によって諸相あったであろう。

このことは古代日本語がシラビーム言語であったのかモーラ言語であったのかという未だ定説を見ない問題とも関わるので複雑である。柴田武 1962によっ

てシラブル（いわゆる特殊拍を析出しない）とモーラとのどちらをリズム単位
とするかによって日本の方言を分類するこの試みは多面的な分析が進んでお
り*10、ある定義だけを取り出して都合よく古代の日本語に言及することを恐れ
るが、本書との関わりでいえば、上昇調がどのように実現されたかという問題
と密接に関わっているように考える。2拍相当の字であれ1拍相当の字であれ、
シラビーム言語で実現すれば、その発音は1音節として実現するのであるから、
上昇音調の衰退の影響を等しくうけるだろう。これをモーラ言語で実現すれば、
1拍で発音する字は上昇拍の影響を受けるが、2拍で発音する字はLHで実現
するわけだから、和語のアクセント体系が持つLHという拍の組み合わせと同
様に、上昇拍衰退の影響は受けないだろう、といえる。しかるに次々項で挙げ
る数詞の「三」は呉音《去》・2拍字だが、少なくともいわゆるアクセントの
体系変化前は現代諸方言との対応からHHで実現していなければならない。で
は古代日本語はシラビーム言語だったかというと、「菖蒲」（《去上》、シャウブ）
のように、現代京都アクセント「低起無核型」との対応からすると、前項は
LHで実現していたと考えたほうが良いものもあり、モーラ言語だったとみな
したほうが都合が良い語例もある。

　前項にて触れたように、《去》はそれが置かれた環境やカナ表記音節数によっ
て実現音調を変えるが、例外も多い。例えば《去》以外に後接する《去》の高
平調化例が、平安時代の日常漢語（沼本克明 1979）や鎌倉時代初期の呉音直
読資料（佐々木勇 1987）等、多くの資料に見える。このことについて、音環
境等の明確な傾向は見えないが「和語アクセントとしての安定度の高い型」へ
の変化（前掲沼本氏論文）、資料によっては韻尾によって実現した音節長が異
なる（前掲佐々木氏論文）*11といった解釈が報告されている。

　ところで『半井家本医心方』（1145写）に「遺尿（推定音形はキネウ）」〈平上〉

---

*10　後位モーラの独立性を論じた浅田健太朗 2004 には、モーラ言語とシラビーム言
　語の特徴が分かりやすくまとめられている。

*11　佐々木勇 1987 によると、鎌倉時代初期の呉音直読資料『観無量寿経註・阿弥陀
　経註』では「韻尾に -i を持つ字（具体的には ai、ui、ei の連母音を有する字）は短く
　発音されることはなく確実に二音節として発音されていた」ために上昇調を保持でき
　たと説明する。

と差声される箇所が2例ある一方で、「尿」にのみ〈去〉が差される箇所も一例のみある。一つの資料においても揺れが認められるわけであるが、この語の発音について現代京都アクセント（日本国語大辞典）を調べてみると「低起無核型」であり、これが伝統的な漢語アクセントであると仮定すると、対応する古代の発音はLHH、四声を用いて言えば《平・上》であったことになる。しかし現実には後項を《去》で実現するものも現れるのである。こうした事象は、帰納的手法に基づきながら、たとえば「低起上昇型間」の揺れの問題として、字音声調研究と漢語アクセント研究の両面において進められなければならない領域と言えるだろう。

(g) 中低形の回避と『出合』について

　『補忘記』（17世紀刊）等、室町以後の新義真言宗の論議書に現れる「出合」とのかかわりからも、《去》の連接について触れておく。『補忘記』では漢語の音調を表す方法として、漢字の声調を声点で表すと同時に、近世における実現音調を節博士で表す。声点と節博士の示す音調は概ね一致するが、二字以上の漢語における連接、および漢語が助詞・助動詞に連なる際に一致しないこともある。これを「出合」と呼ぶ。桜井茂治1957・桜井茂治1959以降の一連の研究（および桜井茂治1977、研究史と成果をまとめた桜井茂治1994）によれば、「出合」には大きく分けて、南北朝期に中央語にて生じた和語アクセント型の体系変化[12]の影響を被ったものと、それ以前の平安後期には生じていた《去》＋《去》の後項が高平調化するタイプのものとがある。ここで問題にするのは後者であるが、次のような具体例を見てみよう。

　1．「方言」〈去〉＋〈上〉→角徴（LH）徴（HH）［貞享版上五ウ］
　2．「重難」〈去〉＋〈上〉・〈平〉→角徴（LH）角（LL）［貞享版上七オ］

1は前述のケースで、後項の《去》を高平調に実現することによってLHLHという中低形を回避し、たんなる単字の連続ではない一語としてのまとまりを示

＊12　金田一春彦1955ほかでは、南北朝期から室町期を経て、連続する低拍が末尾の低拍を除いて高拍に変化したことが説かれる。

すが、結果は同じでも2は後項を低平調に実現している。桜井茂治1994では
どちらの変化も和語アクセントを支えに持つ有力な型であるとしている[13]が、
従来後者の変化は正面から論じられていない[14]。この問題が漢語声調からアク
セントに亙るプロセスにどう位置づけられるかは、未だ明らかにされていない。
高松政雄1982や沼本克明1993において報告されるように、韻書や伝統的呉
音資料との比較から一定の傾向が見いだせない資料もあるが、そのような資料
でもこの中低形の回避は行われている。

(h) 中世以降の漢語アクセントについて

中世以降の漢語アクセントの実態は、いまだ十分に明らかになっているとは
言えない。そのような中で『補忘記』の漢語を論じた桜井氏の研究のほか、『平
家正節』の漢語を概括的に論じた蒲原淑子1989、いわゆる体系変化の前後で
漢語アクセントがどのように伝承されたかを論じた上野和昭2006a・上野和昭
2006b、漢語の語構成とアクセントを論じた上野和昭2007、漢語サ変動詞のア
クセントについて論じた上野和昭2010、漢語アクセントの違いから『貞享版
補忘記』と『平家正節』との資料性の違いを論じた石山裕慈2008は、中世か
ら近世への漢語アクセントを知る上での重要な研究と言えるだろう。

(i) 現代語に残る古代中国語の区別

漢語アクセントが現代につながっていくその史的変遷の結果は、現代諸方言
間の型の対応として、先行研究において描かれている。現代語に残る漢語のア
クセントが、原音声調の伝統性を継承していることを確かめるために、数詞の
「一」から「十」を取り上げてみたい（金田一春彦1974, p.27による）。表3

---

[13]　桜井茂治1994, p.61では「《○●●●》型と《○●○○》型は、和語にも鎌倉時
　　代に安定した所属語彙をもった型として存在し、中世のアクセントの体系的な変化で
　　も、変わらなかった比較的安定した型であった」とする。

[14]　金田一春彦1964, p.323「ただし、高い部分が一語の中に二個所現れないように
　　という配慮から、多少の変化は見られる。たとえば、大慈院本『四座講式』涅槃講式（元
　　禄版では一九枚九行）の「惨然」という語が《上去》という声点が施されるところ、《上
　　平》という声点がつけられているがごときである。」ほか、この現象についての指摘自
　　体は部分的ながらすでに諸研究でなされるところである。

16

漢字 読み	一 イチ	二 ニ	三 サン	四 シ	五 ゴ	六 ロク	七 シチ	八 ハチ	九 ク	十 ジュー
東京	LH(L)	H(L)	LH(H)	H(L)	L(H)	LH(L)	LH(L)	LH(L)	L(H)	HL(L)
京都	HL(L)	L(H)	HH(H)	L(H)	H(H)	HL(L)	HL(L)	HL(L)	H(H)	HL(L)
鹿児島	LL(H)	L(H)	LH(L)	L(H)	L(H)	LL(H)	LL(H)	LL(H)	L(H)	LL(H)

表3：数詞とアクセントの対応表

は東京、京都、鹿児島の数詞のアクセントを対照したものである。日本語のアクセントを拍の高低でとらえる立場から、Hは高い拍Lは低い拍を表す。(H)(L)は名詞に後接する助詞（〜ガなど）を表す。なお、東京のアクセントのうち、「五」「九」は現代ではH(L)が一般的であるが、ここでは古いアクセント型を用いている。

　この表からはいくつかの対応パターンが見て取れる。1拍の数詞では「二」「四」が東京H(L)：京都L(H)：鹿児島L(H)、「五」「九」が東京L(H)：京都H(H)：鹿児島H(L)、2拍の数詞では「一」「六」「七」「八」[15]では東京LH(L)：京都HL(L)：鹿児島LL(H)、「三」だけは東京LH(H)：京都HH(H)：鹿児島LH(L)となっている。

　これは固有語である和語に並行した対応パターンであることが知られている。ここで和語におけるいわゆる金田一のアクセント類別との対応を示せば、1拍数詞「二」のグループは1拍名詞第3類（木・手・火など）、「五」のグループは第1類（柄・蚊・子など）に、2拍数詞「一」のグループは2拍名詞第3類（足・犬・山など）、「三」のグループは第1類（牛・鳥・庭など）にそれぞれ相当していることが分かる。こうした現代諸方言間におけるアクセント型の対応は、比較言語学の原理に基づいて過去に同一のアクセント体系から分岐してできたものと推定されており、平安期の京都アクセントを記載した文献である『類聚名義抄』からもその筋道の大枠は確かめられている。したがって、漢語

＊15　「十」は東京でHL（L）であることを除けば、「一」のグループと同じになる。東京のアクセントでは、高さの切れ目にHは位置することができず1拍前に高さがずれる。「十（ジュー）」の第2拍は特殊拍であるから、「一」のようにLH（L）を実現できずHL（L）となったと解釈される。

アクセントも和語と同様に、その淵源を『類聚名義抄』の時代に求めることができるだろう、と推定されるわけである。そこでこれらの数詞が呉音読みであることを手がかりに古代の呉音声調を記した文献を調べると、「二」のグループは《平》、「五」のグループは《去》、「一」のグループは《入》、「三」のグループは《上》（《去》からの変化）であって、現代諸方言間でアクセント型が対応するグループと字音声調が対応することが確かめられる。このような手続きで、現代の漢語アクセントのなかには原音声調の伝統性が継承されているもののあることが、見通しとして得られる。

　このような手続きを経ることで、「由緒正しい漢語」（奥村三雄 1974）「日常親しく用いられてきた字音語」（金田一春彦 1980）、より具体的には副詞的な語（極碌になど）、数詞、具体的名詞（菊・棒など）、和語で言い換えの利かない語（徳・義理など）といった頻用度の高い文法的・意味的特徴を持つものに原音声調の伝承が看取されるのである。

Ⅲ．本研究の構成

　字音声調から漢語アクセントへのパースペクティブを得るために必要な先行研究をここまで紹介した。以上を踏まえ、本書は次のような3章の構成となっている。

第1章　字音声点の認定と字音学習に関わる問題を明らかにする

　漢語アクセントを記述し、その体系性と史的変化を明らかにしていくためには、資料に記された声点がいかなる字音系統に基いており、その字音系統のなかでいかなる音調を反映したものかを認定する必要がある。また、認定した声点がどのような位相において実現したかを知る上では、その声点が差声者の発音に基づいて差されたものか、字音学習・伝承の一環として典拠に基づいて差されたものかを見定めておくことが重要である。そのためには差声者が持つ字音についての知識についても考えておかねばならない。

　第1章では、字音声点の認定に関わる問題、漢音と呉音の認定に関わる問題、字音声点の加点目的、字音学習の際に声点と反切がどのように関わったのかといった問題を取り上げ考察する。

18

第2章　原音声調の継承と変容を記述する

　第2章では原音（中国語）の声調体系に基づく調値を、借用音として受け止めた日本語がどのように継承し、あるいは変容させていったかについて資料をもとに分析する。取り扱う文献資料は漢文訓読資料（国書）の『医心方』、和化漢文訓読資料の『新猿楽記』諸本・『尾張国郡司百姓等解文』諸本、和漢混淆文資料の『宝物集』諸本・『延慶本平家物語』である。これらは正格漢文をもとにした規範性の高い字音直読資料や訓読資料に比べれば位相的には低く位置づけられる。そのため規範の影響を強く受けず、逆に日本語としての発音が志向されることが推測できる。原音声調が日本語音韻体系のなかでどのように継承され、変容するかを探るためには、こうした理由でこれらの資料は適しているといえる。

　原音声調が継承され、変容するプロセスでは、(1) 字音学習の弛緩を要因とする個別的・臨時的な誤りと、(2) 一定の条件のもとで語音として獲得された新たな姿と、両様あるに違いない。第2章では、主として (2) の観察を通じて原音声調が規範性を失い、新たな姿を獲得しながら日本語に融和していこうとする、その一過程を記述する。もちろん、その記述を通じて、同時に (1) についても浮き彫りにしていくことになるだろう。

第3章　漢語アクセントの形成過程を明らかにする

　第3章では、和化漢文訓読資料・和漢混淆文資料に現れた漢語声点から探ることができる原音声調の継承と変容の具体相から、漢語アクセントが形成されるプロセスを考察する。そして、前章以前に観察してきた資料を振り返りながら、特に曲調音節に着目し、その音調上の特徴が日本語のアクセント体系のなかに継承される際に考えておくべき問題点について考える。また漢語声点から知られる音調を体系性を有する漢語アクセントとして捉えるために、南北朝時代に生じたアクセントの体系変化後の資料から知られる漢語のアクセント型と、原音声調の組合せから推定される音調型との間に、体系変化前の声調型から推定される「アクセント型」を置いて、三者の関係を比較対照し、その整合性を見ていく。

　先行研究に述べられているように、原音声調は現代諸方言間における漢語の

アクセント型の対応と、韻書や音義書等から知られる調値との比較対照によって、現代にまで継承されていることが知られる。しかしそれらの先行研究では、体系変化前の、主として鎌倉・室町期における文献資料の漢語アクセントをほとんど用いていない。したがって、韻書や音義書によって確かめられる単字の調値と、現代諸方言における漢語アクセントまでの、漢語アクセント史の流れはいまだほとんど明らかにされていないのである。第3章における分析と考察は、いわばこうした音韻史の空白を埋める作業でもあり、この作業によって漢語のアクセント史を一本の線として捉えることを目的とする。

第 1 章

字音声点を分析する上での
基礎的問題

この章の目的と概略

　資料から漢語アクセントを記述し、その体系性と史的変化を明らかにしていくためには、資料に記された声点がいかなる字音系統に基いており、その字音系統のなかでいかなる音調を反映したものかを認定する必要がある。さらに、声点の差声者が字音系統をどのように認識したかについて知っておくことで、認定の保証とすることもできる。また、認定した声点がどのような位相において実現したかを知る上では、その声点が差声者の発音に基づいて差されたものか、字音学習・伝承の一環として典拠に基づいて差されたものかを見定めておくことが重要であり、そのためには差声者が持つ字音についての知識についても考えておかねばならない。このことは、ひいては資料から推定される声調・アクセントを漢語の音韻史を考える材料として用いてよいか考える上でも、踏まえておくべき問題である。本章ではこうした問題について、平安・院政期書写の訓点資料『医心方』諸本を資料として、第 1.1 節から第 1.3 節で考える。

　第 1.1 節では「声点の認定とデータ化に関わる問題と方法」について論じる。まず、「1.1.1 字音『来源情報』と声点の認定」では、字音系統の認定の大きな根拠となり得る「来源情報」についてその概略と利用上の限界について触れた。漢音系字音では切韻系韻書の『大宋重修広韻』と『韻鏡』に拠ることが基本であるが、本論ではそれらがデータ化されている「電子広韻」を基本とし、それを拡充することで分析に用いている。呉音系字音は漢音系字音以前の、複層にわたる字音体系を総括的に示す用語であり、ある特定の時代や地域の中国語音を母体音に措定することはできないとされる。そのため原理的にひとつの「来源情報」を措定することはできない。そこで、「対象とする時代以前に存在する呉音系字音を反映する資料」の一群を定め、それらを便宜的に「来源情報」とする方法を取った。ただし、この方法であっても、参照した呉音系字音資料自体が持つ複層性の問題を免れ得ない。そこで「1.1.3 漢音と呉音の認定に関わる問題」では、漢音系字音「ではない」ことを基準として得られた字音を呉音系字音と認定することができるかについて検討する。呉音系字音の特徴として、去声字のふるまいがその環境によって異なる（語頭環境か非語頭環境か、1 音節字か 2 音節字か、連接する字の声調は何か）ことが知られるが、そうした去声字のふるまいにおける特徴から、この基準で得られた語群に字音系統を

推定できるかを述べた。

　また、「来源情報」を用いることで、漢字の周囲に付けられた点の物理的位置情報と調値とを対照させて声点を認定していく際に、六声体系と四声体系とで特に〈東〉〈平〉の認め方が異なることや、移点時において移点者の字音知識の有無や声点体系の違いによって、資料ごとに個別的な判断が必要になることを「1.1.2 声点と声調の対応─軽点の認定に与える字体特徴の影響」に述べた。なかでも、軽点が移点者に理解される際に、字体や字形の影響を受けたのかについては、考えておくべき重要な問題である。移点資料『半井家本医心方』に現れる〈平〉と〈東〉のうち、高さの基準となるパーツを持つ「左下隅に払いを持つ字」と、高さの基準がなく相対的な高さの違いしか表すことができない「左下隅に縦棒を持つ字」とを区別し、〈東〉と〈平〉の現れ方を分析したところ、前者に〈東〉が多く残存する傾向があることが分かった。

　第1.2節では、「依拠出典と字音注記の問題」について論じる。漢文訓読資料において認定された声点は、広い意味で字音学習・伝承の一環として差声されていることは、疑いを入れないだろう。したがってその声点から推定される声調やアクセントをただちに漢語の音韻史を考える材料として用いてよいわけではなく、まずはテクストの読解に用いられた事実を踏まえる必要がある。「1.2.1 字音声点の加点目的」では（1）反切によって示された字音からさらに声点によって声調を明示する例、（2）声点によって漢字が持つ複数の意味を限定する例、（3）声点によって漢字が文脈上自立語であることを示す例、（4）声点によって字音系統を明示する例、についてそれぞれ分析を加え、資料から得られる知見の限界を見定める。「1.2.2 字音注記の出典と加点方針」では、医学書という特性を持つ『医心方』において先行文献から字音注記等を引用する際に、『本草和名』を重視したことを具体的に探る。また『本草和名』に字音注がない場合に、『和名抄』等を利用したことを指摘し、さらに『本草和名』と『和名抄』の字音注が異なっており、どちらから引用するか選択可能である場合、引用者の字音知識がどのように関与したのかを明らかにする。さらに「1.2.3 玉篇・切韻系韻書を典拠とする反切注文」では、半井家本の移点祖本である宇治本において、玉篇や切韻系韻書が利用されていたことを具体例に掲げながら明らかにするとともに、移点段階で玉篇諸本では新しい『大広益会玉篇』や、

第1章　字音声点を分析する上での基礎的問題　*23*

切韻系韻書では新しい『大宋重修広韻』が、それぞれ用いられていることを明らかにした。また移点時に新たに反切が加えられる際に、当該字の調値は必ずしも考慮されるわけではないことを推定した。

1.1
声点の認定とそのデータ化に関わる問題

1.1.1　字音「来源情報」と声点の認定
1.1.1.1　はじめに
　漢語アクセントの史的変遷に関する研究を進める上では、資料から得られた情報を分析可能なデータにしていく必要がある。なかでも字音の声点や各種注記を読み取り、データベースを構築していく作業に際しては、声点が反映する字音系統を推定し、その上で対応する調値を認定する手続きが必要である。ここでは、まず声点の認定に関わる手続きとして、(1)「字音来源情報（時に「原音情報」などとも呼ぶ）」の構築、(2) 声点の認定について取り上げる。続いて、次節において (3) 声点の認定、とりわけ軽点の認定に際して、漢字の字形が与える影響について取り上げる。

1.1.1.2　字音来源情報
　漢音系字音とは中国隋・唐時代の長安方言をベースにして成立した字音系統の一つであり、その声調は切韻系韻書に基本的に対応していることが知られている。基本的に、というのは現実には隋・唐時代に連綿と輸入された漢音系字音においては内部に複数の層を持つためである（沼本克明 1973）。しかし『韻鏡』等を用いることで複数の層の間に存在するわずかな違い（音節頭子音による声調の分化など）を分析上処理することはできるので、切韻系韻書を漢音系字音の根拠とすることは十分に可能である。
　声調研究で研究者が、その利便性からしばしば利用するのは『大宋重修広韻（広韻）』である。これは北宋 1008 年に陳彭年・丘雍らが撰定した韻書であり、それより先行する切韻系韻書の最終増訂版であるとされている。比較的、簡便に利用できるものとしては、周祖謨『校正宋本廣韻（附索引）』藝文印書館（澤

第 1 章　字音声点を分析する上での基礎的問題　*25*

存堂本底本）がある。広韻からは、対象とする漢字の声調と所属韻を知ることができるが、声母（音節頭子音）の情報を直ちに知ることはできない。そこで切韻系韻書の音韻体系を理論化した『韻鏡』を用いる。よく用いられるのは、馬渕和夫『韻鏡校本と広韻索引』日本学術振興会，1954 および龍宇純『韻鏡校注』藝文印書館である。

　これらを電子化したものが、高崎一郎氏作成「電子広韻」[*1] である。「電子広韻」はいわゆる JIS83（JIS X 0208-1983）に含まれる 6355 字の漢字について、『広韻』・『韻鏡』等に基づいた字音情報を付したものである[*2]。「電子広韻」に含まれる声調情報は切韻系韻書である『広韻』に則っており、「全濁上声字の去声化」など唐代末期に生じた音韻変化を考慮すれば、漢音系字音資料として便宜的に用いることができる。本書では、この「電子広韻」を漢音系字音データベースの基本とし、JIS83 に含まれない漢字については適宜『校正宋本廣韻（附索引）』と、『韻鏡校本と広韻索引』・『韻鏡校注』を参照し、データを拡充した。こうして構築したものを、漢音系字音の「来源情報」としたわけである。ただし、実際に文献資料を対象として分析する段階においては、漢音系字音を受容した日本側での変容を経たものもあると考えられ（漢語レベルでの「連音上の変化」ではない個別的な変容）、ここに掲げた「来源情報」だけでは十分に解釈できないケースもある。それらについては、佐々木勇 2009a・b を適宜参照した。

　一方、呉音系字音のほうは一筋縄には行かない。呉音系字音は漢音系字音以

[*1]　高崎一郎氏による。"Vector" に「オンライン広韻」http://www.vector.co.jp/soft/data/writing/se043429.html（2015.6.16 現在）として配布されている。電子広韻はオンライン広韻とも呼ばれ、同一のファイルをさす。

[*2]　広韻テーブルのフィールドは、「電子広韻」情報をそのまま継承している。具体的には以下の 25 項目である（「オンライン広韻」のダウンロード可能ファイル "denin200.lzh" に同梱されている "電韻 200.TXT" の記載による：[01] 親字，[02] 親字に對し、JIS の範囲内で正字と考へられるもの，[03] 推定できる聲母，[04] 韻鏡による開合，[05] 推定できる等次，[06] 廣韻による四聲，[07] 廣韻の所屬韻の順番，[08] 廣韻の所屬韻、平水韻の所屬韻、十六攝の名前，[09] 韻鏡の轉圖番號，[10] 轉圖の横軸方向の位置，[11] 轉圖の縦軸方向の位置，[12] 韻鏡の校注，[13] 廣韻の所屬韻の名前と、所屬韻内で親字が現れる小韻の順番，[14] 廣韻の校注，[15] 廣韻の出現ページ数，[16] 廣韻の出現行数，[17] 反切の上字，[18] 反切の下字，[19] 小韻の出現番號，[20] 北京語，[21] 呉音，[22] 漢音，[23] 慣用音，[24] 唐音，[25] 訓読み

前の、複層にわたる字音体系を総括的に示す用語であり、ある特定の時代や地域の中国語音を母体音に措定することはできないとされる。呉音の母体音を推定する試みは、沼本克明 1978 や河野六郎 1961、趙大夏 2000 などがあるが、定説と呼べるものはない。しかし呉音系字音をそれとして同定する手続きはやはり必要である。その手続きには、論理的には次の 2 つの方法が考えられる。すなわち、(1) 対象とする時代以前に存在する、呉音系字音を反映すると推定されている文献との対照を行い、同一の字音を呉音系字音と認定する方法、(2) 漢音系字音「ではない」ことを基準として得られた字音を呉音系字音と認定する方法、の 2 つである。呉音系字音が漢音系字音のように実体的な体系性に基づかない以上、どちらの方法に基づいたとしても実際には限界がある。そこでこの 2 つの認定方法を相補的に活用していくのが現実的と考えられる。(2) については「1.1.3 漢音と呉音の認定に関わる問題」で触れるとし、いまここでは (1) の方法に触れる。

　(1) の方法で得られた「対象とする時代以前に存在する呉音系字音資料」は言うまでもなく「来源情報」とは呼ぶことができない。ここでは作業仮説として便宜的に「来源情報」とする（したがって作業仮説の妥当性は分析の過程で改めて問われることになる）。以上を踏まえた上で、たとえば鎌倉室町時代の資料に現れた呉音漢語のアクセントの由来を調べようと考えた場合、本論の分析においては次の音義書等に記載される調値に依ることになる（なお小倉肇 1995・2014 ではここに用いた資料を含む呉音資料が網羅されている）。

1. 『金光明最勝王経音義』（『古辞書音義集成 12　金光明最勝王経音義』汲古書院，1981 年）
2. 『観智院本類聚名義抄』和音・呉音…鎌倉初期写（『天理図書館善本叢書　観智院本類聚名義抄』八木書店，1976 年，参考：沼本克明「呉音・漢音分韻表」『日本漢字音論輯』汲古書院，1995 年）
3. 『九条家本法華経音』（『古典保存会複製本所収　九条家本法華経音』，1936，参考：沼本克明『平安鎌倉時代に於る日本漢字音に就ての研究』武蔵野書院，1982 年）
4. 『法華経音訓』（『日本古典全集』所収，参考：島田友啓編『法華経音訓漢

字索引』古字書索引叢刊，1965 年）

5. 『保延本法華経単字』（『保延本法華経単字』古辞書叢刊刊行会，1973，参考：島田友啓編『法華経単字漢字索引』古字書索引叢刊，1964 年）

　呉音の声調は、もと《平》（低平調）・《去》（上昇調）・《入》（低平内破音）の三声体系であった。それが法華経読誦音等、実際の話線的関係に置かれたときに、去声と去声の連接のうち後ろの去声が「声調変化」を起こし高平調で実現されたとされる。したがって、上記の音義書等から《上》（高平調）と判断できても、それを「来源情報」として解釈する場合には、《去》（上昇調）と解釈した。

　上述の事情で呉音系字音についての「来源情報」は体系性に基づく均質さに乏しい。高松政雄 1979a、高松政雄 1979b、高松政雄 1980b は、沼本氏の一連の研究とほぼ同時期に、鎌倉期の仏典音義書等にあらわれる呉音声調の分析を行っているが、そのなかでも、高松政雄 1980a は呉音の声調体系が、時代を経るにつれて整備されていくさまを明らかにした点で、重要である。高松は呉音声調と切韻系韻書の示す声調の距離（一致の度合い）を以下のように示している。

資料	韻書通りの声点
図書寮本名義抄	50%
金光明最勝王経音義	45%
倶舎論音義	42%
貞元華厳経音義	41%
法華経単字	23%
補忘記（元禄版）	21%
三帖和讃	17%
華厳経巻四十寿永二年点	10%
四種相違疏（書陵部蔵）	10%
四座講式（元禄版）	15%

この表によれば、後代の呉音は人工的な整備を施されたものであって、「自然な」言語変化の結果ではないものを含むことが分かる。本研究における呉音系

28　1.1 声点の認定とそのデータ化に関わる問題

字音の「来源情報」は、『保延本法華経単字』に記載される声点にも基づいており、「来源情報」記載の声調が漢語アクセントに合わない場合は、その解釈を積極的に行わないこともある。

　以上、漢音系字音、呉音系字音の「来源情報」の考え方について述べた。いずれも厳密な意味での来源、すなわち母体音を直接的に示すのではなく、作業分析上の方法論的仮説として「来源情報」を措定している。実際の解釈に際しては「来源情報」との対応に整合性が乏しければ、同時代の別の文献資料の注記や、後代の資料に現れる注記類との規則的な音韻対応などを利用することになることは言うまでもない。

1.1.1.3　声点の認定

　以上の「来源情報」を用いることで、資料に現れた声点の認定に入ることができる。基本的には、序論で述べたように、点図に示されるような点の物理的位置情報と、調類および中国語音韻学によって知られる音節頭子音の情報とを対照させ、そこに対応関係が認められれば、調類と音節頭子音の情報によって示される調値を声点が示していると考えるわけである。和語に差された声点も漢字の調値と声点の関係を転用し、低平拍を表すのに「平声点」、高平拍を表すのに「上声点」などのように用いてきた。ただし、「平声点」がいつでも低平拍を表すわけではなく、例えば上野和昭 1998,「新式声点」の項目では、『名目抄』に記載される 2 拍名詞に〈平平〉とあってもそのアクセント型は HL を表すことなどが知られ、本書で〈平〉とあればそれが低平調を表すことを前提とするのは、「声点の位置とそのあらわす音調とが、いわば伝統的な対応関係を保っている場合」に限定的な用法であることに、一応の注意が必要である。そうした基本的な注意点さえ踏まえれば、漢音と認定された漢字群の左下に点があれば、それを〈平〉とみなし、さらにその調値が低平調《平》とみなすことに大きな問題はないだろう。言うまでもなく声点は直接的には調類ではなく調値を表す手段であるから、漢字の字音系統が漢音であれ呉音であれ、左下にある点を〈平〉とみなすことに変わりはない。

　さて、そうは言うものの、物理的位置情報そのものの認め方も、厳密に言えば問題がないわけではない。とりわけ、先の点図（p.9）でいう a 点と a' 点、d

点とd'点はその位置の近さのために、まず認定が困難であり、認定者の主観が入り込む余地もある。特に字体・字形の特徴によって認定が影響を受ける可能性も十分考えられる。これについては「1.1.2 声点と声調の対応—軽点の認定に与える字体特徴の影響」にて詳述する。

　問題はそれだけではなく、差声者や移点者が点をどう認識したか、調値をどう聞きなしたかについても考えなければならない。例えば漢字「衣」（全清影母微韻平声）に〈上〉が差される場合では次のような事態が想定される。古く中国語またはそれが伝承された音調を厳密に聞き分けたり発音したりする人の場合は下降調で把握されたろう。しかし原音に対する厳密さを欠く人々の音調では高平調と聞きなされ、発音されていた可能性もある。それが声点に差されれば〈上〉だったろう。あるいは六声体系では下降調で実現されても、四声体系で記述すればやはり〈上〉とならざるを得まい。移点の問題もある。六声体系で〈東〉が差されていても、それを移す者に十分な字音に対する知識がなければ、誤って平声点の位置に移してしまうかもしれない。もとは六声体系で差されていた資料であっても、それを移す者の体系が四声であれば、〈東〉は〈平〉に〈徳〉は〈入〉にそれぞれ「規則的に」移点されてしまうことも考えられる。

　したがって、実際に声点を認定するに際しては、各章の具体例で触れるように、音声的環境や資料の性質をそれぞれ勘案し個別的に判断する必要がある。

1.1.2　声点と声調の対応——軽点の認定に与える字体特徴の影響

1.1.2.1　はじめに

　〈東〉は〈平〉との位置が近接しているために、その認定には注記上の観点からの分析が第一に必要である。声点は被差声字との緊密な位置関係で示されるのであるから、字音資料についても仮名資料でなされているような字体（以下、「字体」の概念には「字形」の概念も含む）ごとの検討が必要と考えられるが、そうした検討は十分であるとは言い難い。

　ここでは、〈東〉を差声位置から判断する際の問題を個別的に指摘し、その基準が字体によって異なることについて分析を行う。本論の分析の対象は移声資料である。移声資料は、移点者というフィルターを少なくとも一度は通過している。そのため現れた声点を分析するには、移点者がどのように声点を把握

していたのかという問題を検討する必要があろう。本資料のこうした分析・検討を通して、声点認定における注記上の問題について考察を加える。

1.1.2.2　資料

　調査対象は『半井家本医心方（以下半井家本)』である。

　医心方は永観2年（984）、鍼博士丹波康頼によって撰述されたと伝えられる全30巻の医書であり、杉立義一 1991 によれば50本以上の古写本が現存していることが知られる。半井家本は天養2年の移点本で、諸本中もっとも古く、また加点の注記（声点含む）はもっとも多いとされる。

　また半井家本は現在散逸の宇治本を底本として移点されたものである。半井家本には天養2年の識語があり、複数の移点者がいたことや、筆の色が移点の底本におけるそれとどう対応しているか、といったことを知ることができる。松本光隆 1979・築島裕 1994 では訓点の分析を通じ、識語が実際と齟齬しないことが報告されており、声点についても同様の扱いが可能と考えられる。本項では墨筆圏点に対象を絞って分析を行う。

1.1.2.3　差声体系と平声軽点認定について

　一般的に、漢音は当該字の声調と頭子音によって表1（p.10）のように6種に分類されることが知られる[3]。これらのうち入声は軽重を区別しないこともあるが、およそ六声を区別する声調体系が一般的であるとされている。

　文献に注記される声点が、声調を何種類区別する体系であるかを判定する場合、漢字を正方形に見立てた図1（p.9）点図Ⅰ・Ⅱのような概念的な枠（壺）を設定する。六声を区別するかは、平声軽点または東点と呼ばれる壺の左下隅よりやや上の位置にある点が、平声点と区別されるかによって端的に判断される。この点が頭子音の区別と対応関係にあるのなら、六声を区別する体系とされるわけである。

　もっとも、こうした壺を設定することは方法論的に必ずしも正当であるとはいえない。点図に示した、壺と声点の位置関係のモデルは、分析を通じて得ら

＊3　中古音は『広韻』で代表させた。

れた結果を抽象化したものである。それを声調体系の判定に機械的に用いることには当然ながら危険が伴うからである。実際には、声点はその具体的な字体と緊密な関係にあり、本来、字ごとに様々な具体相が現れる。それを、抽象的な概念である壺を設定することにより、声点を絶対的な位置によって認定してしまうと、文献に現れた声点にバイアスをかけて理解してしまうことにもなりかねない。

　以下では、本資料中に現れる漢音読みされたと考えられる字のうち、韻書平声に所属する字を対象として、分析を試みる。

1.1.2.4　字体による声点認定

　仮名（万葉仮名は除く）に差された声点を扱った先行研究では、〈東〉・〈平〉認定の基準が字体によって異なることが考慮される（秋永一枝 1991，p.249、望月郁子 1974，p.575、佐藤栄作 1992）。これに対し、漢字に差された声点についてこうした観点から言及されることは少ない[4]。仮名の字体に比して漢字の字体が正方形に収まりやすいため、壺を仮設することが方法論的に許されていることは議論の前提としては踏まえるべきであろうが、現実に書記された漢字そのものには壺に収まらないものも多々見受けられることも事実である。

　例えば図 1.1.1「差」[0207a2][5] は全清音字であり、〈東〉が期待される字である。この字には七画目の左への長い払いの上に声点がある。この点は壺を用いては解釈できない。正方形にあてはめて解釈すれば〈平〉ということになろうか。また図 1.1.2「吹」[2730b3] も〈東〉が期待される字であるが、これなどは旁の「欠」の左払いの長さによって点の位置が決定されることになる。もう少し長ければ〈東〉であることが明確に認定され、もう少し短ければ〈平〉と認定されることになるだろう。

＊4　小松英雄 1971，p.486 では字形に応じて異なった点図が適用される可能性のあることが述べられる。

＊5　本節の写真図版はすべて所蔵先の東京国立博物館から利用の許諾を得ている（Image: TNM Image Archives）。また出現箇所を [ ] 内に示す。半井家本は巻子本であるため、丁数・表裏・行数に相当するものとしては、オリエント出版の表示を用いている。[0207a2] であれば、第 2 巻、7 丁、表、2 行目を表す。

図1.1：字体による声点認定

図1.1.3「崐」[0236b3] は図1.1.2と同様に偏が高い位置にあり、旁の大きさによって認定が左右される例であると推測できるが、一方で図1.1.4「岐」[0104a6] のように偏に接する位置に点がある例もあるため（「岐」は全濁音字であり〈平〉が期待される）、この場合は正方形にあてはめて認定するのは難しい。同じ山偏であっても図1.1.5「崘」[0236b3]（次濁音字）のように旁の一画目が（字形のレベルで）長く、その下に点があるならば認定は比較的容易である。

　全体を正方形に収めることができる場合であっても、認定が困難である場合もある。図1.1.6「差」[0102a9] は次清音字であり、壺からも問題なく〈東〉と認定できる。この〈東〉認定に関わる左下のエリアに払いを持つ漢字は、殆どの場合、点が払いの上と下のどちらにあるかによって認定が可能である。例えば図1.1.7「瘥」[0105a6]、図1.1.8「腥」[2708b9]、図1.1.9「庶」[0101b5] はどれも〈東〉が期待される字であり、払いの上に声点がある。図1.1.10「疼」[0816b1]、図1.1.11「腸」[1138b1]、図1.1.12「研」[0102a3] はどれも〈平〉が期待される字であり、払いの下に声点がある。こうした字の場合、払いを高さのめやすとすることにより、比較的容易に声点を認定することができると考えられる。

　これに対し、〈東〉認定に関わるエリアにめやすとなるような偏旁がない場合はどうなるであろうか。図1.1.13「干」[0103b6]（次清音字）のように明らかに高い位置にあれば、〈東〉と認定することができるだろう。しかし図1.1.14「車」[2010b1]（全清音字）は認定が困難である。六画目の横棒を高さのめやすと考えることもできるかもしれないが、点は最終画の縦棒に近い位置にある。この位置では横棒が高さのめやすになっているとは見なしがたく、縦棒を基準として相対的にしか高さを読みとることができない。この場合、六画目と最終画の交わった下の部分は長さが足りないため、〈東〉であれ〈平〉であれ認定に十分な高さの違いを表示できず、どちらとも認定はできなくなる。図1.1.13で軽点と認定した「干」は、別箇所でも出現する（図1.1.15「干」[1202a8]）が、相対的な高さしか示されない以上、左払いのある字よりも見る者の主観に左右されるおそれがある。

　これらの検討により、漢字に差された声点をどう認定するかという問題はそ

の字体によって影響を受けるということが分かる。これは換言すれば、〈東〉の認定にはその字体の特徴によって異なった方法があるということでもある。

図 1.1.16「陰」［0239a7］、図 1.1.17「衝」［2119a1］、図 1.1.18「憎」［2102a7］はどれも〈東〉が期待される字である。図 1.1.19「防」［0310a4］、図 1.1.20「便」［0304b3］、図 1.1.21「樓」［1209b9］はどれも〈平〉が期待される字である。こうした左下のエリアに縦棒しかないタイプの字は、棒の下側に回り込んだものを〈平〉、棒の横にあるものを〈東〉と認定すべきと考えられる。これらは高さのめやすを持たないが、点が棒の下側に回り込むか否かが基準となる。これはいわば低さのめやすと呼べる例であるが、認定においては区別されることのみに意味があるので、これでも十分役目は果たされている。

図 1.1.16 ～図 1.1.21 の字と図 1.1.7 ～図 1.1.12 の字とは、字体の特徴により認定の方法が異なる。これらをひとしなみに壺にあてはめ、点図（図 1：2 種類の点図, p.9）で解釈しようとするとおかしなことになる。図 1.1.16 ～図 1.1.21 は点図 II の区別に相当するだろうし、図 1.1.7 ～図 1.1.9 は点図 I に相当するだろう。つまり先に図示した点図 I・II を両方想定しなければならなくなるのである。字体の特徴に考慮しなければ、この現象の背後には複数の人間とそれに応じた複数の注記方式が混在していると考えられるかもしれない。それは、底本である宇治本においてどちらか一方の方式によって区別されていた〈東〉と〈平〉の区別が、半井家本に移点する段階において、点図 I の方式と II の方式をそれぞれ持つ複数の移点者が、各自の解釈に拠ったということになろう。その際に位置の近い点図 I の〈平〉・点図 II の〈東〉が一つの文献にそれぞれ異なる声調を示す声点として混在することになり、混乱を来たしてしまった、と。しかしこれは可能性としてはあり得るが、蓋然性は低いと言わざるを得まい。移点（声）は識語によれば「不改彼様」という態度で行われたのだし、「1.2.3 玉篇・切韻系韻書を典拠とする反切注文」（p.107）で詳しく検討するように、識語に記される周到な移点態度がそうした混乱を許すとは考えにくいからである。

ところで字体の特徴による声点の認定は、資料を見る者による認定の問題のみにとどまるだろうか。被差声字の特徴的な部分を高さのめやすとして声点の位置関係を把握することは、移点者にとっても同様と考えられる。1.2.3.2 に示

す識語（p.108）によれば宇治本は移点・比校の底本であり、半井家本の本文は別に用意されていたことが推測される 。移点者が〈東〉・〈平〉と声調体系との対応について意識的に移声にあたったのならば、次節で示すような曖昧な位置の点は現れにくいはずである 。移点者は底本にある姿をそのまま写そうとして、理解を介さずに移声を行ったと考えられる。とすると半井家本への移声は、次の手順でなされたであろう。

1. 宇治本本文における字体の特徴が高さのめやすとなり、それに基づいて声点の位置関係が移点者に把握される。
2. 把握された声点と被差声字との位置関係は、半井家本本文に可能な限りそのまま実現される形で写される。

すなわち、半井家本に見えている声点は移点者による被差声字との位置関係の把握というフィルターを通過したものである。次節では類似した特徴を持つ字体を二種類取り上げて声点を分類し、底本での声点と被差声字との位置関係を推定する。またそれが移点者によって、字体の特徴ごとにどうゆがめられたかについて考える。

1.1.2.5　字形別の声点一覧

前節では、被差声字の特徴的な部分を高さのめやすとして声点の位置関係を把握したのではないか、と推測した。そこで本節では漢字字形の左下位置の形状に着目し、その形状が類似した偏旁を持つ字を抽出する。比較のサンプルとして（1）左下位置が左払いの字（叉・升・尻など）と、（2）左下位置が縦棒の字（憎・間・甘など）を抜き出し、2つの字群とする。（1）の字において〈東〉であることを標示するのであれば、左払いが指標となって、その上側に差声すればよい。下側に差声すれば自動的に〈平〉となる。これはいわばデジタル（二律背反的）な区別である。一方、（2）の字において〈東〉であることを標示するには、相対的な位置の高さを利用する他ない。しかしこれでは〈東〉と〈平〉をデジタルに区別することができない。もしデジタルな区別を目指すのであれば、縦棒の下に潜り込むものが〈平〉、それ以外が〈東〉とするほかないが、

そのように場当たり的な工夫を施せば全体としての差声ルールが著しく損なわれ声点の持つ意味が根底から脅かされてしまうだろう。やはり〈東〉はある程度高い位置に差声される、ということが差声行為全体として保持され、その高さが字形ごとにどう保持されるか、という視点に基づき分析を行うべきであると考える。

　以上のような推測にもとづき、2つの字形群を分けて分析を行う。(1)の字形については左払いの上位置、下位置、どちらとも判別がつかない左払いの先端に分類し、(2)の字形については縦棒の高い位置、下側に回り込んだ位置、どちらとも判別がつかない低い位置に分類し、その字の調類と声点の関係を見ていく。もし2つの字形群に異なった傾向が現れれば、字形によって差声は影響を受けるということになる。

1. 左下位置が左払いの字
   (a)左払いの上位置に声点
     - 全清音・次清音（図 1.2）
     - 全濁音・次濁音（図 1.3）
   (b)左払いの先端位置に声点
     - 全清音・次清音（図 1.4）
     - 全濁音・次濁音（図 1.5）
   (c)左払いの下位置に声点
     - 全清音・次清音（図 1.6）
     - 全濁音・次濁音（図 1.7）
2. 左下位置が縦棒の字
   (a)縦棒左側の高い位置に声点
     - 全清音・次清音（図 1.8）
     - 全濁音・次濁音（該当例なし）
   (b)縦棒左側の低い位置に声点
     - 全清音・次清音（図 1.9）
     - 全濁音・次濁音（図 1.10）
   (c)縦棒の下側に回り込んだ位置に声点

- 全清音・次清音（図 1.11）
- 全濁音・次濁音（図 1.12）

1.1.2.6 抽象される点図

	全清・次清	全濁・次濁	計
A（払いの上）	20（45%\83%）	4（9%\17%）	24（28%）
B（払いの先）	11（25%\61%）	7（16%\39%）	18（21%）
C（払いの下）	13（30%\29%）	32（74%\71%）	45（52%）
計	44（51%）	43（49%）	87（100%\100%）

表 1.1：左下隅に左払いあり

「1. 左下隅に左払いのある字」についてまとめたものが表 1.1 である。表内の数字は声点の延べ数を示した。（ ）には％が示してある。\ の左側には、頭子音（全清音字・次清音字と全濁音字・次濁音字）ごとに含まれる A（払いの上）B（払いの先端）C（払いの下）各点の％を示した。同じく右側には ABC 各点ごとに含まれる頭子音それぞれの％を示した。

	全清・次清	全濁・次濁	計
A（縦棒高い位置）	14（36%\100%）	0（0%\0%）	14（18%）
B（縦棒低い位置）	13（33%\68%）	6（15%\30%）	19（24%）
C（縦棒下側位置）	12（31%\26%）	35（85%\76%）	47（59%）
計	39（49%）	41（51%）	80（100%\100%）

表 1.2：左下隅に縦棒あり

表 1.1 の％右側からは A 点と判断できる声点の 83％が全清音・次清音に所属し、C 点と判断できる声点の約 71％が全濁音・次濁音に所属することが分かる。また表の％左側からは全清音・次清音の 45％が A 点、全濁音・次濁音の 74％が C 点であることが分かる。これらから、「1. 左下隅に左払いのある字」については、底本である宇治本では A 点が〈東〉、C 点が〈平〉であったもの

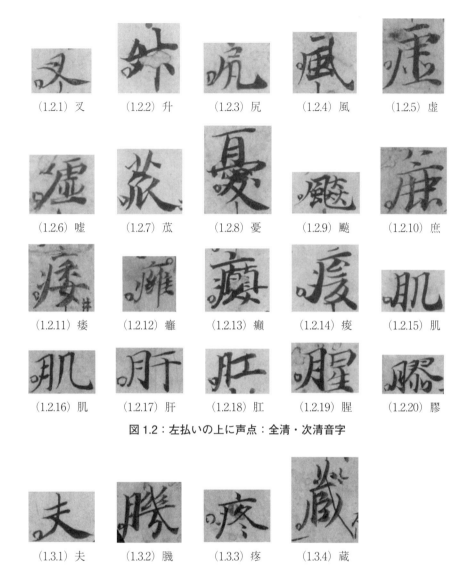

図 1.2：左払いの上に声点：全清・次清音字

図 1.3：左払いの上に声点：全濁・次濁音字

第 1 章　字音声点を分析する上での基礎的問題　　39

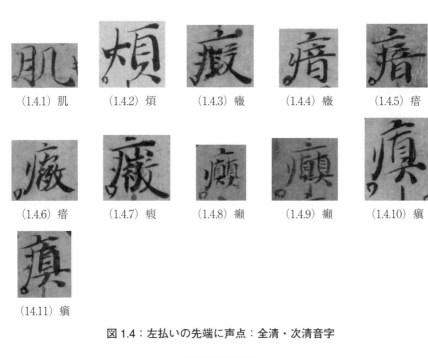

図1.4：左払いの先端に声点：全清・次清音字

図1.5：左払いの先端に声点：全濁・次濁音字

図 1.6：左払いの下に声点：全清・次清音字

を正確に移点しようとした痕跡が認められると考えられる。ここから壺の形で宇治本における声点の位置を抽象するならば、払いの下に回り込んだ C 点の存在から、図 1（序章）に示した点図 II が得られる。ただし全清・次清音について見れば A 点が 45％ C 点が 30％ であり、全濁・次濁音が C 点に 71％ A 点に 9％ であるのに比べれば、安定した現れ方をしない。

　いま 1 の字形について B 点は後述することにして、先に「2. 左下隅に縦棒のある字」について述べる。表 1.2 では、％ の右側からは A 点と判断できる声点の 100％ が全清音・次清音に所属し、C 点と判断できる声点の 76％ が全濁音・次濁音に所属することがわかる。また表の％ の左側からは全清音・次清音の 36％ が A 点、全濁音・次濁音の 85％ が C 点であることがわかる。これらの結果から、1 の字形と同様に「2. 左下隅に縦棒のある字」についても、宇治本では A 点が〈東〉、C 点が〈平〉であったものを正確に移点しようとした痕跡が認められると考えて良いだろう。また同様に壺の形で宇治本における声点の

第 1 章　字音声点を分析する上での基礎的問題　　*41*

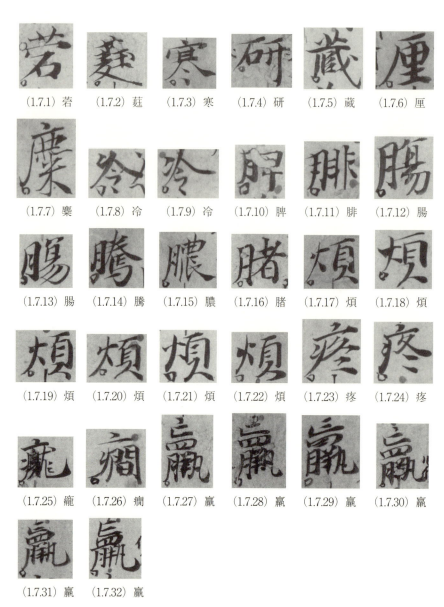

図1.7：左払いの下に声点：全濁・次濁音字

図 1.8：縦棒左側の高い位置に声点：全清・次清音字

　位置を抽象するならば、縦棒の下に潜り込んだC点の存在から、やはり図1（序章）に示した点図IIが得られる。ただし2の字形についても、全清・次清音について見ればA点が33％C点が31％であり、全濁・次濁音がC点に85％A点に0％であるのに比べれば、安定した現れ方をしていない。全体として見ると、1・2の字形ともに、宇治本の段階で〈東〉だったものが〈平〉に移されてしまうことはあっても、〈平〉だったものが〈東〉に移されることはほとんどないことが分かる。

図 1.9：縦棒左側の低い位置に声点：全清・次清音字

図 1.10：縦棒左側の低い位置に声点：全濁・次濁音字

44　1.1　声点の認定とそのデータ化に関わる問題

図 1.11：縦棒の下側に回り込んだ位置に声点：全清・次清音字

1.1.2.7 曖昧な B 点

次に声点の認定が困難である曖昧な位置の B 点について述べる。

1. 左下隅に左払いのある字形群では、全清音・次清音のうち A 点が 45％、B 点が 25％である。一方、2. 左下隅に縦棒のある字形群では、A 点が 36％、B 点は 33％である。両字形群における％の異なりは、字形の違いがもたらしたものと考えられる。すなわち、左払いが高さの目安となる 1 の字形群では、底本で A 点だったものが B 点に移されてしまうことが 2 の字形群より少なかった。なぜならば 2 の字形群では A 点と B 点の違いは相対的な高さによって表されるにすぎないからである。移点者は個々の字について声調と点の位置との関係に解釈を加えることなく、正確な態度で移そうとしたに違いない。その正確な態度は個々の字形に影響を受けたと考えるわけである。

なお、底本において全清音・次清音に〈東〉はどの程度の割合で差されてい

図1.12：縦棒の下側に回り込んだ位置に声点：全濁・次濁音字

たと考えればよいであろうか。底本における加点段階では字形に影響を受けることは少ないはずであるから、1・2の字形間で〈東〉と〈平〉の割合はほぼ同率になることが期待される。そこで両字形群とも、曖昧な位置に移されたB点が元はA点であったと仮定し、AB点を合算して〈東〉としての割合を推定すると、ほぼ同率の70%前後となる。このことから、本資料における両字形群の偏りは、移点者が声調を理解せず、可能な限り見たまま移点したために字形の影響を受けてしまったと考えて良いと思われる。

以上の分析を通じて、次の2点を確認することができた。

1. 移点者は声調を理解せず、できるだけ底本のままに移点を行ったと考えられる。
2. 移点者は字形に影響を受けて声点位置を把握しているため、半井本では両字体群によって異なる声点の傾向が見出された。

1.1.2.8 おわりに

直接の差声であるならば、資料に現れた点は、差声者の一元的な理解・把握の問題に帰す。しかし移声された資料を扱うにあたっては、現れた点をまず注記上の問題として吟味するべきであろう。特に〈東〉と〈平〉のような、微妙な位置の違いに基づいて区別されるものは、誤って写されることも十分あり得る。言うまでもなく〈東〉と〈平〉は音韻論的区別によって位置を異にするものであるが、注記上の区別に完全に判断をゆだねられないという点で、〈上〉・〈去〉などの他の声点と決定的に異なると考えられる。

字音資料に現れる声点を扱う場合、従来仮名資料に現れるそれに比して注記上の問題にはあまり言及されてこなかった。本論で見たように、〈東〉認定は字体の影響を少なからず受けることが分かる。半井家本に見られる墨筆による字音声点の注記体系は六声体系であると言えるが、その認定の際には字体によって曖昧な位置の点や写し違えた点の現れ方が異なることに注意しなければならない。なお、〈東〉は時代が降るに連れて〈平〉へ合流していくことが先行研究によって指摘されるが、こうした注記上の観点から分析を加えることによってより厳密な研究が可能になると考えられる。

1.1.3 漢音と呉音の認定に関わる問題

1.1.3.1 はじめに

　1.1.1で述べたように、呉音系字音は、漢音系字音以前の、複層にわたる字音体系を総括的に指しており、ある特定の時代や地域の中国語音を想定して、それに基づいて体系性を論じることはできない。しかし漢語アクセントや、字音を史的変化のなかに位置づけていく基礎作業として、呉音系字音をそれとして同定するための手続は必要である。1.1.1.2（p.25）では、論理的に存在する2つの同定方法、(1) 対象とする時代以前に存在する、呉音系字音を反映すると推定されている文献との対照を行い、同一の字音を呉音系字音と認定する方法、(2) 漢音系字音「ではない」ことを基準として得られた字音を呉音系字音と認定する方法、を掲げ、(1) について述べた。いまここでは、もう一方の (2) について、『医心方』を用いて検討してみたい。

　漢語アクセントの史的研究において、文献資料に現れた漢語声点が原音声調とどのような関係にあるか同定することは、最初に行わなければならない基本的な作業である。亀井孝1942、小倉肇1983では漢字音の捉え方として、原音に忠実な姿—体系としての規範性を持った音と、日常会話に近い場—日本語の音韻体系・音節構造に融和した音との2つのレベルを想定している。本論で取り扱う半井家本『医心方』が本邦で撰述された国書であるということ、また資料内に観察される言語的徴証とを併せ考えれば、本資料に現れる字音注記は他の漢文訓読資料に比して後者のレベルに近く位置づけられることが推測される。その言語的徴証の一つが、たとえば呉音系字音と漢音系字音に基づくそれぞれの漢字音の、語彙ごとの混在である。沼本克明1982, p.61での、和文資料に現れる漢字音の特徴が「必ずしも均質性が高くない—すなわち、呉音系字音と漢音系字音が混在している—点」にあるという指摘は、『医心方』に現れる呉音系字音と漢音系字音との混在状況にも当てはまる。

　こうした性格の資料に現れる漢字音は、漢語アクセントの史的研究において特に有用と考えられるが、資料に現れた字音注記が原音声調とどのような関係にあるか同定するという基本的な作業を行うことは容易ではない。従来、呉音系字音と漢音系字音が混在する資料が研究に重点的に用いられてこなかったのは、両者を分離する際の同定の難しさにあると考えられる。

48　　1.1　声点の認定とそのデータ化に関わる問題

漢音系字音声調が、「全濁上声字の去声化」や平声・入声の陰陽類分化を除けば、ほぼ切韻系韻書記載の声調に一致することは知られているが、呉音系字音の場合は体系的な把握が難しく個別例からの帰納的方法によるほかない上、同字であっても資料や語による揺れが漢音系字音よりは多く見られる。これは、呉音系字音が漢音系字音以前の複層性を混在させながら成立していること（河野六郎 1975 ほか）や、あるいは呉音系字音の声調認識が漢音系字音学習のなかで生まれたために必ずしも原音との関係で捉えきれないものを含んでいること（金田一春彦 1951 ほか）、などと関係があろう。したがって、漢・呉混在資料からどちらかを抽出してその声調上の特徴を論ずるためには、従来は仮名音注が付されているものに限り、しかも両者の仮名音形に明らかな違いがあるいわゆる次濁音字（明母・泥母など）に限定して取り扱うなどの、慎重な方法が取られた（奥村三雄 1961）。こうした方法は、呉音系字音声調の体系そのものを論ずるには特に有効であるが、当然のことながら対象は限定的となる。

　ここで述べる呉音系字音声調の抽出は、厳密にいえば非漢音系字音声調とでも呼ぶべきもので、複層性や日本語音韻体系内で生じた変化（いわゆる和音化）例を雑多に含むことになるが、抽出の後に他資料との相互比較のなかで分析検討して行ければと考えている。

　半井家本『医心方』における声点をはじめとする字音注記には、墨筆・濃色朱筆・淡色朱筆の三種類があり、それぞれ識語の記述と対応して、異なった加点者が想定される（「1.2.3 玉篇・切韻系韻書を典拠とする反切注文」（p.107）にて詳述）。非漢音系字音の漢語を対象とする本調査の結果では、筆によって同語に異なった声点が加点される例はほとんどなかった。わずかに「咬咀」が《平上》型に[6]墨筆で〈平上〉であり、《平去》型に淡色朱筆で〈平去〉であるのみで、この例は後項の去声字が高平化し〈上〉が差されたものと、変化する前の姿で差されたものとの違いに対応するのであろう。《去上》の「心痛」は墨筆で〈去上〉（0313b8）、濃色朱筆で〈○去〉（0609a3）である。これは前者が後項の《去》が高平化し〈上〉が差されたもので漢語単位に対する差声、後者は「痛」字に対する単字の声調を記したものと考えられ、声調型そのものの

───────────────
＊6　以下、挙例の際には本節末尾に掲げたリストの所属声調型を《　》で示す。

違いによるとはみなさなかった。以上の理由から、ここでは三筆を区別せずに
取り扱うこととした。

1.1.3.2 呉音系字音漢語の抽出方法

　まず二字漢語相当の字音注記と認める際の判断は、漢字二字のもののうち、
①音合符があるもの、②資料中処方の薬剤を示すために上下に空白を設け独立
している部分に注記されるもの、③上記の形態をとらなくとも「人参」「紫苑」
など他資料から当時語彙的な定着が推定されるものとした。③の判断には別箇
所で②の形態を取ることなども参考にしている。

　さて、呉音系字音漢語の抽出方法は、いわゆる漢音・呉音の声調対応を用い
る。これは『法華経音義』の「呉音ノ平声ハ漢音ノ去声ナリ…漢音ノ平声ハ呉
音ノ去声也」等で知られる漢音系字音と呉音系字音が声調上「逆」に対応する
現象を利用するものだが、両声調の対応には互いに一致する例がかなり含まれ
ていることもまた知られている[7]。したがって、本論で取り扱う二字漢語の場
合、二字とも漢音系字音と「逆」の対応をするものを選択するとなると、実は
呉音系字音であるが作業上の基準のために少なからぬデータが除外されかねず、
対象がかなり限定されてしまうおそれがある。そこで、漢字二字のうち少なく
とも一字が漢音系字音と「逆」の対応を示せば二字漢語が呉音系字音に基づい
ている可能性ありとみなし、抽出することとした。

　漢音系字音であるか否かの判定には、切韻系韻書である『大宋重修広韻』（以
下広韻）を用いた。対応にあたっては、呉音系字音側に《上》と《去》を区別
せず《去》として扱った。また広韻側の全濁上声字（上昇調化したとみなす）
が呉音系字音側の《去》と対応するものは不一致に含めた。《入》（《徳》）＋《入》
（《徳》）の組み合わせは分析の対象外とする。《入》を含む組み合わせは、実質
一字の対応しか見ていないことになるが参考として提示した。表1.3は抽出し
た全声調型の内訳である。なお残った二字漢語は一応漢音系字音を反映するも

＊7　高松政雄 1982, p.299 によれば、呉音系字音の声調体系は中古から中世に渡って徐々
　　に整備され、漢音系字音との対応が鮮明になっていくとされる。当該論文によれば両
　　声調の一致の割合は、『図書寮本類聚名義抄』から『貞元華厳経音義』までおよそ4割
　　から5割に達するという（p.28 参照）。

のと考えられるが、異語数182延語数217であった。これを表1.3と比べれば、本資料では呉音系字音読み漢語と漢音系字音読み漢語がほぼ半数ずつ混在していることが分かる。

声点		異語数	延語数
〈平〉	〈平〉	12	15
	〈上〉	16	36
	〈去〉	5	6
	〈入〉	6	8
〈上〉	〈平〉	2	2
	〈上〉	1	1
	〈去〉	2	2
	〈入〉	3	5
〈去〉	〈平〉	11	15
	〈上〉	57	128
	〈去〉	4	4
	〈入〉	9	16
〈入〉	〈平〉	6	8
	〈上〉	7	13
	〈去〉	2	3
	〈入〉	-	-
計		143	262

表 1.3：呉音系字音全声調型

1.1.3.1に述べたとおり、厳密に言えばここに抽出されたのは非漢音語であり、《去去》や《上去》などの中低形が含まれ、呉音系字音の一般的な連接の形としては解釈しがたいものもわずかに含まれる。また、この抽出方法は、①複数字で構成される漢語について両系の字音を互いに混ずる例は僅少である[8]と

---

[8]　築島裕 1959, p.212, 柏谷嘉弘 1987の各資料分析など。沼本克明 1982, p.1108（付論　第3章）では、平安後期以後の変体漢文には漢音呉音を混じた漢語が僅少ながら認められるとする。

いうことと、②院政期以前の漢音系字音には呉音系字音に見られるような目だった声調変化は見られないことを前提としているが、例外もあり得るだろう。上に触れた、呉音系字音と考えがたい例との関係も含め、別途検討する必要があろう。

1.1.3.3　分析

■〈去〉と〈上〉の現れ方　呉音系字音の声調における第一の特徴は、〈去〉と〈上〉の現れ方にある。表 1.4 から、語頭・非語頭の環境によって、上昇調を表す〈去〉と高平調を表す〈上〉が相補分布的に現れることがわかる。先行研究によれば呉音系字音の声調はもと《平》・《去》・《入》の三声体系であり、《上》は単語内に高さの山が二ヶ所以上分かれることを避けるという和語の制約のため、《去》＋《去》の後項が連音上変化したものとされる[9]。したがって原則的に〈上〉は〈去〉に後接する場合に現れることになるが、本資料に現れる後項に〈上〉を含む漢語全 80 例のうち、56 例（約 7 割）が〈去〉に後接する形であらわれていることが分かる[10]。同字が語頭で〈去〉、非語頭で〈上〉のように相補分布的に現れるものは、本資料においては 13 字が確認できた。表 1.5 に掲げたリストに、語例を示す[11]。これらのうち「消」字を除く 12 字が、語頭で〈去〉、〈去〉に後接する場合の非語頭環境では〈上〉という分布をなしており、上記の特徴を示していることがわかる。

声点	語頭環境	非語頭環境
〈上〉	8	80
〈去〉	80	13

表 1.4：語環境別の現れ方

---

[9]　奥村三雄 1961 では「3 声プラス 3 声においては、あとの 3 声が 2 声に変る」とされる。なお、ここでいう「3 声」「2 声」は本論でいう「《去》」「《上》」を指す。

[10]　「2.1.1 音調のグループ化」（p.127）では、このうちのいくつかは音調のグループ化によって生じたものと解釈した。

[11]　以下、各挙例の頭に付された番号は、1.1.3.5 に掲げた一覧の番号に対応している。

■非去声字に後接する〈上〉　表 1.5 のリストには、《平上》型「芒消」、《入上》型「朴消」《入上》、《平上》型「政頭」、《平上》型「大黄」、《平上》型「蒲黄」のように、低平調を表す〈平〉・〈入〉に後接する〈上〉が 3 字 5 例見られた。こうした〈去〉以外に後接する〈上〉は、これらを含め異なり字数で 23 字（〈平〉に後接するものが 16 字〈入〉に後接するものが 7 字）ある。

	語頭環境の〈去〉		非語頭環境の〈上〉	
雄	《去上》型	「雄黄」〈去上〉	《去上》型	「天雄」〈去上〉
花	《去去》型	「華扁」〈去去〉	《去上》型	「芫花」〈去上〉
間	《去上》型	「間使」〈去上〉	《去上》型	「中間」〈去上〉
心	《去上》型	「心痛」〈去上〉	《去上》型	「桂心」〈去上〉
			《去上》型	「煩心」〈去上〉
人	《去上》型	「人参」〈去上〉	《去上》型	「桃人」〈去上〉
	《去上》型	「人中」〈去上〉		
	《去上》型	「人溺」〈去上〉		
	《去上》型	「人屎」〈去上〉		
消	《去入》型	「消濼」〈去入〉	《平上》型	「芒消」〈平上〉
			《入上》型	「朴消」〈入上〉
中	《去上》型	「中間」〈去上〉	《去上》型	「人中」〈去上〉
			《去上》型	「膻中」〈去上〉
頭	《去平》型	「頭眩」〈去平〉	《平上》型	「政頭」〈平上〉
			《去上》型	「烏頭」〈去上〉
房	《去入》型	「房室」〈去入〉	《去上》型	「蜂房」〈去上〉
風	《去上》型	「風市」〈去上〉	《去上》型	「防風」〈去上〉
麻	《去上》型	「麻黄」〈去上〉	《去上》型	「升麻」〈去上〉
連	《去上》型	「連翹」〈去上〉	《去上》型	「黄連」〈去上〉
黄	《去上》型	「黄芩」〈去上〉	《平上》型	「大黄」〈平上〉
	《去上》型	「黄連」〈去上〉	《平上》型	「蒲黄」〈平上〉
	《去上》型	「黄耆」〈去上〉	《平上》型	「留黄」〈平上〉
	《去入》型	「黄蘗」〈去入〉	《去上》型	「牛黄」〈去上〉
			《去上》型	「麻黄」〈去上〉

表 1.5：〈去〉と〈上〉の相補的分布

このような例が生ずる要因について、沼本克明 1982, pp.513-536 では「『和名類聚抄』『類聚名義抄』などに現れる平安時代の「日常漢語」に「原則として語頭に無い上声が、語中・語尾に非常に多い」(p.528) とし「一定の傾向の中で特定の声調から変化したとは考えにくい」(p.529) としている。そこで《平上》型と《入上》型に掲げた《平上》・《入上》型の〈上〉が差された字を他の呉音系字音資料[*12]と対照し、表 1.6 に示す。各語例は左辺が当該字、右辺が他の呉音系字音資料から知られる声調である。

黄 — 〈去〉	門 — 〈去〉
去 — 〈平〉	咀 — 〈平〉
消 — 〈去〉	膠 — 〈去〉
星 — 〈去〉	精 — 〈去〉
瘦 — 〈平〉	荷 — 〈去〉
頭 — 〈去〉	鮮 — 〈平〉
尿 — 〈去〉	神 — 〈去〉

表 1.6：呉音系字音資料による声調

リストからは、本資料で〈上〉が差される字には他資料に〈去〉で対応するものと〈平〉で対応するものとがあり規則的な対応を見出すことはできない。この点でこれらの例は沼本克明 1982 に指摘されるのと類似した言語現象を反映したものといえる。同論文によれば、『和名類聚抄』俗音注等注記語のような口頭語に近いとされる資料では「語アクセント化」のために「語中・語尾においては、語頭の場合に比して、漢字本来の四声を保つ度合いが非常に少なかった」(p.529) とされる[*13]。特に学習音ではない口頭音を反映した資料には散発

---

* 12　比較に用いた呉音系字音資料は『九条本法華経音』『法華経単字』『承暦本金光明最勝王経音義』『類聚名義抄』図書寮本と観智院本の呉音・和音注である。各資料の詳細は「1.1.1.2 字音来源情報」(p.25) に示した。

* 13　沼本克明 1997, pp.245-271 でも『妙一記念館本法華経』を資料として同様の指摘がなされる。同書で掲げられる例には本資料の《平上》型「羸瘦」〈平上〉など共通するものが散見されるが、これはこうした「語アクセント化」した「呉音読漢語が一つの伝承線上にあるものであることをうかがわせる」(p.270) という同書の指摘を裏付けるものと考えられる。

的に見られる現象であると考えられようか[*14]。

　このリストに現れた非〈去〉に後接する〈上〉字のうち、他資料から去声字と知られるものは 10 例となるが、一方で本資料には非〈去〉に後接する〈去〉が 7 例存する（《平去》型、《上去》型、《入去》型参照）。この 10 例の〈上〉が本来《去》であったものだとすると、《去》にとどまった 7 例（〈去〉が差される）との現れ方の違いには何らかの音声的条件があるのだろうか。

声点	1音節字	2音節字
〈上〉	2	8
〈去〉	3	4

表 1.7：非語頭環境での現れ方

　非語頭環境における両者の現れ方の違いを音節数別にまとめたものが表 1.7 である。単字レベルでの奥村三雄 1961 の指摘「呉音における 3 声は殆んど二音節カナ表記の字音に限られ、一方、2 声は一音節カナ表記が圧倒的に多い」はここからは見て取れず、2 音節のものに〈上〉が多くあらわれているようにさえ見られる。むしろこの現れ方は、奥村三雄 1961 で「語中尾に存する上昇調（3 声）が高平調（2 声）に変り易い」と述べられるとおりであり、非語頭環境における去声字の上昇調化の度合いには特段の傾向がみられないものと考えられる。

■**語頭の〈上〉**　1.1.3.2 の表 1.3（p.51）に示したとおり語頭に〈上〉が差される字は合計 8 例である。これは〈去〉が差される 100 例と比較すれば僅少であり、《上》（高平調）は語頭に立たないという呉音系字音の特徴を反映しているといえる。語頭の《上》については、もと去声（上昇調）だったものが 1 音節

[*14]　佐々木勇 1987 では、鎌倉時代初期の呉音直読資料『観無量寿経註・阿弥陀経註』では、非去声字に後接する上声（高平調）が去声（上昇調）から変化したものとした上で、その現れ方には字音の韻尾による違いがあるとする。本資料では、音節数やこうした観点から統計的な有意差を認めることはできなかった。直読資料と訓読資料の資料性による違いと考えるべきか。

字に限り高平調化し、それが2音節字にまで及ぶことがあったとされる。本資料の語頭環境における〈上〉と〈去〉がそれぞれ差される字を音節数別に分けて示したものが表1.8である。表からは2音節字に上昇調が残りやすいことが見て取れる。語頭にわずかに現れる〈上〉は、『類聚名義抄』『和名類聚抄』にもわずかに見られる現象であり、本資料でも同様に、例外的に生じたものと見るべきだろう。

声点	1音節字	2音節字
〈上〉	4	4
〈去〉	19	81

表1.8：語頭環境での現れ方

　同字における揺れは次の3例がある。1音節字のうち《上上》型「烏頭」〈上上〉は《去上》型に〈去上〉でも現れ、《去上》型「巴豆」は〈去上〉で現れつつも〈上〇〉も1例存する。2音節字は《上平》型「前頂」〈上濁平〉に対し《去上》型「前胡」〈去上〉が現れる。

■ **〈去〉または〈上〉に後接する〈去〉**　〈去〉または〈上〉に後接する〈去〉は、単語内の音調の高さが2箇所に分かれてしまう中低形であり、呉音系字音を反映した資料では通常見られにくいものである。〈上去〉が異なり語数で3例、〈去去〉が4例と全体から見れば確かに僅少ではある。ただしこれらには差声単位の問題として解釈可能なものもある。例えば《去去》型「経方」〈去去〉は二字漢語を一つの差声単位としているのではなく、『黄帝内経』などの「経」と『千金方』などの「方」を並列させて捉えているとも考えられ、ただちに漢語単位での差声とは認められない、との解釈も可能である。
　本資料には以下の2例のように、二字漢語への差声では非語頭環境で〈上〉が差されるものが、一字への差声では〈去〉となるものがある。この現象は差声単位の違いとして解釈すべきかもしれない。

	非語頭去声		非語頭上声	
痛	《去上》型	「心痛」〈○去〉	《去上》型	「心痛」〈去上〉
尿	《平上》型	「遺尿」〈○去〉	《平上》型	「遺尿」〈平上〉

　「経方」（〈去去〉○ホウ）は後項にのみ仮名音注があり、前項とのつらなりではなく特に後項のみにフォーカスをあてた差声となっていることを推測させる[15]。つまり先に掲げた2例と同様に、差声単位が単字であると考えられるわけである。

1.1.3.4　おわりに

　漢音系字音と呉音系字音を混ずる資料から呉音系字音を抽出するために、1.1.3.2（p.50）に示した方法を用い、その結果の検証を行った。検証を通じて先行研究で報告される、呉音系字音に特徴的な次の言語事象を確認することができた。

1. 語頭環境に〈去〉、非語頭環境に〈上〉が現れることが多い。
　　(a)同字については語環境によって相補分布的な現れ方をする。
　　(b)語頭に〈上〉が現れることは特に少ない。
　　(c)非語頭に〈去〉が現れることは少ない。
2. 〈去〉ではない差声（非〈去〉）に後接する〈上〉が見られる。
　　(a)非〈去〉に後接する〈上〉には、《平》・《去》それぞれから変化したものを含む。
　　(b)非〈去〉に後接する〈上〉の現れ方には、音節数や韻尾の形は関与していない。

＊15　なお前項は『保延本法華経単字』および『承暦本金光明最勝王経音義』に〈去〉。後項は『保延本法華経単字』に掲出字〈上〉・反切からは去声、『観智院本類聚名義抄』に「去ハウ」「去ホウ」、『金光明最勝王経音義』に去声。本資料の「経」「方」も呉音系字音を反映したものと考えられる。「方」は池上禎造 1960・福島邦道 1961 によれば古来より方向・方法の場合にはハウ、四角・医術の場合にはホウと区別したとされる。

このうち 2(a)(b)は、口頭語に近い他文献においても認められる現象であり、本資料の字音注記が 1.1.3.1（p.48）で述べた「日常会話に近い場」に位置づけられることを推測させる。今後、こうした現象について個別例を対象とした具体的な検証を行う必要があるだろう。

　ここでは抽出方法の検証を行うことが主な目的であったが、《平平》型や《入入》型については言及していない。去声に関わる言語事象についてのみ検証することで、抽出した母集団の「呉音系字音」性を論じてきたわけだが、残された声調型についても別途個別的に検証する必要がある。このほか、二字ともに広韻に一致してしまうような例は本論での調査方法では取り逃してしまっているという問題も残されている。これらは声点から呉音系字音を同定を行うための方法のうち、「(1) 対象とする時代以前に存在する、呉音系字音を反映すると推定されている文献との対照を行い仮名音注などを手がかりにしながら個別的に見ていく」を相補的に用いていくほかないだろう。

1.1.3.5　資料　呉音系字音二字漢語　声調型別一覧

- 掲出漢語は概ね呉音読みに基づく字音仮名遣いで五十音順に並べた。
- 字体は原本の表記にちかいものを選択した。
- 本論での用例の掲げ方は次の通り：a. 各用例の番号に続く「　」内が半井家本掲出形。Ⓡ＝右傍内側、ⓡ＝右傍外側、Ⓛ＝左傍内側、ⓛ＝左傍外側、⑭＝欄外注。ABC は筆の種類。声点については次項参照。出現箇所は（　）内に示した。初めの数字 2 桁＝巻、次の 2 桁＝丁、a/b ＝表 / 裏、末尾の数字＝行（例 1234a5…第 12 巻 34 丁表 5 行目）となっている。
- 各項目タイトル（《平平》型など）に付記した数字は異なり語数。（　）内は延べ語数。
- 声点は筆の色を区別するため、一つひとつを〈　〉に入れることは省略し、「A 平 +A 平」などのように表示している。

58　　1.1　声点の認定とそのデータ化に関わる問題

■第1字に〈平〉が差される語

《平平》型…12（15）語

1. 「後頂」Ａ平＋Ａ平（0202a9）
2. 「五味」Ａ平＋Ａ平（0904b8）
3. 「上気」Ａ平＋○（0903a9）、Ｃ平＋Ｃ平（0903b7）
4. 「少気」Ｃ平＋Ｃ平（0901a4）
5. 「淡飲」Ｃ平＋Ｃ平（0901a5）、Ｃ平Ⓡ Ａ 音談＋Ｃ平Ⓡ Ａ 音蔭（0914b8）
6. 「短気」Ｃ平＋Ｃ平（0901a3）
7. 「痛惣」Ｂ平＋Ｂ平（0629b5）
8. 「附子」Ａ平＋Ａ平（0136a8）、Ⓡ Ａ フ＋Ⓡ Ａ シ（0503b5）、Ⓡ Ａ フ＋ Ⓡ Ａ シ（0523a7）、Ⓡ Ａ フ＋Ⓡ Ａ シ（0527a9）、Ⓡ Ａ フ＋Ⓡ Ａ シ（0724b2）、 Ⓡ Ａ フ＋Ⓡ Ａ シ（0828b2）、Ⓡ Ａ フ＋Ⓡ Ａ シ（0828b7）
9. 「領数」Ａ平＋Ａ平（1906b8）
10. 「莨菪」Ａ平＋Ａ平Ⓡ Ａ タウ（0129b3）
11. 「瘄癋」Ａ平Ⓡ Ａ ヲム＋Ａ平Ⓡ Ａ ア（2213b9）
12. 「遠志」Ａ平＋Ａ平（0329a7）、Ａ平＋Ａ平（1302b2）、Ａ平Ⓡ Ａ ヲン ＋Ａ平Ⓡ Ａ シ（2114a9）

《平上》型…16（36）語

1. 「遺尿」Ａ平＋Ａ上Ⓛ Ａ 奴予反（1235b7）、○＋Ａ去（2302a6）
2. 「苦参」Ｂ平＋Ｂ上（1611b7）
3. 「鑱去」Ｃ平Ⓛ Ａ 尸塩反＋Ｃ上（1615b1）
4. 「秦膠」Ａ平＋Ａ上Ⓛ Ａ ケウ（0309b5）、Ａ平＋Ａ上（0310a4）、Ａ平 ＋Ａ上（0317b4）
5. 「上星」Ａ平＋Ａ上（0206a8）
6. 「政頭」Ｃ平＋Ｃ上（1613a4）
7. 「薺苨」Ｃ平＋Ｃ上Ⓡ Ａ チ（0128a1）、Ａ平Ⓡ Ａ セイⓇ Ａ 仁音齊礼反＋ Ⓛ Ａ 音泥礼反（1930b9）
8. 「大棗」Ａ平Ⓛ Ａ タ＋Ａ上Ⓛ Ａ サウ（1120a6）、Ａ平Ⓛ Ａ タ＋Ａ上（1126a8）、

第1章　字音声点を分析する上での基礎的問題　*59*

Ａ平Ⓛ Ａ タ +Ａ 上Ⓛ Ａ サウ（1216a4）、Ａ 平Ⓛ Ａ タ +Ａ 上Ⓛ Ａ サウ（1227b3）、Ａ 平Ⓡ Ａ タ +Ａ 上Ⓡ Ａ サウ（2220a3）、Ａ 平濁Ⓛ Ａ タ +Ａ 上Ⓛ Ａ サウ（2337a2）

9. 「大黄」Ａ 平 +Ａ 上（0342b5）、Ａ 平 +Ａ 上（1329a2）、Ａ 平 +Ａ 上（1330b1）

10. 「吹咀」Ａ 平Ⓡ Ａ フ +Ａ 上（0127a9）

11. 「蒲黄」Ａ 平 +Ａ 上（0132a2）

12. 「芒消」Ａ 平Ⓡ Ａ ホウⓁ Ｂ ハウ +Ａ 上（0127b8）、Ａ 平Ⓛ Ｂ ハウⓇ Ａ ホウ +Ａ 上（0314a6）、Ａ 平 +Ａ 上（0515a4）、Ａ 平 +Ａ 上（0608b7）、Ａ 平 +Ａ 上（0616a2）、Ａ 平 +Ａ 上（0620a7）、Ａ 平 +Ａ 上（0923b3）、Ａ 平 +Ａ 上（0926a9）、Ｃ 平 +Ｃ 上（1018a6）、Ａ 平 +Ａ 上（1034a2）、Ｃ 平 +Ｃ 上（1216b3）、○ +Ⓡ Ａ セウ（2013b1）、Ⓡ Ａ ホウ +Ⓡ Ａ セウ（2017a5）、Ⓡ Ａ ホウ +Ⓡ Ａ セウ（2022b6）、Ⓡ Ａ ホウ +Ⓡ Ａ セウ（2228a4）

13. 「命門」Ａ 平 +Ａ 上（0218b4）

14. 「留黄」Ｃ 平 +Ｃ 上（0907a3）

15. 「羸瘦」Ｃ 平 +Ｃ 上（0924b5）、Ａ 平Ⓡ Ａ ルイ +○（1013a7）、Ａ 平Ⓡ Ａ ルイ +Ａ 上（1139a7）

16. 「瘄門」Ａ 平 +Ａ 上（0206a4）

《平去》型…5（6）語

1. 「相反」Ａ 平 +Ａ 去Ⓡ Ａ ホン（0141b3）

2. 「聶淬」Ａ 平Ⓡ Ａ チヨウ +Ａ 去Ⓡ Ａ テイ（0307a1）

3. 「藋菌」Ａ 平 +Ａ 去（0141a1）、Ｂ 平 +Ｂ 去Ⓡ Ｂ 貝殞反（0155b6）

4. 「繫蔓」Ｂ 平Ⓡ Ｂ 音煩 +Ｂ 去Ⓡ Ｂ 緑珠反（0166a5）

5. 「吹咀」Ｃ 平Ⓡ Ｃ 弗禹反 +Ｃ 去Ⓛ Ｃ 才与反（0605b3）

《平入》型…6（8）語

1. 「鋋戟」Ａ 平Ⓡ Ａ エン +Ａ 入Ⓡ Ａ ケキ（2308a7）

2. 「猗脊」Ａ 平Ⓡ Ａ ク +Ａ 入Ⓡ Ａ シヤク（0314a6）

3. 「熾熱」Ａ 平Ⓡ Ａ シ +Ａ 入Ⓡ Ａ ネツ（1302b7）

4.「水癖」B 平 +B 入Ⓡ A ヒヤク（1001b1）

5.「淡熱」A 平 +A 入 0110a5）

6.「嘔逆」B 平 +B 入（0617b5）、B 平 +B 入（0623a3）、C 平Ⓛ A ヲウ +C 入Ⓛ A ケキ（0803b9）

■**第1字に〈上〉が差される語**

《上平》型…2（2）語

1.「前頂」A 上濁 +A 平（0202a6）

2.「浮甌」C 上 +C 平（1605a8）

《上上》型…1（1）語

1.「烏頭」C 上Ⓡ A ウ +C 上Ⓡ A ツ（2106b8）

《上去》型…2（2）語

1.「懈惰」A 上 +A 去（2215b5）

2.「罔像」A 上 +A 去（2631a9）

《上入》型…3（5）語

1.「闇塞」A 上 +A 入（2322a9）

2.「瘦弱」A 上Ⓝ A 説文所祐反 +A 入（0117a4）、A 上 +A 入（2101b7）、C 上 +C 入（2126b7）

3.「萹蓄」B 上 +B 入（0157a6）

■**第1字に〈去〉が差される語**

《去平》型…11（15）語

1.「甘遂」A 去 +A 平（0127b9）、C 去 +C 平（1029a2）、C 去 +C 平（1030a1）、A 去 +A 平（1031a4）

2.「甘草」A 去 +A 平（1329a2）、A 去 +○（0704b7）、A 去 +○（0816a6）

3. 「肝炮」A 去 +A 平 （2214b6）

4. 「五里」A 去 +A 平 （0212a9）

5. 「五處」A 去 +A 平 （0202b4）

6. 「三里」A 去 +A 平 （0213a7）

7. 「生命」A 去 +A 平 （0103a3）

8. 「頭眩」C 去 +C 平 （1037b6）、A 去 +A 平 （1038a1）

9. 「膿壞」A 去Ⓡ A ノウ +A 平Ⓡ A エ （0254a3）

10. 「牡丹」A 去 +A 平 （1312a9）

11. 「牡蒙」A 去 +A 平 （0141a5）

《去上》型…57（128）語

1. 「烏頭」A 去Ⓡ A ウ + ○（0129a6）、A 去 +A 上（0136a8）、A 去 + ○（0325a6）、
   A 去Ⓡ A ウ +A 上 （0338b4）、A 去Ⓡ A オウ +A 上 （0706a2）、C 去
   +C 上 （0914a7）、B 去 +B 上 （1003a5）、B 去 +B 上 （1005a1）、去 B 去
   + 上 B 上 （1008b3）、Ⓡ A ウ + Ⓡ A ツ （2113a4）

2. 「頷厭」A 去Ⓡ A カム +A 上 （0204a4）

3. 「含霊」A 去 +A 上 （0102a2）

4. 「乾歐」A 去Ⓡ A カン +A 上Ⓡ A ヲウ （0110a5）

5. 「干薑」A 去 +A 上 （0321a1）、A 去 +A 上 （0704a3）

6. 「芎藭」A 去 +A 上 （0310a4）、A 去 +A 上 （0311a3）、A 去 +A 上 （0311b4）、
   Ⓡ A ク + Ⓡ A クウ （2109a3）

7. 「空青」A 去 +A 上 （0125a8）

8. 「光明」A 去 +A 上 （0236a2）

9. 「芫花」B 上 + ○ （1030b3）、C 去Ⓡ A 牛園反 +C 上 （0906b6）、C 去 +C
   上 （1029a4）、C 去 +C 上 （1222b9）

10. 「勲黄」C 去 +C 上 （0906b9）

11. 「桂心」A 去 + ○ （0319b9）、A 去 +A 上 （1302a3）

12. 「間使」A 去Ⓡ A ケン +A 上 （1421b8）

13. 「肩井」A 去 +A 上Ⓡ A シヤウ （0210a7）、C 去 +C 上 （0709a3）

14. 「堅牢」A 去 +A 上Ⓡ A ラウ （2102a7）

15. 「恒山」A 去 + ○（0338b4）、A 去 +A 上（0916b3）

16. 「牛黄」A 去 +A 上（0132a2）、B 去 +B 上（0616a4）

17. 「細辛」A 去Ⓡ A サイ +A 上（0125a4）、A 去Ⓡ A サイ +A 上（0319a7）、A 去 +A 上（0319b8）、A 去 +A 上（0320a9）、A 去 + ○（0331b2）、A 去Ⓡ A サイ +A 上Ⓡ A シン（1309b6）、B 去 +B 上（1626b2）

18. 「紫苑」A 去 +A 上（0330b3）、A 去 +A 上（1317b9）

19. 「耳門」A 去 +A 上（0205a4）

20. 「菖蒲」A 去 +A 上（0125a3）、A 去 +A 上（0338a5）

21. 「上焦」A 去 +A 上（1461a6）

22. 「升麻」A 去 +A 上（0328b5）、A 去 +A 上（0342a5）、A 去 +A 上（0344a3）、C 去 +C 上（1609b8）

23. 「朱沙」A 去 +A 上（0125a8）

24. 「鍾乳」Ⓡ C シユウ + ○（0142a7）、A 去 +A 上（0318b5）、B 去 +B 上（1640a8）

25. 「生薑」A 去 +A 上（0110a2）、C 去 + ○（1107b6）

26. 「心痛」A 去 +A 上（0313b8）、○ +B 去（0609a3）

27. 「前胡」A 去 + ○（0344b3）、A 去 +A 上（0914b1）、A 去 +A 上（0919a4）、C 去 +C 上（0926a4）

28. 「曽青」A 去 C 去 +A 上 C 上（1011a5）

29. 「當歸」A 去 +A 上（0311a4）、A 去 +A 上（0321a5）、C 去 +C 上（1609b7）、A 去 +A 上（2112b6）

30. 「膻中」B 去 + ○（0607a5）、C 去 +C 上（0907b9）、A 去 +A 上（1404a3）

31. 「中間」A 去 +A 上（0122a4）、A 去 + ○（0122b2）

32. 「通草」去 + 上（0321a1）、C 去 +C 上（1612a1）

33. 「天雄」○ +A 上（0129a6）、A 去 +A 上（0136a8）、○ +A 上（0320a4）、A 去 + Ⓡ A オウ（0321a1）、A 去 +A 上（0816a6）

34. 「桃人」A 去 +A 上（0314a7）

35. 「人参」A 去 +A 上Ⓡ A シム（0310a4）、A 去 +A 上（0311b3）、A 去 +A 上（0314a5）、A 去 +A 上（0329a6）、A 去 +A 上（0330a2）、A 去 +A 上（0338a5）、B 去 +B 上（0627b1）、A 去 +A 上（0627b1）、A 去

+A上（0815a8）、A去+A上（0816a8）、A去+A上（1329a3）、B去
+B上（1640a7）、A去+A上Ⓡシム（2009a4）、A去+A上（2023a1）

36. 「人中」A去+A上（0113a9）

37. 「人溺」A去+A上Ⓡネウ（0129a2）

38. 「人屎」C去+C上（1607b1）

39. 「巴豆」ⓇAハ+Ⓡアツ（0503a9）、C去+C上（0605b5）、A去+A
上（0606a5）、A去+A上（0606b7）、A去+A上（0828b2）、A去B去
+A上B上（1011a7）、「巴豆」A上+○（1030b6）

40. 「瘰疽」C去ⓇAへウ+C上Ⓡアソ（1930b6）

41. 「風市」A去+A上Ⓡアシ（0232a6）、A去+A上（0822b3）

42. 「蜂房」A去+A上（0132a9）

43. 「防風」A去+○（0129a7）、C去+C上（0143b7）、A去+A上（0310a4）、
A去+A上（0311a3）、A去+A上（0311b3）、A去+A上（0319a8）、
A去+A上（0319b8）、A去+A上（0328b5）、A去+A上（0339a7）

44. 「煩心」A去+A上（0204b4）

45. 「麻黄」A去+A上（0311b3）、A去+A上（0317a1）、A去+A上（0320a8）

46. 「莾草」C去+C上（1612a1）

47. 「襄荷」A去ⓇAミヤウ+A上ⓇAカ（0126b8）、A去ⓇAミヤウ+A
上（0128a5）、A去ⓇAミヤウⓁAメ+A上（0328b2）、ⓇAミヤウ+
ⓇAカ（0521a3）、ⓇAメ+ⓇAカ（1227b3）、ⓇAメ+ⓇAカ（3002b2）

48. 「由来」A去ⓁAユ+A上ⓁAライ（0101a8）

49. 「雄黄」A去+A上（0333a1）

50. 「癧疽」A去+A上（1610b8）

51. 「理仲」A去+A上（2330a5）

52. 「龍膽」A去+A上（0342b6）、A去+A上（1329a2）

53. 「厲兌」A去ⓇAレイ+A上ⓇAタイ（0238b92）、A去ⓇAレイ+Ⓡ
Aタイ（2208b1）

54. 「連翹」C去+C上（1030b2）

55. 「黄芩」A去+ⓇAコム（0311b4）、A去+A上（0331b3）、A去+A
上（0341b9）

56. 「黄連」A去 +A上（0125a2）、A去 +A上（0334b6）、A去 +A上（0335b6）、
A去 +A上（0342b5）、A去 +A上（2108a2）

57. 「黄耆」A去 +A上Ⓡ Aキ（0320a3）、A去 +A上（0330a3）、A去 +A
上Ⓡ Aキ（0816a3）、C去 +C上Ⓛ A渠夷反（1232b7）

《去去》型…4（4）語

1. 「華扁」A去 +A去（0201a3）
2. 「経方」A去 +A去Ⓡ Aホウ（0101a8）
3. 「酔飽」B去 +B去（0613b4）
4. 「牡厲」A去 +A去（1236b2）

《去入》型…9（16）語

1. 「痎瘧」A去 +A入（0202a8）
2. 「干漆」A去 +A入（0132a9）
3. 「燥濕」A去 +A入（2707b1）
4. 「慈石」A去 +A入（0129b6）、A去 + ◯（0624a1）
5. 「消濼」A去 +A入Ⓡ Aラクⓧ A玉力谷反（0212a6）、A去Ⓡ Aセウ
+A入Ⓡ Aラク（2206b1）
6. 「房室」A去 +A入（1207a6）
7. 「樊石」A去 +A入（1141b8）、A去Ⓡ Aホン +A入（1236a3）、A去Ⓡ
Aホン +A入（1236b2）、A去 +A入（2107b6）、A去Ⓡ Aホン +Ⓡ A
ホン（2109a3）、A去Ⓡ Aホン +Ⓡ Aシヤク（2110b3）、Ⓡ Aホン +
Ⓡ Aシヤク（2113b5）、A去Ⓡ Aホン +A入Ⓡ Aシヤク（2343a6）
8. 「龍骨」A去 +A入（0516a7）
9. 「黄蘗」A去 +A入Ⓡ A布麦反（1036a8）、A去 +A入Ⓡ A布麦反（1123b7）、
C去 +C入（1128b2）

■第1字に入声が差される語

《入平》型…6（8）語

1. 「積淡」A入®Aシヤク +A平®Aタム（0110a5）
2. 「積聚」A入 +A平（0121a6）、C入®Aシヤク +A平®Aシユ（1001a3）、
®Aシヤク +A平®Aシユ（1001b4）、B入 +B平（1003b1）
3. 「続断」A入 +A平（1323a1）
4. 「百會」A入 +A平（0202a7）
5. 「白芷」A入 +A平（0311a4）
6. 「白斂」B入 +B平⑭Aレム（1612b7）

《入上》型…7（13）語

1. 「黒疽」A入 + A上（1001b3）
2. 「蜀椒」A入 + A上（0311a3）、〇 + A上（0319b8）、A入 + A上（0323a1）
3. 「鐵精」A入 + A上（2117a3）
4. 「薄荷」A入®Aハク + A上（0316a4）
5. 「白鮮」A入 + A上（0310a4）
6. 「伏神」A入 + A上（0317b4）、A入 + A上（0329a6）
7. 「朴消」A入 + 〇（0814a3）、A入B入 + A上B上（1011a6）、C入 + C
上（1014a7）、C入 + C上（1016a9）、C入 + C上（1020a4）、C入 + C
上（1032b3）、C入 + 〇（1131b4）

《入去》型…2（3）語

1. 「缺盆」A入 + A去®Aホン（0318b3）、C入 + A去®Aホン（0210b8）
2. 「濕痺」A入 + A去®Aヒ（0318b3）

1.2
字音注記とその出典に関わる問題
—— 『医心方』を中心に

1.2.1 字音声点の加点目的

1.2.1.1 はじめに

　訓点資料において認定された声点が、広い意味で字音学習・伝承の一環として差声されていることは、疑いを入れないだろう。したがってその声点から推定される声調やアクセントをただちに漢語の音韻史を考える材料として用いてよいわけではなく、声点が声調を示すと同時に漢字の意味用法を限定する機能を持つことから、まずはテクストの読解に用いられた事実を踏まえる必要がある。ここでは、『医心方』を資料として、(1) 反切によって示された字音からさらに声点によって声調を明示する例、(2) 声点によって漢字が持つ複数の意味を限定する例、(3) 声点によって漢字が文脈上自立語であることを示す例、(4) 声点によって字音系統を明示する例、についてそれぞれ分析を加える。

　先行研究によれば、声点の機能には語の同定（小松英雄 1971, 第 1 部第 1 章・小松英雄 1973, 第 1 部第 1 章, 第 4 章ほか）、字義の同定（當山日出夫 1983）、などがあることが知られている。またこれらの機能による声点加点が、家説の伝授（秋永一枝 1991, 第 2 章）を目的としている場合も報告されている。こうした先行研究をふまえ、上述の (1)～(4) の観点で分析を行う。

1.2.1.2 加点の順番について

　半井本に現れる字音注記には反切・同音字注（類音字注）・仮名音注・声点がある。声点は圏点であらわされ、六声体系を概ねとどめる（1.1.2 声点と声調の対応—軽点の認定に与える字体特徴の影響（p.30）参照）。本資料には和

第 1 章　字音声点を分析する上での基礎的問題　*67*

語に星点による声点があり、こちらも六声体系である。これらの字音注記は識
語に示されるように天養二年（1145）に宇治本から移点された。本資料には大
きく分けて墨筆・濃色朱筆・淡色朱筆の三種による字音注がみとめられるが、
これは、あらかじめ用意された写本に対し、天養二年に宇治本から移点された
ものであるとされている（杉立義一 1991，第七章第二節）。またヲコト点・仮
名点等の訓点は巻八表紙見返しの識語に記載されている内容と対応しており
（築島裕 1994、松本光隆 1979）、宇治本の加点状況を伝えているという。今こ
こに加点者と筆の色の関係を整理し、まとめると次のようになる。

- 一次加点　藤原行盛[*16]
    墨仮字…墨筆（A）
    朱星点…濃色朱筆（B）
- 二次加点　丹波重基[*17]
    朱星点…淡色朱筆（C）

字音注についても、この識語と対応が認められるか分析を行う。声点の総数は、
墨筆点（A）1864 例、濃色朱筆点（B）358 例、淡色朱筆点（C）489 例である。うち
23 例は、異なる筆で声点が重ね書きされているが（水濡れによる汚損を補う
ため）、全体的にほとんど重複はないと言える。

　さて、ABC の加点の順序について検討する。検討には、声点と反切を併記
した例に着目する。先行研究によれば、反切が声点や仮名音注の「典拠」とな
る例が指摘されている[*18]。本資料でも反切が声点の「典拠」となり得るのであ

＊16　藤原広業―家経―行家―行盛（『尊卑分脈』）。小林芳規 1967 によれば広業は藤原
　　内麿流の日野家の訓説を持つという。

＊17　丹波重基「重康ノ第二子権医博士・権侍医・典薬頭・施薬院使・兼丹波権守・主
　　税頭・女宮別当・美作権介等ヲ歴官ス大治五年関白忠通杳ヲ病ム大サ柑子ノ如シ痛骨
　　節ニ徹シテ転倒スル能ハス重基之ニ灸スルコト三十七壮痛頓ニ減ス次日膿潰シテ愈ユ
　　又鳥羽帝及崇徳院ノ弗予ヲ治シテ効ヲ奏ス」（竹岡友三 1931）

＊18　沼本克明 1982（第 2 部第 1 章）・沼本克明 1997（第 3 章第 2 節）、小助川貞次
　　1990 ほか。本資料に現れる反切の典拠については、西崎亨 1995 に玉篇をはじめとし
　　た多くの字書・音義書の利用の指摘がある。

68　　1.2　字音注記とその出典に関わる問題

れば、ABC の筆による各声点は、同筆の反切と共に加点されるか、加点順序が先の反切と共に現れるはずである。

　漢字に対して反切と声点が共に現れる総数と、その組合せは以下の結果となった（声点一つに異なる二筆の反切例はのぞく）。

	A 反切	B 反切	C 反切
A 声点	157	0	2
B 声点	15	21	0
C 声点	41	1	5

表 1.9：漢字に対して反切と声点が共に現れる総数

A 反切は ABC 声点と共に現れるが、B 反切はほぼ B 声点と、C 反切はほぼ C 声点と共に現れる。これは A 反切が最初に記載されてから A 声点が加点され、その後で BC 声点が加点されたことを示すものと考えられる。また B 反切は B 声点のみならず C 声点とも現れる。これは B 反切記載の後で C 声点が加点されたことを示している[19]。問題は、C 反切と共に現れる A 声点の 2 例であるがこれは例外とみてよい[20]。

　反切が注記される位置からも加点順序に関する傍証は得られる。具体例として、声点一つに異なる二筆の反切例が注記されるものを次に示す。

• A 反切右傍 /BC 反切左傍のもの
　－「悷」〈去〉Ⓡ布對反Ⓛ n 基季反 ［0616b5］

---

* 19　以下、実例表示の略号等について記す。t は淡色朱筆、n は濃色朱筆、これ以外は墨筆のものを示す。声点は〈　〉内に示した。加点位置は右傍＝Ⓡ、左傍＝Ⓛ、欄外頭注＝Ⓣ、欄外脚注＝Ⓕで示す。［　］内は出現箇所で、たとえば［0616b5］は「第六巻十六丁裏五行目」を示す。

* 20　A 声点 C 反切併記の 2 例は、「悷」〈去〉Ⓛ t 其季反Ⓛ t ハイ［0804b8］、「瀝」〈德〉Ⓕ t 力的反［0915b1］である。「悷」の反切は、併記される同筆（c）の仮名音注「ハイ」と位置が近接している。これは仮名音形を示すために記載された反切と考え、A〈去〉との関係性は薄いと考えてよい。「瀝」の反切は欄外脚注の形を取っており、こちらも関係性は薄い。

第 1 章　字音声点を分析する上での基礎的問題　　69

- 「悷」〈去〉Ⓡ布對反Ⓛt其季反［0811a1］
- 「惙」〈德t〉Ⓡ中劣反Ⓛt陟劣反［0924b5］
- A反切右傍/BC反切頭・脚・さらに右傍のもの
  - 「紐」〈上〉Ⓡ女久反Ⓡn女巾反［0305b7］
  - 「橝」〈上〉Ⓡ徒感反Ⓣ徒感反Ⓕt徒感反［0915a5］
  - 「筰」〈德〉Ⓡ切在各反Ⓣt詐白反Ⓡサク［0104b5］

これらを見ると、A反切が右傍、BC反切はその他の位置に注記されていることが分かる[*21]。本資料では反切・仮名音注・同音字注（類音字注）は被注字のすぐ右傍に注記されることが原則であり、右傍に訓点やその他の書入がある場合にはじめて左傍ほかの注記となる。よってA反切はBC反切に先行して記載されたものと推定できる。

こうした事実によって、字音注の加点がA→B→Cの順であったという推定が改めて確認できる。

1.2.1.3 反切と共に現れる声点

次に反切下字と声点の示す声調が、一致しているかどうか検討する。これらの組合せにおいて、両者の声調が一致しているのなら、本資料における声点は反切によって導き出されたと考えられることになる。

	A筆	B筆	C筆	合計
声点反切一致	109 [70]	25 [11]	38 [19]	172 [100]
声点反切不一致	9 [7]	5 [2]	6 [1]	20 [10]
字音不明等	4 [0]	2 [0]	1 [0]	7 [0]
合計	122 [77]	32 [13]	45 [20]	199 [110]

表1.10：反切下字と声点の示す声調の対応

＊21 「維」〈平〉Ⓛn普江反Ⓣ莫江反［0304b4］の一例のみが、例外となる。が、この例は義注も含めて長い注であり、長さは三字下の被注字にまで及ぶ。その字の右傍にはすでに墨筆の和訓があり、これを避けるために左傍に注したものと考えられる。

反切と声点の比較基準には切韻系韻書である『広韻』を用い、入声字を除いて比較を行った。結果は表1.10に示した（数字は延べ字数、［　］内は『広韻』の反切と掲出形が全く同じもの）。各筆ともに、大部分が声点反切一致例となっている。声点と反切の関係は、この結果を見る限り緊密である。ということは同時に、声点と反切が共に現れる例については、漢音系字音に則っていることが加点者に受け入れられたものと考えることができる。しかし、声点と反切が一致しないものも20例含まれており、反切は声点の典拠とならない場合もあることが分かる。その具体例は以下の通りである（当該字と声点・注記反切（反切下字の示す声調）／『広韻』反切（声調）／出現文字列、の順に示した）。

■墨筆声点

1. 「膻」〈去〉徒旱反（上声）／徒旱反（上声）／「膻中」［0223a4］
2. 「杼」〈去〉神與反（上声）／神與反（上声）／「大杼」［0219a2］
3. 「浣」〈去〉胡管反（上声）／胡管反（上声）／「浣衣」［2206b4］
4. 「肚」〈去〉徒古反都古二反（上声）／徒古反（上声）／「肚㞗」［0265a8］
5. 「瘦」〈上〉所祐反（去声）／所祐反（去声）／「瘦弱」［0117a4］
6. 「椎」〈上〉直追反又槌反平（去声）／直追反（平声）／「輸椎」［0241b1］
7. 「尿」〈上〉奴弔反（去声）／奴弔反（去声）／「遺尿」［1235b7］
8. 「薺」〈平〉齊礼反（上声）／徂礼反（上声）／「薺苨」［1930b9］
9. 「捻」〈平〉都念反（去声）／記載なし／「捻」［2018b9］

■濃朱筆声点

10. 「件」〈去n〉其輦反（上声）／其輦反（上声）／「件」［2712b6］
11. 「菌」〈去n〉n貝殞反（上声）／渠殞反（上声）／「藿菌」［0155b6］
12. 「蚖」〈去n〉愚袁反（平声）／愚袁反（平声）／「蚖」［1627a7］
13. 「鱺」〈平n〉n力丐反（上声）／盧启反（上声）／「鰻鱺魚」［0163b1］
14. 「瘀」〈去n〉於豫反（上声）／依倨反（去声）／「瘀血」［1620a1］

■淡朱筆声点

15. 「項」〈去t〉Ⓡ胡講反（上声）／胡講反（上声）／「頚項」［0902b5］

第1章　字音声点を分析する上での基礎的問題　71

16. 「咀」〈去 t〉Ⓛ t 才与反（上声）／慈呂反（上声）「咬咀」[0605b3]
17. 「咀」〈去 t〉Ⓡ 才与反（上声）／慈呂反（上声）／「咀嚼」[1202a7]
18. 「耆」〈上 t〉Ⓛ 渠夷反（平声）／渠脂反（平声）／「黄耆」[1232b7]
19. 「鑱」〈平 t〉Ⓛ 尸塩反（去声）／士懺反（去声）／「鑱去」[1615b1]
20. 「芫」〈去 t〉Ⓡ 牛園反（平声）／愚袁反（平声）／「芫花」[0906b6]

1.「膻」2.「柸」3.「涴」4.「肚」10.「件」11.「菌」15.「項」16.17.「咀」の声点は「全濁上声字の去声化」*[22] を反映している可能性がある。ゆえにこれらも漢音系字音と受け止められていると考えて良いだろう。9.「捻」は「唸」の反切（都念反）と取り違えたものか。問題は、5.「瘦」6.「椎」7.「尿」8.「薺」12.「蚘」13.「鱷」14.「瘀」18.「耆」19.「鑱」20.「芫」の声点が呉音系字音を反映したと考えられる点である。この点、「1.2.1.6 呉音系字音に基づく声点が加点される字」（p.75）で改めて考える。

上にあげた「全濁上声字の去声化」や呉音系字音を反映したと思しき声調は、反切という音注では示すことができない。これらの例では反切が記載されているにも関わらず、反切が声点の典拠として必ずしも機能していない*[23]。この問題については、移点者の観点から 1.2.3.5（p.120）にて改めて触れる。

しかし全体としてみた場合、反切と声点一致数からここに掲げた声点は反切から導き出された可能性が高いと考えて良いだろう。

1.2.1.4　声点を加えられた字の傾向

加点者は常に反切を無批判に受け入れ声点を加点していたわけではなく、字音に関する知識や文脈に応じて、声点を加点していたことが窺われる。そこで、加点者の字音に関する知識や文脈の理解がどのようなものであるか、声点が加点される漢字の特徴を分析・考察する。加点者の有していた字音知識が現れる

---

*22　柏谷嘉弘 1965・沼本克明 1982（第 2 部第 5 章）他によれば、日本漢音には、母胎音である秦音（唐代末期長安音）に生じた「全濁上声字の去声化」が反映する。切韻系韻書は中古音に基づいているため、この変化は反映していないとされる。

*23　このことは沼本克明 1982（第 2 部第 1 章第 3 節）で述べられる、反切音注利用の形骸化と同一直線上にあると考えられる。

のは、たとえば複数の意味を持ちそれが声調に対応する漢字であればその引当てや使い分けをする場合、声点によって漢字が文脈上自立語であることを示す場合、声点によって字音系統を明示する場合、などが想定される。ここではこうした想定のもとに加点字の傾向性を分析・考察するため、資料に現れる被加点字のうち上位頻度のものを分析対象とする。これは加点頻度の高い字に、本資料における加点の傾向が現れやすいと考えるためである。

　分析の対象は、三筆を区別せず頻度順に並べ、十回以上、声点が加点される上位32字種とした（全1159字種中）。対象となった字は次に示すとおりである（数字は出現回数）。

　　黄（33）・熱（31）・消（22）・中（22）・復（22）・脹（21）・末（21）・悪（19）・
　　煩（19）・人（18）・満（18）・数（18）・適（17）・石（16）・参（15）・塞（15）・
　　贏（14）・大（13）・風（13）・悶（13）・躡（12）・候（12）・腎（12）・痛（12）・
　　頭（12）・芒（12）・逆（11）・長（11）・防（11）・烏（11）・嘔（10）・湯（10）

1.2.1.5　『広韻』と一致する字

　以下、上で抽出した字を『広韻』に一致するかしないかで分け（入声は便宜上「一致」とみなした）、それぞれの傾向を考察する。『広韻』に一致するグループの個別例を検討すると、次の共通性が確認できた。

　1. 声点によって、声調の異なりに伴う意味の違いを示したもの
　2. 漢字一字が一語に相当することを示したもの

　まず1点目であるが、声点によって声調の異なりに伴う字義の違いを示したものには、復・中・悪・数・長の5字種が該当する。以下に『広韻』記載の声調と字義を示す。またこれらの字に加点された声点は、字義を示すことが第一の機能であるために、次に示す2例のように必ずしも訓読した際に当該箇所を音読しないことがある（以下、読み下し文はヲコト点を平仮名に直し、適宜送り仮名等を補った）。

復	去声	又也返也往来也 安也白也告也…	入声	返也重也…		
中	平声	平也成也宜也堪也 任也和也半也…	去声	當也…		
悪	去声	憎悪也…	入声	不善也…		
数	上声	計也…	去声	弯数…	入声	頻数
長	平声	久也遠也常也永也…	上声	大也…	去声	多也…

表 1.11：復・中・悪・数・長の『広韻』記載声調と字義

- 「復」〈去〉［1607a8］
  - 末附子酢和塗上　燥復〈去〉塗上
    末附子を酢に和（し）て上に塗レ　燥〔カハカ〕バ復〔また〕〈去〉上（に）塗レ
- 「中」〈去〉［0273b5］
  - 為不覆孔穴上不中〈去〉経脈火気則不能遠達
    孔穴の上〔ウヘ〕に覆〔オホ〕ハず、経脈に中〔アタ〕（ら）ざらんとすれば、火ノ気ハ則（ち）遠（くに）達（する）こと能はず。

例数は次の通りである。

- 復〈去〉…22字 全例（A 4字・B 5字・C13字）が「又也返也往来也」に該当。
- 中〈去〉…22字 17字（A 2字・B 6字・C 9字）が「當也」に該当。 5字（A 4字・C 1字）は呉音系字音のため除く。
- 悪〈去〉…19字 15字（A 9字・B 3字・C 3字）が「憎悪也」に該当。
  - 「悪」〈入〉、「悪語」〈入○〉、「醜悪」〈上入〉（「不善也」に該当）
- 数〈入〉…18字 16字（A 6字・B 6字・C 5字）が「頻数」に該当。 1字（A 1字）は呉音系字音のため除く。
- 長〈上〉…11字 10字（A 4字・B 3字・C 3字）が「大也」に該当。
  - 「長大息」〈平○○〉（「久也遠也常也永也」に該当）

次に 2 点目であるが、漢字一字が一語に相当することを示したものには熱・

末・適・候・腎の5字種が該当する。熱・候・腎は音読の名詞として解釈されており、適・末は一字漢語サ変動詞として解釈されている。

- 熱〈入〉…31字 16字（Ａ9字・Ｂ2字・Ｃ5字）が一漢字一語。
  - 痛発時則小熱〈入〉［1615a6］
  - 痛発（する）時に則ち小し熱す
- 末〈入〉…21字 20字（Ａ16字・Ｂ2字・Ｃ2字）が一漢字一語。
  - 可末〈入〉桂着舌下漸咽汁［0327a7］
  - 桂ヲ末シ舌下ニ着ケ漸に汁を咽ムべし
- 適〈入〉…17字 16字（Ａ12字・Ｂ3字・Ｃ1字）が一漢字一語。
  - 以水六升煮取二升半適〈入〉寒温分作三服［1618b3］
  - 水六升を以て煮て二升半を取て寒温を適シ分て三服に作（る）
- 候〈去〉…12字 全例（Ａ3字・Ｂ1字・Ｃ8字）が一漢字一語。
  - 服石得候〈去〉［1912a9］
  - 石を服して力を得ル候
- 腎〈上〉…11字 8字（Ａ5字・Ｂ2字字）が一漢字一語。
  - 白汗出如流水者腎〈上〉絶四日死［0113b1］
  - 白キ汗出ミて流水ノ如ル（ママ）者腎ノ絶ナリ四日ニ死（ス）［0113b1］

1.2.1.6　呉音系字音に基づく声点が加点される字

次に、『広韻』に一致しないグループについて述べる。これらは呉音系字音を高い割合で含む字種のグループである。これまでの検討で残った22字種のうち、11字種（黄・消・人・参・大・風・頭・防・烏・湯・嘔）がこれに該当する。

呉音系字音は『広韻』平声・上声・去声に対し、〈上〉〈去〉・〈平〉・〈平〉で現れることが多いため、このグループには必然的に呉音系字音が一定の割合で含まれてくる。またこれらには、《去・去》のように上昇調が連続すると後接する字には〈上〉が差されるという呉音系字音に特徴的な現象や、語中語尾の去声字は前接する字の声調に関係なく〈上〉が差されるような現象も確認できる。

- 黄（匣母唐韻平声）…33字中32字（A 28字・B 1字・C 3字）が呉音系
  字音
  - 「黄連」〈去上〉[0125a2]・[0334b6]・[0335b6]・[0342b5]・[2108a2]、
    「黄耆」〈去上〉[0320a3]・[0330a3]・[0816a3]・[1232b7]、「黄蘗」〈去
    入〉[1036a8]・[1123b7]・C[1128b2]、「黄芩」〈去上〉[0311b4]・
    [0331b3]・[0341b9]、「黄病」〈去○〉[0111a1]、「干地黄」〈去平上〉
    [0329a6]・[0816a6]・[1302a3]、「大黄」〈平上〉[0342b5]・[1329a2]・
    [1330b1]、「麻黄」〈去上〉[0311b3]・[0317a1]・[0320a8]、「麻黄湯」
    〈去上上〉[0108b2]、「牛黄」〈去上〉[0132a2]・B[0616a4]、「勲黄」〈去
    上〉C[0906b9]、「留黄」〈平上〉C[0907a3]、「雄黄」〈去上〉[0333a1]、
    「蒲黄」〈平上〉[0132a2]
  - 『広韻』に一致「鶏子黄」〈○○平〉[0128a4]
- 消（心母宵韻平声）…22字 全例（A 15字・B 2字・C 2字）が呉音系字音
  - 「芒消」〈平上〉[0127b8]・[0314a6]・[0515a4]・[0608b7]・[0616a2]・
    [0620a7]・[0923b3]・[0926a9]・[1034a2]・C[1018a6]・C[1216b3]、
    「朴消」〈入上〉[1014a7]・[1016a9]・[1020a4]・[1032b3]・B[1011a6]、
    「消蒲」〈去入〉[0212a6]・[2206b1]、「消」〈去〉[0121b8]・[1026a7]・
    B[0624b3]、「消石」〈去○〉[1036a9]
- 人（日母眞韻平声）…18字 全例（A 15字・B 2字・C 1字）が呉音系字音
  - 「人参」〈去上〉[0310a4]・[0311b3]・[0314a5]・[0329a6]・[0330a2]・
    [0338a5]・[0627b1]・[0815a8]・[0816a8]・[1329a3]・[2023a1]・
    [2009a4]・B[0627b1]・B[1640a7]、「人溺」〈去上〉[0129a2]、「人屎」
    〈去上〉C[1607b1]、「人中」〈去上〉[0113a9]、「桃人」〈去上〉[0314a7]
- 参（生母侵韻平声）…15字 全例（A 12字・B 3字）が呉音系字音
  - 「人参」〈去上〉[0310a4]・[0311b3]・[0314a5]・[0329a6]・[0330a2]・
    [0338a5]・[0627b1]・[0815a8]・[0816a8]・[1329a3]・[2023a1]・
    [2009a4]・B[0627b1]・B[1640a7]、「苦参」〈平上〉B[1611b7]
- 大（定母泰韻去声）…13字 10字（A 9字）が呉音系字音
  - 「大黄龍湯」〈平○上上〉[1609a7]、「大棗」〈平上〉[1120a6]・[1126a8]・

[1216a4]・[1227b3]・[2220a3]・[2337a2]、「大黄」〈平上〉[0342b5]・
[1329a2]・[1330b1]

- 『広韻』に一致「大戟」〈去上〉[0129a8]、「大素経」〈去上○〉[0104a6]・
[0107a9]

• 風（非母東韻平声）…13字 12字（A11字・C1字）が呉音系字音
- 「防風」〈去上〉[0310a4]・[0311a3]・[0311b3]・[0319a8]・[0319b8]・
[0328b5]・[0339a7]・C[0143b7]、「風市」〈去上〉[0232a6]・[0822b3]、
「風門」〈去○〉[0241b2]、「風門熱府」〈去上入上〉[0219a4]
- 『広韻』に一致「風寒」〈平平〉[0107b6]

• 頭（定母侯韻平声）…12字 11字（A4字・B3字・C4字）が呉音系字音
- 「烏頭」〈去上〉[0136a8]・[0338b4]・[0706a2]・B[1003a5]・B[1005a1]・
B[1008b3]・C[0914a7]・C[2106b8]、「頭眩」〈去平〉[1038a1]・
C[1037b6]、「政頭」〈平上〉C[1613a4]
- 『広韻』に一致「白頭翁」〈入平平〉C[1630a7]

• 防（奉母陽韻平声）…11字 9字（A8字・C1字）が呉音系字音
- 「防風」〈去上〉[0129a7]・[0310a4]・[0311a3]・[0311b3]・[0319a8]・
[0319b8]・[0328b5]・[0339a7]・C[0143b7]
- 『広韻』に一致「防已」〈平上〉[0310a4]・[0311b3]

• 烏（影母模韻平声）…11字 全例（A7字・B3字・C2字）が呉音系字音
- 「烏頭」〈去上〉[0129a6]・[0136a8]・[0325a6]・[0338b4]・[0706a2]・
[0713a7]・C[0914a7]・〈上上〉C[2106b8]・B[1003a5]・B[1005a1]・
B[1008b3]

• 湯（透母唐韻平声）…10字 全例（A8字・C1字）が呉音系字音
- 「湯」〈去〉[0110a4]・[0110b7]・[0123a7]、「破棺湯」〈平去上〉C
[1607b1]、「麻黄湯」〈去上上〉[0108b2]、「後湯」〈○去〉[0121b8]、「前
湯」〈○去〉[0121b8]、「湯酒膏」〈去上去〉[0132b1]、「附子湯」〈○
○去〉[0136b1]、「大黄龍湯」〈平○上上〉[1609a7]

• 嘔（影母麌韻平声）…10字 7字（A4字・C3字）が呉音系字音
- 「嘔逆」〈上入〉[1142b5]・[1605a6] C[2022b1]、「嘔吐」〈上上〉
[2216a1]・C[2330a4]、「嘔逆吐利」〈上入○○〉[1102a2]、「渇嘔」〈入

上〉C［2010b7］
　－『広韻』に一致「嘔逆」〈平入〉n［0617b5］・n［0623a3］・C［0803b9］

　分析対象とした 32 字種には、呉音系字音を高い割合で含む 11 字種が確認でき
た[*24]。これらについて ABC 筆ごとの内訳を見ると、「黄」「消」「人」「参」「大」
「風」「防」「湯」の 8 字種は A 点が多いことが分かる。また C 点が多い字種
はない。この点、「広韻と一致するグループ」とは異なる傾向を指摘すること
ができる。これは加点者による字音知識の違いを反映したものと推測されるが、
詳細は次節で触れる。
　さて、上の字種は本資料全体の中で、どれくらいの重みを持っているだろう
か。全例の 1159 字種から漢音系字音との比較のために入声を除いた 1112 字種
中には、275 字種（約 25％）の呉音系字音が含まれている。同様に、上位頻度
33 字種から入声字を除くと、23 字種中 15 字種（約 65％）に呉音系字音が含
まれていることが分かる（本節で検討した 11 字種に限定しても半数の約 50％
にのぼる）。特に入声を除いた上位頻度の 1-3 位までに、呉音系字音が集中し
ていることを考え合わせると、本資料においては高い頻度で声点が施されてい
る字に呉音系字音が多く含まれていると言えそうである。
　ところで上に検討したグループには、同字でありながら語によって異なる声
点が加点されているものがある。例えば「黄」は、「黄連」「黄耆」「黄蘗」な
どのように本草名の一部をなす場合には〈去〉が加点され、「鶏子黄」という
語で現れる場合は〈平〉で加点される。こうした例には 11 字種のうち 7 字種
が該当する。語によって区別される声点がこのように存在していることは、加
点者の加点単位が、語レベルのものでもあったことを意味している[*25]。そこで、

──────────
＊24　ここでは取り上げていないが、「中」（22 字中 5 字（A 4 字・C 1 字）が呉音系字音）、
　　「数」（18 字中 1 字（A 1 字）が呉音系字音、「痛」（12 字中 1 字（B 1 字）が呉音系字音）
　　の 3 字種はわずかながら呉音系字音を含んでいる。
＊25　この結論から、（広韻と比較ができない）入声字を、入声字を含む語レベルで検
　　討すると、例えば「石」・「朴」などは呉音系字音とみなすことができる。なおこれら
　　のいくつかに付されている仮名音注も呉音系字音にもとづいている。たとえば、「慈石」
　　〈去入〉［0129b6］、「石南草」〈入去（シヤクナムサウ）〉［0320a3］、「石留皮」〈入上〇（〇
　　ロ〇）〉［2229a9］、「樊石」〈去入（ホンシヤク）〉［2343a6］、「朴消」〈入上〉［1014a7］ など。

78　　1.2　字音注記とその出典に関わる問題

本資料に現れる二字漢語の加点状況を調査し、漢音系字音と呉音系字音について部分加点される字と完全加点される字を比較した結果が、表1.12である（数字は延字数、[ ]内は各加点状況ごとの漢音系字音／呉音系字音の％、（ ）内は各字音ごとの部分加点／完全加点の％）。

	漢音系字音	呉音系字音	計
部分加点	441 [79％] （44％）	116 [21％] （21％）	557
完全加点	557 [56％] （56％）	432 [44％] （79％）	989
計	998	548	1546

表1.12：漢音系字音と呉音系字音の比較

　呉音系字音のうち、完全加点字の割合は部分加点字よりも高い（79％）。また部分加点字のうち、漢音系字音の割合は呉音系字音よりも高い（79％）。つまり本資料においては、呉音系字音は漢音系字音に比べて完全加点が目指されていた、と考えられる。「1.2.1.3 反切と共に現れる声点」（p.70）で触れた、反切と声点の示す声調が一致しない例のうち、声点の示す声調が呉音系字音に基づく例を振り返れば、反切は単字についてのみ機能する音注であるが、それに対して声点は語単位についても機能する音注であるから、呉音系字音による漢語に対して反切で示す単字の声調と声点で示された声調とが異なるといったことが生ずるのであろう。

　以上、1.2.1.5（p.73）と1.2.1.6（p.75）の検討から、同一漢字における声調の異なりに伴う意味の違いを示す場合や、文脈や語に応じて字音系統やそれに基づく語形を決定する場合に、加点頻度が高いことが分かった。

1.2.1.7　呉音系字音加点の目的

　ここまでに得られた分析結果から、本資料においても先行研究で指摘される加点傾向が確認できたが、呉音系字音に加点頻度が高かったことについてはなお疑問が残る。すなわち、なぜ呉音系字音に加点者の注意が向けられるのだろうか、という疑問である。医書である医心方はある種の専門用語（動物名・本

第1章　字音声点を分析する上での基礎的問題　　*79*

草名・病名・人体の部位名など）を多く含んでいて、それらが呉音系字音語彙であるために、必然的に呉音系字音への加点例が多数となったということが第一に考えられる。しかし資料に呉音系字音語彙が多く含まれることと、それに声点が加点されるかは別である。加点目的に応じて、呉音系字音に加点する必要のある場合とない場合があると考えられるからだ。この問題を考えるにあたっては、医心方という資料がどのように用いられたのかを考え合わせねばなるまい。

　平安時代の医書の学習は、延喜式によれば、典薬寮で『太素経』『新修本草』『小品方』『黄帝内経明堂』『八十一難経』等が医生・針生に講じられていたとされる（服部敏良 1955, 第 3 章）が、この講説は大学寮で五経と同様に行われていたと考えられており、以後大学寮における博士家のように典薬寮においても家説が成立していったことが明らかにされている（松本光隆 1980b）。『半井家本医心方』への移点の原本である宇治本をめぐっては、『玉葉』に藤原兼実が丹波家の人間に医書を講じさせる記述があるという指摘がなされており（杉立義一 1991, Ⅱ第 2 章第 4 節）、医書も「他の漢籍と同様に、貴人に対しての個人教授が行われていたであろう」とされる（松本光隆 1980b）。宇治本『医心方』が藤原家*26 に所持されていたことを考慮すると、加点された注記は講義の手控えのために記したものかと推論してよいだろう。

　この推論を検討するために、AB（藤原行盛）点と C（丹波重基）点の加点分布の違いを見てみる。表 1.13 は加点者ごとに、一字あたりの加点頻度を示したものである（一字あたりの加点頻度は延べ字数を異なり字数で割った値）。C（丹波重基）点は、漢音系字音と呉音系字音の、一字あたりの加点頻度がほぼ拮抗している。ところが AB（藤原行盛）点は、呉音系字音に加点頻度が高いことが分かる。この結果は、前節で得られた、広韻一致グループについては ABC 点の偏りが見てとれなかったのに対し、広韻不一致グループには A 点が偏って多く現れていたことと対応する。この二人の加点頻度の差は、字音知識の差によるものではないだろうか。

　丹波重基の加点が医家の家説の中で習得した知識に基づいてなされたのであれば、医学に関する専門用語の多くが呉音系字音で読まれることを知っていた

＊26　築島裕 1994 によれば藤原忠実、松本光隆 1980b によれば藤原頼長によるという。

	AB（藤原行盛）点	C（丹波重基）点
漢音系字音	1.8（延 1179/ 異 662）	1.6（延 241/ 異 154）
呉音系字音	2.6（延 559/ 異 218）	1.4（延 148/ 異 105）

表 1.13：漢音系字音と呉音系字音　AB 点と C 点の比較

可能性が考えられる。よってそれらに注意する必要性は低く、加点頻度も低くなる、といったこともあり得ただろう。ただし、A → B → C という加点順序から考えれば、すでに藤原行盛が呉音系字音に基づく語に加点していたため、必然的に丹波重基が加点をする余地が少なくなった、といったことも考えられるので、可能性を指摘するにとどめたい。

　一方で最初に加点した藤原行盛は、医学に関する専門用語の知識が乏しかったのではないか、ということは推測しうる。医家の人間ではない者にとって、医学に関する専門用語の字音は聞き慣れぬものが多かったのだろう。小松英雄1971 では『前田家本色葉字類抄』の植物門の和訓に加点率が高いことが指摘される。これは実物と名称の引き当てが困難であるためとされているが、本草名を含む医学的な知識がある程度の専門性を帯びていたことを示している。このような聞き慣れぬ用語であるために、藤原行盛が高い頻度で加点したと考えることはひとつの推論として許されるであろう。

　これについて、AB 点が加点された箇所が、場所によって集中していることも傍証となる。「1.2.1.6 呉音系字音に基づく声点が加点される字」（p.75）に示した例から挙げると、「湯」は巻一に 3 回、「黄連」・「黄芩」・「麻黄」は巻三に 3 回、「芒消」は巻六に 3 回、「朴消」・「烏頭」は巻十に 4 回現れる。なかでも「黄疸」は巻十に 3 回現れるが、巻内でも加点箇所が特に近接しており（［1035a6］・［1036a4］・［1038b2］）、「人参」などは巻三に 6 回で、そのうちいくつかは加点箇所が近接している（［0310a4］・［0311b3］・［0314a5］・［0329a6］・［0330a2］・［0338a5］）。「防風」についての加点箇所の近接はさらに顕著である（［0310a4］・［0311a3］・［0311b3］・［0319a8］・［0319b8］・［0328b5］・［0339a7］）[27]。またこれらには、加点箇所が後のものに部分的な加点をするといった例は一例

＊27　巻三、六、十に加点が集中していることは、どの巻がより講義に使用されたのか、ということとも関連があろう。

もない。近接しているにもかかわらず、その都度完全な加点がなされている。こうした AB 点の加点箇所の集中と完全加点の傾向は、藤原行盛が医学に関する専門用語の知識に乏しかったために、手控え、すなわち備忘を目的として加点したと考えなければ、説明しにくい。

1.2.1.8　まとめ

本資料に現れる声点を加点頻度の高いものについて検討した結果、次のようなケースのあることが確認できた。

1. 反切によって示された字音からさらに声点によって声調を明示する例
2. 声点によって漢字が持つ複数の意味を限定する例
3. 声点によって 1 字で一つの漢語であることを示す例
4. 呉音系字音であることを積極的に示す場合に声点が加点される例

1 は声点加点に際して反切が利用されたことを推測させる。2、3 からは漢文テクストを読解するために声点が用いられたことが考えられる。すなわちこれらの声点が示す声調をただちに音韻史を考える材料として用いることには留保が必要であると考えられ、より低い位相の資料に現れた声点との対照作業を通じて利用するべきであろう。

また 4 は加点された『医心方』という資料の、医学書としての性格に基づいている。加点者ごとの字音知識の質的な差が、加点頻度の差となって現れることから、本資料において加点者は自身の手控え作成を目的として加点を行ったことを考察した。漢音系字音に基づく声点については反切を利用することが観察されたが、呉音系字音の漢語に加点する際にはほとんど反切は利用されていなかった。また漢音系字音には部分加点が多く、呉音系字音には完全加点が多い、という点から、呉音系字音の漢語は音義類のような単字ごとの伝承によらず語単位の伝承に基づいているだろうことも推測される。この点で、呉音系字音のほうが日本語音韻史の枠組みで捉えやすいことが確認される。

82　　1.2　字音注記とその出典に関わる問題

1.2.2　字音注記の出典と加点方針

1.2.2.1　はじめに

　院政期の加点を伝える半井家本『医心方』の字音注記（声点・反切・類音注）は、字音資料としてどのように位置づけられるのか。1.1.2（p.30）と1.2.1（p.67）において、声点を中心に検討を加えてきたが、まずは字音学習・伝承の枠組みで理解するべきであることを論じてきた。そこには加点者の字音知識が介在しており、それが声点という注記の形で現れていることを確認した。ここでは、反切と類音注に着目する。声点が和語のアクセントを示す注記としても利用されていくのと対照的に、反切や類音注は字音知識の学習・伝承のなかで用いられる。それは反切が「難字を読む為の根拠」（沼本克明 1982, pp.75-78）として用いられてきており、かつ日本語の音韻体系や書記体系に実現できない中国語原音の違いを表し得る注記であるという性質（沼本克明 1982, pp.607-666）を持つためと考えられる。したがって、反切やそれに機能的には準じる部分を持つ類音注をどのように利用しているか、特に複数の先行資料から反切の引用を選択可能である場合にどのような観点で選択しているのかを見ていくことは、加点者の字音知識を見ていくのに適していると考えられよう。

　よって、ここでは『医心方』の字音諸注記のうち、反切と類音注を対象に主な出典文献の推定を行う。具体的には、先行研究で、注記類の出典であることがすでに報告される『本草和名』と『和名抄』を中心に分析・検討を行う。

1.2.2.2　調査対象

　現存する『医心方』写本のうち、最古のものは半井家旧蔵と仁和寺本（保元3年:1158年～嘉応2年:1170年写[28]）である。両写本は現在散逸した宇治本からの移点とされている。本書では半井家本を底本として、データを取り扱う。半井家本巻8にみえる識語には、半井家本への移点状況と宇治本への加点状況が記されているが、この識語は字音注記の筆の色（A.墨筆、B.濃色朱筆、C.淡色朱筆）と対応することが松本光隆 1979・松本光隆 1980-03、築島裕 1994ですでに明らかにされており[29]、宇治本に存したと推定される注記を考える上

---

[28]　杉立義一 1991, p.111 に、九条兼実『玉葉』の記述に基づいて書写年代の推定がなされる。

で都合がよいからである。

　ここでは両写本における字音注記を比較対照しながら、移点祖本への字音注記がどのような典拠に基づいていたのかを探るため、半井家本と残存する仁和寺本とで比較可能な巻のみに限定して、調査を行う。残存する仁和寺本は巻 1、5、7、9、10、19 零葉*[30]、27 の 7 巻である。巻 1 〜 10 は京都仁和寺蔵本、巻27 は前田家尊経閣文庫蔵本*[31] を、それぞれ原本について確認した。

　調査対象とする字音注記は、これらの巻に存する反切・類音注である。半井家本『医心方』の反切については、すでにいくつかの先行研究で取り上げられている（1.2.2.3 にて詳述）。本書で報告するのは、このうち類音注全てと、『本草和名』*[32]『和名類聚抄（以後『和名抄』と略称する）』およびいくつかの本草・音義書が出典と推定される反切である。

1.2.2.3　字音注記の概観

　『医心方』に現れる字音注記には、反切・類音注・仮名音注・声点がある（表

---

*29　巻 8 識語には「初下點 行盛朝臣 朱星點 墨仮字（改行）重加點 重基朝臣 朱星點假字勘物又以朱點句 于儒點」とある。本論では、A. 墨筆…藤原行盛加点、B. 濃色朱筆…藤原行盛加点、C. 淡色朱筆…丹波重基加点、とし、それぞれ A 筆 B 筆 C 筆と呼ぶ。松本光隆 1979・松本光隆 1980a によれば、AB 筆は、紀伝道・藤原日野家の、当時としては比較的新しい、仏家色の訓法を伝えているという。

*30　巻 19 零葉は小曽戸洋・杉立義一 1991 の報告によれば仁和寺に蔵されているとのことであるが、同文献所載の影印と、オリエント出版半井家本の影印とを照合することで字音注記を確認した。残存部分は第 59 葉、オリエント出版の半井家本影印本では 45 丁裏 46 丁表に相当する。

*31　小曽戸洋 1985 において、前田家尊経閣文庫に仁和寺本の僚本が蔵されていることが報告された。

*32　日本古典全集刊行会本以外に、台湾国立故宮博物院蔵本（観 695）を閲覧した。本文献は真柳誠 1987a でその存在が報告され、自筆識語などから森立之旧蔵影写本とされたものである。なお真柳誠 1987b によれば、「多紀元簡が江戸幕府紅葉山文庫に発見した本書の原古写本の所在は明治以降不詳となり、その現存すら定かでない。かつ現行の元簡校刊本とこれを影印した日本古典全集本は校刊時の所改と誤刻が夥し」いとされる。稿者も台湾国立故宮博物院蔵本と日本古典全集本を比較することでこれらの異同を確認した。しかし本論で取り扱った音注形式・音注字・音注字体の問題に関わる異同はなかった。

1.14）。ここでは仮名音注・声点を単独では考察の対象に含めないが、反切・類音注と共に現れる場合は、後掲の出典対照データに掲げたので、参考までに総数を示してある。1丁当たり[33]の注記数は巻1が最も多いが、これは第一にこの巻が初巻であること、「治病大体部」という総論的内容であることが理由として考えられる。第二に、「諸薬和名第十」という本草の解説と和名を示した部分への加点率の高さがある。この部分は12.5丁分の長さを持ち168の字音注記を数える。1丁当たりの注記数は13.4と、『医心方』中で最も字音注記加点が濃密な部分である。詳細は「1.2.2.5 字音注記加点の具体相」（p.102）で触れる。

　また表1.15に反切・類音注のうち、半井家本と仁和寺本で共通するものと半井家本のみのものの注記数と割合を、ABCの筆別に示す。数字は字音注記数、（　）内は両本で共通例の％である。

　半井家本と仁和寺本で共通する例は、移点祖本の宇治本に存していたものと見てよいだろう。共通例の割合は筆によって異なる。B筆は少数なので判断を保留するとして、C筆は反切・類音注ともに高い割合で共通するのに対し、A筆は6割しか共通しない。A筆には半井家本への移点の際に、宇治本以外の別本を参照したか[34]、あるいは何らかの別の出典をもとに新たに加点した例が含まれていることが考えられよう。

■『**本草和名**』「**仁**」「**楊**」および『**和名類聚抄**』『医心方』に現れる字音注記には、出典注記が付されるものがある。特に反切については玉篇をあらわす「玉」「玉篇」「顧野王」や、切韻系韻書をあらわす「切」（切韻）「宋」（広韻）「唐」（唐韻）ほかが見られ、従来字書・韻書逸文研究の対象とされてきた[35]。出典注記を付さない、玉篇と切韻を出典とする反切も多数あるが、詳細は「1.2.3 玉篇・

＊33　原本は巻子本の形態だが、便宜のために、オリエント出版の影印本に記載される丁相当表記にしたがった。

＊34　巻8識語には「移点比校之間所見及之不審直講中原師長（改行）醫博士丹波知康重成等相共合醫家本畢」とあり、別本からの移点も疑われる。

＊35　岡井慎吾1933、馬淵和夫1952、上田正1984、西崎亨1995ほか。このほか医史学研究では『医心方』所引文献の出典研究として、吉田幸一1939-01・吉田幸一1939-02・吉田幸一1939-03、馬継興1985-07、新村拓1985、小曽戸洋・大上哲廣1994がある。

字音注記	巻1	巻5	巻7	巻9	巻10	巻19	巻27	合計
反切	157	18	21	82	14	2	21	315
類音注	52	2	5	0	12	1	6	79
仮名音注	133	32	15	6	21	0	53	260
声点	386	13	15	124	113	0	135	786
注記合計	728	65	56	213	160	3	215	1440
相当丁数	69	55	24	33	40		36	260
注記数／丁	10.6	1.2	2.3	6.5	4.0	3.0	6.0	5.5

表 1.14：巻 1, 5, 7, 9, 10, 19, 27 字音注記総数

筆	字音注記	仁和寺本共通	半井家本のみ	半井家本全数
A	反切	142 （60）	94 （40）	236 （100）
	類音注	34 （60）	23 （40）	57 （100）
B	反切	10 （56）	8 （44）	18 （100）
	類音注	0 （0）	2 （100）	2 （100）
C	反切	57 （93）	4 （7）	61 （100）
	類音注	20 （100）	0 （0）	20 （100）

表 1.15：半井家本・仁和寺本共通　ABC 筆別

切韻系韻書を典拠とする反切注文」（p.107）で報告することとしたい。

　さて反切・類音注に付される上記以外の出典注記に、「仁」「楊」といったものがある。これは『日本国見在書目録』「醫方家」の「新修本草音義一仁掛撰」「本草注音一楊玄操」のことであろう[*36]。本論の調査対象部分では、次の5例[*37]がある。

＊36　『医心方』に引用される「楊玄操音」については真柳誠・沈澍農 1996 にも言及がある。

86　　1.2　字音注記とその出典に関わる問題

1. 「澤舄」Ⓡ Ａ音昔Ⓛ Ａ又揚和（ママ）也反（0150b4）図 1.13 [仁]
   [草]「澤鴬」仁謂音昔楊玄操音私也反（114a6）
2. 「梨蘆」Ⓡ Ａヤマウハラ Ⓛ Ａ楊　音力兮反（0917b7）
3. 「秦艽」[外] Ａ頭芤カウ　仁音交俗作膠非（0143b8）[仁]
4. 「析蓂子」Ⓡ Ｃツハヒラクサ Ⓛ Ｃ先歴反 [外] Ｃ頭仁音錫（0143b3）[仁]
5. 「炘」Ⓡ Ａヒハシ ⓡ Ａ拆　仁勒格反開也或作炘　サケ Ⓛ Ａホトホラシメテ（0136a9）[仁]

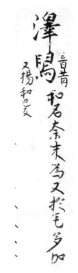

図 1.13：澤舄

　結論を先取りすると、『医心方』には『本草和名』からの諸注記引用が一定数みとめられる。その『本草和名』には「仁謂音」「楊玄操音」が多数引用されており、このことは河野敏宏 1988 にも詳細な報告がある。また松本光隆 1980b では、『医心方』の和訓（朱筆に多いという）には『本草和名』からの引用が多くみられるとあり、後掲のように、字音注記を対象とした本調査でも、同資料からと推定される引用を多数確認している（ここでは参考として 1.「澤舄」のみ『本草和名』を併記した）。上記 5 例のうち、3 例は『本草和名』に同注記があり、孫引きの可能性もないわけではない。ただし「仁」「楊」を冠する例はわずかに上に挙げたのみであって、なぜ多くは出典を記さなかったのかという疑問は残る。特に上記 4. と 5. に付された「仁」音注は『本草和名』にはない[*38]。『日

[*37] 以下、本論での用例の掲げかたを説明する。各用例の番号に続く「　」内に示すのが半井家本掲出形、[声]＝声点、Ⓡ＝右傍内側、ⓡ＝右傍外側、Ⓛ＝左傍内側、Ⓛ＝左傍外側、[外]＝欄外注。ＡＢＣは筆の種類。[仁]＝仁和寺本にも字音注記あり。[草]＝本草和名：与謝野寛他 1926、[本]＝和名抄：中田祝夫 1978、[切]＝切韻系韻書（[広]＝広韻、[諸]＝上田正 1973 の諸本と略称、[逸]＝上田正 1984 の逸文と略称）、[玉]＝玉篇（[篆]＝篆隷万象名義：高山寺典籍文書綜合調査団 1977、[逸]＝岡井慎吾 1933・馬淵和夫 1952 の逸文と略称および大広益会玉篇：中華書局編集部 1987）をそれぞれ示す。

[*38] 4.「析蓂子」の「仁音錫」は、観智院本『類聚名義抄』に「析 錫 サク…」（名義仏下本 114）とあり、出典注記を誤った可能性もある。『類聚名義抄』を出典とする字音注記については別途報告したい。

本国見在書目録』に記載される「新修本草音義」「本草注音」から直接の引用
も考えられるのではないか。

　このほか出典注記はないが、『和名抄』からの引用もいくつか見られる。松
本光隆 1980b によれば『医心方』和訓には同資料からの引用が認められると
いう。ただ『和名抄』には『本草和名』を出典とする注記があり、分析には注
意が必要である。例えば、河野敏宏 1988 によれば、『和名類聚抄』の「本草云」
「陶隠居本草注云」「蘇敬本草注云」に含まれる字音注は『本草和名』からの孫
引きとされるが[*39]、孫引きの際にはいくつか注の方式を変えているものがある
という。『医心方』の字音注にも『本草和名』『和名抄』とで一致する例としな
い例とがあり、『医心方』において両資料がどのように取捨選択され採録され
たのかを考える足場となりそうである。

　以下では『本草和名』『和名類聚抄』からの引用と推定した例を、それぞれ
反切、類音注の順に掲げ、検討を加える。具体的には、『本草和名』（『和名抄』
には『本草和名』から音注が引用されているので、『和名抄』とも一致する例
を含む）と『医心方』とで一致する反切・類音注、『和名抄』（『本草和名』と
音注が一致しないもののみ）と『医心方』で一致する反切・類音注の順でみて
いく[*40]。

＊39　ただし『和名抄』「本草云」には『本草和名』が出典とは認められない例も存す
　　ることが、築島裕 1965、呉美寧 2000、稲崎朋子 2002、などで指摘されている。
＊40　なお、反切については、切韻や玉篇との一致も念のため見ている。両文献が引用
　　する文献をさらに遡れば、切韻や玉篇の存在が窺われるが、1.2.3でみるように『医心方』
　　にも切韻系韻書や玉篇を直接引用することがあったことも明らかであり、切韻や玉篇
　　は『本草和名』『和名抄』を経て加点されているのか、直接加点されているのか判然と
　　しない部分もあるからである。厳密に考えれば、『本草和名』『和名抄』と『医心方』
　　で一致する反切のうち、切韻や玉篇と一致しない例に限定して考えるべきであろうが、
　　データ数が分析に耐えないほどに制限されてしまうため、切韻や玉篇に一致する例と
　　一致しない例とを併記する形をとった。

■『本草和名』との一致例　反切

『本草和名』（『和名抄』との一致を含む）と一致し、切韻や玉篇に一致しない
もの

1. 「苦芙」Ⓡ Ｃ 烏老反（0155b9）匚
　　草「苦芙」楊玄操音烏老反（144a9）
　　和「苦芙」本草云苦芙烏老反和名加萬奈一云加美於古之奈（20/6）

2. 「青葙子」Ⓡ Ａ ウマサクⓁ Ａ 私羊反（0926a9）匚
　　草「青葙」楊玄操音私羊反（142b4）
　　和「青葙」本草云青葙私羊反和名宇末佐久一云阿萬佐久（20/9）

3. 「扁青」Ⓡ Ａ 補典反（0147b7）
　　草「扁苻」仁諝音捕典反（141b5）
　　和「牛扁」蘇敬本草注云牛扁車典反和名／佐太知末知久…（20/8）

4. 「鱧魚甲」Ⓡ Ｃ 徒何反（0163a7）匚
　　草「鱧魚甲」音徒何反（218b8）

5. 「白蘘荷」Ⓡ Ｃ 而羊反（0165b7）匚
　　草「白蘘荷」音而羊反（237b5）

6. 「蘩蔞」声 Ｃ 去Ⓡ Ｃ 緑珠反（0166a5）匚
　　草「蘩蔞」仁諝…緑珠反（239a4）

7. 「硇沙」Ⓡ Ａ 乃交（虫損）反（0149b9）匚
　　草「磠沙」仁諝音乃交反（111a1）

8. 「枳實」Ⓡ Ａ カラタチノミⓁ Ａ 六居尓反（0905b4）匚
　　草「枳實」仁諝音居尓反…（156b1）

9. 「枳實」Ⓡ Ａ カラタチⓁ Ａ 居尓反（0924b6）匚
　　草「枳實」仁諝音居尓反…（156b1）

10. 「茮莍」声 Ｃ 徳Ⓡ Ｃ 古叶反（0160a2）匚
　　草「茮莍」仁諝音上古叶反…（203a6）

11. 「薚花」Ⓡ Ｃ 人揺反（0155a1）
　　草「薚花」仁諝音人揺反（139b4）

12. 「鰻鱺魚」声 Ｃ 平Ⓡ Ｃ 力丂反（0163b1）匚
　　草「鰻鱺魚」仁諝…力兮反（220a3）

13. 「射干」Ⓡ C 考寒反（0155a7）圉
　　圐「射干」楊玄操云…考寒反（141a7）

14. 「蕚菌」㖨C去Ⓡ C 見殞反（0155b6）圉
　　圐「蕚菌」仁謂音…其殞反…（143b4）

15. 「香薷」Ⓡ C 而由反（0166a1）圉
　　圐「香薷」楊玄操音而由反（238a6）

16. 「青蘘」Ⓡ C 私羊反（0166a9）圉
　　圐「青蘘」楊玄操音松羊反（241b5）

17. 「粉錫」Ⓡ A 先歴反（0149b4）圉
　　圐「粉錫」楊玄操音先歴反（110a1）

18. 「殷蘖」Ⓡ A 魚竭反（0142b1）圉
　　圐「殷蘖」楊玄操音魚竭反（106a8）

19. 「髪髲」Ⓡ C 走孔反⒭ C 又尸潤反（0160b9）圉
　　圐「髪髲」楊玄操音走孔反又尸閏反…（205b2）
　　圏「鬆髪髲根附」…蘇敬本草注云髲仁謂音義云音被楊云操　反和名加美乃禰今案楊説（3/6）
　　　　　　　　　　　　髲作操鬆走孔反又私國　是也髲者頭髮見容飾具

20. 「揃宲子」Ⓡ A 先歴反（0151a4）圉
　　「析宲子」Ⓡ C ツハヒラクサⓁ C 先歴反㊀C 頭仁音錫（0143b3）圉
　　圐「揃宲子」楊玄操上音先暦反…（117b6）

21. 「貓」Ⓡ A（マ）ミⓁ A 崔禹作貓音他瑞反（0905b5）圉
　　圐「貓膏」崔禹作貓音他瑞反（210a5）

22. 「蕲」㖨A 徳Ⓡ A 胡木反（0154a8）圉
　　圐「蕲菜」仁謂音胡木反（137a3）

23. 「女萎々菳」Ⓡ A 人隹反（0150b2）圉
　　圐「菳核」仁謂音人隹反…（153a4）

24. 「雄㹠」㊀B 頭　雄㹠　崔氏食経作豚音徒昆反（下略）（0913a7）
　　圐「豚卵」仁徒昆反（209a5）

25. 「蕚蘆」㖨A 去Ⓡ A 古甂反Ⓛ A 和名タケ又ハナリ（0721a1）圉
　　圐「蕚菌」仁謂音…楊玄操音古甂反（143b4）

26. 「釣藤」㖨C去Ⓡ C 丁叫反（0160a2）圉
　　圐「釣樟根皮」楊玄操音…丁叫反…（202b3）

27. 「奔豚気」Ⓡ A 徒昆反豕子也Ⓛ A ヤマヌヤマヒ（0109b9）[仁]
[草]「豚□（判読不能）」仁徒昆反（209a5）
[切][広]徒渾切　豕子也[逸]音屯徒渾反陸法言豕子也麻杲云或作豘或作豚孫愐云豕子初成

以上 27 例は単字では『本草和名』と一致する。1，2，4～19 は掲出形も同じであるので、『本草和名』から引用された可能性が高い。1～3 は『和名抄』とも一致するが、3 は反切上字の字体が三者で異なる。河野 1988 によれば『和名抄』に引用される『本草和名』の音注字には、「より簡単な文字に直して注しようとした可能性」のあるものが存するという。『医心方』は簡略化されていない『本草和名』の音注字に近く、『本草和名』から直接引用されたか。20 の掲出字も字体の問題があるが同様に考える。21～26 は『本草和名』と『医心方』とで掲出形が異なる。「『本草和名』「仁」「楊」および『和名類聚抄』」(p.85) で検討した「新修本草音義」「本草注音」から直接の引用も考えられるが、だとすれば出典注記を付さないのが疑問であるので、まずは『本草和名』からの引用と考えておきたい。

『本草和名』（『和名抄』との一致を含む）と一致し、切韻や玉篇にも一致するもの

1. 「豉」Ⓡ A クキⓁ A 是義（二字虫損）反（0906a8）
「豉」Ⓡ A クキⓁ A 是義反（0910b3）
「豉湯」Ⓡ A 是義反（0925b9）
「香豉」[声] A 去Ⓡ A 是義反（0904a3）[仁]
「葱豉湯」[声] B 去Ⓡ A 是義反（0919a1）[仁]
[草]「豉」音是義反豆所作也（242b3）
[和]「豉」釋名云豉是義反和名久木五味調和者也（16/22）
[切][広]是義切
2. 「蓬蔂」Ⓡ C 力水反（0164b3）[仁]
[草]「蓬蔂」仁諝音力水反（228a9）
[玉][篆]力水反

3. 「黄芩」Ⓡ A ヒ、ラキⓁ A ハヒシハ[1] A 渠金反（0909a4）＊仁和寺本対応部分欠

「黄芩」Ⓡ A ヒ、ラキⓁ A ハヒシハ[外]下 A 渠金反（0925b1）

[草]「黄芩」仁謂音渠金反（126a2）

[切][広]巨金切[諸]渠金（s6187 全王）

[玉][篆]渠金反…[逸]渠炎渠金二切…（益）

4. 「椋子木」[声] C 平Ⓡ C 力将反（0159a3）[仁]

[草]「椋子木」仁謂音力将反（158b3）

[玉][篆]力将反…[逸]力将切…（益）

5. 「莧實」Ⓡ C 胡弁反（0165a9）[仁]

[草]「莧實」仁謂音胡辨反（235a6）

[玉][逸]胡辨切…（益）

6. 「旋復華」Ⓡ C 似泉反（0155a2）[仁]

[草]「旋復華」仁謂音似泉反（139b5）

[切][諸]似泉（王一）

7. 「芰實」Ⓡ C 哥寄反（0164b5）[仁]

[草]「芰實」仁謂音奇寄反（229b6）

[切][広]奇寄切

8. 「荳蔲」Ⓡ A カウレムカウノミⓁ A 上音豆下呼候反（0927b3）

[草]「豆蔲」楊玄操…音呼候反（228a3）

[切][諸]呼候（p3694 王一王二全王唐韻）

9. 「枳椇」[声] C 上Ⓡ C 居紙反（0160a7）[仁]

[草]「枳椇」楊玄操音上居紙反…（204a4）

[玉][篆]居紙反…[逸]居紙切…（益）

10. 「枳椇」[声] C 上Ⓡ C 倶禹反（0160a7）[仁]

[草]「枳椇」楊玄操音…倶禹反（204a4）

[玉][篆]倶禹反…[逸]倶禹切…（益）

11. 「粳米」Ⓡ C 古行反（0167a2）[仁]

[草]「粳米」楊玄操音古行反（下略）（244a3）

[切][広]古行切

以上は、切韻系韻書や玉篇に一致するため、『本草和名』からの引用とはただちに推定しにくいものであるが、2〜8, 9〜11は掲出形も同じであり＊41、9, 10のように掲出形の2字とも同じものもある。これらの多くは『本草和名』からの引用と考えてよいだろう。

■『本草和名』との一致例　類音注

『本草和名』に一致（『和名抄』との一致を含む）

1.「秦艽」[外] A 頭芁カウ　仁音交俗作膠非（0143b8）[仁]
　「秦艽」Ⓡ A 音交俗作膠非（0152b2）[仁]
　[草]「秦艽」仁謂音交（125b9）
　[和]「秦艽」本草云秦艽音交和名都加里久佐一云波加里久散（20/7）
2.「葒」Ⓡ A 音紅（0154a7）[仁]
　[草]「葒草」仁謂音紅（136b5）
　[和]「葒草」陶隠居本草注云葒草一名遊龍葒音紅和名伊沼多天（20/15）
3.「蝦蟆」Ⓡ C 音叚（0163b2）[仁]
　[草]「蝦蟇」仁謂音遐…（220a9）
　[和]「蝦蟇」…兼名苑云蝦蟇遐麻二音…（19/24）
4.「蝦蟆」Ⓡ C 音麻（0163b2）[仁]
　[草]「蝦蟇」仁謂音…麻…（220a9）
　[和]「蝦蟇」…兼名苑云蝦蟇遐麻二音…（19/24）
5.「莱菔」Ⓡ C 音来（0165b2）[仁]
　[草]「来菔」仁謂音来…（236a6）
　[和]「莱草」辨色立成云莱草上音來和名之波…（20/14）
6.「射干」Ⓡ C 音夜（0155a7）[仁]
　[草]「射干」楊玄操云上音夜…（141a7）
　[和]「射干」本草云射干一名烏扇射音夜和名加良須／安布木（20/12）
7.「葎草」Ⓡ C 音律　反（0157a1）[仁]＊「律」字のみ欠

＊41　7.「芰實」Ⓡ C 哥寄反の反切上字は、『本草和名』・切韻系韻書の反切上字「奇」を字形の類似のために誤写したと考え、一致のグループに含めた。

草「菫草」仁謂音律（148a7）

和「菫草」本草云菫草^{上音律和}_{名毛久良}（20/11）

8.「及已」Ⓡ C 音以（0155a4）仁

　草「及已」仁謂音以（140a8）

　和「及已」本草云及已^{仁謂音義已音以}_{和名豆木禰久佐}（20/11）

9.「萮藘」Ⓡ A ソクⒶ A 朔濁二音（1016b7）

　草「萮藘」楊玄操音上朔下音濁（147a3）

　和「萮藘」蘇敬本草注云萮藘^{朔濁二音此}_{間音曾久止}／久…（20/15）

10.「萮藘」Ⓡ A トクⒶ A 朔濁二音（1016b7）

　草「萮藘」楊玄操音上朔下音濁（147a3）

　和「萮藘」蘇敬本草注云萮藘^{朔濁二音此}_{間音曾久止}／久…（20/15）

11.「蘩蔞」㊟ A 平Ⓡ C 音煩（0166a5）仁

　草「蘩蔞」仁謂上音煩…（239a4）

　和「蘩蔞」本草云蘩蔞^{蘩蔞二音和}_{名八久倍良}…（17/24）

12.「韮」Ⓡ C 音九（0165b7）仁

　草「韮」楊玄操音九（237b3）

　和「韮」本草云韮^{舉有反與玖同和名}_{舌美良又葉穗名也}…（17/17）

13.「蛞蝓」㊟ C 平Ⓡ C 音腴（0163a5）仁

　草「蛞蝓」仁謂移腴二音（218a9）

　和「蚰蜒」…本草云蛞蝓^{移臾二音和}_{名奈女久知}（19/20）

14.「菴蘆子」Ⓡ A 音淹（0151a2）仁

　草「菴蘆子」楊玄操上音奄下音閭（117a8）

　和「菴蘆子」本草云菴蘆子^{上音淹和}_{名波々古}（20/11）

15.「蚍蛻」Ⓡ C 音蛻（0163b7）仁

　草「蚍蛻皮」仁謂音税（221b6）

　和「蛻」^{蚍蛻}_附野王案蛻^{始悦反音税}_{訓毛沼久}（19/29）

16.「蛞蝓」㊟ C 徳Ⓡ C 音舌（0163a5）仁

　草「蛞蝓」仁謂移腴二音（218a9）

　和「蚰蜒」…本草云蛞蝓^{移臾二音和}_{名奈女久知}（19/20）

17.「白芨」Ⓡ C 音及（0155b4）仁

[草]「白芨」楊玄操音及（143a6）

18.「析蓂子」ⓇC ツハヒラクサ[外]C 頭蓂　乙覔（0143b3）[仁]

「菥蓂子」ⓇA 音覔（0151a4）[仁]

[草]「菥蓂子」楊玄操…音覔（117b6）

19.「麻蕡」ⓇC 音墳（0166b1）[仁]

[草]「麻蕡」楊玄操音墳（241b6）

20.「馬刀毒」ⓇA 音彫テウ（0129b4）[仁]

[草]「馬刀」仁諝音彫（224a2）

21.「防已」ⓇA アヲカツラⓁA 音以（0145b2）[仁]

[草]「及已」仁諝音以（140a8）

22.「蓼實」ⓇC 音了（0165b5）[仁]

[草]「蓼實」仁諝音了（236b8）

23.「菴薗子」ⓇA 音閭（0151a2）[仁]

[草]「菴薗子」楊玄操…音閭（117a8）

24.「鹵鹹」ⓇA 音魯（0149b2）[仁]

[草]「鹵鹹」仁諝上音魯…（109a6）

25.「蠡實」ⓇA 音礼（0153b2）[仁]

[草]「蠡實」楊玄操音礼（132a8）

26.「鳶尾」ⓇC 音縁（0155a8）[仁]

[草]「鳶」音縁（212a3）

27.「主郵」ⓇA 六尤（0720a5）[仁]

[草]「鬼督郵」仁諝音尤（111b9）

28.「蟝蛸」[外]A 脚下消音（0142a8）

[草]「蛸毋」音消（214a3）

29.「粭糖」[声]A 平ⓇA タウⓡA 乙唐ⓁA アメ（0135b6）[仁]

[草]「詹糖香」楊玄操…音唐（153b6）

30.「白堊」ⓇA 音悪（0149b3）[仁]

[草]「白悪」仁諝音一各反（109b6）／「堊灰」堊音悪出兼名苑（110b1）

1～16 は『本草和名』『和名抄』に音注があるが、11～13 は両資料で音注形

式や音注字が異なる。この３例は『本草和名』の方が『医心方』に一致しており、『本草和名』からの引用と考えられる。しかし14は『和名抄』が『医心方』に一致する。３と合わせ、旁など諧声符のみを音注字に用いることがあったか。同掲出形の別字23は『本草和名』に基づいており、『本草和名』伝写の過程で偏が省略されるなどして生じた異同かもしれない。15の『医心方』字音注は「税」を写し誤ったものか。16は少し複雑である。『本草和名』の「蛅蟖」（蛅は渓母末韻入声）の字音注記は「移」ではおかしく、『和名抄』所引「本草云…」掲出形の「蛦蟖」（蛦は以母支韻平声）にこそ該当するものである。おそらくこの箇所は『本草和名』の「蛅蟖」を掲出形として『医心方』に採用したものの、字音注記が該当しないことに気づき、別途改めたか他の典拠に基づいたものであろう。これによりＣ筆の加点者が機械的に『本草和名』の音注を引き写していないことが分かる（この16は説明の便宜上ここに掲げたが『本草和名』『和名抄』のどちらにも一致しないので、後の数的処理には加えていない）。30は『本草和名』と同じ掲出形の箇所からではなく、別の箇所から音注を採用しているのが疑問である。

■『和名類聚抄』との一致例　反切
『和名抄』に一致（『本草和名』に採録されないもの）し、切韻や玉篇に一致しないもの

1. 「齵」Ⓡ Ａ 倶禺反Ⓛ Ａ ムシカメハ（0721b1）㊀
   ㊥「齵歯」釋名云齵倶禺反齵歯無之加女波蟲齧之歯缺朽也（3/20）

2. 「脾」Ⓡ Ａ 俾移反土之精也Ⓛ Ａ ヨコシ（0901b8）
   「脾」Ⓛ Ａ 俾移反（0902a9）
   ㊥「脾」白虎通云脾俾移反和名與己之土之精也色黄（和 3/11）

3. 「脱肛」㊦ Ａ 平Ⓡ Ａ シリイツルヤマヒⓁ Ａ 古紅反（0710a2）㊀
   ㊥「脱疘」病源論云疘古紅反字亦作肛和名之利以豆流／夜萬比肛門脱出也…（1/22）

　３例とも和訓まで一致する。２の（0901b8）は義注も一致する。３は『医心方』と『本草和名』で掲出字が異なるが、『本草和名』の「字亦作肛」に基づいたようである。これらは『和名抄』からの引用と見て問題ないだろう。

『和名抄』に一致（『本草和名』に採録されないもの）し、切韻や玉篇にも一致するもの

1. 「腎」Ⓡ A 時忍反（0502b1）[仁]

   「腎」Ⓡ A 時忍反（0701b2）[仁]

   「腎」Ⓡ A ムラトⓁ A 時忍反水之精也（0901b9）[仁]

   「腎」Ⓛ A 時忍反（0902a9）

   [和]「腎」白虎通云腎時忍反和名無良止水之精也色黒（3/12）

   [切][広]時忍切[諸]時忍（切一切三王一王二全王）

2. 「腕」Ⓡ A タ、ムキⓁ B 烏段反掌後節也（0931b6）

   [和]「腕」陸詞切韻云腕烏段反和名太々無岐一云宇天手腕也（3/13）

   [切][諸]烏段（王一王二全王）[逸]烏段反同案音（不）烏段反手腕（不）陸詞切韻云腕烏段反手腕也（陸）

3. 「鼈」Ⓡ A カハカメⓁ A 并列反（1022a1）

   [和]「鼈」本草云鼈唐韻并列反魚鼈字或作鼈和名加波加米（19/11）

   [切][広]并列切（鼈字で検索）[逸]并列反（陸）（曹）（郭）（唐）

4. 「衄家」[声] A 徳Ⓡ A チクⓁ A ハナチミユルイヘニハ[外] A 頭女鞠反鼻出血也（0109a8）[仁]

   [和]「衄」説文云衄女鞠反和名波奈知鼻出血也（3/5）

   [切][広]如六切　鼻出血 / 女六切　鼻出血…

   [玉][篆]女鞠反鼻血也[逸]女鞠切鼻出血也（益）

5. 「噦」Ⓡ A 於越反Ⓛ A サクリ（0930b4）

   「噦」Ⓡ A サクリⓁ A 於越反（0931b8）

   「噦」Ⓡ A サクリⓁ A 於越反（0932a3）[仁]

   「噦」Ⓡ A エツⓁ A 於越反（0901a8）

   [和]「噦噫」唐韻云噦噫上於越反下乙劣反楊氏漢語抄云噦噫／佐久利逆氣也（3/18）

   [玉][篆]於越反…

6. 「膽」Ⓡ A イⓁ A 都敢反（0902a3）[仁]

   [和]「膽」中黄子云膽都敢反和名伊為中精之府（3/12）

   [切][広]都敢切

国篆都敢反…逸都敢切…（益）

7. 「鹿茸」Ⓡ C カノワカツノ Ⓛ A 而容反 （0146b2）仁
　　和「菌茸」崔禹錫食經云菌茸[而容反上渠殞/反上𦘔之]／[重爾雅注云菌有木菌/土菌石菌和名皆多介]…（16/18）
　　切広而容切

8. 「蝸牛」Ⓡ C 古華反 （0164a8）仁
　　和「蝸牛」…本草云蝸牛[上古華反和名/加太豆不利]…（19/20）
　　切広古華切　国篆古華反逸古華切…（益）

9. 「癰疽」Ⓡ A 七余反 （0721a9）
　　和「疽」説文云疽[七余反俗/云𤼣背]久癰也（3/25）
　　切広七余切

10. 「艾菜」Ⓡ A 五蓋反 （0154a5）仁
　　和「蓬」兼名苑云蓬一名蓽[艾也蓬蓽二/音逢畢和名]／[與毛木艾/音五蓋反]…（20/13）
　　切広五蓋切

11. 「遺尿」Ⓛ A 奴弔反 （0902a5）仁
　　和「尿」説文云尿[奴弔反和/名由波利]小便也（3/16）
　　切広奴弔切逸奴弔反（考）

12. 「吼」Ⓡ A 呼后反Ⓛ A 鳴也 （0504b7）仁
　　和「嘷」…唐韻云吼[呼后反字/赤作]（18/23）
　　切広呼后切　牛鳴語同（p3693切三王一全王）逸呼后反…牛鳴也（唐）

13. 「頸項」声 B 上Ⓡ A 璟成居井二反Ⓛ A 頭莖也　項在後頸在前 （0902b5）
　　仁
　　和「頸」陸詞切韻云領[冷反/頸也]頸[居井反/和名久比]頭莖也（3/3）
　　切広巨成切　項頸在前項在後…　国篆居井反

14. 「頸項」声 B 去Ⓡ A 胡講反 （0902b5）仁
　　和「項」陸詞云[胡講反和/名宇奈之]頸後也…（3/3）
　　切広胡講切逸胡講反（陸）
　　国篆胡講反頸後逸胡講切頸後也（益）

15. 「䅦米」Ⓡ C 魚列反 （0166b7）仁
　　和「糵」説文云糵[魚列反和名與/𥞉乃毛夜之]牙米也…（16/16）
　　切広魚列切　国篆魚列反…

1〜6は『和名抄』と和訓も一致する。1（0901b9）は義注も一致する。3は『医心方』と『本草和名』で掲出字を異にするが、『本草和名』の「鼈字或作鱉」に基づいたか。これらは『和名抄』からの引用とみてよいだろう。13は義注字「莖」が異なるが『和名抄』と義注の一部が同じである。ただし2つの反切「墟成」「居井」のうち、「居井」の1つしか一致していないので、「墟成」は他の出典に基づいたか。この他、4や14のように『広韻』だけが反切を異にするものも散見する。

■ 『和名類聚抄』との一致例　類音注
『和名抄』に一致（『本草和名』に採録されないもの）

　1.「薏苡子」Ⓡ Ａ 音以（0151a3）仁
　　　和「薏苡」兼名苑云薏苡億以二音… （20/11）

　2.「茺蔚子」Ⓡ Ａ 音充（0151a4）仁
　　　和「茺蔚」本草云茺蔚子充尉二音和名女波之木 （20/12）

　3.「茺蔚子」Ⓡ Ａ 音尉（0151a4）仁
　　　和「茺蔚」本草云茺蔚子充尉二音和名女波之木 （20/12）

　4.「芎藭」Ⓡ Ａ オムナカツラⒷ Ａ 上去隆反下音窮（0914a3）
　　　和「芎藭」唐韻云芎藭弓窮二音和名本草於無奈加豆良… （20/19）

　5.「咳嗽」Ⓡ Ａ 六亥（1946a1）仁
　　　和「欬嗽」病源論云欬亥走二音和名欬字亦作咳之波不岐… （3/19）

　6.「喉痺」Ⓡ Ａ コウⒷ Ａ 六侯（0502a8）
　　　和「喉痺」病源論云喉痺侯婢二音俗訛云乃古比… （3/19）

　7.「喉痺」Ⓡ Ａ ヒⒷ Ａ 六婢（0502a8）
　　　和「喉痺」病源論云喉痺侯婢二音俗訛云乃古比… （3/19）

　8.「陰疝」Ⓡ Ａ 音山（0707a8）仁
　　　和「疝」釋名云疝音山阿太波良二云之良太美… （3/21）

　9.「七疝」Ⓡ Ａ 六山（1007b7）
　　　和「疝」釋名云疝音山阿太波良二云之良太美… （3/21）

　10.「黄疸」Ⓡ Ａ タンⒷ Ａ 音旦キハムヤマヒ（1001b2）＊仁和寺本該当部分欠

和「黃疸」病源論云黃疸音日一云黃病岐波無夜萬比…（3/24）
11．「膀胱」ⓁＡ旁光二音（1028b6）
　　　和「膀胱」廣雅云膀胱旁光二反和名由波利不久呂…（3/12）
12．「膀胱」ⓁＡ旁光二音（1028b6）
　　　和「膀胱」廣雅云膀胱旁光二反和名由波利不久呂…（3/12）

　以上は『和名抄』からの引用である可能性が高い。4，10 は和訓も一致する。
　ただし 4 は上字が『和名抄』に一致していない。当該箇所は本文に「芎々」とあり、下字について左傍に「藭」を注記した上で字音注を加える（図 1.14 参照）。
　下字の音注が『和名抄』を参照したことによって注されたと考えると、なぜ敢えて「弓」音を採用しなかったのかが疑問である（「去隆反」は切韻系諸本（切二王二全王）の反切に一致）。「芎」「弓」「藭」「窮」4 字の所属声母・韻母を調べると、「芎」は渓母東韻 3 等平声、「弓」は見母東韻 3 等平声、「藭」「窮」は共に群母東韻 3 等平声であることが分かる。当該加点者は、この正式な語形が「芎藭」であって『和名抄』に「弓窮」二音

図 1.14：芎藭

が注されているという知識と、踊り字を照らし合わせ、「芎」と「藭」とが同音であるか疑問を持った。ところがそもそも類音注の「弓」と「芎」とが別音であることが分かり、正式音注「去隆反」と記した。また下字については類音注の示す字音に問題がなかったため、そのまま『和名抄』のものを記した、といった事情が考えられようか。

1.2.2.4　まとめ

　以上で検討してきた結果を、表 1.16 にまとめる。表には、反切と類音注について、それぞれ『本草和名』（『和名抄』との一致も含む）との一致例、『和名抄』（『本草和名』との一致含まず）との一致例を示した。切韻系韻書や玉篇に一致する例も参考として各欄に掲げてある。数字は仁和寺本にも存する場合の、[ ] 内は半井家本のそれぞれ字音注記数を示す。

筆	反切				類音注	
	草		和		草	和
	切玉不一致	〃 一致	切玉不一致	〃 一致		
A	11 [12]	15 [21]	2 [4]	15 [22]	12 [15]	5 [12]
B	0 [1]	0 [1]	0 [0]	0 [0]	0 [0]	0 [0]
C	12 [13]	20 [21]	0 [0]	2 [2]	16 [16]	0 [0]
計	23 [26]	35 [43]	2 [4]	17 [24]	28 [31]	5 [12]

表 1.16：筆別・字音注記出典例数

　表 1.16 から、『本草和名』については AC 筆加点者ともに用いているが、『和名抄』については A 筆加点者のみが用いていると分かる（『和名抄』切韻系韻書・玉篇一致例の 2 例は、それぞれ切韻系韻書・玉篇を直接引用したと解釈しておく）。

　また 1.2.2.3 の個別的な検討の中で、『本草和名』『和名抄』で音注字が異なる場合、『医心方』は『本草和名』に一致していた。ところで河野 1988 によれば『和名抄』は『本草和名』を引用する際に、反切から類音注に音注の形式を変えたものが 35 例存在するようである。ここでは『本草和名』『和名抄』で、反切・類音注と音注形式が対応しないものを取り扱っていないが、河野 1988 に掲げられた例に限れば『医心方』字音注は『本草和名』反切の方に全て一致しており、本論の報告を裏付ける。

　以上から、『医心方』半井家本・仁和寺本の移点祖本である宇治本の加点事情は次のようであったと推定される。

1. A 筆加点者は『本草和名』を用いて字音注記を加点した。『本草和名』にない字は『和名抄』を用いた。
2. C 筆加点者は、A 筆加点者が加点しなかった箇所に、同じく『本草和名』を用いて加点した。

第 1 章　字音声点を分析する上での基礎的問題　*101*

1.2.2.5　字音注記加点の具体相

　AB筆C筆加点者の加点方針について、より具体的な姿を見るために、1.2.2.3で触れた巻1最終部分の「諸薬和名第十」の字音注記を分析する。分析には、半井家本と仁和寺本で一致する例のみを用いる。

　当該部分は『医心方』中もっとも被加点率が高く、分析の目的には最も適していると考えられる。また当該部分は築島裕1965ほかにおいて『本草和名』の抄出とされており、構成や立項順、漢名と和名の対照形式もほぼ『本草和名』の方式を継承しているため、『本草和名』との比較もしやすい。『医心方』において当該部分は漢名と和名の引き当てという意味で、特に重要とされていたことは容易に想像されるが[42]、字音注記の加点率の高さからは和名だけでなく漢名の発音にも大きな注意が向けられていたことが分かる。

　まず「諸薬和名第十」内での反切・類音注について、分布内訳を述べる。当該部分は47bから69bにわたるが、A筆は前半の49aから54aのみに50例（約6丁相当・242項目中）、C筆は後半の55aから67aのみに67例現れる（約13丁相当・421項目中）。内容としては前半部分に（以下『医心方』に引用される『本草和名』の巻名）「第三巻玉石上廿二種」〜「第九巻草中之下卅九種」、後半部分に「第十巻草下之上卅五種」〜「第廿巻有名無用薬百九十三種[無和名 *43]」と分かれており、ちょうど「第九巻」と「第十巻」でA筆C筆出現の分かれ目と対応しているように見えるが、A筆加点者の及ばなかった後半部分を、C筆加点者が補ったのであろう[44]。

　さて、『医心方』の当該部分において、抄出原本となった『本草和名』の字音注記をどのくらい採用しているかを分析したものが表1.17である。表中、「医のみ」は『本草和名』該当項目に字音注記がなく『医心方』にのみ存するもの、「医・本に字音注あり一致」は『医心方』と『本草和名』共に字音注記が加点

---

* 42　杉立義一1991, p.118によれば、この部分は後世独立の写本として流布するという。当該部分が重要視されていたことの傍証となろうか。

* 43　この部分は双行注にあるように、『本草和名』には存在せず、『医心方』においても字音注記は全くない。

* 44　なお『本草和名』所引の和訓については前半部分にもC筆が存するので、C筆加点者は後半部分を別途担当したわけではないと考えられる。前半部分に字音注記を補わなかったのはA筆による字音注記で十分と考えたからではないだろうか。

された項目のうち字音注が一致するもの、「医・本に字音注あり不一致」は一致しないものをあらわす。「本」は『本草和名』を指す（数字は項目数、（　）内は％）。

A	医全数 45（100）		本全数 31
	医のみ 26（59）	医・本に字音注あり　一致 15（34）	本のみ 13
		医・本に字音注あり不一致 4（9）	
C	医全数 66（100）		本全数 150
	医のみ 18（27）	医・本に字音注あり　一致 44（67）	本のみ 100
		医・本に字音注あり不一致 4（6）	

表 1.17：筆別・巻による分布

　表によれば、『医心方』の両加点者は『本草和名』の字音注記を約 1/3 ～ 1/2 ほど採用しつつも、別資料も用いていることが分かる。ただし両加点者とも、『本草和名』の該当項目に字音注記が存している場合は、『医心方』の該当項目に改めて別の文献を用いて字音注記を加えることはほとんどない。これはつまり『本草和名』に字音注記がない場合に限って別の文献を参照するということであって、他文献に比して『本草和名』の字音注記にプライオリティがあったことを意味しよう。

　なお『医心方』字音注記の全体を母数とした場合、『本草和名』の占める割合が A 筆が 34％、C 筆 67％と開きがあるのは、引用される『本草和名』の該当部分の被加点率自体が異なることが影響していると考えられ、両者の加点態度が違うとは言い難い。「諸薬和名」前半部分に相当する『本草和名』の字音注記は 242 項目中 31（約 13％＝約 1/8）例、後半部分には 421 項目中 150（36％＝約 1/3）例であって、C 筆の典拠となっている部分の方が被加点率が高い。これらの『医心方』への採用率はそれぞれ A 筆 15/31（約 48％＝約 1/2）例、C 筆 44/150（約 29％＝ 1/3）例で、A 筆加点者の方が高い割合で『本草和名』の字音注記を採用しているとはいえる。しかし最終的に『本草和名』の被加点率がどのような割合で『医心方』に受け継がれるか、計算すれば、A 筆 1/8

×1/2＝1/16、C筆1/3×1/3＝1/9でC筆により高い頻度が認められ、これが結果として表1.17にあらわれているわけである。

つまり重要なのは、『本草和名』記載字音注の違いにもかかわらず、『医心方』の実際の被加点率がA筆44例/242項目（18％）、C筆67例/421項目（16％）でほぼ等しくなっていることである。両加点者は『本草和名』だけでは字音が分からない部分を補うようにして、他文献を用いて積極的に字音注を加点したのだと考えられる。

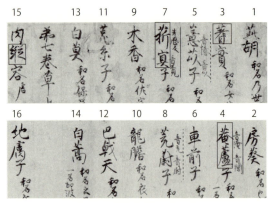

図1.15：『医心方』0151a部分

図1.15は『医心方』巻1の「諸薬和名第十」51aを和訓と解説を省略し、項目と字音注のみ示したものである。四角に囲った部分は『本草和名』の対応箇所に字音注が存すること、字音注記に付した直線は『本草和名』字音注記に一致すること、点線は一致しないことをそれぞれ意味する。番号は説明の便宜のために付した。図から『本草和名』に字音注が存する3, 4, 7, 15のうち4（「『本草和名』との一致例　類音注」の「『本草和名』に一致（『和名抄』との一致を含む）」pp.94-95の用例14、23）, 7（「『本草和名』との一致例　反切」の「『本草和名』（『和名抄』との一致を含む）と一致し、切韻や玉篇に一致しないもの」p.90の用例18、20）に字音注が採用されていることが分かる。また『本草和名』に字音注がない項目のうち、5（上字不明、下字「『和名類聚抄』との一致例　類音注」の「『和名抄』に一致（『本草和名』に採録されないもの）」p.99の用例1）, 8（p.99の用例2, 3）に『和名抄』から引用したと推測される字音注が

104　1.2　字音注記とその出典に関わる問題

ある。なお『本草和名』に字音注がなく『医心方』にのみ存するこうした例には、これまで見たように出典が判明しているものもある（A 筆では『和名抄』、玉篇、切韻系韻書、『本草和名』別項目の字音注、C 筆では玉篇、切韻系韻書、『本草和名』別項目の字音注）。

問題となるのは、数は少ないが表で「医・本に字音注あり不一致」とした部分である。これらは『本草和名』に字音注が存するのに、わざわざ別の文献から字音注を引いているかにみえる。まず、以下に A 筆から検討する。

1. 「白堊」Ⓡ A 音悪（0149b3）[仁]
   [草]「白悪」仁諝音一各反（109b6）/「堊灰」堊音悪出兼名苑（110b1）
2. 「葈耳」Ⓡ A 私以反（0153a7）[仁]
   [草]「葈耳」仁諝上音思以反（131a3）
3. 「夕薬」Ⓡ A 時薬反（0152b3）[仁]
   [草]「芍薬」市若反（126a7）
4. 「菴蘆子」Ⓡ A 音淹（0151a2）[仁]

1 は『本草和名』別箇所から採用しており、反切より簡略な類音注を好んだか。3 は項目自体の表記が違う。それぞれ異なる反切を参照したと考えられる。4 は 1.2.2.3 の「『本草和名』との一致例　類音注」の「『本草和名』に一致」用例 14 にて既に説明した。問題は 2 の 1 例のみだが、これは説明できない。「思以反」「私以反」のどちらも心母止韻 3 等上声であって、字音としての違いもない。次に C 筆について検討する。

1. 「田中螺汁」Ⓡ C 力戈反（0164a7）[仁]
   [草]「田中螺汁」崔禹音洛果反（224a9）
2. 「芋」Ⓡ C 于付反（0165a1）[仁]
   [草]「芋」仁諝音于盱反楊玄操音于句反（231a2）
3. 「蕺」Ⓡ C 側六（ママ）反（0166a5）[仁]
   [草]「蕺」楊玄操音葅立反（239a7）
4. 「荼菜」[声]Ⓡ C 大廉反Ⓛ C テム（0165b8）[仁]

1の「力戈反」は来母歌韻合口1等平声、「洛果反」は来母哿韻合口1等上声。「螺」の字音は前者であり、『本草和名』の誤りを訂したと考えられる。2の「于付反」は于母遇韻3等去声、「于盱反」は于母虞韻3等平声、「于句反」は于母侯韻1等平声。「芋」の字音は于母遇韻3等去声（「いも」を意味する）と虞韻3等平声（「草の盛んなさま」を意味する）の2音であるが、意味に基づけば去声が正しい。よって『医心方』では『本草和名』を訂したと考えられる。3は「側六（立の字体類似による誤りであろう）反」「菹立反」どちらも荘母緝韻3等入声。「戢」の字音は荘母緝韻2等入声で一致せず、不明である。なお、4は『本草和名』の当該字反切上字が抜けており（日本古典全集本では黒く塗りつぶされており、台湾故宮博物院本では当該部分が抜けている）判読できない。

1.2.2.6 　おわりに

　ここでは、出典に関する調査結果とその具体的な分析を通じて『医心方』への字音注記加点について考察を行った。特に1.2.2.5では、1.2.2.4で得られた基本的な加点方針に加え、次のことが分かった。

1. AC筆加点者ともに、同じく『本草和名』に重きを置いている。
2. AC筆加点者ともに、『本草和名』に字音注記がない場合、切韻系韻書、玉篇ほか（A筆は『和名抄』も）を引用している。
3. 『本草和名』に存した字音注記を別の音注に書き換えているものには、高度な字音知識に基づくものがある。

　一般的に、先行する文献から注記類を用いる時、その一つ一つを吟味し批判的に引用することは少ないであろう。本資料に現れる反切を基本的に『本草和名』から引用し、『本草和名』になければ『和名抄』を用いるという姿勢においても、そのことは窺われる。たとえば「諸薬和名第十」に掲げられた項目の読みについて言えば、正式音注としての反切によって中国語原音としての正確な読みを必ずしも追求しなかったことは、いくつかの例で見てきたとおりである。ただし、声調によって意味を分ける漢字のなかには、『本草和名』の反切

をわざわざ訂する場合があることも見てきた。ここから窺われることは、当然であるが、加点者は自身の持つ字音知識の制限のなかで注記を認識しているであろうことである。1.2.1 において反切から声点が導き出されている場合のあることを指摘したが、そのことは本資料における声点もまた学問的な知識音の制限の中で差声されていることを示すものと思われる。この点で、逆に言えば第2章で扱う和化漢文訓読資料と異なって、この時代の漢籍訓点資料に示される字音注記が基本的に「来源情報」と直接に地続きであり、漢語アクセントを推定するには資料を限定的に用いねばならないことが確認されるのである。

1.2.3　玉篇・切韻系韻書を典拠とする反切注文
1.2.3.1　はじめに
　院政期の加点を伝える半井家本『医心方』には多数の反切注文（ここでは反切を含む注文を反切注文と呼ぶ）が見られる。これらの一部には典拠名が記されており、字音学習・伝承の一環として、前項において見たように、『本草和名』『和名類聚抄』『新修本草音義』『本草注音』などの字音注記が関与していたことが分かる。反切注文の典拠には、このほか玉篇（岡井慎吾 1933・馬淵和夫 1952・西崎亨 1995）や切韻系韻書（上田正 1984）が関わっていることが明らかとなっており、出典研究や字音研究に役立てられてきた。

　ここでは、典拠名が記されている反切注文だけではなく、典拠名が記されていない反切注文についても、玉篇と切韻系韻書を典拠とすることを推定する。文献によって参考とする資料が異なることはすでに知られるとおりであり（沼本克明 1982，第二部第一章第一節）、例えば史書類は経書類と比べれば、玉篇・切韻系韻書を含む複数の字書・音義書が用いられているという。医学書である『医心方』については、上に掲げた先行する本草書からの引用によって医学的用語の読みを定めつつ、それ以外の漢文本文に当たる部分を玉篇や切韻系韻書等によって補う傾向にある。

　ところで、半井家本『医心方』における反切を含む字音注には、これまで述べ来たったとおり、色と濃淡の違いに基づいて3種の筆が区別される。これらの3筆は、半井家本への移点祖本である宇治本（散逸）における3筆を移点したものとされている。その移点には識語などから複数者が関わっていることが

知られるが、本調査・分析では3筆それぞれの内部に8類の筆跡を認めることができた。これらの8類は全て宇治本の加点状況を伝えるものなのか、あるいはそうでないのかという問題は、字音注記の基礎的な取扱自体に関わるものであるが、これまで十分に論じられて来ていない。8類の筆から推定される、加点者・移点者はそれぞれ典拠となる資料をどのように利用してきたのか。こうした疑問を考えるために、ここでは筆跡の違いによって反切注文を分類し、典拠との対応を明らかにする。またこの作業を通じて、院政期の医学書における典拠利用の一具体相を明らかにしたい。

1.2.3.2　半井家本巻8識語の内容整理

半井家本巻8にみえる識語から、移点祖本である宇治本での加点と、宇治本から半井家本への移点状況を知ることができる。松本光隆1979・松本光隆1980b、築島裕1994によれば、半井家本の注記には3筆あり、それぞれが宇治本における3筆を移点したものと推定されている。識語を次に引用する。

初下點　行盛朝臣　朱星點　墨仮字
重加點　重基朝臣　朱星點假字勘物又以朱點句
于儒點

天養二年二月以宇治入道太相国本移點
移点少内記藤原中光　比校助教清原定安
移點比校之間所見及之不審直講中原師長
醫博士丹波知康重成等相共合醫家本畢
文殿所加之勘物師長以墨書之令朱合點

ここから、まず3筆と加点者の関係を整理する。

A．墨筆…藤原行盛加点
B．濃色朱筆…藤原行盛加点
C．淡色朱筆…丹波重基加点

次に、半井家本への移点について、整理する。

①移点は藤原中光が行った。
②比校は清原定安が行った。
③不審な箇所は直講中原師長、医博士丹波知康、重成らが医家本と比べあわせた。
④文殿が加えた勘物（異本注記など）は中原師長が墨で書入、朱で合点を施した。

　以上から、移点には少なくとも6名（藤原中光・清原定安・中原師長・丹波知康・丹波重成・文殿）が関わっていることが判明するが、事実ABC筆内にも6類以上（実際には8類）の筆跡が見られ、部分的には識語と対応する。ここでは、筆の色と濃淡で区別される半井家本の3筆をそれぞれA〜C筆と呼び、筆跡で区別される8類をi〜viii類と呼ぶ。
　ところで1.2.2では、半井家本のABC筆による各反切注文には、仁和寺本との一致率に異なりがあることに触れた。C筆反切注が半井家本と仁和寺本とで9割程度の一致率を示すのに対し、AB筆は6割弱にとどまる。これについて、AB筆には宇治本から半井家本への移点時に医家本（上記③）を参照したか、新たに加点した例が含まれることを推測した。ここではこれらの新しい書入を区別し、宇治本の段階で加点された反切注文の典拠と違いがないか検討するため、筆跡を8類に分類したわけである。識語の6名全員が各筆跡に対応するとしても、うち少なくとも2類は新しいものであることになる。この問題については、1.2.3.4節以下で、本資料中もっとも多数であるA筆の筆跡を対象として考察を行う。

1.2.3.3　調査方法

■玉篇、切韻とその諸本について　典拠の推定に用いた玉篇と切韻系韻書の諸本について述べる。
　玉篇（顧野王、543年）については以下を用いた。『原本玉篇残巻』：中華書

局編集部 19859・18・19・22・27 巻。このほか玉篇の抄出本である空海撰『篆隷万象名義』を参照した。これより時代が下ったものに宋代の『大広益会玉篇』（1013 年）：中華書局編集部 1987 がある。その他上田正 1986 で遺漏がないか確かめた。玉篇の逸文については、岡井慎吾 1933、馬淵和夫 1952 を用いた。

切韻系諸本（陸法言『切韻』601 年）は、多くの諸本が存在し、日本にも多くが伝来している。半井家本に引用される切韻系韻書の典拠名のみを挙げれば、『陸法言切韻』（601 年）のほか、『郭知玄切韻』（不明）、『武玄之韻詮』（690-704 年）、『麻杲切韻』（705 年）、『孫愐切韻』（712-755 年）、『孫愐唐韻』（751 年）、『大宋重修広韻』（1008 年）などがある（成立年代は沼本克明 1986a に基づいた）。本論での調査では、切一～三・王一～二・唐韻等を収めた『十韻彙編』：劉復・魏建功・羅常培他 1936 [45]、『刊謬補缺切韻』（王三）原本影印部分：王仁昫 1964、澤存堂本を底本とした『大宋重修広韻』（1008 年）を用いた。その他上田正 1973・上田正 1975・上田正 1984 で遺漏がないか確かめた。

■**先行研究との関連**　半井家本に引用される玉篇については、西崎亨 1995 に詳細な報告がある。当該論文では①典拠名付き反切注文は全 30 巻中 69 カ所ある、②匡郭外注記は後代の別筆によるものである、としているが、半井家本のみを分析対象としており仁和寺本との対照は行われていない。本論では仁和寺本との対照を通じて、識語に示される宇治本に存したと推定される例と、移点時以降の書入を区別して分析を行う。半井家本に引用される切韻系韻書については、上田正 1984 に概略的な解説がある。上田氏の解説によれば上に掲げた諸本の反切注文は直接の引用ではなく、菅原是善『東宮切韻』（9 世紀末ごろ成立、逸書）に引用されたものの孫引きであるという（p.489）。これらは『東宮切韻』を含め、ほとんどが逸書となっている。

また上田氏によれば書名を記さない反切注文は 1179 例あるとされる。本論では、半井家本の限られた範囲ではあるが、そうした典拠名を有さない例につ

＊45　各文献の略称は『十韻彙編』による。以下簡略に説明する。「切一」：敦煌発見 S2683。「切二」：敦煌発見 S2055。「切三」：敦煌発見 S2071。「王一」：敦煌発見 P2011。「王二」：唐写本、清朝宮廷旧蔵。王仁昫『刊謬補缺切韻』その他の混合本。「唐」：唐写本孫愐『唐韻』か、とされるもの。「刊」：敦煌発見 P2014 P2015。五代刊本。

110　1.2　字音注記とその出典に関わる問題

いても可能な限り、典拠を明らかにする。

■調査結果の分類と概略　次の「反切注文の典拠」では、半井家本に現れる反切注文を、玉篇と切韻系韻書に基づき、典拠を具体的に見ていく。典拠名が付されているものは前掲文献に反切注文が認められれば典拠が確認できたことになるが、典拠名なしのものは一致や類似の認定について、一定の基準を設定しておかなければならない。古屋昭弘 1979・古屋昭弘 1983・古屋昭弘 1984 によれば、王仁昫は切韻の反切注や義注を増補した『王仁昫刊謬補缺切韻』を作成する際に玉篇を用いたことが明らかになっており、反切注が両文献に一致するこうした例はどちらを典拠としたか決めるべき手だてがなくなってしまう。このような事態に対処するため、典拠名なしの反切注の取り扱いについては、義注も含めた注文全体を対象とし、かつ玉篇・切韻系韻書両文献に相互に一致しないものを取り上げた。

典拠分類	総	A	B	C	Rr	Ll	外
1.0. 玉篇典拠名あり	11	9	2	0	6	4	1
1.1. 典拠名なし 玉篇と反切・義注共に一致 かつ切韻系韻書と反切・義注共に不一致	40	38	1	1	23	12	5
2.0. 切韻系韻書典拠名あり	9	8	1	0	4	1	4
2.1. 典拠名なし 切韻系韻書と反切・義注共に一致 かつ玉篇と反切・義注共に不一致	31	24	6	1	16	11	4

表 1.18：玉篇・切韻系韻書 筆の種類と注記位置（半井家本）

表 1.18 は上記基準に基づき、典拠別に反切注文出現数をまとめたものである（記号等は注＊46 を参照）。以下では典拠名が記されている表の 1.0 と 2.0、及び典拠名は記されないが確実性が高い 1.1. と 2.1 の反切注文データを見る。

1.2.3.4　反切注文の典拠

■玉篇典拠名注記あり

1.「臛」[声] A 徳Ⓡ A カクⓁ Ai 呼各（虫損）反羹ー也又作臒（ママ）古博反羹肉玉篇云羊（虫損）肉（0123b2）[仁]
[玉][篆]「膗」呼各反肉羹也[益]「膗」呼各切膗羹也

2. 「麺」Ⓡ A ムキコ Ⓛ Ai 玉亡見反麦麩也蜀以桄櫛木屑為麺 （0126a4） 仁
   玉篆亡見反麦粖也麺也益亡見切麦麩蜀以桄榔木屑為麺

3. 「齗」Ⓡ Aii 玉胡戒反歯相切也方言齗怒也 （0550b9） 仁
   玉篆胡戒反怒也相切也益何介切…

4. 「齵疣」声 A 去Ⓡ Aii 玉都絳反愚也仁 ⓡ A タウ Ⓛ Aiii 陟降反愚也（2709a6）
   玉篆都絳反愚也益陟絳切愚齵
   切広陟降切十丁降反…又呼貢反 （王二）

5. 「䑏」Ⓡ B 玉充尹反肥也 （0533b8） 仁
   玉篆充尹反肥也益充尹切䑏肥也

6. 「熇」声 A 徳Ⓡ A コク Ⓛ Ai 玉許酷反熾也燒也 （0108a2）
   玉篆許酷反熾也

7. 「堅硬」声 A 去Ⓡ Ai 玉五更（虫損）反堅硬也　切堅牢也 （0121b3）
   玉益五更切堅硬亦作鞕

8. 「齲」Ⓡ Aii 玉丘禹反歯蟲也 （0545a3）
   玉篆丘禹反歯蟲也　齲字益丘禹切説文云歯蠹也

9. 「墶」Ⓡ Av 直計反外 Aiv〔頭〕玉篇曰徒計徒結二切隠蔽皃 （0710b8）
   玉篆達計反…益徒計徒結二切墶翳隠蔽皃

10. 「熱菹」Ⓡ B 玉側於反方言積也盛也繞也 （1031b1）
    玉篆側於酢菜也益側於切淹菜為菹

11. 「痌」Ⓛ Aiii 玉篇亥間反小兒癎病 （2711a9）
    玉篆核間反↓小兒癎也益亥間反小兒癎病

　以上の例*46 は典拠名があり、また『篆隷万象名義』や『大広益会玉篇』に一致する。典拠名の形式には「玉」「玉篇」「玉篇云」「玉篇曰」などがある。仁和寺本にも存する例（1.～5.）には、義注も含めれば1.のように『大広益会玉篇』に近いものもあるが、反切は『篆隷万象名義』とも一致している。『大

＊46　用例の掲げ方は注37に倣う。ABC は筆の種類、A に続く i～viii は類別した筆跡。仁＝仁和寺本にも字音注記あり。切＝切韻系韻書（広＝広韻、十＝十韻彙編（各文献の略称は『十韻彙編』による）、完＝完本王韻（王三）、玉＝玉篇（篆＝篆隷万象名義、益＝大広益会玉篇）を各々示す。

112　1.2　字音注記とその出典に関わる問題

広益会玉篇』は玉篇原本系を継承しながら増補・改編がなされており、『篆隷万象名義』は玉篇原本系を抄出したものであるから、現存しない玉篇原本系に基づいたと考えるべきだろう。

仁和寺本に存しない例（6 ～ 11）は、移点時以降の書入か別本からの移点が考えられる例を含む。特に 9 は反切の表示が「…切」であり、その他の「…反」とは異なる上に『大広益会玉篇』にほぼ一致している。この例のみは『大広益会玉篇』に基づいた、半井家本移点以後の加点例と考えて良いだろう。

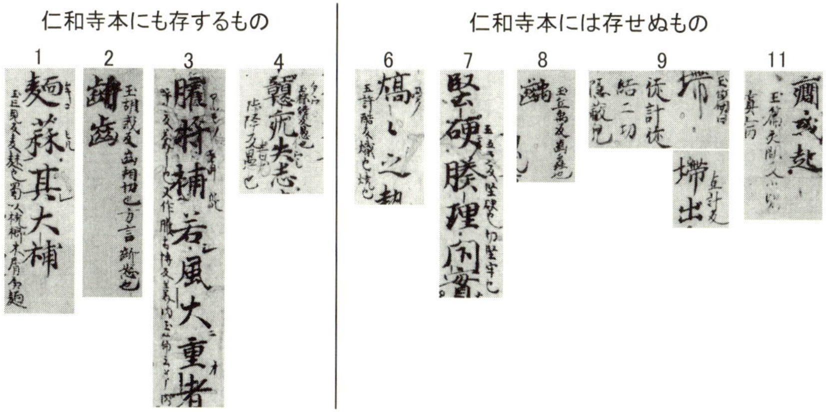

図 1.16：玉篇典拠名付き反切注文：筆跡による検討

図 1.16 の筆跡（A 筆のみ取り上げる）に注目すると 1、2、6、7（i 類）、3、4 右傍注、8（ii 類）、4 左傍注、11（iii 類）がそれぞれ同筆と認められる。4 右傍反切注文のみ仁和寺本にも存し『篆隷万象名義』に一致するが、左傍反切注文（iii 類）は仁和寺本にない。左傍注の典拠は反切に限れば広韻、義注は玉篇に基づくように見えるが不明である。9 欄外注（iv 類）は反切形式のみならず筆跡からも移点時以降の書入と推定される。9 右傍注（v 類）は次の「玉篇に一致（かつ切韻系韻書に不一致）」で触れる。

■玉篇に一致（かつ切韻系韻書に不一致）

1.「痿瘚」[声] Ai 東Ⓡ A ヰⓡ A 於危反不能行也痺濕病也（0105a6）[仁]

国篆於嬀反痺也不能行也益於危切不能行也痺濕病也説文音雄

2.「痿蹷」声Ａ德Ⓡ ＡクヱツⓁ Ai 倶越反逆気也（0105a6）国
　　　国篆倶越反逆気也益倶越切逆氣也…

3.「蛔虫」Ⓡ Av 胡恢反人腹中長虫也（0701a9）国
　　　国篆胡灰反益胡恢反人腹中長虫也

4.「攤緩」Ⓡ Avi 他丹反開也（1946a3）国
　　　国篆奴但反按也益奴但切按也他丹切開也

5.「喘悸」Ⓡ Avii 渠季反心動也（0911b4）国
　　　国篆渠季反心動也益其季切心動也

6.「痞」声Ａ上Ⓡ Ａフサカル又エカハラヤムⓁ Ａナリ外 Ai〔頭〕補被平
　　几二反腹内結病也（0111b5）国
　　　国篆平几反痛也否也益補被平几二切腹内結病

7.「烊」外 Ai〔脚〕烊亦章反炎也又焆烊出陸善経字林（0138a1）国
　　　国篆余尚反益亦章切炙也

8.「硬」外 Avii〔脚〕硬　五更反堅一又作鞕（0920a1）国
　　　国益五更切堅硬亦作鞕
　　（仁和寺本にも存するもの、他に18例あり）

9.「砭石」Ⓡ Ai 甫廉反刺也以石刺病也Ⓛ Ａヘム（0104b2）
　　　国篆甫廉反刺也原甫廉反蒼頡篇砭刺也説文以石刺病也…

10.「白餳」Ⓡ Avii 徒當反飴謂之一（0905b9）
　　　国篆達當反飴…益徒當反飴和皻也原徒當反…方言凡飴謂之餳…

11.「怫」声Ｂ入Ⓛ Aiii 扶勿反意不舒也（1037b6）
　　　国篆扶物反欝也益扶勿切意不舒治也

12.「揣」Ⓡ Ａハカレハ外 Aiii〔頭〕揣　初委丁果二反度高下曰揣又試也
　　（1017b5）
　　　国篆丁果反益初委丁果二切度高下曰揣又試也

13.「齲」外 Aiii〔下〕丘禹反説文云歯蠹也（2714a3）
　　　国篆丘禹反歯蟲也　齲字益丘禹切説文云歯蠹也
　　（仁和寺本に存せぬもの、他に9例あり）

以上、仁和寺本にも存する例・存せぬ例とも、玉篇を典拠としたことが推定できる。これらは「玉篇典拠名注記あり」（p.111）に掲げた例と同様に、原本系玉篇に基づいたものと考えられるが、4、5は原本系玉篇残巻に当該反切と義注を確認することができる。両例とも原本系玉篇の義注から「説文」「蒼頡篇」「方言」など典拠名を省略した形を掲げていることが分かる。6～8は欄外にありながら仁和寺本にも存するものであり、移点時以降の書入とは見なしがたい。先掲の西崎亨 1995では玉篇典拠名つきの例について欄外のものは移点時以降の書入としているが、再度検証してみる必要があるだろう。

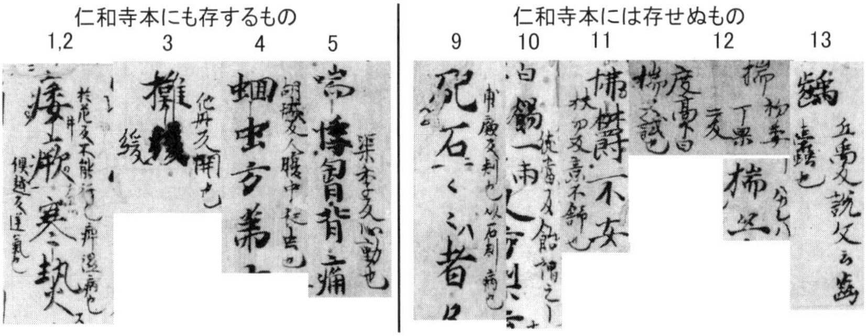

図 1.17：玉篇典拠名なし反切注文：筆跡による検討

図 1.17（墨筆のみを掲げた）は全 40 例のうち、各筆跡を代表させたものである。図 1.16 にも現れるのは 1、2、9 の i 類、3 の v 類、11 ～ 13 の iii 類である。iii 類は仁和寺本には存せぬグループにのみ現れ、移点時以降の書入と考えられる。その他 4（vi 類）、5、10（vii 類）があった。

■切韻系韻書の典拠名あり

1. 「凹出」Ⓡ Av 於甲反又作窅又作凹切云中心小埳也又人脈刺穴安針□（虫損）刺之穴也ナカクホナリ（0711b5）[仁]
2. 「頬顴」Ⓡ Ai 距員反廣雅曰頔也Ⓛ A 切頬骨也（0112a4）[仁]
   [切][広]巨員切　頬骨也㊉巨員反　頬骨（切三王一）具眷（刊）[完]巨員反頬骨

3.「莧」Ⓡ Avii 古桓反又胡官反似蒲而圓也外A〔頭〕切又作莞似蘭而圓可作席 （0920a1）仁

　　団広胡官切　似蘭而圓可為席又音官／胡丸切　草名可以為席亦云東莞郡名又姓姓苑云今呉人又胡官切完胡官切　小蒲席

　　国㲳胡官反似蒲圓也小蒲也㊙古桓胡官二切似蘭而圓可為席詩曰上莧下蓲

4.「笮食」声A 徳Ⓡ Ai 切笮　在各反竹索西南夷尋之以渡水外B〔頭〕笮詐白反磨砕不以完粒 （0104b5）

　　団広在各切　竹策西南夷尋之以渡水田在各反　竹策（王二）在各反　竹策西南胡尋之以渡江（唐）完在各反　竹策笮

5.「堅硬」声A去Ⓡ Ai玉五更（虫損）反堅硬也　切堅牢也 （0121b3）

　　団広「鞕」五爭切　堅牢「硬」同上（爭字は靜に訂す）

6.「單豹」声B去Ⓡ A セン外Aiii〔頭〕唐韻時□（虫損）反姓也 （2707a1）

　　団広時戰切　單父縣亦姓田市戰反　單父（王二）完視戰反…（汚損で判読できず）

7.「張跱」声A去Ⓡ A ソン外Aviii〔頭〕跱　唐韻徂悶反人名魏時張跱（2709a4）

　　団広徂悶切　人名魏時張跱又至也田徂困反　魏時張跱人名（王一）完在困反　魏時張跱人名

8.「瘦弱」声A上外Aiii〔脚〕宋云瘦搄説文云臞所祐反 （0117a4）

　　団広所祐切　瘦搄説文臞也田所救反　損正作瘦（王一）所祐反　俗瘦通（王二）所祐反　瘦搄亦作瘦（唐）完所救反　　損正作瘦

　以上は切韻系韻書の典拠名を持つ反切注文である。1〜5は「切…」とあるが、具体的な文献は特定しがたい。個別的には3、4など典拠が広韻と思しきものもある。1は切韻系韻書に掲出字を見つけることができなかった。これらは全て玉篇の反切注を補う形で注記されている。

　図1.18の1はv類、2、4、5はi類、3はvii類、6、7は移点時以降書き入れと考えられるiii類である。6、7は「唐韻…」とある。8は「宋云…」とあり、宋韻＝広韻を用いたことが明示されている（viii類とする）。なおこの反切注文は筆跡の特徴から、識語に見える直講中原師長によるものといえる。「1.2.3.2 半井家本巻8識語の内容整理」（p.108）で触れたように、異本注記は中原師長

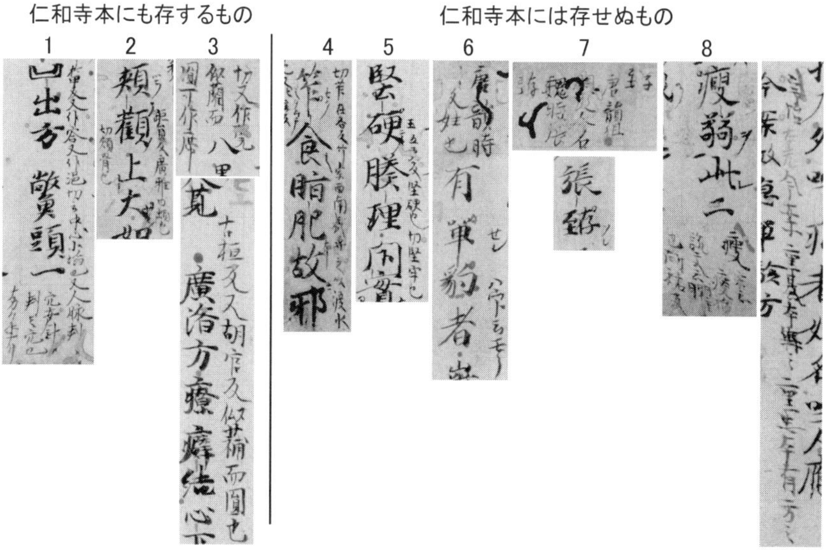

図 1.18：切韻系韻書典拠名あり反切注文：筆跡による検討

が墨筆で書き入れ朱で合点を施したことが知られるが、図 1.18 に掲げた異本注記「今案重基本無之　重忠本有…（下略）」（1410b2）と反切注文「宋云…」の筆跡は同じであり、どちらも朱の合点が付される。中原師長が直接広韻を参照したか、医博士丹波知康、重成らが所持していた医家本等から移点したものかは不明であるが、いずれにせよ宇治本からの移点ではないことは確かである。

■切韻系韻書に一致（かつ玉篇に不一致）

1. 「憒々」[声] A 去Ⓡ Ai 古対反心乱也[1] A クワイ（0112a3）[仁]
   [切][広]古對切　心亂也[十]古對切　心乱（王二）古對反　心乱（唐）[完]古對切　心乱…
2. 「蟯虫」Ⓡ Av 如招反人腹中短虫也（0701a9）[仁]
   [切][広]如招切　人腹中蟲 / 於霄切　腹中蟲 / 又如消反[十]如招反　人腹中虫（切三）[完]如招反　人腹中短虫…
3. 「酢」Ⓡ Avii 倉故反醤醋説文作酢（0928a2）[仁]
   [切][広]倉故切　醤醋説文作酢[十]倉故反　醤又作酢（王二）倉故切　醤醋説

文作酢（唐）㊎倉故反　醤醋又作酢
　　（仁和寺本にも存するもの、他に7例あり）
4.「瀍々」㊉A 東Ⓡ A ヘウⓁ Ai 甫嬌反詩云雨雪一々（0108a2）
　　㊁㊄甫嬌切　雪児詩云雨雪瀍瀍㊉甫嬌反　雪兒（切三）㊎甫喬反　雪兒
5.「件」㊉B 去㊔ Aiii〔頭〕件　其輦反分也（2712b6）
　　㊁㊄其輦切　分次也㊉其輦反（切三）㊎其輦切　分次也（王三）
6.「蘸」Ⓡ Aviii 庄陥反　以物内水也（0520a6）
　　㊁㊄荘陥切　以物内水㊉滓陥反　以物内水（王一王二）庄陥切　以物内水（唐）㊎責陥反　以物内水
　　（仁和寺本に存せぬもの、他に24例あり）

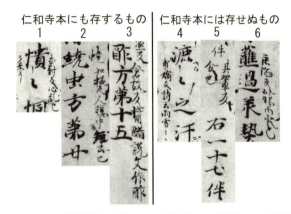

図 1.19：切韻系韻書典拠名なし反切注文：筆跡による検討

　以上、1～6 は切韻系韻書を典拠としたものと推定されるが、典拠名を持つ例同様、具体的にどの文献を典拠としたかは特定しがたい。図 1.19 は各筆跡の代表を示した。1、4 は i 類、2 は v 類、3 は vii 類であり、仁和寺本にも存する例に見られる筆跡である。5 は iii 類、6 は viii 類であり、これまで見たように移点時以降の書入と考えられる。

118　1.2　字音注記とその出典に関わる問題

■玉篇反切注に切韻義注を添えるもの

1. 「癖」Ⓡ Avii 返璧反宿食不消也又云腹病也（0918a7）仁
 玉㊇返璧反僻不能行宿食不消㊣匹辟切食不消
 切㊄芳辟切　腹病／普撃切　痃癖病㊉芳辟反　腹病（切三王二）腹病（王一）芳昔反　腹病（唐）／なし㊂芳辟反　腹病／なし

2. 「烊」㊐ Ai〔脚〕烊亦章反炎也又焇烊出陸善経字林（0138a1）仁「出陸善経字林」なし
 玉㊇余尚反㊣亦章切炙也
 切㊄與章切　焇烊出陸善経字林

3. 「擿出」Ⓡ A フルヒⓡ Avii ー振也Ⓛ Avii 雉戟反（0916b7）
 玉㊇なし㊣雉戟切投也弃也
 g 切㊄「擲」直炙切　投也掻也振也「擿」上同出説文㊉「擲」直炙反（切三王一王二）直隻反（唐）㊂「擲」直炙反

A 筆反切注文のなかには、1字に対して複数注記されるものがある。p.111で触れたような玉篇と切韻系韻書を組み合わせたものには、典拠名を交える場合（p.112 の 2、3、5）や上記1～3のように「又云…」「又…」「ー…」の形式を取るものがある。これらは①ⅰ～viii類の各筆跡を相互に交えることがない(すなわち新たに注文を書き足したというわけではなく)、②上記3例と p.112の3例、合計6例のうち4例は仁和寺本にも存する、③形式としては、本調査の範囲では1例を除き（p.112 の 2）玉篇に切韻系韻書を添えてありその逆はほとんどない、④内容としては、玉篇の反切注文に切韻系韻書の義注を補う、という特徴を持つ。こうした特徴から、まず宇治本への加点段階で両文献を組み合わせた反切注文が存在したことが分かる。組み合わせの形式と内容からは、A 筆加点者が、玉篇を切韻系韻書より優先したことが推測されるが、両文献の権威の高さの違いに基づくのだろうか。しかしそうだとすれば本調査で多数確認された、切韻系韻書からの反切注文がなぜ現れているのかが説明できない。同様の傾向は渡辺さゆり 2002 において『金沢文庫本白氏文集』にもあるとされる。また組み合わせ順序を別とすれば、『新撰字鏡』のような両文献からの引用が見られる字書もある。玉篇の反切注に切韻系韻書の義注を補った、手控

え的な文献が存したかとも思われるが推測の域を出ない。

1.2.3.5 反切と声点の不一致

「1.2.1.3 反切と共に現れる声点」(p.70) において、反切と声点が併記される例について、その多くがそれぞれの字音注が背後に持つ声調と一致していることを述べた。ただし数例のみは声調が一致していなかった。いま、ここでそれら一致しない例について、移点者の観点から分析を加えておく。

先に掲げた不一致例 (9例) のうち、筆跡が判明している墨筆の8筆と対照させると、次のiii類が3例認められる。なお、これらは仁和寺本にない巻であるため、ここまでの分析対象には含めていない。

1. 「膻中」[声] A 去[外] Aiii 徒旱反説文□□膻 (汚損) 也 (上声) (0223a4)
   [切][広]徒旱切　説文曰肉膻[十]免衣 (王一)
   [玉]益徒亶切肉膻也
2. 「大杼」[声] A 去[外] Aiii 神與反□ (汚損) 也 (上声) (0219a2)
   [切][広]直呂切　説文曰機之持緯者又神與切　神與切　橡也[十]機杼 (切三)
   機杼 (王一) 機□ (汚損) (王二)
   [玉][益]持呂切機持緯者
3. 「輸椎」[声] A 上[外]直追反　又槌反同　梠俗作　顀項ー (去声) (0241b1)
   [切][広]直追切　椎鈍不曲撓亦棒椎也又椎髻　「槌」上同又直畏切「梠俗「顀」
   項顀
   [玉][益]直追切木椎也

1.「膻中」は汚損で反切注文全体が確認できないが説文を引く形式等から広韻を用いていると考えられる。2.「大杼」は広韻の又切に一致しており広韻からの引用かと考えられる。3.「輸椎」は「椎」だけではなく、広韻における当該字に続く項目まで挙げており、広韻からの引用と見てまず間違いあるまい。これらはいずれも欄外頭注の形式をとっており、他のiii類と類似の注記傾向にある。

さて、「膻」「杼」はともに全濁上声字であり、その調類は上声であるけれど

も、調値としては調類去声と同じく上昇調に実現していた。したがって声点〈去〉はその上昇調を示している。「輸椎」(右傍にユツイ) は2字の連接で考えれば、「輸」は広韻で書母遇韻去声・書母虞韻平声、呉音資料からは去声である。広韻からは読みとしてシュが導かれるが、声符の影響でユと読まれたのだろう。「椎」は広韻に澄母脂韻平声、呉音資料からは平声である。よって漢音であれば《去(平)・平》、呉音であれば《去・平》であり、どちらにしても〈上〉と解釈できない。ともあれ、三者いずれにしても、反切と声点が一致しないわけである。移点順序が反切、声点のどちらが先であったとしても、そこには字音に対する解釈のずれがあり、放置されたままになっている。もし、これらの例について、宇治本への加点段階に声点があり、半井本への移点段階で反切が記されたのであれば、iii 類は字音注記の示す声調に関心がなかったということになろう。このことはすでに触れたように(沼本克明 1982, 第2部第1章第3節)、字音注としての反切が形骸化してゆく一端として解釈することができよう。

同様のことはすでに触れた viii 類(「瘦弱」[声] A 上[外] Aiii〔脚〕宋云瘦損説文云臞所祐反(0117a4))にも言えるのであって、移点の際の典拠利用に関わる姿勢が窺われるのである。

1.2.3.6 おわりに

以上、半井家本『医心方』における玉篇および切韻系韻書を典拠とした反切注文について、現存する仁和寺本残巻と一致する部分に現れる反切注文との対照、および筆跡上の特徴による分析を通じて、宇治本に存した反切注文と半井家本への移点時以降に書き入れられた反切注文とを分類した。これによって院政期の医学書における典拠利用の一具体相を明らかにした。以下、結果をまとめる。

1. ABC 筆それぞれ、玉篇と切韻系韻書の反切注文を参照している。
2. ①玉篇は『篆隷万象名義』抄出以前の原本系や、『大広益会玉篇』を典拠としている。②切韻系韻書は、バリエーションが多く特定は難しいが、『広韻』『唐韻』およびそれ以前の韻書に基づいている。
3. A 筆には8類の筆跡が認められ、うち iii 類(『唐韻』の典拠名を記すこ

とがある）、iv 類（『大広益会玉篇』の典拠名を記すことがある）、viii
類（宋韻＝『広韻』の典拠名を記すことがある。中原師長による）の 3
類は移点時以降のものである。

4. 欄外注は移点時以降書入と推定できるものが多いが、そうでないものも
   ある。また前項で触れた移点時以降の書入は欄外に記される傾向にある
   が、右傍・左傍に記される場合もある。

5. 玉篇の反切注に切韻系韻書の注釈を補ったと考えられるものがみられる。

6. 移点時に新たに反切を記入する際には、声点の示す声調との整合は必ず
   しも考えられているわけではない。

第2章

原音声調の
継承と変容

この章の目的と概略

　本章では原音（中国語）の声調体系に基づく調類の区別を、借用音として受け止めた日本語がそれをどのように継承し、あるいは変容させていったかについて分析する。分析に際しての基本的な考え方は、原音の声調体系としての規範性を持った「字音」と、日本語の音韻体系・拍構造に基づく「語音」と2つのレベルを設ける。実際にはこの2つのレベルは截然と分かたれるものではなく、両レベルの混ざり合う領域が、個々の資料における位相的性質等によって個別的な特徴やその特徴の多寡として現れてくる。本章で取り扱う文献資料は国書である漢文訓読資料の『医心方』、和化漢文訓読資料の『新猿楽記』諸本・『尾張国郡司百姓等解文』諸本、和漢混淆文の『宝物集』諸本、『延慶本平家物語』であって、正格漢文をもとにした規範性の高い字音直読資料や訓読資料に比べれば位相的には低く、「字音」と「語音」の両特徴を観察するのには適していると言える。これらの資料に現れる、「字音」と「語音」に相渡る視点から得られる諸特徴の解釈には、原理的には、（1）字音学習の弛緩を要因とする個別的・臨時的な誤りと、（2）一定の条件のもとで語音として獲得された新たな姿と、両様あるに違いない。本章においては、この両様を観察しながら、「字音」が規範性を失い「語音」として新たな姿を獲得し日本語に融和していこうとする、その一過程を考察する。

　第1節では原音声調の継承と変容の一形態として、「音調のグループ化と多様化」について論じる。すなわち声調が日本語の音韻体系に融和するに際して、意味に対応してある音調型に収斂する動きと、逆に学習の弛緩によって多様な型に拡散する動きとを明らかにする。まず「2.1.1 音調のグループ化」では、半井家本『医心方』の呉音系字音に基づく漢語のうち、植物に関する語に《去上》型が多いことを指摘した。これは呉音系字音の声調体系自体が持つ数的偏在を反映したものではなく、字音が語音化する過程で生じたものと考えられる。また日常的な漢語とされる「俗音等注記語」や和訓と同じレベルで捉えられている漢語への声点にも、《去上》型と推定できる例が多い。こうした例の分析から、音調のグループ化は少なくとも12世紀以前に生じ固定化していたことを推定した。

　次に「2.1.2 中世和化漢文訓読資料に現れる漢語声点の揺れ」では、『新猿楽記』

の（書承関係のない）3つの写本を用いて、（1）写本を異にする同語に差された声点には三者の関係が全く整合的に説明できないものと、（2）三者が同一のもの、（3）三者が一定の範囲で整合的に説明できるものとがあることが分かった。（3）について具体的に述べれば、まず低起上昇型間で異なる形で現れるもの、すなわち《去上》（上昇調＋高平調）型と《平上》（低平調＋高平調）型での揺れとして現れる例が挙げられる。この他、2字3拍の漢語よりも2字4拍の漢語のほうに、三者間で音調型が安定しない傾向があり、拍数が長くなれば伝承の規範性が弛緩しやすいことを推定した。

　第2節では和化漢文訓読資料と和漢混淆文資料に現れる漢語の声点を対象として、原音声調の継承と変容の具体相を探ってゆく。「2.2.1『尾張国郡司百姓等解文』における字音声点」では、『尾張国郡司百姓等解文』の漢語に差された声点を分析するに先立って、声点が示す音調の体系、濁声点から知られる中世に独特な濁音形、漢音と呉音の比率、漢呉音混読例の比率などを分析する。その上で、「2.2.2『尾張国郡司百姓等解文』における漢語の声点」では、二字漢語に差された声点からその語レベルでの音調型を明らかにする。ほぼ半数程度の比率で現れた漢音漢語と呉音漢語は、まずはその比率自体によって和化漢文的な様相を見せることが分かる。さらに分析結果からは、原音声調を継承しつつも、一語としてのまとまりを形成するために高さの山が2つに分かれることを回避する、「中低形の回避現象」が観察された。特に漢音において、《去・去》、《上・去》の連接では後項の《去》が低平化し、《去平》型・《上平》型で安定することが見て取れた。

　2.2.3以降では、和漢混淆文資料に現れる漢語声点を分析する。「2.2.3『宝物集』における漢語の声点」では、和漢混淆文を資料として漢語に差された声点を分析する。ここでは、固有名詞のうち地名、人名などに着目し、中国や印度に由来を持つものは漢籍類を経由して日本に入ってきているために漢音で読まれる傾向があり、仏典類を経由して日本に入ってきているものは呉音で読まれる傾向にあることを確認した。またその中でも2.2.2と同様に、漢音の中低形回避が見られた。「2.2.4 延慶本『平家物語』における漢語の声点」では、まず和語の声点について分析を行い、資料の時代的定位を行った。その上で、二字漢語に差された声点を分析した結果、和化漢文訓読資料や他の和漢混淆文と類似し

た傾向が見て取れた。

　なお、本章で取り上げた様々な事例のなかには、原音声調とは整合的な説明のつかない声点が観察された。それらには、資料間で一致せず異なった姿を取る散発的な動きをするものと、逆に資料間で一致する連続的な動きをするものとが含まれていた。後者には、漢語アクセントが形成される一端を担うものが含まれている。すなわち、次章で見るように、漢語アクセントの形成という立場からすれば、原音声調との整合性とは違う観点を持つ必要のあることが分かるのである。

2.1
原音声調の継承と変容の一形態
──音調のグループ化と多様化

2.1.1　音調のグループ化

2.1.1.1　はじめに

　漢字音研究を、借用音の問題として捉えるとき、重要な課題の一つは日本語に字音がどのように融和していったかということにある。ここでは借用音を受け止めた日本語が特に原音声調の喪失に与えた条件に視点を置き、字音が規範性を失い新たな姿を獲得しながら日本語に融和していく一過程を考察する。

　ここでの基本的な立場は、亀井孝 1942 において「漢文としては正しい字音が保存されてゐたが、語彙的に借用された場合はもはや日本化した発音（四声を含めて）をされたものであらう」と述べられるように、漢字音をレベルの違いとして区別して捉えるところにある。より具体的には小倉肇 1983 の枠組みによる。それは小松英雄 1981、馬淵和夫 1983、林史典 1982 を参照しつつ「体系としての規範性を持ったレベルの字音」と「日本語の音韻体系・音節構造に融和することによって、いわば原音への回帰を諦めてしまったレベルの字音」という、2 つのレベルを分けるものである[*1]。ここでは、前者を字音、後者を語音と呼び、語音レベルに生じたと考えられる現象のひとつを取り扱う。

　中心として用いる資料は半井家本『医心方』（以下『医心方』、詳細は第 1 章参照）における字音声点である。『医心方』は訓読された漢文資料（国書）である。佐々木勇 2000 では、上に触れた字音と語音のレベルの違いを、漢文の世界すなわち「中国原音に忠実であるべき場」と、和文の世界すなわち「日常会話に近い場」という位相差で捉えている。『医心方』は前者に含まれると考

[*1]　小倉肇 1983 には明示的に述べられていないが、「日本語の音韻体系、音節構造」には亀井孝 1942 が言うように声調も含意されていると考える。

えられるが、医書という性格のため本草に関する語が多数含まれており、それらに付される声点には原音への「忠実」さから逸脱するものもある。結論を先取りして触れておくと、語音レベルで注記された声点から知られる声調型には、音調のグループ化を起こした結果、数的偏在を生じているパターンがある。本項ではこの現象が生じた要因を分析・考察することを通じ、借用音の原音性が失われる一過程を明らかにする。

2.1.1.2　呉音系字音漢語の抽出方法

『医心方』の字音注記には、字書や音義書を引用・参照した単字についてのもの（1.2.2、1.2.3 参照）と、二字漢語相当と考えられるもの（1.1.3 参照）とが混在する。二字漢語相当の字音注記と認める際の判断は、漢字二字のもののうち、①音合符があるもの、②資料中処方の薬剤を示すために上下に空白を設け独立している部分に注記されているもの、③上記の形態をとらなくとも「人参」「紫苑」など他資料から当時語彙的な定着が推定されるものとした。③の判断には別箇所で②の形態を取っていることなども参考にしている。また、本資料には漢音系字音と呉音系字音のそれぞれに基づいて読まれたものが混在するが、同語に異なった系統の音を注記することはほとんどない。本項では二字漢語相当の注記のうち、特に呉音系字音に基づいたものを分析の対象とする。これは少なくとも、『半井家本医心方』が書写・移点された 12 世紀において呉音系字音が漢音系字音に比して、語音レベルで残存することが多かったと考えるためである。以上の条件をもとにして、次に示すような方法で漢字二字呉音系字音語を抽出した。

抽出に際しては、基本的には広韻を用い、呉音と漢音の対応則に基づいて漢字二字のうち最低一字が広韻に不一致であれば、呉音の可能性ありとみなして分析の対象とする（1.1.2 参照）。対応にあたっては、呉音系字音側に上声と去声を区別せず去声として扱った。また広韻側の全濁上声字が呉音系字音側の去声と対応するものは不一致に含めた。《入入》の組み合わせは分析の対象外とする。『医心方』の仮名音注から音形が判明するものは判定の参考にした。厳密に言えばここに抽出されたのは非漢音語であり、《去去》や《上去》などの呉音系字音と考えがたいものもわずかに含まれる。この方法を取ることで、全

体の傾向を検討する上で大きな問題は生じないと考える。

2.1.1.3　声点の組合せから見て取れる声調型の数的偏在

　さて、抽出した呉音の注記を声点の組合せに基づいて分類すると、明らかな数的偏在が見てとれた（表2.1参照。表中の括弧内は全組合せあたりの％）。全144（261）語（異なり語数。括弧内は延べ語数）のうち、56（124）語が〈去上〉であり、これは全組合せの38.9％（47.9％）にあたる（単字の異なり数は〈平〉71字、〈上〉81字、〈去〉95字である）。すなわち、調値でいえば上昇調＋高平調の組合せに偏っていることが分かる。

	声点	異語数	延語数
〈平〉	〈平〉	12（8.3）	16（5.5）
	〈上〉	16（11.1）	40（13.7）
	〈去〉	6（4.2）	8（2.7）
	〈入〉	6（4.2）	8（2.7）
〈上〉	〈平〉	2（1.4）	2（0.7）
	〈上〉	1（0.6）	1（0.3）
	〈去〉	3（2.1）	3（1.0）
	〈入〉	3（2.1）	5（1.7）
〈去〉	〈平〉	11（7.6）	17（5.8）
	〈上〉	56（38.9）	140（47.9）
	〈去〉	4（2.8）	4（1.4）
	〈入〉	9（6.3）	20（6.8）
〈入〉	〈平〉	6（4.2）	9（3.1）
	〈上〉	7（4.9）	16（5.5）
	〈去〉	2（1.4）	3（1.0）
	〈入〉	-	-
計		144（100.0）	292（100.0）

表2.1：『医心方』呉音系字音漢語（声点の組合せ全例）

　《入》を含む声調型については保留するとすれば、〈去上〉の多さは不自然と

第2章　原音声調の継承と変容　*129*

考えざるを得ない。この数的偏在が、『医心方』で偶発的に生じたものなのか、それよりも広い視野で捉えることができる言語的事象なのかをまず明らかにする必要がある。

　なお漢音系字音漢語を含む全体の声点の組合せをみると、430（594）語のうち〈去上〉は66（145）語、15.3（24.4）％であり、これでも多数型であるが、呉音系字音漢語のみの場合とは大きな開きがある。逆に呉音系字音漢語を除き、漢音であるもののみを残してみると、〈去上〉はわずかに10（21）語、3.4（6.7）％に止まっており、最多数なのは〈平平〉の56（58）語、19.5（18.4）％となる。以上のことから、『医心方』において〈去上〉に数的偏在が生じるのは呉音の注記に限定した現象であることが窺える。

　〈去上〉の56語を以下に示す。仮名音注から音形が判明するものはルビで示した。このうち下線の字は、呉音系字音の特徴を反映する。

烏頭（ウツ）、額瘯（カム）、含霊、乾歐、干薑、芦藘（クヽウ）、空青、光明、勲黄、桂心、間使（ケン）、
肩井（シヤウ）、堅牢（ラウ）、恒山、牛黄、細辛（サイシン）、紫苑、耳門、昌蒲、上焦、升麻、朱沙、
鍾乳（シユウ）、生薑、心痛、前胡、曽青、當歸、亶中、中間、通草、天雄（オウ）、桃人、
人参（シム）、人中、人溺（ネウ）、人屎、巴豆（ハツ）、飈疽（ヘウソ）、風市（シ）、蜂房、防風、煩心、麻黄、
莽草、蘘荷（ミヤウカ）、由来（ユライ）、雄黄、癭疽、理仲、龍膽、屬兌（レイタイ）、連翹、黄芩（コム）、黄連、
黄耆（キ）

2.1.1.4　予備的検討

　まず予備的な検討として、呉音系字音の声調体系自体に数的偏在がなかったことを確認しておかなければならない。これは字音レベルでの作業である。しかし、呉音系字音という表現が示すようにその体系は単一ではなく、比較的均一な体系をもつ漢音系字音に比べて混質的であることが知られており、体系を措定することは難しい。また、高松政雄 1982, pp.298-299 によれば呉音の声調体系は時を経るにしたがって人工的に整備されてきており、資料の選択に際しても懸念するところは多い。

　とはいえ、現存するいくつかの資料をもとに、その時代に呉音系字音と捉えられていたものの体系内の量的バランスを見ることは許されるだろう。ここで

130　　2.1　原音声調の継承と変容の一形態

は高松論文で言及されている整備の手が比較的及んでいない資料のうち、①『金光明最勝王経音義』:『古辞書音義集成12　金光明最勝王経音義』汲古書院，1981 と②『観智院本類聚名義抄』呉音・和音：沼本克明 1995 による分韻表）を用い、平声字と去声字の数を比較する。①の文献は音義本体に注された部分（築島裕氏解説によるＡ筆）を対象とした。両文献には漢音と疑われるものも若干含まれていたが、全体の傾向を捉えることが本調査の目的なので、それらを除去せずに分析を行った。

　その結果、①の文献では《平》163 字（50.9％）・《上》12 字（3.8％）・《去》145 字（45.3％）、②の文献では《平》520 字（57.7％）・《上》6 字（0.7％）・《去》375 字（41.6％）となった。両文献ともに、《平》と《去》両者の数はほぼ同じか、わずかに《平》の方が多いと言える。《上》は《去》から派生したものであるから《去》に包摂して数えたとしも大勢としてはほぼ変わりがない。『医心方』で生じていた〈去上〉の数的偏在は、呉音系字音の声調体系自体の問題によるのではないことが確認できた。

2.1.1.5　音調のグループ化の定義

　2.1.1.3（p.129）で見た〈去上〉の数的偏在を、本項では「音調のグループ化」という観点で捉え分析・考察する。この観点は、巨視的には漢字音研究における「語アクセント化」で捉えられるものと考える。そのためにまず、先行研究を参照しつつ「語アクセント化」について概観し、その上で音調のグループ化を定義したい。

　漢字音研究における「語アクセント化」は、字音の単なる連接が語音として「安定化」することとして説明されることがある[2]。これには音声的条件に基づく規則的な変化とそうではない変化がある。前者は奥村三雄 1953 や沼本克明 1971 で知られる、《去・去》の後項が《上》に変化する例が挙げられる。後者には例えば沼本克明 1993 で試みられているように、「安定性の高い型」へ声調型が収斂する方向で生じ、そこに型の数的偏在が現れるのではないかという

＊2　沼本克明 1979 では、「語頭以外の漢字の声調は、語アクセントとしての安定化のために変化させられ、呉音本来の声調を保つ割合が非常に低かったと考えられる」とする

ものである[*3]。

　本項では「語アクセント化」のうち後者に視点をおくが、まず触れておかねばならないのはこれが日本語アクセントのレベルで生じている現象か否かということである。漢字音受容における字音から語音というパースペクティブの中で、原音体系を背後に持つ字音声調を出発点とするならば日本語アクセント体系への定着は最終地点となる。語アクセント化という概念は、その名称に示されるように最終地点に近いレベルで生じた現象と捉えうる。ここで取り扱うのは漢文資料であるから、それよりは出発点に近いレベルで生じていると捉えるべきだろう。こうした意味において、〈去上〉の数的偏在を、字音から語音に向かう過程で生じた「音調のグループ化」と定義したい。

　和語における研究では金田一春彦 1952 で述べられる潜在アクセント、すなわち「他の類例へのアナロジーの結果、その語に結びつくアクセント」(p.419)に変化することが、語アクセント化の考え方に近い。ただし、こうした「安定性の高い型」や「潜在アクセント」という言い方は、多数型の観察を通してこの音調型が発見されるのであるから、循環論に陥る危険性をはらんでいる。上野善道 1996 ではこの問題について「群化（Gruppierung）」という考え方を示している。これは同じ意味範疇に属する単語群をまとめて同じ音形を持つようにする働きという、言語変化を機能的観点から説明したものであって、「安定性」や「（他の型からの合流を誘うような）潜在アクセント」が予め定まっているかのような、先験的な音調型を設定しない。本項で述べる「音調のグループ化」とは基本的にこの考え方に沿ったものである。

　さてこうした変化が生じるためには、その語のもとのアクセントが放棄され[*4]、別の条件を変化の要因とするようである。例えば秋永一枝 1999 における、2拍名詞の動物名や色名などに LF 型が集中するという指摘や、小松英雄 1973

[*3]　沼本克明 1993 では、「語アクセント化は、その安定性の高い型へ吸収される方向で起こるはずということになるであろう」とする。

[*4]　和田實 1951 では次のように述べる。「伝統の浅い語彙や、伝統の忘れ去られた語彙が、とかくおのずから集りやすい型、というものがある。何と言ったらいゝか、〈牽制する条件が働かないかぎりそこへ流れやすい型〉、そういう意味で〈勢力のある型〉である。」(p.78)

における、『古事記』の神名に声注が集中することに対しての「固有名詞のかたの形成のために生じている」（p.298）という解釈などが、変化の条件に該当するだろう。これを漢字音研究に置き換えれば、字音声調を放棄し語音として安定するに際して、何らかの条件が働いているということになる。この問題については 2.1.1.7（p.136）で検討する。

2.1.1.6　字音からの検討

『医心方』における〈去上〉の数的偏在が、特定の声調型への収斂によって発生した現象であるかを検討する。検討に際しては、語音レベルの個別的な声調型を、他資料との比較を通して字音レベルから整合的に解釈し、そのずれを見るという方法を取る。比較に用いる資料は『金光明最勝王経音義』、『観智院本類聚名義抄』和音・呉音、『九条家本法華経音』、『保延本法華経単字』（各資料の詳細は「1.1.1.2 字音来源情報」（pp.27-28）参照）である[*5]。分析に際しては、『医心方』の呉音系字音漢語を声調型別で単字声調に分け、字音資料との一致率をみた。声調の分類に際しては、上声は去声に含めてある。入声は除いた。

表 2.2 は、『医心方』呉音系字音漢語における声点の組み合わせを 1 字ずつに分け、それらが単字レベルでは《去》《平》などの音調であったと仮定した時に、他の字音資料に現れる声調との一致を一覧にしたものである。例えば『医心方』で《去上》と差声される漢語を 1 字ずつにばらせば、前項・後項とも単字では《去》であったはずである。しかるに他の資料と比較すると、62 字が一致し、10 字が一致せず、15 字が他の字音資料に揺れて現れ、18 字が他の字音資料に現れた、と見る。分析の結果、『医心方』と字音資料で声調が一致し、互いを整合的に解釈できる字が《去上》型・非《去上》型ともに 60％前後にものぼった。字音資料と不一致の字は《去上》型で 10 字 9.5％、非《去上》型で 13 字（《平》5 例・《去》8 例）13％含まれていた。この不一致例が本資料中

＊5　2.1.1.4（p.130）の予備的検討でも触れたように、呉音系字音は混質的であるため体系を措定することが難しく、検討に用いる各資料がどの程度「字音性」を有するかはまちまちであろう。しかし単字についての音注記がなされているという点で、便宜的であるが、「字音性」を有する資料と考え用いることにした。

医心方		字音資料	字数
声点	声調	一致	
〈去上〉	《去》	○	62 （59.0）
		×	10 （9.5）
		揺	15 （14.3）
		不明	18 （17.1）
		合計	105 （100.0）
非〈去上〉	《平》	○	29 （58.0）
		×	5 （10.0）
		揺	12 （24.0）
		不明	4 （8.0）
		合計	50 （100.0）
	《去》	○	34 （68.0）
		×	8 （16.0）
		揺	3 （6.0）
		不明	5 （10.0）
		合計	50 （100.0）

表 2.2：『医心方』呉音系字音漢語の声点と字音資料声調との比較

で確かめられる音調のグループ化の一端であると考える[*6]。

　次に他の字音資料に不一致の例と、他の字音資料に揺れて現れる例を、声調型別に分類して示す。以下、該当字とその声調はゴシックで示してある。下線は〔植物〕（次の 2.1.1.7 にて触れる）。

[*6]　ただし字音資料で声調の揺れるものが《去上》型で 15 字 14.3％、非《去上》型で 15 字（《平》12 例・《去》3 例）15％あり、これだけでは《去上》型と不一致例との関係は見いだしにくい。これら不一致例の僅少さは、比較に用いた各字音資料の成立事情がもたらす「字音性」の高低に由来することも考えられる。つまり字音資料中には音調のグループ化を経たものが単字として格納されている可能性もあるということであるが、残されている資料の限界もあるので今は措く。

医・声調型	医・声調	字音資料と不一致の例
去上型	去　10字	間**使**〈去上〉・乾**歐**〈去上〉・肩**井**〈去上〉・細**辛**〈去上〉・**紫苑**〈去上〉 耳**門**〈去上〉・上**焦**〈去上〉・朱**沙**〈去上〉・鍾**乳**〈去上〉・**龍膽**〈去上〉
	揺　15字	間**使**〈去上〉・中**間**〈去上〉・**紫苑**〈去上〉・**黄連**〈去上〉・**連翹**〈去上〉 鍾**乳**〈去上〉・**菖蒲**〈去上〉・**通草**〈去上〉・**防風**〈去上〉・**煩心**〈去上〉 **瘭疽**〈去上〉・**莽草**〈去上〉・由**来**〈去上〉・**雄黄**〈去上〉・**天雄**〈去上〉
非去上型	平　5字	**遠志**〈平平〉・**痛惚**〈平平〉・留**黄**〈平上〉・甘**遂**〈去平〉・**水癖**〈平入〉
	去　8字	鑱**去**〈平上〉・贏**瘦**〈平上〉・**懈惰**〈上去〉・**懈惰**〈上去〉・**罔像**〈上去〉 **闇塞**〈上入〉・**瘦弱**〈上入〉・白**鮮**〈入上〉
	揺　15字	**遠志**〈平平〉・**短気**〈平平〉・**短気**〈平平〉・**少気**〈平平〉・**上気**〈平平〉 **五味**〈平平〉・**後頂**〈平平〉・**命門**〈平上〉・**蒲黄**〈平上〉・**相反**〈平去〉 **五里**〈去平〉・**五處**〈去平〉・**甘草**〈去平〉・生**命**〈去平〉・**酔飽**〈去去〉

　『医心方』における非〈去上〉型の平声5字は、声調型がまちまちで、傾向
は見出しにくい。非《去上》型の去声8字のうちいくつかは呉音系字音に基づ
くか否か疑わしい。呉音系字音の抽出には分析者の恣意を除外するために機械
的な方法を取っているが、誤点などが混入している可能性もあり得る。例えば
懈惰〈上去〉・**懈惰**〈上去〉・**罔像**〈上去〉（当該字は**ゴシック**で示す）は、音
調の高さの山が2つ以上あることになり、当該期の呉音声調の特徴にはそぐわ
ない。**闇塞**〈上入〉・**瘦弱**〈上入〉も、語頭2音節字に上声が現れる点で、同
様である（奥村三雄1953、沼本克明1971）。そこで非《去上》型のこれら5字
を除外すると、不一致の全去声字を合計した13字中10字の76.9％までが《去
上》型ということになる。比較可能な母数字が少ないので確実には言えないが、
《去上》型の数的偏在が、字音声調を放棄することで生じていると考えられる

のである。

2.1.1.7 語の意味カテゴリによる検討

　音調のグループ化は何を条件とするのだろうか。ここでは漢語の意味カテゴリが関与することを明らかにするために、語の意味分類を行い、声調型と比較・分析する。

　意味カテゴリの分類は、漢方用語関係の辞書に基づいた[7]。これらで意味が特定できない場合は、『大漢和辞典』を調べた。また『医心方』巻1「諸薬和名第十」での分類も参考にした。採用した意味カテゴリは〔植物〕〔動物〕〔鉱物〕〔病気処方症状など〕〔身体部位〕〔経穴〕〔その他〕〔不明〕の8つである。

	〔植物〕	〔非植物〕	合計
《去上》型	28　(50.0) <49.1>	28　(50.0) <32.2>	56　(100.0) <38.9>
非《去上》型	29　(33.0) <50.9>	59　(67.0) <67.8>	88　(100.0) <61.1>
合計	57　(39.6) <100.0>	87　(60.4) <100.0>	144　(100.0) <100.0>

表 2.3：『医心方』植物・声調型

　さて、分析の結果『医心方』で目立って多いのは〔植物〕である。〔植物〕は全144語中57語（39.6％）に及ぶ。その他、〔病気処方症状〕は30語（20.8％）、〔経穴〕は18語（12.5％）であって、医書である『医心方』の資料的性格が現れている。以下〔その他〕14語（9.7％）、〔鉱物〕11語（7.6％）、〔動物〕6語（4.2％）、〔不明〕5語（3.5％）、〔身体部位〕3語（2.1％）と続く。このうち最多数である〔植物〕・〔非植物〕と《去上》型・非《去上》型をクロスで比較した結果が表2.3である。表中（　）内は声調型別に漢語の意味カテゴリの分布を、<　>

---

[7]　大塚恭男・木村雄四郎・間中喜雄編 1988『講談社　東洋医学大事典』講談社、上海科学技術出版社編 1985『中薬大辞典1 ～ 4』小学館、創医学会学術部編 1984『漢方用語大辞典』燎原を用いた。

内は漢語の意味カテゴリ別に声調型の分布を％で示した。表を横に見ると、〔植物〕と〔非植物〕のそれぞれの合計の比は 39.6％と 60.4％であるが、非《去上》型が 33.0％と 67.0％で、1 割弱の出入りはあるが近い比であるのに対し、《去上》型は 50.0％と 50.0％となる。次に表を縦に見ると、《去上》型と非《去上》型のそれぞれの合計の比は 38.9％と 61.1％であるが、〔非植物〕は 32.2％と67.8％であって、これらも横に見た場合と同様に近い比であるといえる。しかし〔植物〕は 49.1％と 50.9％で、ほぼ半数ずつある。このことは〔植物〕と《去上》型に相関関係があることを示している。

　なお〔植物〕かつ《去上》型のうち、2.1.1.6（p.135）に示した字音資料と不一致の例（音調のグループ化と見なせるもの）は、3 字のみで揺れの例を含めても 12 字であった。表 2.4 の「:」で区切られた数字は、左が不一致のみの、右が揺れも含んだ字数を示す。上表と同様に集計すると、不一致の例は僅少であるため比較に耐えないが、概ね相似の分布となる。揺れも含んだ数で比較すると、〔植物〕かつ《去上》型に音調のグループ化が偏っているように見える。ただし母数の少なさもあり確実なことは言いにくい。

	〔植物〕	〔非植物〕	合計
《去上》型	3:12（33:48） <60:67>	7:13（67:52） <54:43>	10:25（100:100） <56:52>
非《去上》型	2:6（25:26） <40:33>	6:17（75:74） <46:57>	8:23（100:100） <44:48>
合計	5:18（28:37） <100:100>	13:30（72:63） <100:100>	18:48（100:100） <100:100>

表 2.4：『医心方』単字　字音資料との不一致例

　意味カテゴリと声調型の関係を他資料でも確認する。用いる資料は『和名類聚抄』『類聚名義抄』において「俗音」「俗云」「此間云」「世間云」と注記される語（以下「俗音等注記語」と呼ぶ）である。これらは永山勇 1963, pp.369-374 を受け、沼本克明 1979 において、平安時代・院政期の「日常語的性格を有するもの」として呉音系字音を反映することが分析されている。俗音等注記

語の音は「俗音」等の注が加えられること自体の他に、音形を示す仮名に声点が加点されたものが多い点で、日本語の音節構造で捉えられたアクセントとしての性格が色濃いと考えられる。ここで指摘される日常性・常用性は漢語の使用者層などから検討の余地を残すが、少なくとも学習されたのではない、口頭語的な使用がなされた音と考えられる。「俗音等注記語」の分析結果は表2.5に示した。表に声調型として掲げるに際しては、仮名で示された音形に差声がある場合、漢字単位に解釈しなおしている（例えば「几帳」キチヤフ〈平上上上〉は《平上》＝非《去上》型とみなす、など）。

漢語　推定声点	和訓声点	他資料
胡麻〈去上〉	宇古末〈平上上〉	（観法下 103/6）俗音五マ〈去〇〉訛云ウコマ〈上上濁上〉 （観仏中 136/1）五万〈去濁上〉訛云ウコマ〈平上濁上〉 （京九 44 オ）五末〈去上〉
陵苕（葛）〈去上〉 陵苕	乃宇世宇乃加都良 〈去上上上上〇〇〇〉 ノウセウ〈去平〇〇〉	（仁和寺本）ノウセウ〈上上〇〇〉 （観僧上 9/5）一云農セウ〈去上上〉 （京十 76 オ）農世宇〈去上上〉
芭蕉（葉）〈去上〉 芭蕉（葉根）〈去上〉	ハセヲハ〈平上上平〉 波世乎波乃祢 〈平平上上〇〇〉	（仁和寺本）「芭蕉葉実」波世乎波乃美〈平平上上〇〇〉 （京十 59 オ）波勢宇波〈上上上上〉 （観僧上 43/1）ハセヲハ〈平上上上濁〉和ハセウ〈去上上〉
枇杷〈去上〉	比波〈去上〉	（京九 55 ウ）味把〈去上〉
茗荷〈去上〉	女加〈去上〉	（伊廿十七 19 オ）米加〈上上〉（京九 50 オ）米加〈去上〉
胡粉〈去上〉	己布尓〈去上上〉	（仁和寺本）己布尓〈去濁上上〉

　全96語中、《去上》型が22語（22.9%）であり、全体から見た数的分布は『医心方』ほど明瞭ではないが、《去上》型は最多数の組合せとなっている。また「俗音等注記語」でも〔植物〕が27語（28.1%）と最多である。

138　2.1　原音声調の継承と変容の一形態

	〔植物〕	〔非植物〕	合計
《去上》型	10 （45.5） <37.0>	12 （54.5） <17.4>	22 （100.0） <22.9>
非《去上》型	17 （23.0） <63.0>	57 （77.0） <82.6>	74 （100.0） <77.1>
合計	27 （28.1） <100.0>	69 （71.9） <100.0>	96 （100.0） <100.0>

表2.5：「俗音等注記語」語彙分類

　表を横に見ると、〔植物〕と〔非植物〕のそれぞれの合計の比は28.1％と71.9％であるが、非《去上》型が23.0％と77.0％のほぼ同比であるに対し、《去上》型は45.5％と54.5％となる。次に表を縦に見ると、《去上》型と非《去上》型のそれぞれの合計の比は22.9％と77.1％であるが、〔非植物〕が17.4％と82.6％と大きくずれないに対し、〔植物〕は37.0％と63.0％と大きくずれる。この表からも、『医心方』と同様に、〔植物〕と《去上》型に相関関係があると言えそうである。

　両資料の分析結果から、共通して〔植物〕に《去上》型が多いことが分かった。『医心方』と「俗音等注記語」では、加点された〔植物〕が多いことの理由は同じとは考えられず、重複例も薄荷〈平上〉・蘘荷〈去上〉・紫苑〈去上〉のわずか3例のみであるが、それにもかかわらず両資料で共通の傾向が認められることは注意すべき点である。

　ところで『医心方』には声点の差された和訓が多く存するが、外見上それらに混ざるように、仮名で音形が示された漢語が10語（延べ13語）含まれている[8]。漢語の声点は原則として漢文中に差されており、和訓の声点とは形式的に区別される。また漢語の声点は圏点、和訓の声点は星点と形態的にも区別さ

＊8　漢字音との対応が明瞭ではない「ムマ（馬）」は除いた。なお漢語の同定に際して参照した他資料を、略称と対照させて以下に示す。『和名類聚抄古写本声点本』（略称；京本『和名類聚抄』…京、伊勢二十巻本『和名類聚抄』…伊廿）、観智院本『類聚名義抄』…観。また参考として仁和寺本『医心方』に対応する本文・声点があるものは併記した。

れる。ということは、これら10語の漢語は和語なみに捉えられているとみなしてよいだろう。このうち漢字2字相当の6語（延べ8語）を取り上げ、以下に、仮名で表記された漢語を漢字に直し、声点から声調型を推測したものを掲げる。表中、「陵苕」ノウセウ〈去平〇〇〉が不審[9]。朱筆8例中これのみ墨筆による声点であり、誤点・誤写かも知れない。「芭蕉（葉根）」はもし漢語に声点が差されたならば〈平上〉〈平去〉〈去上〉が推定されるが、漢字第一字相当部分の和訓に〈平〉と〈上〉が現れることから、もと〈去…〉だったものと考えたい。だとすれば〈上〉と〈去〉があり得る第二字は呉音系字音の特徴からして〈上〉が適当[10]となる。現代京都アクセント「高起無核」（日本国語大辞典第2版）との対応[11]を考慮することによって、〈去上〉とみなした。

　以上6語はすべて《去上》型と解釈される。このうち5語は〔植物〕（あるいは植物に由来するもの）であるが、もともと差声された和訓は多くが〔植物〕であるため、〔植物〕と去上型の関係をただちに論ずるのは躊躇がある。が、和語なみに捉えられた〔植物〕に関する漢語にもし声点が差されれば《去上》型の組み合わせとなるという事実だけは指摘しておきたい。

　ここに見た〔植物〕と《去上》型の相関関係は、音調のグループ化が特定の意味カテゴリを支えにして起こった結果を示すと考えられる。また、『医心方』漢字2字表記の漢語と「俗音等注記語」とに類似の傾向が見られることは、この現象がある程度の広がりを持つことを推測させる。

＊9　「陵」*ḹēŋ（推定音は平山久雄1967による）の l- を音訳する際に、語頭にラ行音が立つことを嫌って、「ノウ」と音写したか。

＊10　ただし和語に近いレベルで〈平上〉〈平去〉というバリエーションがある（低起上昇型間での揺れがある）ことも認めなければならない。漢字第二字相当部分の揺れについては、『医心方』の呉音系字音に基づく漢語でも例がある（「咬咀」〈平上〉〈平去〉）。このほか『医心方』「留黄〈平上〉」は名義抄に「俗云ユワウ〈平平上〉」（観法中13/1）とある。

＊11　原則的に、〈平上上〉ならば現代京都アクセントで「低起無核」型、〈上上上〉ならば「高起無核」型で対応する。なお〈平平上〉ならば、「高起1」（HLL）型で対応する。

2.1.1.8　変化の固定化

　前項 2.1.1.7 において他資料に類似した傾向を見いだすことによって、音調のグループ化の資料的な広がりを見た。前掲佐々木勇 2000・高山知明 2002・林史典 1982 で示されるような、原音にこだわる必要性の低い、あるいは学習による規範が強く働きにくい口頭語や和文脈などの位相において、音調のグループ化は生じやすく、また容認もされやすいと考えられる。2.1.1.7（p.136）で比較の対象とした「日常語的性格を有する」データは、和文脈の位相に近く位置づけられる。しかし『医心方』自体は、本文が正格漢文であること、博士家によって訓読されていることを含め奥書に見るようにしかるべき手続きを経て移点されていることなどからすれば、むしろ原音にこだわる必要性の高い位相に位置づけられる資料と考えて良いだろう。であればそこに観察される現象が学習等による規範から自由であったとは考えにくい。それにもかかわらず、日常語的性格を有する場合と同様の傾向が『医心方』の漢語にも観察されるのは、少なくとも祖点本『宇治本医心方』加点時において、音調のグループ化を経た声調型が現実の声調型として受容されていたことを示すのではないかと推測される。この推測を検討するために、『医心方』の漢語に対する加点意識を見る。具体的には去上型かつ〔植物〕のつながりが加点者に意識されたかを、加点率の違いを通して検討することになる。

　分析には三筆の加点のうち初回に加えられたとされる藤原行盛点を対象とし、巻 1「治病大體部」、巻 3「中風部」、巻 22「婦人部」を範囲とする。すでに 1.2.1 で報告したように、他筆と比して藤原行盛点は加点数がもっとも多く、かつ呉音字に対する加点が多い。また巻 1・3・22 は挙げた順に加点数が多い。以下に行うのは標本調査に準ずるものということになるが、傾向を探る目的には適当と考えた。なお、半井家本成立にはこの他に医家本と呼ばれる丹波重基・重忠所持の二本が関わるが、「宇治本無之」等の注記本文を対象から除き、祖本である宇治本にのみ存していたと推定される声点のみを対象とする。上記の対象・範囲に現れる呉音系字音漢語（冒頭で認定した 144 語）を差声の有無にかかわらず全て抜き出し、加点率を調べた結果を、表 2.6 にまとめた。差声がない例は、差声のある箇所にもとづいて声点型を決定した（例えば「紫苑」には〈去上〉の差声例があるので、差声がない例であっても《去上》型であるとみ

なした)。表中、加点語数／出現語数 を示し、その右に％を示した。

	〔植物〕	〔非植物〕	合計
《去上》型	60/394 （15.2）	13/42 （31.0）	73/436 （16.7）
非《去上》型	22/232 （9.5）	13/70 （18.6）	35/302 （11.6）
合計	82/626 （13.1）	26/112 （23.2）	108/738 （14.6）

表 2.6：『医心方』巻 1・3・22〔植物〕／〔非植物〕加点率

　まず声調型別にみると、《去上》型合計 16.7％に対し非《去上》型合計は
11.6％である。これが〔植物〕では《去上》型 15.2％に対し非《去上》型 9.5％
であって、特に〔植物〕に加点率が高いとはいえない。つぎに意味カテゴリ別
にみると、〔植物〕合計 13.1％に対し〔非植物〕合計は 23.2％である。これが《去
上》型では〔植物〕15.2％に対し〔非植物〕は 31.0％であって、特に《去上》
型に加点率が高いとはいえない。加点率でみる限り、加点者である藤原行盛は、
〔植物〕かつ《去上》型に対して、とりたてて注意を払っていないと解釈でき
る[*12]。

　特定の語群に集中的な注記がなされる時、その語群に対する何らかの有標の
情報が加点者に意識されていると考えられるが、上記の分析からは音調のグルー
プ化について積極的なことはいえない。しかし少なくとも加点率を見る限り、
この変化が新しいものだったという積極的な支持根拠にはならないとは言える。

　以上、異なる位相の資料に〔植物〕かつ《去上》型が多く見られること、藤
原行盛の『医心方』に対する加点は〔植物〕かつ《去上》型に偏っているわけ
ではないこと、という 2 つを手がかりとして、音調のグループ化は少なくとも
12 世紀以前に生じ、すでに落ち着き安定していたか、安定しつつある段階に

＊ 12　もっとも個別的には弁別を意図した加点と解釈できるものも無いわけではない。
　　例えば〔植物〕名「防風」は 3 巻 10 丁〜 19 丁に連続して 6 例現れ、うち 5 例に声点
　　加点がある。これは同箇所に「防已」（平上）に声点加点例が 2 例あることと対照すれ
　　ば、弁別を意図した可能性がある。ただしこれは音調のグループ化に伴い結果的に語
　　を弁別する例が発生しただけであって、《去上》型そのものに対する弁別意識の現れで
　　はない。

あったものと解釈されるのである。

2.1.1.9　おわりに

以上、分析し解釈したことをまとめる。

1. 『医心方』の呉音系字音 2 字漢語に差される声点の組合せは、〈去上〉が約 4 割を占めており、調値としては上昇調＋高平調の組合せに偏っていることが分かった。これは呉音系字音の声調体系自体に《去》が偏って多いことを直接に反映したのではなく、字音が語音化する過程で生じた、音調のグループ化によるものである。
2. 『医心方』における音調のグループ化は、植物に関連した意味カテゴリを条件としていた。
3. 日常的な漢語とされる「俗音等注記語」や仮名表記された漢語への差声から推定される声調型に 2. と類似した傾向が見られたことなどから、音調のグループ化は少なくとも 12 世紀以前に生じ、すでに固定化していた。

ところで、なぜ〔植物〕に去上型が集中するのだろうか。山田孝雄 1940, p.286 に述べられるように、当時輸入された文物の中でも植物は少なからぬ割合を占めていたようであり、それは例えば『和名類聚抄』記載の草木部にもみる如くである。これらはまた本草として用いられることが多く[13]、対応する和訓があっても漢字音で発音されることもあったようである[14]。本項で取り扱った〔植物〕の漢語は本草として用いられたものがほとんどであり、〔植物〕といっても日常的な生活で接するような草木ではなかったにせよ、その名称を見聞き

---

[13]　山田孝雄 1940「かくの如く植物の輸入せられたる目的如何と考ふるに、実用としては薬品とし、染料とし、飲食の料として輸入せられしなるべく、また鑑賞の用として入りしものあるべし。それらのうちにも最も重んぜられしものは薬品としてなるべく思はる」（p.293）とある。

[14]　山田孝雄 1940「また同一のものにてもそれを漢語にてよむときに薬物となること少なからず」（p.299）とある。

することはあったに違いない。小松英雄 1971 では、『前田家三巻本色葉字類抄』「植物」門和訓における加点率の高い語群について、それらが「日常卑近な」ものと区別され注意されるべきものと意識されていたことが示唆されている[*15]。このようにして意識される特殊な語群が一つの意味カテゴリとして捉えられ、特定の音調に収斂することは十分考えられる。中でも『医心方』に特徴的な傾向が見られたことは、医書という特殊な性格を持つ資料であったことが関係していよう。

　本項で検討した音調のグループ化は、字音が規範性を失っていく過程のある一断面を反映したものと考えられる。それは、個別的・臨時的な誤りが散発するような単なる字音学習の弛緩ではなく、一定の条件のもとで語音としての新たな姿を獲得していく段階という意味である。

2.1.2　中世和化漢文訓読資料に現れる漢語声点の揺れ

2.1.2.1　はじめに

　前項では、声調が日本語の音韻体系に融和するに際して、意味に対応して、ある音調型に収斂する動きを見てきた。本項では、伝承の規範性が弛緩することによって多様な音調型に拡散する動きを見てゆく。

　中世の和化漢文訓読資料には、伝統的な漢音声調や呉音声調に基づかない声点がしばしば現れる（2.2 節を参照）。そうした例の中には、概ねどの資料においても同じ形で現れる安定性を持つものや、異なる形であっても音韻環境等によって説明される連続性を持つ場合を含みながらも、なお説明のつかない個別的・臨時的な姿が現れることもある。こうした観点での先行研究には、沼本克明 1997, pp.215-271、佐々木勇 2009a, pp.675-732 などがある他、石山裕慈

[*15]　「中国渡来の植物、なかでも、いきたかたちで接しにくかったもののばあいには、そのような傾向（稿者注：実物と名称との引き当ての困難さ）がなおさらつよかったはずである。まして、それをあらわす漢字とのむすびつけはむずかしかったであろう。簡単な漢文の注などをつけることは、このばあい、ほとんど意味をなさないから、検索にあたっては、他の門の諸語や、おなじく「植物」門の語のなかでも日常卑近なそれにくらべると、いっそう慎重を期さなければならなかったはずである。したがって、万一のとりちがえの危険性をおもんぱかって、それらに対してはこのように丁寧に加点しているのではないかとかんがえられる」（p.101）

2011 では『本朝文粋』の諸本に現れる声点を比較することで、個別的・臨時的な姿が存在することを指摘する。漢籍や仏典などのように字音学習の伝統性を背景に持つ高い位相の資料に比べて、和化漢文訓読資料には学習の弛緩やそれがもたらす語への馴染みの低さによって、そうした例が数多く観察されることが見込まれる。漢語声調・アクセントやその史的変化を考えるためには、安定的な例に着目して声調型やアクセント型を認定していくことが主たる作業になろうが、そのためには手続き上、どのような環境で安定的な例となり、また個別的・臨時的な例となるか、その範囲を見定めておく必要があるだろう。

　ここでは上記の問題を考えるために、和化漢文訓読資料『新猿楽記』の弘安本・康永本・古抄本を用いる。これら三本に差される声点には同一の漢語になされたものが多数あり、それらを比較することで、安定性を持つ声調型・そうでない型を知ることができる。そこでまず、三本それぞれの漢語声点の特徴を論じた上で、三本の漢語声点を比較することを通じて安定的な例と個別的・臨時的な例が、どのような環境に現れるかを検討したい。

2.1.2.2　『新猿楽記』の声点について

　『新猿楽記』は藤原明衡の撰と伝えられる和化漢文の文献で、その内容は往来物の一種とされる。本文献には当時の人事全般にわたる事物の名称や所作が列挙されるため、語彙集に似た性格を持ちながら、しかもその語彙が記録語彙のほか俗語や生活語彙を多く含む点に語彙的特徴がある（酒井憲二 1975 による）。本項では語彙の分類を行うことはしないが、そうした特徴を持つ語彙が使われたのは必ずしも学問の伝承の場のみではなかろうから、人口に膾炙した日常的な発音とのつながりが期待される。

　さて、『新猿楽記』には尊経閣文庫に三本の古写本、弘安三年（1280）抄本、康永三年（1344）抄本、古抄本（書写年代不明）の存することが夙に知られる（前掲酒井論文）。2010 年に刊行された尊経閣善本影印集成（前田育徳会尊経閣文庫編 2010）にはこれらの古写本のカラー影印が収められるが（本研究もこの影印本に依拠している）、三本への訓点について山本真吾 2010 に概略的な分析がなされており、声点がいつの時代の音調を反映するかを考える重要な手がかりとなる。以下に、山本論文に従いながら三本の声点について、その概

略に言及しておきたい。

　まず、弘安三年抄本（以下弘安本）の声点は墨筆二筆の圏点である。墨筆には主たるものの他に別筆による加点もある。前者は仮名字体から「鎌倉時代中期から後期の様相を呈する」（前掲山本論文）とされ、奥書に示される書写の時期（「弘安三年三月一日／武州六浦荘金澤山稱名／寺弥勒堂谷書寫／事了」）から大きく外れないとされる。後者の別筆による声点を見分けることは必ずしも容易ではないものの「特定の箇所に集中する」（同論文）のである程度の腑分けは可能である。ただし本項では両筆に質的な大きな違いが見られなかったので、分けて分析することはしていない。声点は 192 例、内訳は 1 字漢語 18 例、2 字漢語 159 例、3 字以上の漢語 15 例である。差声体系は六声体系の名残[16]がみえる四声で、濁音表示のための双点がある。

　康永三年抄本（以下康永本）の声点はほとんどが朱筆星点である。前掲山本論文では訓点には墨筆三種、朱筆二種とあり、声点は墨・朱に一種のみとある。奥書に「康永三年七月廿二日（中略）同廿三日移點了同廿四日朱點了同廿五日校合」とある二筆の移点が墨・朱筆による一種ずつの声点に対応すると述べられている。とすれば、康永本の声点は康永三年以前のものとみなし得るだろう。墨筆声点の総数は 18 例、内訳は 1 字漢語 1 例、2 字漢語 15 例、3 字以上の漢語 2 例である。朱筆声点の総数は 403 例、内訳は 1 字漢語 32 例、2 字漢語 326 例、3 字以上の漢語 45 例である。また濁音表示のために双点が使われる。

　古抄本は奥書がないため書写年代などの具体的な事情は不明であるが、本文は室町初期書写（酒井憲二 1975）、他本との異動から「弘安九年（1286）以前」（川口久雄 1983, p.348、および石上英一 2010）との二説がある。訓点には前掲山本論文にしたがえば、墨筆に三種、朱筆に一種がある。このうち声点を差すのは墨筆・朱筆それぞれ一種ずつとひとまずはみなせるようであるが、二筆は筆跡も類似しており、また文献内の分布が相補的であることから、同一の人

＊16　六声体系で〈平〉よりやや高い位置に差声された〈東〉が、四声体系の枠組みによって移点されることで、〈平〉の位置に差されてしまう事例が、鈴木豊 1986 に指摘される。しかし本項で扱う資料への声点体系は四声体系に基づくとは言えないだろう。ただ、2.1.2.3（p.113）で扱うように〈東〉、〈徳〉が一定程度見えつつも全体の数から言えば十分に六声体系を理解していたかには疑問が残る。そのような意味で「六声体系の名残」とした。

間によるものであるとの分析がある。これらの声点を含む訓点は、仮名字体や
返り点の形状から鎌倉時代後期頃のものと推定されている（以上、前掲山本論
文）。墨筆声点の総数は 283 例、内訳は 1 字漢語 23 例、2 字漢語 227 例、3 字
以上の漢語 33 例。朱筆声点の総数は 137 例、内訳は 1 字漢語 9 例、2 字漢語
121 例、3 字以上の漢語 7 例である。墨筆声点は二筆圏点、朱筆声点は星点で、
どちらも六声体系の名残がみえる。本項では先行研究に従い、分析の際には二
種の筆を分けずに取り扱う。

2.1.2.3　声調体系について

　声調体系を考えるためには、その手続として差声された漢字の読みが漢音系
字音か呉音系字音のどちらに基づくのかを峻別しておかなければならない。し
かし音合符など外的な徴証や、網羅的な仮名音注等がない場合、その決定は難
しい。ここでは第 1 章で触れたように、それぞれの「来源情報」（資料につい
ての詳細は「1.1.1.2 字音来源情報」（pp.25-29）参照）による声調の情報を用い
つつ、場合によっては漢音系字音と呉音系字音の対応も参考とする。また仮名
音形＝語形を川口久雄 1983 の読みに従いながら推定し、これを随時援用しな
がら、必要に応じて漢呉の判断を行うことにした。

　さて、弘安本には差声位置が壷左下〈平〉よりやや高く〈東〉と認められる
例が 5 例、同様に右下入声点よりやや高く〈徳〉と認められる例が 7 例存する。
康永本では〈東〉が墨筆に 1 例、朱筆に 1 例存し、〈徳〉は認められない。古
抄本では〈東〉23 例、〈徳〉23 例が存する。これらは全体の差声数からすると
5％に満たないわずかな数である。差声体系をよく理解しない移点者が関わる
ことによって、弘安本、古抄本の祖点本において六声体系だったものが、この
ような整然としない差声状況へとつながったと考えられる。以下に具体例を掲
げる＊[17]。

＊ 17　以下、具体例は声点／仮名音注、出現箇所の順に掲げる。出現箇所は、尊経閣善
　　本影印集成 42 の影印本ページ数および行数を示す。仮名音注の部分記述は記されてい
　　ない部分を▽で示した。また古抄本＝古、康永本＝康、弘安本＝弘と記すほか、墨筆
　　＝ B、朱筆＝ R としている。この他、他文献も必要に応じて参照する。文献の略称は
　　凡例を参照。

第 2 章　原音声調の継承と変容　*147*

弘安本：〈東〉が現れる語「紫金膏」〈上東○〉／シキンカウ［弘 023/07］、「営世」〈東上〉／エイセイ［弘 017/15］、「深窓」〈平東〉［弘 017/06］、「天下」〈東平〉［弘 017/07］、「民烟」〈平東〉／○エム［弘 011/07］、〈徳〉が現れる語「叡岳」〈○徳〉／エイカク［弘 024/08］、「過失」〈去徳〉／クワシチ［弘 008/08］、「甘竹」〈平徳〉／カンマク［弘 023/10］、「合夕」〈入徳〉／○シヤク［弘 011/07］、「出入」〈○徳濁〉［弘 015/11］、「短弱」〈去徳濁〉／○シヤク［弘 018/03］

康永本：墨筆〈東〉が現れる語「會稽」Bクワイケイ B〈東東〉［康 087/14］、朱筆に〈東〉が現れる語「間」R〈東〉［康 100/07］

古抄本：〈東〉が現れる語）「灰煙」B〈東平〉／Bクワイ○［古 065/12］、「宣使」B〈東去濁〉［古 065/12］、「弓箭」B〈東平〉／Bキウ○［古 070/07］、「供給」B〈東入濁〉／Bクキウ［古 057/12］、「興販」R〈東平濁〉／○Rヘン［古 054/13］、「古風」B〈去東〉／Bコ▽ウ［古 063/04］、「皇釁」B〈平東濁〉／Bワウシヤウ［古 074/02］、「詩賦」RR/BR〈東去〉［古 059/01］、R〈東去〉［古 059/05］、「弱冠」R〈入濁東〉／Bシヤクワム［古 053/08］、「青黛」B〈東平濁〉／B▽イタイ［古 064/10］、「村邑」B〈東入〉／Bソンイウ［古 073/08］、「天」B〈東〉［古 052/15］、「天下」B〈東平濁〉［古 058/04］、「天性」B/R〈東○〉／R〈上平濁〉［古 052/07］、「風浪」B〈東平〉［古 070/06］、「奉公」R〈去東〉［古 053/08］、「方士」B〈東○〉［古 062/05］、「豊顔」R〈東平濁〉／Rホウ○［古 055/05］、「幽閨」B〈東○〉／B▽ウケイ［古 064/14］、「養風」B〈上東〉／Bヤウフ［古 067/10］、「戀慕」R〈去東濁〉［古 054/06］、「飄颭」R〈東平〉／B▽ウ○［古 058/02］、〈徳〉が現れる語「安楽塩」B〈平徳上〉［古 074/03］、「一墨」B〈○徳濁〉／○Bホク［古 068/06］、「一列」R〈○徳〉／Rレツ［古 052/12］、「格式」R〈入徳〉／RキヤクB▽キ［古 059/04］、「額」B〈徳濁〉／▽Bク［古 068/06］、「窮屈」R〈平徳〉［古 055/06］、「憲法」R〈去徳濁〉［古 059/04］、「合夕」B〈入濁徳〉［古 057/13］、「七出」B〈徳徳〉［古 065/09］、「消息」R〈去徳〉［古 059/03］、「勢徳」R〈去徳〉［古 053/09］、「成熟」B〈去濁徳濁〉［古 057/09］、「束把」B〈徳上〉［古 057/13］、「播殖」R〈去濁徳〉／Rハムシ

ヨク［古 057/03］、「麦歯」B〈徳濁上〉/B ミヤクシ /B ハク○［古
067/10］、「明法」R〈去徳濁〉［古 058/15］、「夜發」B〈去徳〉/ ○ B ホ
ツ / ○ B ハツ［古 067/06］、「理髪」B〈去徳〉/B リハツ［古 059/14］、「療
疾」B〈去徳〉/B ▽ウ▽ツ［古 062/01］、「六儀」B〈徳入濁〉［古
063/15］、「壹徳塩」B〈徳徳平〉/ ○○ B エム［古 074/03］、「旱魃」B〈去
徳濁〉［古 057/09］、「躰骨」R〈上徳〉/R テイコツ［古 052/06］

以上、〈東〉・〈徳〉が差される漢字はほぼ漢音に基づく[18]。一部の問題例を
除けば、これらの音節頭子音を調べてみると中国語音韻学でいう全清・次清に
属するものであることが分かる。〈東〉の音環境を見ると、まず弘安本と康永
本は全てが、そして古抄本は 23 例中 19 字が 2 拍字である。また古抄本では
23 例中 17 字が語頭環境に出現している[19]。〈東〉で表記される例が 2 拍字、語
頭環境に残りやすいことはすでに佐々木勇 2009a，pp.596-601 に指摘されてお
り、本文献でもそれが確認されたことになる。

2.1.2.4　声調型の分布

声点と実音調の問題について触れておく。先行研究に従い、〈平〉＝低平調（1
拍は L・2 拍は LL）、〈東〉＝下降調（1 拍は F・2 拍は HL）、〈上〉＝高平調（1
拍は H・2 拍は HH）、〈去〉＝上昇調（1 拍は R・2 拍は LH）、〈入〉＝低平内
破音（1 拍は L・2 拍は LL）、〈徳〉＝高平内破音（1 拍は H・2 拍は HH）と

---

* 18　呉音の疑いがあり問題となるのは、〈東〉では「供給」B〈東入濁〉/B クキウ［古
057/12］、「皇靈」B〈平東濁〉/B ワウシヤウ［古 074/02］の 2 例である。「供給」ク
ギウは呉音形である。呉音の単字声調を調べると《平入》であり、尾張国解文にも〈平
入濁〉で現れるため、本文献の例は不審である。「皇靈」ワウジャウの第 2 字も第 1 字
の音形からは呉音と推測されようが、これだけでは字音の系統を特定できない。［05
色前］に〈平平濁〉で現れるから、これも説明がつかない。〈徳〉では「成熟」B 去濁
徳［古 057/09］（ジャウジュクか）、「合夕」B 入濁徳［古 057/13］（ガッシャクか）
が呉音形である。「合夕」は［05 色前］に入濁入カッシャクとある。「旱魃」B 去徳濁［古
057/09］の第 2 字は漢音であれば濁音字であり、不審である。

* 19　康永本は 4 例中 3 例が語頭環境、弘安本は 5 例中 2 例のみ語頭環境であるが、全
数が少ないので傾向を述べることは差し控える。

みなすが、康永本に本来〈入〉が差されるべきところに〈平〉や〈上〉が差される例もある（弘安本には1例ずつ）。とくに唇内入声字に〈平〉や〈上〉が差されており、鎌倉時代以前に入声韻尾を写したフが開音節化し《平》や《上》と区別できなくなったことを反映する（小松英雄 1971, pp.647-698）。以下に実例を示す。

弘安本：「班給」〈去濁上濁〉／ハムキウ［弘 011/06］
康永本：「移牒」R〈平平〉／淡Bイ○［康 090/11］、「給料」R〈平平〉［康 091/03］、「憲法」R〈去平〉［康 090/13］、「大業」R〈去平濁〉／淡B○ケウ［康 091/03］、「班給」R〈去平〉／Bハ朱〈去濁〉ンキ朱〈上濁〉ウ［康 089/02］、「符牒」R〈上平〉／淡Bフテウ［康 090/12］、「立印」R〈平平〉［康 101/05］

　この事象から、本資料の声点は字音の知識を離れた音調を反映している可能性が高いと言えそうである。そこで、以下では本資料に現れる「中低形」の出現率を見る。一語のなかに音調の高さを二つ以上持ち音調の谷間を有する形、つまり「下降＋上昇」（《東・去》）、「下降＋下降」（《東・東》）、「高平＋上昇」（《上／徳・去》）、「上昇＋上昇」（《去・去》）、の組み合わせは字音声調の組み合わせとしてはあり得るが、一語の安定のために回避される事例のあることが先行研究で指摘される（石山裕慈 2005・2009・2011 のほか「2.2 漢語の声点に反映した原音声調の継承と変容」）。単字の声調を生かした結果生じる中低形は字音学習の伝承の力に依るものであったとされる（佐々木勇 2009a, p.613）。その中低形が回避されるということは、伝承の力を離れて日本語アクセントの「力学」に委ねられることを意味しよう。表2.7～2.10 では、二字漢語のうち全体差声であるものを抜き出し、その声点の組み合わせを一覧にして掲げた（数字は異なり語数、中低形には網掛けをしてある。また表幅の都合から、声点の組合せを〈　〉に入れていない）。
　さて、四つの表を見ると、いずれにおいても三本とも中低形はかなり少ないことが分かる。ここで中低形となっている個別例について、ひとつずつ検討してみたい。

平平 19 平東 2 東平 1	平上 15	平去 7	平入 4 平徳 1
上平 5	上上 7	上去 1	上入 0
去平 10	去上 19	去去 3	去入 3 去徳 1
入平 4	入上 0	入去 0	入入 2 入徳 1

表 2.7：弘安本　全 105 例

平平 2 東東 1	平上 0	平去 0	平入 1
上平 0	上上 1	上去 0	上入 0
去平 0	去上 1	去去 0	去入 0
入平 0	入上 0	入去 0	入入 0

表 2.8：康永本（墨筆）　全 6 例

平平 71	平上 35	平去 20	平入 12 平徳 1
上平 15	上上 10	上去 1	上入 4
去平 34	去上 34	去去 2	去入 10 去徳 1
入平 16	入上 7	入去 4	入入 6 入徳 1

表 2.9：康永本（朱筆）　全 281 例

平平 52 東平 8	平上 26	平去 14 東去 3	平入 10 平徳 1 東入 3
上平 10 上東 1	上上 11	上去 1	上入 3 上徳 1
去平 32 去東 3	去上 33	去去 3	去入 10 去徳 10
入平 10 入東 1	入上 3	入去 2	入入 1 入徳 2 徳徳 1

表 2.10：古抄本　全 253 例

　まず弘安本から述べる。〈上去〉で現れたのは「両鬢」〈上去〉／○ヒム［弘017/17］である。古抄本にても同様の型で現れる。韻書にても《上・去》である。〈去去〉で現れたのは「剛柔」〈去濁去〉［弘 008/11］、「調和」〈去濁去〉［弘008/11］（古抄本にて〈去上〉で現れる）、「容貌」〈去去〉／ヨウメウ［弘022/06］。いずれも呉音声調にて《去・去》の組み合わせである。これらの例のうち、「両鬢」「剛柔」「容貌」はその意味からして 2 字の結合が緩い段階にあるなどの理由で、単字の声調を生かしたか。「両鬢」について言えば、漢数字を含む漢語は結合の度合いが緩いという指摘がある（上野和昭 2012, pp.304-306、「3.1.3 去声字の低起性から考える漢語アクセントの形成プロセス」で改めて触れる）。

康永本（墨筆）の〈東東〉の１例「会稽」については 2.1.2.3 にて、〈東〉が現れる語として触れた。康永本（朱筆）では、〈上去〉で現れたのが「妖艶」R〈上去〉[康 086/04] の１例である。この語は韻書では《東・去》の組み合わせであり、色葉字類抄で〈平去〉であるから、本来は第一字が《東》（つまり下降調）だったものが高く始まる《上》に聞き間違えられたか。康永本において漢音漢語で第一字に〈上〉が差されるものが 17 例あるが、韻書から推定される単字の調値は《上》が９例、《去》が２例のほか、残りの６例すべてが《東》である*20。康永本（朱筆）では《入》が上述のとおり《平》や《上》に紛れやすいことと考えあわせれば、康永本が実音調を反映している可能性は高いと考えられる。〈去去〉で現れたのは「韻題」R〈去去〉濁 /B イン○ [康 090/14] で、これは韻書で《去・平》、呉音声調は不明である。「宴丸」R〈去去濁〉[康 087/03] は呉音声調が《去・去》であるから、単字の声調を生かしたか。

古抄本で〈東去〉で現れたのは、「官使」B〈東去濁〉[古 065/12]、「詩賦」RR/BR〈東去〉[古 059/01]・R〈東去〉[古 059/05] である。いずれも韻書で《東・去》の組み合わせである。〈上去〉で現れたのは、「両鬢」B〈上去濁〉/○B▽ム [古 065/11] のみで、弘安本と同様である。〈去去〉で現れた３例のうち、「好色」R〈去去〉[古 053/08]、「大業」B〈去○〉/R〈去去濁〉[古 059/08] は第二字は〈徳〉だったものを移点の際に位置を取り違えたものであろうか*21。残りの「會稽」B〈去去〉[古 056/11] は不審である。

こうして見ると、中低形ではないもののうちに、すでに中低形を回避した例が混入しているのではないかと推測される。そこで漢音と思しき例から、〈上平〉で現れるものを選び、韻書でも《上・去》の組み合わせであるものを探すと、「海部」B〈上平〉/B○フ [古 072/03] が該当する。これは中低形を回避して《上・去》＞《上平》と変化したのではないかと考えられる。同様に本文献に〈去平〉で現れ、韻書で《去・去》の組み合わせを探すと、以下の６例が

---

*20 「西収」R〈上平〉[康 088/12]、「甘州」R〈上平〉[康 107/10]、「匡衡」R〈上平濁〉[康 090/15]、「符牒」R〈上平〉/ 淡 B フテウ [康 090/12]、「風波」R〈上平〉[康 102/10]、「妖艶」R〈上去〉[康 086/04] の６例である。

*21 「好色」は他資料に「かうそく〈上入〉・〈上徳〉」[01 古今]、〈上入〉[05 色前]とあり「色」字には本来〈徳〉が差されるところである。

該当する（漢音と思しき例で《去・去》＞《去上》が想定される例はなかった）。これらは中低形を回避して《去・去》＞《去平》と変化したことが推測される*22。

「運命」〈去平〉［弘 023/15］、「近代」〈去平濁〉［弘 012/14］・R〈去平濁〉［古 052/12］・R〈去平濁〉［康 091/03］・R〈去平濁〉［古 059/08］、「勝計」R〈去 平濁〉［古 053/04］、「進退」R〈去平濁〉［古 054/12］・B〈去平濁〉［古 062/09］、「世路」R〈去平〉［古 055/06］、「戀慕」〈去平濁〉／レンホ［弘 008/05］

　以上、声調型の分布を検討することで、六声体系の名残が色濃い古抄本には注意が必要であるものの、ここに取り扱う文献の声点は学習による規範の伝承を離れていることを確認した。

2.1.2.5　三本の比較
　漢語に差される声点は、和語に比して多くの揺れを伴うことが経験的に知られている。ただし揺れを伴う語であっても必ずしも野放図に揺れるわけではなく、一定の枠組みの中で揺れていると推測される。ここでは三本を比較することで「揺れを伴う語群」と「揺れを伴わない語群」を分けた上でどのような語環境に揺れが目立つかを分析し、揺れの範囲と揺れを生じさせた要因について考えたい。
　まず分析の方法について述べる。三文献の漢語のうちある程度まとまった数で現れる二字漢語を対象とし、仮名に開いた語形に基づき2拍漢語（1+1拍）、3拍漢語（1+2拍・2+1拍）、4拍漢語（2+2拍）に分ける。その上で三本を比較し、一致不一致を声点の組み合わせ別に見てゆくこととする。
　なお、以下に掲げる表では、各本の比較に@ⓑⓒの記号をあて、その数（異なり語数）を示した。「古抄本・康永本」は左項が表の縦、右項が横に対応する。表の網掛け部分は一致数を示している。

＊22　こうした中低形回避のパターンは「2.2 漢語声点に反映した原音声調の継承と変容」のほか、2.1.2.9（p.160）でも触れる。

- ⓐ古抄本・康永本の比較
- ⓑ古抄本・弘安本の比較
- ⓒ康永本・弘安本の比較

また、表では入声字との組み合わせについては取り上げていない。〈東〉は〈平〉に含めて例を数えている。

　拍構造別に検討する前に、資料ごとにどれくらいの一致率を示すかについて概略を見ておきたい。古抄本・康永本で重複した漢語は78例、うち声点が一致する（濁音表示の有無は捨象）のは45例で、一致率は58％（小数点以下は四捨五入）である。古抄本・弘安本で重複した漢語は37例、うち声点が一致するのは19例で、一致率は51％である。康永本・弘安本では重複した漢語は46例、うち声点が一致するのは28例で、61％である。古抄本・弘安本における差声状況の一致が他の比較よりも若干少ないが、概ね半数を超えているという点で同程度の一致率であるといえる。

2.1.2.6　2拍（1+1構造）

	〈平平〉	〈平上〉	〈平去〉	〈上平〉	〈上上〉	〈上去〉	〈去平〉	〈去上〉	〈去去〉
〈平平〉	ⓐ1ⓑ1			ⓐ1		ⓒ1			
〈平上〉		ⓐ1ⓑ1ⓒ1							
〈平去〉	ⓐ1								
〈上平〉									
〈上上〉					ⓒ1				
〈上去〉									
〈去平〉				ⓐ1					
〈去上〉	ⓐ1	ⓐ1ⓑ1			ⓐ1ⓑ2			ⓐ1ⓑ1	
〈去去〉									

表2.11：2拍語（1＋1構造）

　3種の一致率は、ⓐ33％（3/9）、ⓑ50％（3/6）、ⓒ66％（2/3）である。全体の数が少ないが他の拍との比較のために掲げておく。

　さて、表2.11の不一致例からは、二つのパターンが見て取れる。一つ目は

語頭の〈去〉と〈上〉で揺れるパターンである。〈去平〉・〈上平〉の ⓐ 1 は「五四」（R〈去濁平〉/R クシ［古 056/03］・R〈上濁平〉/B ク○［康 086/15］）、〈去上〉・〈上上〉では ⓐ 1 ⓑ 2 が「巴豆」（B〈去上濁〉/B ハツ［古 072/19］・R〈上上濁〉［康 106/05］・〈上上濁〉／ハツ［弘 023/07］）、「家治」（R〈去上濁〉/R ケ○［古 054/14］・〈上上〉［弘 017/15］）である。これらは、一方が上昇調（《去》）を残し、もう一方は去声拍が日本語における曲調拍衰退の影響を受け、高平調（《上》）に変化したこと（金田一春彦 1964, p.344）を反映すると考えられる。

二つ目は〈去上〉と〈平上〉を揺れるパターンである（〈去上〉・〈平上〉の ⓐ 1 ⓑ 1 は「画女」B〈去濁上濁〉/B クワ○［古 063/10］・R〈平濁上濁〉［康 096/02］・〈平濁上濁〉／クワ○［弘 016/08］）。《去上》の低く始まり高に続く音調（低起上昇調）が曲調拍の衰退とともに語全体として LH と把握されたと考えられる。

揺れの要因が不明なものとしては、〈平去〉・〈平平〉ⓐ 1 の「詩賦」（前項 BR 後項 RR〈東去〉［古 059/01］・R〈東去〉［古 059/05］・R〈平平〉［康 090/10］）がある。この〈東去〉はそもそも中低形となることが問題である。また康永本の〈平平〉についても六声体系を四声体系で写しとった結果、六声体系の枠組みで《東・去》（中低形）が中低形回避で〈東平〉となり、さらに四声体系の枠組みで移点された結果、〈平平〉となっているのかもしれない。韻書からは《東・去》であり漢音であることが分かる。また［01 古今］にも〈○去〉がある。非語頭の《去》は保持されにくいが、語の意味は詩と賦であるから、語構成が影響して一字ずつ独立的に発音されたか。もう一つは〈平平〉・〈上平〉ⓐ 1 の「健兒」（B〈平平〉/B コムニ［古 070/11］、R〈上平〉/B コニ［康 103/01］）*23 である。この語は韻書で《去・平》、呉音資料で《平・去》であり、語形に基づけば呉音、原音声調の組み合わせから言えば康永本などは漢音と説明が付きそうであるが、いずれにせよ、康永本と古抄本の揺れについて事情は不明である。〈平平〉・〈上上〉ⓒ は「家治」（R〈平平濁〉/B ケ○［康 098/04］）が問題である。2 字とも韻書から《平》と推定されるが「治」が濁音であれば呉音の可能性が高い（仮名注と声点は筆が異なる）。

---

*23　語形はコニともコンニとも。川口久雄 1983 に従えばコニ。

以上、揺れの説明が付くものを一致に含めれば、一致率はⓐ70％（7/9）、ⓑ100％（6/6）、ⓒ66％（2/3）となる。

2.1.2.7　3拍（1+2構造）

	〈平平〉	〈平上〉	〈平去〉	〈上平〉	〈上上〉	〈上去〉	〈去平〉	〈去上〉	〈去去〉
〈平平〉	ⓒ2	ⓐ2							
〈平上〉	ⓑ1ⓒ1	ⓑ1							
〈平去〉			ⓐ2ⓒ1		ⓒ1				
〈上平〉	ⓒ1		ⓐ1ⓑ1	ⓐ1ⓒ1			ⓒ1		
〈上上〉		ⓑ1						ⓐ1	
〈上去〉									
〈去平〉							ⓐ1		
〈去上〉		ⓒ1	ⓐ1		ⓑ1			ⓐ1ⓒ1	
〈去去〉									

表 2.12：3 拍語（1 + 2 構造）

　3種の一致率は、ⓐ50％（5/10）、ⓑ20％（1/5）、ⓒ60％（6/10）である。
　表2.12の不一致例からも、表2.11と同様に二つのパターンが見て取れる。たとえば語頭の〈去〉と〈上〉に揺れるパターンでは、〈上平〉・〈去平〉ⓒ1の「秀才」（R〈上平〉［康091/03］・〈去平〉/ シユサイ［弘012/14］、古抄本ではR〈去〇〉［古059/08］）があるが、二つのパターンが組み合わさった例もある。すなわち〈去上〉-〈上上〉と〈去上〉-〈平上〉（〈平去〉）の揺れが看取される場合である。〈去上〉・〈平去〉ⓐ1、〈去上〉・〈上上〉ⓑ1、〈平去〉・〈上上〉ⓒ1は「翡翠」（B〈去濁上濁〉/Bヒ〇［古064/08］・R〈平去〉/Bヒスイ［康097/01］・〈上濁上〉/ ヒスイ［弘017/02］）である。また〈上上〉・〈去上〉ⓐ1、〈上上〉・〈平上〉ⓑ1、〈去上〉・〈平上〉ⓒ1は「雄黄」（B〈上上〉/Bヲワウ［古072/19］・R〈去上〉/Bヲワウ［康106/05］・〈平上〉/ ヲワウ［弘023/07］）である。
　漢音と呉音とで揺れると思しき例もある。〈上平〉・〈平去〉ⓐ1、〈上平〉・〈平去〉ⓑ1の「輸税」（B〈上平濁〉/Bシウサイ［古057/14］・R〈平去〉/Bシユサイ［康089/04］・〈平去〉/ シユサイ［弘011/07］）は、韻書から《東・去》、

156　2.1　原音声調の継承と変容の一形態

呉音資料で《去・平》の組み合わせとなる。「税」については［07 解文］に「税帳」〈平平〉、「正税」〈○平〉などがある。古抄本は呉音《去・平》＞《上平》、康永本と弘安本は漢音《平・去》と思われる。

　問題となるのは 4 例となる。〈平上〉・〈平平〉ⓑ 1 の「胡臭」（B〈平上〉/B コシユ［古 065/06］・〈平平〉/ コシウ［弘 017/12]）は、韻書から《平・去》、呉音では「胡粉」［05 色前］に〈去○〉・コフン〈去濁上上〉俗、［02 和名］［03 名義］に〈去上〉であることなどから、「胡」は去声字であろう。「臭」は呉音資料から平声字であることが分かっている。「臭」は音形からも漢音シウ呉音シュであるから、古抄本が呉音、康永本と弘安本が漢音と認定したいところだが声点はむしろ逆の様相である。〈平平〉・〈平上〉ⓐ 2 の「呉山」（R〈平平〉/B コサム［古 058/14]・R〈平濁上〉/B コ○［康 090/05]・〈平濁○〉コ○［弘 012/04]）は韻書から《平・東》で漢音なら〈平平〉が望ましい。〈平上〉は由来が不明だが［07 解文］に〜山に〈上〉を差す例がある。〈平平〉・〈平上〉ⓐ2 と〈平上〉・〈平平〉ⓒ 1 の「字行」（B〈平平〉/B シカウ［古 068/04]・R〈平濁上濁〉［康 100/10]・〈平濁平濁〉［弘 019/11]）は韻書から《去・平》、呉音資料で《平・去》であるから、康永本と弘安本は呉音と考えられる。古抄本の〈平平〉は不明。〈上平〉・〈平平〉ⓒ 1 の「符牒」（R〈上平〉/ 淡 B フテウ［康 090/12]、〈平平〉/ フテウ［弘 012/08]）も揺れの要因を明らかにすることは難しい。「牒」は入声だが平声で現れることはすでに 2.1.2.4 で触れた。古抄本に B/R〈去○〉/R〈○入濁〉/B ○テフ［古 059/03］で現れるので、少なくとも「符」は《去》の現れ方の問題かもしれない。

　以上、揺れの説明が付くものを一致に含めれば、ⓐ 80％（8/10）、ⓑ 80％（4/5）、ⓒ 60％（6/10）となる。

　ここで語頭 1 拍字に対する〈去〉と〈上〉の揺れについて、諸本の特徴に触れておきたい。2.1.2.6 と 2.1.2.7 で見た「五四」「巴豆」「家治」「画女」「秀才」「翡翠」での揺れにおいて古抄本では全て語頭 1 拍去声を保つ。例外は「雄黄」のみであった。いま、三本の全例から語頭に限り 1 拍〈去〉がどれくらい現れるかをみると（母数は 1・2 拍去声の延べ合計数）、古抄本墨筆 27％（18/68）・朱筆 23％（10/43）であるのに対し、弘安本 17％（8/46）、康永本墨筆 0％（0/3）・朱筆 11％（10/92）と割合が低い。この点に着目すれば、古抄本の声点は他の

第 2 章　原音声調の継承と変容　*157*

２本よりもやや古い性質、あるいは字音学習の伝承性を強く持っていると言えそうである。

2.1.2.8　3拍（2+1 構造）

	〈平平〉	〈平上〉	〈平去〉	〈上平〉	〈上上〉	〈上去〉	〈去平〉	〈去上〉	〈去去〉
〈平平〉	ⓐ6ⓑ1ⓒ3		ⓑ1ⓒ1					ⓑ1ⓒ1	
〈平上〉		ⓐ8ⓑ3ⓒ4							
〈平去〉									
〈上平〉									
〈上上〉	ⓐ1		ⓒ1		ⓐ1ⓑ1ⓒ1			ⓐ1	
〈上去〉									
〈去平〉	ⓐ1						ⓑ1	ⓐ1ⓑ1	
〈去上〉		ⓐ1						ⓐ1ⓒ2	ⓑ1
〈去去〉									

表 2.13：3 拍語（2 + 1）

　3種の一致率は、ⓐ76％（16/21）、ⓑ60％（6/10）、ⓒ77％（10/13）である。2.1.2.6、2.1.2.7 で検討した語頭１拍の群と比べて、数が多くまた一致率が安定して高い。

　さて、この群について予測されることは、前節までに見られた傾向とは異なり、語頭の《去》が２拍LHで把握されるために〈上〉や〈平〉が差されることは少ないだろうということであるが、全体数の少なさもあって必ずしもそうは言えない[*24]。前節までに検討した二つのパターンで見ると、語頭〈去 -〉・〈上 -〉に関わるのは１例のみ、〈上上〉・〈去上〉ⓐ１の「方除」（R〈上上濁〉［古059/07］・R〈去上〉/ 淡Ｂ〇チ［康091/01］）である。これを例外と見ても良いが、「方除」出現箇所の前行には「開方除」が現れる。古抄本ではR〈去〇〇〉/Ｂ〇ホウチ［古059/06］、他本ではR〈去上上濁〉/Ｂ〇ホウチ［康091/01］、〈〇

＊24　たとえば〈去 -〉・〈去 -〉の枠に入ってくる例の数を見る。２拍1+1では、ⓐが1/8（分母は各比較内の全体数）、３拍1+2ではⓐに2/5、ⓒに1/10、３拍2+1ではⓐに2/22、ⓑに2/5、ⓒに2/14であって、目立った点は見られない。ただ、４拍2+2ではⓐに12/36、ⓑに5/13、ⓒに12/20であり、語頭《去》の安定度は高くなっている。

上○〉[弘 012/13]で、古抄本には第2字以降差声はないが《去上上》で読ま
れたことと推測される。この《-上上》部分を次行「方除」にそのまま差声し
たと考えることが許されるのであれば、この例外も消え、先の予測に沿った結
果となる。

　もうひとつのパターン、〈去上〉・〈平上〉に関わるのは、〈平上〉・〈去上〉ⓑ
1ⓒ1の「蘭麝」(B〈平上〉[古 064/13]・R〈平上濁〉[康 097/06]・〈去上濁〉
[弘 017/05])、〈去上〉・〈平上〉ⓐ1の「西施」(R〈去上〉[古 054/11]・R〈平
上〉[康 085/08])の2例である。

　語頭2拍字で〈去-〉・〈上-〉で揺れる例がほとんど存せず、〈去上〉・〈平上〉
の組み合わせは存するということは、《去》の音声実態が2拍の LH として実
現しており、高平調と紛れるような(声調としての)上昇調として実現したの
ではないことを意味する。だからこそ和語のような低起性を強く持ち(2.1.2.9
参照)、低く始まる音調型と揺れるのではないかと考える。

　漢音に2音ありと思しき例には、〈去平〉・〈平平〉ⓐ1の「貫花」(B〈去平〉
/B▽ム○/B クワンクワ[古 068/05]・R〈平平〉[康 100/11])がある。韻書
からは「貫」は《東》と《去》があり、「花(華)」は《平》であるから、〈平平〉
と〈去平〉の両方が現れえたのではないかと考える。呉音に2音ありと思しき
例は〈上上〉・〈平上〉ⓒ1の「頻伽」(R〈上濁上濁〉[康 100/05]・「頻伽」〈平
上濁〉/ヒンカ[弘 019/06])である。呉音資料では《平・去》と《去・去》
があり得るので、《平・去》>〈平上〉、《去・去》>〈上上〉の変化が考えら
れようか。漢音と呉音で揺れると思しき例は〈上上〉・〈平平〉ⓐ1の「長者」(B
〈上上濁〉[古 067/06]・R〈平平濁〉[康 105/01])である。「長」はこの意味
では韻書から《上》、呉音資料で《平》、「者」は韻書から《上》、呉音資料で《平》
となっている。つまり漢音なら《上・上》、呉音なら《平・平》となる。

　この他に揺れたものは3例あるが、これらは1字目のみ同じ、2字目が揺れ
るパターンである。〈平平〉・〈平上〉ⓑ1ⓒ1の「龍飛」(B〈平平〉/B リョ
ウヒ[古 067/11]・R〈平平〉/B リョウ○[康 100/04]・〈平上〉/リョウヒ[弘
019/05])、〈去平〉・〈去上〉ⓐ1ⓑ1の「経書」(B〈去平〉[古 068/07]・R〈去
上〉[康 100/13]・〈去上〉[弘 019/14])、〈去上〉・〈去去〉ⓑ1の「調和」(R〈去
濁上〉[古 054/12]・〈去濁去〉[弘 008/11])が該当する。

第2章　原音声調の継承と変容　*159*

以上、揺れの説明が付くものを一致に含めれば、ⓐ95％（20/21）、ⓑ70％（7/10）、ⓒ92％（12/13）となる。

2.1.2.9　4拍（2+2構造）

	〈平平〉	〈平上〉	〈平去〉	〈上平〉	〈上上〉	〈上去〉	〈去平〉	〈去上〉	〈去去〉
〈平平〉	ⓐ5ⓑ2ⓒ1		ⓐ2ⓑ1		ⓒ1		ⓑ1ⓒ1	ⓐ1	ⓒ1
〈平上〉		ⓐ3			ⓐ1				
〈平去〉	ⓐ1	ⓒ2	ⓐ1ⓒ2						ⓐ1ⓑ1
〈上平〉	ⓐ1				ⓐ2		ⓑ1	ⓒ1	
〈上上〉				ⓐ1	ⓐ1		ⓒ1	ⓑ2	
〈上去〉						ⓑ1			
〈去平〉	ⓐ1						ⓐ6ⓑ2ⓒ3	ⓒ1	
〈去上〉	ⓐ1			ⓐ1	ⓑ1		ⓐ1ⓒ1	ⓐ5ⓑ3ⓒ5	
〈去去〉	ⓐ1								

表2.14：4拍語（2＋2構造）

3種の一致率は、ⓐ58％（21/36）、ⓑ53％（8/15）、ⓒ55％（11/20）である。2.1.2.8の一致率に比べるとおしなべて約20％ほど低い。この群は表2.14に見るように揺れに傾向を見出すことが難しい。いくつかのケースに分けて個別例を見ることとする。

まず漢音と呉音で揺れると考えられそうなものを掲げる。

- 「淫奔」（R〈去上濁〉/B〈平平〉/B イン○［康100/03］・〈去平濁〉/インホン［弘019/04］）、韻書：次濁平全清平《平・東》、呉音資料で《去・去》・《去・平》、［05色前］〈平平〉

- 「剛柔」（R〈平濁去〉/R○ニウ［古054/12］・R〈平平濁〉［康085/09］・〈去濁去〉［弘008/11］）、韻書：全清平次濁平《東・平》、呉音資料：《去・去》

- 「農人」（R〈平平濁〉/B ノウ○［古057/02］・R〈去上〉［康088/06］）、韻書：次濁平次濁平《平・平》、呉音資料：《去・去》

「淫奔」は康永本朱筆と弘安本が呉音であろう（康永本墨筆、［05 色前］に〈平平〉があるがこれは漢音）。「剛柔」は康永本が漢音、古抄本と弘安本が呉音であろう。《去上》と《去平》の揺れについては後述する。「農人」は古抄本が漢音、康永本と弘安本が呉音であろう。

　2字のうちいずれかが漢音と思しき例で、もう1字の字音系統が不明なものは以下である（漢音と一致する声点に下線を付した）。

- 「遊蕩」（B〈平平〉/B▽ウタウ［古 067/07］・R〈<u>平去</u>〉/B○タウ［康 100/01］・<u>平去</u>／イウタウ［弘 019/03］）、韻書：次濁平去《平・去》
- 「偃仰」（B〈平上濁〉/Bエムキヤウ/B○カウ［古 067/10］・R〈<u>上上濁</u>〉/Bエンキヤウ［康 100/03］）、韻書：上上《上・上》
- 「軟錦」（B〈<u>上濁上濁</u>〉/Bセムキム［古 073/04］・R〈<u>上濁上濁</u>〉/Bセン○［康 106/09］・〈去濁上〉／センキン［弘 023/10］）韻書：上上《上・上》
- 「軟障」（B〈<u>上濁平濁</u>〉/Bセムシヤウ［古 072/03］・R〈平平濁〉/B〈<u>上濁上濁</u>〉/Bセンシヤウ［康 105/03］・〈去濁○〉／セン○［弘 022/11］）、韻書：上全清平《上・東》、呉音資料：《平・平》、［05 色前］センシヤウ〈上上平平平〉
- 「豊顔」（R〈<u>東平濁</u>〉/Rホウ○［古 055/05］・B〈上平濁〉/Bホウカム［古 065/16］・〈去平濁〉／ホカン［弘 018/04］）、韻書：次清平全濁平《東・平》、［05 色前］〈平平〉
- 「養風」（B〈<u>上東</u>〉/Bヤウフ［古 067/10］・R〈上上〉/B〈平○〉［康 100/03］）、韻書：上全清平《上・東》
- 「皇麞」（B〈平東濁〉/Bワウシヤウ［古 074/02］・R〈<u>平去濁</u>〉［康 107/10］）、韻書：全濁平去《平・去》

「豊顔」の古抄本の朱筆〈東〉は 2.1.2.3（p.147）ですでに触れたが、墨筆は下降調を高平調（《上》）に聞きなしたとすれば漢音か。以上は一方が漢音で、他が学習の弛緩、伝承の線上から外れてしまったものとひとまずは考えたい。説明が困難なこうした例は他にも2例ある。

第2章　原音声調の継承と変容　　161

- 「繧繝」（B〈去上濁〉/B ウンケン［古 073/04］・R〈平平濁〉/R ウンケン［康 106/08］・〈上上濁〉/○ケン［弘 023/10］）
- 「甘松」（B〈去平〉/B カンセウ/B カムソウ［古 072/16］・R〈平平〉［康 106/02］）、韻書：全清平去《東・去》、呉音資料：《去・○》［05 色前］〈平平〉

「繧繝」を表記する漢字は国字である。古辞書類では「暈繝」「雲錦」と表記されるが、「暈」なら韻書で次濁去声《去》、「雲」なら次濁平声《平》となり、これが揺れとなって現れたか。後代の資料では〈上平濁〉であることからすれば、康永本の〈平平濁〉から変化したかとも思われる。「甘松」は［05 色前］〈平平〉に一致するのが康永本、古抄本は呉音形かと思われる。

　語頭環境あるいは単字で《去》で実現するが非語頭環境では《去》と《上》に揺れて現れるケースには、〈平去〉・〈平上〉ⓒ2の「営世」（R〈平去〉/B エイセイ［康 098/04］・〈東上〉/エイセイ［弘 017/15］）、「勘文」（R〈平去〉［康 090/11］・〈平上〉［弘 021/02］）が該当する。「営世」は韻書で次濁平去《平・去》で、音形からも漢音とみなされるが、後項に〈去〉と〈上〉が現れる。「勘文」は呉音資料に「文」が《去》とあり、音形もカンモンとすれば、同様の揺れと考えられるだろう。語頭環境で《去》と《上》に揺れて現れるケースには、「代稲」（B〈上濁上〉/B タイタウ［古 057/11］・R〈上濁平〉［康 089/01］・〈去濁上〉/○タウ［弘 011/05］）が該当する。韻書で《去・去》であることからすれば、弘安本の声点は漢音の《去・去》＞《去上》を反映したもの、古抄本の声点は《去・上》＞《上上》を反映したものとも推測されるが、語形からは呉音とも考えられ、由来が不詳である。

　また、中低形の回避と解釈できる例もある。

- 「眤眦」（R〈去濁上〉/R カヒサイ［古 054/06］・R〈上濁平〉/B カイサイ［康 085/04］）、韻書：去去《去・去》、［05 色前］〈去平〉
- 「剛柔」（R〈平濁去〉/R ○ニウ［古 054/12］・〈去濁去〉［弘 008/11］）、韻書：全清平次濁平《東・平》、呉音資料：《去・去》
- 「形貌」（B〈去濁上〉/B キヤウメウ［古 059/12］他 1 例・R〈去濁平〉/

Ｒ○メウ［康091/07］他２例・〈去濁上〉／○メウ［弘013/16］他１例）、
韻書：全濁平去《平・去》、呉音資料：《去・去》

　「2.2.4 延慶本『平家物語』における漢語声点」では漢音の《去・去》の連続に
おいて、《去・去》＞《去上》によって中低形を回避するケースを報告する。「眦
眦」（ガイサイ）が漢音に基づいているとすれば、古抄本の〈去上〉はそれに
あたると考えられる。［05 色前］〈去平〉は後項を《平》にして中低形を回避
したのだろう。「形貌」も同様に、《去・去》＞《去上》と《去・去》＞《去平》
が、「剛柔」も《去・去》＞《平去》がそれぞれ生じたと考えられる。こうし
た変化は呉音声調資料に見られる連音上の変化（奥村三雄 1957）とは別の、
日本語アクセントの次元に生じた複合変化であろう。
　なお、《去・去》＞《平去》が生じた要因は日本語アクセントの影響と見る。
「2.2.2『尾張国郡司百姓等解文』における漢語の声点」でも触れるが、秋永一
枝 1980，p.157 によれば和語の２拍＋２拍の複合名詞のアクセントには、○●
＋○●＞○○○○●になる傾向が強く見られるとする。《去・去》＞《去平》が
生じた要因も同様に日本語アクセントの影響と見たい。上野和昭 2012 では、
《去・去》が《去上》または《去平》になる後項の異なるふるまいについて、
後項の《去》の持つ低起性の違いによるものではないかと推測している。《去》
が「連音上の変化」のために連続する《去》の後項で高平調化しうる場合と、
低平調で実現する場合とでは、同じく低起性を有する《去》であるとするので
は説明が困難であるためである。上野論文によれば、高平調化する去声（拍）
とは異なり、「韻尾が独立して二拍によまれる去声字は（明確な）低起性をもっ
て二拍名詞第四類相当の語のように○●型になったと見られる」（（　）内は稿
者による）とする。この問題については、「3.1.3 去声字の低起性実現から考え
る漢語アクセントの形成プロセス」にて改めて論じる。また、2.1.2.4 において
韻書から《去・去》、本文献で〈去平〉で現れる例が散見されることもすでに
述べたとおりである。
　以上、揺れの説明が付くものを一致に含めれば、ⓐ 69％（25/36）、ⓑ 60％
（9/15）、ⓒ 85％（17/20）となる。
　ひとまず現れた声点型のいずれかを解釈したが、揺れについては相互の関係

がほとんど不明なものも多い。また、揺れの説明がつくものを含めた一致率では、他の群に比してやや低い。3拍漢語までの揺れは相互に連続的で説明可能なものが多かったが、4拍漢語では一部を除いて相互に散発的・個別的なものがやや多いということになる。この要因は拍数の長い語のほうが変異を生じやすいという一般的な性質や、1字ずつの独立性が高くなり呉音漢音の混読語が生じるなどして、学習を伴う伝承の線上から外れやすいものを多く含むためではないかと推測される。

2.1.2.10　まとめ

以上、述べて来たことをまとめる。

1. 古抄本に六声体系の名残がもっとも強い。
2. 古抄本に1拍字の〈去〉が多い。
3. 康永本に入声字に〈平〉・〈上〉の差される例が多い。
4. 康永本に漢音で平声軽音節にあたる字に〈上〉が差された例が見られる。
5. 三本とも中低形は少ない。中低形を回避したと思しき例も見られる。
6. 2拍（1+1）には揺れの要因が音環境から説明できるものが多く含まれる。特に語頭の〈去〉・〈上〉、および〈去上〉と〈平上〉型に揺れが目立つ。これらを一致に含めれば一致率は高くなる。
7. 3拍（1+2）は2拍（1+1）と似た傾向を持つ。
8. 3拍（2+1）にははじめから揺れが少ない。2拍（1+1）・3拍（1+2）に見られた語頭〈去〉と〈上〉の揺れはほとんどないが、〈去上〉と〈平上〉で揺れる例はある。要因が説明できる揺れの例を一致に含めれば、一致率はかなり高くなる。
9. 4拍（2+2）は3拍（2+1）に比して揺れが多い。要因が説明できる揺れの例は1例を除き音環境よりも漢音と呉音に亘る場合である。これらを一致に含めても一致率は3拍（2+1）ほど高くはならない。

　2.からは古抄本の漢語声点が他本よりやや古い性格を持つと言える。5.からは三本が字音学習の伝承・規範から外れ日本語アクセントの影響を受けた性格

を基本的に持つと考えられる。そのなかでも 3. と 4. からは康永本が特にその性格を強く持つと言えそうである。これらのことは 2.1.2.2（p.145）で触れたように、古抄本の声点が弘安九年（1286 年）以前の移点で、康永本の声点（1344 年移点）がそれよりも後代に差されたものであるという先行研究の指摘と矛盾しない。

　6、7、8、9 からは二つのことが言える。一つは語頭 1 拍字の語に比して語頭 2 拍字の 3 拍（2+1）は揺れが少なく安定度の高い語構成、ということである。しかし同じく語頭 2 拍字の 4 拍（2+2）は 3 拍（2+1）ほど安定度が高くない。これは拍数が長くなれば一般的に変異を生じやすいということや、1 字ずつの独立性が高くなり呉音漢音の混読語が生じるなど、伝承の線上から外れやすいものを含むためと推測した。本項の「はじめに」に掲げた、安定的な例と個別的・臨時的な例が現れやすい環境については、このことが一応の結論となる。

　もう一つは去声字の振る舞いについてである。《去》が 1 拍字より 2 拍字に残りやすいことは先行研究でしばしば指摘されるが、3 拍（2+1）と 4 拍（2+2）で語頭に〈去〉と〈上〉の間で揺れる例が見られなかったことはこの指摘の確認となる。加えて、本項では 3 拍（2+1）に〈去上〉と〈平上〉の間で揺れが見られること、および中低形回避のために《去・去》＞《去平》と変化した例や〈去去〉と〈去平〉の間で差声が揺れる例をも確認している。このことから、2 拍字に差された〈去〉が語頭 LH ではじまる和語アクセントのような低起性を有していたためではないか、すなわち字音声調ではなく日本語アクセントの次元において実現した事象ではないかと推測した。以上をもって、和化漢文『新猿楽記』に現れる漢語声点は漢語アクセントを示そうとしたものとして捉えられるのではないかと考えられる。

2.2
漢語の声点に反映した原音声調の継承と変容

2.2.1 『尾張国郡司百姓等解文』における字音声点
2.2.1.1 分析の目的

　本項で取り扱う古文書資料『尾張国郡司百姓等解文』は和化漢文訓読資料として知られている（三保忠夫 1980）。和化漢文訓読資料の読みに現れる字音は、漢文訓読資料や直読資料などのように字音学習が背後に想定されるような規範性の高い字音とは異なる性質を持つことが推測される。小倉肇 1983 がいうような、「体系としての規範性を持ったレベル」と「日本語の音韻体系・音節構造に融和することによって、いわば原音への回帰を諦めてしまったレベル」との、2つのレベルを想定するパースペクティブに基づけば、前者に漢文訓読資料や直読資料に現れる字音の一部を想定し、後者に漢字仮名交じり文や仮名文に現れる字音を想定することが許されるであろう。そのようなパースペクティブのなかに和化漢文訓読資料を配置すれば、おおよそ両極の中間となるであろうことは、その外的徴証（＝文体的に「和化」した漢文であるということ）からのみであっても容易に想定されることではあるが、しかし内的徴証をつぶさに見ていくことでその特徴を明らかにしていく作業は、未だ十分になされているわけではない。そこで、本項ではとりわけ声点に着目し、資料内的徴証の分析から和化漢文訓読資料の読みに現れる字音の具体的な姿を明らかにしたい。

2.2.1.2 『尾張国郡司百姓等解文』について

　『尾張国郡司百姓等解文』は、永延2年（988）に尾張国の郡司、百姓が国守の藤原元命の非法を三十一カ条に列挙して朝廷に訴え、停任を請うたものであ

る。具体的な本文の作者は分かっていない。

　本資料の原本は見つかっていないが、十数本の写本が現存するとされる（梅村喬・水野柳太郎 1980）。このうち本文の欠が少なく書写年代が明らかなものに、(1) 早稲田大学図書館蔵弘安 4 年（1281）写本、(2) 東京大学史料編纂所蔵応長元年（1311）写本、(3) 真福寺宝生院蔵正中 2 年（1325）写本の 3 本が挙げられる（以下それぞれ早大本、東大本、真福寺本と称す）。この 3 本はおのおの写本系統を異にすることが指摘されている。

　早大本は「弘安四年八月五日於大和国辰市誂或人書写畢／同十一月六日読終了　中臣祐仲／伝領了　祐遠[25]之」との奥書を持つ、現存する最古の写本である。巻子一巻をなす。中臣祐仲、祐遠の二人は春日社神宮預時風流の系譜にあたる人物、また大和国辰市は奈良大安寺の南、東九条の辰市のことという（梅村喬・水野柳太郎 1980）。奥書の直前に「永延二年十一月八日」とあり、原本作成の日付が分かる唯一の写本でもある。本文は第十四条半ばから第三十一条初めまでを欠いているが、字音注記は 3 本中最も多い。注記類はわずかを除き本文と同筆と見られる。調査に際しては原本を閲覧した（荻野研究室収集文庫 12）。

　東大本は「尾張国申文／応長元年十一月十七日刀刻所書継也／祐海（花押）」との奥書を持つ[26]。本文は第一条〜五条初めまでを欠く。また第三十一条末「以前條事」以下末尾までは、料紙が新たに貼り継がれ、異筆にて補写されている。この部分には同じく異筆にて訓点や字音注が記されているが、全体として注記類を見た場合、本文と同筆のものと、それとは異なるものとが見受けられる[27]。

＊ 25　「祐建」とする説もある（梅村喬・水野柳太郎 1980）。ここでは宇都宮睦男 2003 ほかに従い「祐遠」とした。

＊ 26　本資料の紙背文書は嘉元 2（1304）の具注歴、嘉元 3（1305）年の見行草（造暦のための計算に関わる数字を示したもの）、書状一通とからなっているため、書写は嘉元 3 年から応長元年の間になされたと推定される（山口英男 2009）。

＊ 27　梅村喬・水野柳太郎 1980 では本文と同筆のものを A 訓、それとは異なるものを B 訓として B 訓を後の書入れとしている。なお A 訓は「第五条現存冒頭部分と、第一四条以下とに偏在し、第一四条以下も、第一四条、一五条の一部、第一六条には付さず、第一七条から最後にかけて付されており、第一九条以下が特に丁寧である」とし、B 訓は「A 訓のない箇所を選んで付されて」いるとされる。

本論でもこのことは確認し、データを分けて取り扱った[*28]。祐海なる人物については不明であるが、紙背の消息から兵庫尼崎と東大寺に関係する者ではないかとの推測がある（梅村喬・水野柳太郎 1980）。調査は影印本（東京大学史料編纂所 2009）によった。

真福寺本は「尾張国解文／於勢州桑名郡冨津御厨小山勝福寺依難背仰付鳥跡了／正中弐年八月十一日彼岸第三午尅了」との奥書を持つ。本文は首部第一条を欠く。ヲコト点（博士家点）が付されるほか、注記類も部分的に付される。これらは原本では朱によるものとのことだが、影印本では不明である。調査は影印本（新修稲沢市史編纂会 1980）によった。

これらの３本における字音注記は、後の節に示す注記の書記形態・音韻の特徴から鎌倉期の様相を呈しており、祖本に存在していた注記を継承したとは見なしがたい。宇都宮睦男 2003 においても、撥音・促音の表記は全般的に鎌倉時代の特色を示すとされるが、真福寺本のみはヲコト点の残存も含め平安時代の名残を留めるものも混入するという。ともあれ、東大本の後の書入れをのぞけば、３本とも書写された時代に注記類が加点されたか、親本からの移点だとしてもさほど時代を遡らないものと仮定し、分析を進めたい。

2.2.1.3　分析の方法

本資料を、和化漢文訓読資料という特徴から、漢籍や仏典などのように規範的な字音が要求される位相とは離れた資料と仮定したわけだが、冒頭に述べたように本項では資料内的徴証からこれを裏付けることが主要な目的となる。そこで、次のような方法を分析の柱とする。

1. 声調体系を明らかにする。

[*28]　両データの質的違いについては、本資料の撥音表記について「応長点の撥音表記は、『ン』を原則とするのに対して、後補点は『ム』表記を原則としている。（中略）このような傾向は後述の漢語の場合に一層明瞭に現れる」という報告がある（宇都宮睦男 2003）。また同論文において、「仮名字体から判断すると、この異筆点も応長をそれ程隔たるものとは考えられない」とされる。本項においてもこの指摘を踏まえ、分析を行っている。

2. 濁声点が差されている例にどのようなものがあるかを検討する。

3. 一資料内に現れる漢音読み字音と呉音読み字音の比率を明らかにする。

4. 漢音と呉音の混読例がどれくらいあるかを検討する。

1は、ここまで述べ来たったように、声調分析のための基本的な手順であることは言うまでもない。〈東〉や〈徳〉の軽点が11世紀後半から重点へ移行しつつあるという傾向（柏谷嘉弘 1965）が、字音直読資料・漢籍訓読資料においては南北朝期前半に至るまで続く（佐々木勇 2009a, pp.707-708）という指摘がある。後に見るように、本資料には調値として《東》や《徳》が期待される字に、軽点と重点の両様がそれぞれ現れる。それらを調値の問題として、たとえば下降調の衰退とただちに捉えるべきか、それとも差声の問題として、たとえば六声体系の理解の衰退と捉えるべきかを考えておくことは、和化漢文訓読資料に現れた声点を分析する上では、とりわけ避けられないプロセスである。

2は、濁声点は、それだけでは音形の抽象的な表示となりがちな単点のみによる声調表示だけでなく、清濁の対立を明確に示すという意味で、より具体的な音形を表示する機能を持っている。その濁声点の加点状況が当時の言語的な実態に近ければ、資料の声点が実音調をどれだけ反映しているかについて考える助けとなるであろう。またそこに示された、中世に独特な音形（字音の原理からは説明がつかない語頭濁音例や連濁例）の特徴は、資料の共時的な背景を措定する上で重要となることも言うまでもなかろう。

3は、一般的に規範的な字音が要求されにくいと考えられる和文脈では、呉音読み語彙を主として漢音読み語彙も交える（柏谷嘉弘 1987）ことが知られる。和化漢文訓読資料は位相的には漢文訓読資料等と和文脈の中間にあると考えられ、差声された漢語の音形を字音系統別に見れば、両系統の音が資料内に相互に無視できない割合で混在することが指摘されている（沼本克明 1982, pp.1105-1130、佐々木勇 2009a, pp.675-710）。本資料でも同様の手順を踏み、混在の程度を検証する必要があろう。また4では、3と同じ観点から漢音と呉音を一語内に交える漢語を検証する。

また分析の過程で他資料との比較を行うが、煩雑さを避け資料名は以下の略

記号にて示すことにする。『前田本色葉字類抄』＝[05色前]、『日葡辞書』＝葡、節用集類『伊京集』＝伊、『明応五年本節用集』＝明、『天正十八年本節用集』＝天、『饅頭屋本節用集』＝饅、『黒本本節用集』＝黒、『易林本節用集』＝易[*29]のほか、特に清濁の特定に関しては『日本古典文学大系33　平家物語下』岩波書店，1960）の「平家読み方一覧」＝金、上野和昭編『平家正節声譜付語彙索引　上下』（アクセント史資料研究会，2000-2001）＝上を参照した。

本資料のデータは、漢語形で掲げ該当字は下線で示してある。また早大本は「早」、東大本は「東」、真福寺本は「真」と略記したうえで、出現個所を行数で示した。例数は異なり字数、（　）に延べ字数を示した。

2.2.1.4　声調体系

3本に現れる字音注記には漢音、呉音それぞれに基づくものが混在するため2.2.1.6の分析を経て漢音に基づく字を抽出してから声母情報との対応関係を検討すべきだが、呉音に基づく字と推定されるものも併せ声調体系を措定することとする。諸先行研究に倣い、声調体系の措定に特に関わる平声と入声の重・軽の区別について以下に検討したい（図2.1）。

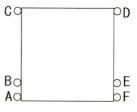

図2.1：声点の位置

■早大本

まず早大本を取り上げる。早大本では双点による濁音表示も含め、AB点は135（175）例、EF点は31（39）例が認められる。このうちB点と認定したものは19（21）例、E点と認定したものは19（23）例である。B点には、呉音と積極的に認められる（2.2.1.6節にて分類法は詳述）「愛子（アイ）」〈平東〉[早115]、「職掌（シキシヤウ）」〈徳東〉[早254]の2例、広韻の声調に合わない「菜色（サイ）」〈東○〉[早262]の1例、国字「租‐糀（ゾチウ）」〈○東〉[早068]の1例も含まれる。E点と

[*29]　用いた資料は、前田育徳会尊経閣文庫編『尊経閣善本影印集成18　色葉字類抄一三巻本』八木書店，1999）、土井忠生ほか編『邦訳日葡辞書』1980，岩波書店、中田祝夫『改訂新版古本節用集六種研究並びに総合索引』1979，勉誠社、である。

認定したものは声点から漢呉音の区別はできないが、仮名音注に注目すれば「録（ロク）」〈徳〉［早008］、「駅子（ヤク）」〈徳上〉［早176］、「職掌（シキシヤウ）」〈徳東〉［早254］、「刑罰（キヤウチ）」〈去濁徳濁〉［早228］の4例を呉音の可能性ありと推定できる。

　以上のB点とE点に含まれる呉音例、および同様の手法でA点とF点における呉音例を除き、位置と声母を対照させたものが表2.15である。B点は平声全清字との対応が認められる。A点は平声次濁・全濁とも対応するが、全清・次清も多く含み、相補的分布をなしていない。E点とF点は単純に見ればE点のほうが全体として多いことがまず指摘できる。ただし全清・次清・次濁・全濁との対応は全く見られないといっていいだろう。

位置	広韻　平声				合計
	全清	次清	全濁	次濁	
B点	13(15)	1 (1)	0 (0)	1 (1)	15(17)
A点	34(43)	1 (1)	17(21)	25(30)	77(95)

位置	広韻　入声				合計
	全清	次清	全濁	次濁	
E点	5 (6)	1 (2)	4 (6)	5 (5)	15(19)
F点	4 (8)	0 (0)	2 (2)	4 (4)	10(14)

表2.15：早大本　平声・入声点の分布

　B点とA点については、かつてB点が〈平声軽〉であった名残を濃厚にとどめていることが観察され、しかし声点と音調の関係を十分に理解しない者が移点したために、本来〈平声軽〉だった点の多くがA点に移されてしまったと考えられる。一方、E点とF点については、B点とA点とは異なる道筋を考える必要があるだろう。入声の音調は本来高平調と低平調に分かれていたものが、後に高平調に合流していくという[30]。B点とA点を見た時、圧倒的に

＊30　沼本克明1983に、「入声の軽重の区別が失われ入声一類に帰し、その帰した入声は…（中略）…に対応する調値（具体的には初後倶昂＝高平調入破音）で読誦されていた事を物語る」とされる。

第2章　原音声調の継承と変容　*171*

A 点が多いのに対して、E 点と F 点はむしろ E 点がやや多い。これはすでに
入声が高平調に合流しつつあったことが反映していると思われる。すなわち例
えば、祖点本では E 点だったものが、移点に際して（声点と音調の関係を十分
に理解しないため）F 点に動いてしまった、といった事情が考えられるのである。

■東大本

　次に東大本を取り上げる。東大本には AB 点 53（56）例、EF 点は 8（10）
例が認められる。このうち B 点と認定したものは 6（7）例である。例中に呉
音と積極的に認められるものはなかったが、「寛宥」〈○東〉［東 234］の 1 例
は広韻に合わず呉音の可能性がある。また E 点と認定した 2（4）例のうち、
仮名音注から呉音と推定されるものはない。以上から早大本と同様の方法で呉
音例を除き、位置と声母を対照させたものが表 2.16 である。表から、早大本
と同様に A 点は平声次濁・全濁とも対応するが、全清・次清も多く含み、相
補的分布をなしていない。B 点には〈平声軽〉の名残が見られる、といった程
度である。一方、E 点と F 点は用例数が少ないが、入声全濁字に E 点がない
ことは積極的に認めても良さそうである。

位置	広韻 平声				合計
	全清	次清	全濁	次濁	
B 点	4（5）	0（0）	1（1）	0（0）	5（6）
A 点	7（7）	2（2）	8（9）	10（11）	27（29）

位置	広韻 入声				合計
	全清	次清	全濁	次濁	
E 点	1（2）	0（0）	0（0）	1（2）	2（4）
F 点	1（1）	0（0）	2（2）	3（3）	6（6）

表 2.16：東大本　平声・入声点の分布

　なお後補である B 筆は 10（10）例のみであるため、声調体系を論ずるのは
難しい。B 点と認められるのは「＿＿腸＿＿意」⑲〈東○〉［東 294］（仮名音注「シ

172　2.2　漢語の声点に反映した原音声調の継承と変容

ヤウ」に別筆にて「チヤウ」を上書き）のみであるが、「膓」字は全濁字に当
たるので〈東〉とみなすのは難しい。後補点は四声体系と見ておくべきであろ
う。

■真福寺本

最後に真福寺本を取り上げる。Ａ点 22（22）例のほかＢ点と認定したもの
はない。ＥＦ点 7（8）例のうちＥ点と認定できたものは「業」〈徳濁〉［真
208］と「藝 - 業」〈平徳濁〉［真 327］のみである。以上を早大本と同様の方法
で呉音例を除き、位置と声母を対照させたものが表 2.17 である。分析に耐え
る母数ではないが、Ｂ点が全くないこと、およびＥ点がわずかであることから、
本資料は軽点を区別しない四声体系であると考えられる。

位置	広韻　　平声				合計
	全清	次清	全濁	次濁	
Ｂ点	0（0）	0（0）	0（0）	0（0）	0（0）
Ａ点	4（4）	2（2）	5（5）	4（4）	15（15）

位置					合計
	全清	次清	全濁	次濁	
Ｅ点	0（0）	0（0）	0（0）	1（2）	1（2）
Ｆ点	2（2）	0（0）	0（0）	4（4）	6（6）

表 2.17：真福寺本　平声・入声の分布

2.2.1.5　濁声点

3本とも、声点はすべて二筆による圏点である。濁声点については、早大本、
東大本では双点「∞」で、真福寺本では「ᇰ」が用いられる。「ᇰ」は、博士家
の大江家、中原家、藤原家において用いられるという（小林芳規 1967,
pp.1274-1304）。ヲコト点が博士家点であることと併せ、真福寺本への加点者
が博士家の加点法の流れをくむ者に教えを受けたことがうかがえる。

本項では濁声点が現れる条件を、語頭か非語頭かに分け、さらに清音が期待

される広韻における全清・次清、呉音において濁音が期待される全濁、漢音において濁音が期待される次濁を分ける。その現れ方を表にて概観し、具体例を確認しながら、3本を比較することとするが、本項の目的に沿い漢字音の清濁についての対応則から濁声点が差されることが見込まれない例にとりわけ注目することになる。すなわち「全濁字は漢音で清音、呉音で濁音」「次濁字（疑母を除く）は漢音で濁音」といった対応則から外れるものを取り上げる。

■早大本　まず濁音であるべきところに濁声点がどれくらい加点されているかを確かめるために、次濁音字のうち呉音マ・ナ行漢音バ・ダ・ザ行で現れるもの、および呉音漢音を問わず濁音で現れる疑母字を取り上げ、声母別に並べる。

明母・単点　「貢馬_メ」〈平濁平〉[早 183]、「窮-民_{キウ}」〈平平〉[早 262]、「役民」〈入平〉[早 182]、「民烟_{エム}」〈平東〉[早 084]、「負名_フ」〈平平〉[早 124]、「土毛」〈上上〉[早 149][早 138]〈○上〉[早 111]〈去上〉[早 077]

明母・双点　「私謀_{ハウ}」〈去平濁〉[早 058]、「馬-風」〈上濁平〉[早 278]、「検牧」〈平入濁〉[早 181]、「牧宰_{ホク}」〈徳濁○〉[早 249]

微母・双点　「荒蕪_{クワウ フ}」〈平平濁〉[早 062]、「亡-国」〈平濁○〉[早 274]、「散亡」〈去平濁〉[早 252]、「万-機_キ」〈去濁平〉[早 273]

泥母・単点　「年料」〈去○〉[早 178]、「能田」〈平○〉[早 011]、「農夫」〈平東〉[早 051]

疑母・双点　「外-国_ケ」〈平濁○〉[早 273]、「義ヲ」〈平濁〉[早 158]、「魚奪_{キヨタツ}」〈平濁入〉[早 262]、「愁吟」〈去平濁〉[早 087]、「厳制_イ」〈平濁去〉[早 256]、「貢御_ゴ」〈平濁平濁〉[早 181]、「業」〈徳濁〉[早 046]、「夭蘖_{エウケキ}」〈東入濁〉[早 025]

日母・単点　「任国」〈平入〉[早 236]、「改-任」〈去濁平〉[早 276]

日母・双点　「見任」〈平濁平濁〉[早 235]、「庶人_{ショ}」〈去平濁〉[早 240]、「利潤」〈平去濁〉[早 022]

以上のうち、単点について検討を加えるが、まず疑母を除く上記の声母は、漢音ではバダザ行、呉音ではマナ行で現れるのが普通である（ただし明母微母泥

174　2.2　漢語の声点に反映した原音声調の継承と変容

母は漢音でも鼻音韻尾字であればマナ行）。本資料の上記例も全体としてほぼこれに従っているように見える。なお明母「馬」「毛」は積極的に呉音と認められる例であるから問題はない。ここに取り上げた濁音で読まれるべき字にはほとんど濁声点が加点されていると言えるだろう。

	全清次清	全濁	次濁	合計
単点	127(166)	37 (46)	65 (80)	229(292)
双点	19 (29)	35 (41)	19 (19)	73 (89)
小計	146(195)	72 (87)	84 (99)	302(381)

表2.18：早大本　濁声点の分布

　さて、表2.18のうち、問題となりそうな、全濁字で単点＝非濁音のものは37（46）例となる。これらはほとんどが漢音であるから問題はないが、うち7（10）例が呉音と積極的に認められ例外となる。こうした例外には、「前司」〈去上濁〉のように他資料においても清音で読まれることがあったと確認されるものが含まれており、誤った加点と言い切ることはできない。この他の例についても他資料に確認できるものもあるが、比較する他資料における非濁音表示がただちに非濁音を保証するわけでもないので、ここでは例を掲げるのみとする（以下、当該字は下線部。他資料の例は「：」以後に示した）。

1.「屠膾」〈去去〉［早 018］
2.「前司」〈去上濁〉［早 239］：「前司」㊎
3.「池溝」〈上平〉［早 204］［早 207］
4.「負名」〈平平〉［早 124］、「負累」〈平平〉［早 128］
5.「逓送」〈平平〉［早 180］［早 198］
6.「解却」〈平徳〉［早 235］
7.「彫弊」〈平平〉［早 131］

次に問題となりそうな全清・次清字で双点の19（29）例のうち、語頭に現

れるもの 6（9）例のみを抽出し取り上げる。これらも声母からは説明がつかないものであるが、他資料で調べてみると、「江-海」〈平濁上〉、「貢馬」〈平濁平〉、「幹了」〈去濁上〉、「撫育」〈上濁徳〉について濁音例を確認することができる。

1. 「改-任」〈去濁平〉［早276］
2. 「江-海」〈平濁上〉［早275］：「Gŏcai（江海）」甫
3. 「准頴」〈上濁上〉［早189］
4. 「貢馬」〈平濁平〉［早183］：「貢馬」明［120.1］
5. 「貢御」〈平濁平濁〉［早181］
6. 「幹了」〈去濁上〉［早126］：「幹了」〈去濁上〉［05色前］（前上107ウ4）
7. 「貢官」〈平濁○〉［早094］
8. 「貢朝」〈平濁平〉［早052］
9. 「撫育」〈上濁徳〉［早021］：「撫育」伊［79.1］（𦊆黒易も）

　最後に全清・次清字で双点の 19（29）例のうち、非語頭に現れる 13（20）例を抽出して取り上げる。ここに含まれるものは、字音の連濁例であることが推測される。字音の連濁が生ずる環境は、前接字が鼻音韻尾を持ち、しかも音調的には上昇調である場合に著しいとされるが（奥村三雄 1952）、13（20）例の全てが前接字に鼻音韻尾を持つ。前接字は《平》6（7）例、《上》2（2）例、《去》8（8）例である。《去》に特段に多いわけではないが、先行研究の指摘には反しない。また個別例について他資料と比較したところ、「往古」〈上上濁〉、「堅固」〈去平濁〉、「精好」〈平上濁〉、「當國」〈平入濁〉、「前司」〈去上濁〉、「先祖」〈去平濁〉、「憲法」〈去徳濁〉、「引率」〈上徳濁〉の 8 例の連濁例を確認することができた。

1. 「王臣家」〈去平上濁〉［早232］［早244］
2. 「封家」〈平上濁〉［早240］
3. 「供給」〈平入濁［早077］［早182］〈○入濁〉［早175］
4. 「往古」〈上上濁〉［早127］：「往古」金「往古ワウコ」〈上上濁〉［05色前］

176　2.2　漢語の声点に反映した原音声調の継承と変容

（前上 90 オ 1）

5. 「堅固」〈去平濁〉［早 170］：「Qengo」葡

6. 「官庫」〈去上濁〉［早 050］

7. 「精好」〈平上濁〉［早 088］［早 092］：「精好セイカウ」〈平上濁〉［05 色前］
（前下 111 ウ 4）、「精好」伊［124.10］（天饅黒易易も）、「Xeigŏ」葡

8. 「當國」〈平入濁〉［早 092］：「当国」金

9. 「官使」〈去上濁〉［早 176］

10. 「前司」〈去上濁〉［早 239］：「前司」金

11. 「先祖」〈去平濁〉［早 114］：「Xenso.l,xenzo」葡

12. 「官府」〈○平濁〉［早 028］〈去平濁〉［早 242］

13. 「憲法」〈去徳濁〉［早 259］：「憲法」金、「憲法」明［137.2］（易も）、
「憲法」明［104.4］（黒も）、「憲法」伊［75.3］（饅も）、

14. 「官法」〈去平濁〉［早 035］

15. 「引率」〈上徳濁〉［早 110］：「引率」上、「引率インソツ」〈上徳〉［05 色
前］（前上 12 オ 4）、「引率」易［7.7］

■東大本

　早大本と同様に濁音であるべきところに濁声点がどれくらい加点されている
かを確かめるために、次濁音字のうち呉音マ・ナ行漢音バ・ダ・ザ行で現れる
もの、および呉音漢音を問わず濁音で現れる疑母字を取り上げ、分析する。ま
ずは以下に用例を掲げる。

	全清次清	全濁	次濁	合計
単点	40（44）	23（27）	31（32）	94（103）
双点	3（3）	4（4）	10（10）	17（17）
小計	43（47）	37（31）	41（42）	115（120）

表 2.19：東大本　濁声点の分布

明母・単点　「窮民」〈平平〉［東 223］、「補皇命」〈去平〉［東 396］

微母・単点　「散亡」〈平平〉［東 381］、「天文権博士」〈去上○○○〉［東 340］、「官

物」〈去徳〉［東 333］、「人物」〈去徳〉［東 347］

微母・双点 「亡^{別サム}残」〈平濁平〉［東 214］

泥母・単点 「久年」〈去平〉［東 335］、「能治」〈去上〉［東 221］

泥母・双点 「^{フクタイ}⊕腹内」〈○去濁〉［東 398］

娘母・単点 「賃^{チン}」〈去〉［東 225］、「運賃^{ウンチム}」〈平去〉［東 226］

疑母・双点 「厳制^{セイ}」〈平濁○〉［東 385］、「⊕魚奪^{キヨタツ}」〈上濁入濁〉［東 392］、「五家」〈上濁上〉［東 325］、「⊕慮外^{リヨクワイ}」〈○去濁〉［東 399］、「⊕外国」〈去濁入〉［東 402］

日母・単点 「乱入」〈去平〉［東 346］、「一稔」〈○上〉［東 335］、「人物」〈去徳〉［東 347］

日母・双点 「庶人^ソ」〈○平濁〉［東 371］、「哨然^{キセム}」〈上平濁〉［東 213］、「儒轍^{シユテツ}」〈平濁○〉［東 217］

さて、表 2.19 のうち問題となりそうな全濁字で単点＝清音のものは 23（27）例となる。早大本同様、これらはほとんどが漢音であるが、このうち 7（10）例が呉音と積極的に認められ例外となる。これらも例を掲げるにとどめる。

1. 「具^{別ク}進^{別シ}」〈平〉^別〈平〉［東 016］
2. 「才 行^{別キヤウ}」〈平去〉［東 276］
3. 「塵芥^{チンカイ}」〈去平〉［東 355］
4. 「 分^{別フム}附^{別フ}」〈平〉^別〈平〉［東 040］

次に問題になりそうな全清・次清音で双点の 3（3）を取り上げる（全て非語頭例）。「鱏鰤」（フボ）以外は前接が鼻音韻尾字である。「鱏鰤」が連濁例だとすると、鼻音韻尾字に後接する音声現象としての連濁ではなく、和語に生じた連濁に類した一語化の標識としての色彩が強いものと言えよう。もっとも「鱏鰤フホ」〈平平〉［05 色前］（前上 4 ウ 6）といった連濁を起こしていない可能性のある例が他資料に見られることからすると、判断を保留すべきかもしれない。そのほか、「進退」は他資料に連濁例を確認することができた。

178　2.2　漢語の声点に反映した原音声調の継承と変容

1. 「院宮（インク）」〈平上濁〉［東 373］
2. 「進退」〈去平濁〉［東 210］:「進退」シンタイ〈去平濁〉［05 色前］前下83 ウ 5、「進退（シンダイ）」㊝ 160.7 ㊩も）
3. 「鮃鯆（フホ）」〈平上濁〉［東 203］

■真福寺本

早大本と同様に濁音であるべきところに濁声点がどれくらい加点されているかを確かめるために、次濁音字のうち呉音マ・ナ行漢音バ・ダ・ザ行で現れるもの、および呉音漢音を問わず濁音で現れる疑母字を取り上げ、分析を加える。まずは以下に用例を掲げる。

	全清次清	全濁	次濁	合計
単点	13（13）	6（7）	8（8）	27（28）
双点	3（3）	5（6）	10（12）	18（21）
小計	16（16）	11（13）	18（20）	45（49）

表 2.20：真福寺本　濁声点の分布

明母・双点　「牧-宰」〈入濁○〉［真 033］

微母・双点　「万-河」〈去濁上濁〉［真 211］、「亡-残」〈去濁平濁〉［真 334］、「亡-弊」〈去濁○〉［真 394］

泥母・双点　「泥-酔」〈平濁○〉［真 438］

娘母・双点　「運-賃」〈平去〉［真 350］

疑母・単点　「藝-業」〈平徳濁〉［真 327］、「夭（エウ）-蘖（ケキ）」〈平入〉［真 014］

疑母・双点　「愁-吟」〈去平濁〉［真 281］、「業」〈徳濁〉［真 208］、「藝-業」〈平徳濁〉［真 327］

日母・双点　「儒-轍」〈平濁○〉［真 338］、「遐-迩」〈○上濁〉［真 341］、「連-日」〈○入濁〉［真 149］

以上のうち、早大本と同様に単点について検討を加えると、疑母単点は不審である。これらの2例は濁音で読まれるべきところに単点を差声したものと考

えられる。

さて、表 2.20 のうち問題となりそうな全濁字で単点＝清音のものは 5（6）例だが、上記 2 資料と異なりこれらのうち積極的に呉音と認められる例はない。

次に問題になりそうな全清・次清音で双点の 3（3）を取り上げる（全て非語頭例）。3 例とも前接字が鼻音韻尾字であるから、連濁例として取り扱えそうである。

1. 「勝-計」〈○平濁〉［真 002］
2. 「山-川」〈平平濁〉［真 008］
3. 「狂-心」〈平平濁〉［真 279］

2.2.1.6　漢呉音の分類

語形（仮名音形）と音調はセットで字音系統の特徴を持つのが原則だが、資料によっては「音形は漢音だが声調は呉音」（あるいはその逆も）といった事実も観察され、字音系統の認定は一筋縄には行かない。ここでは、本資料に漢音に基づく字音と呉音に基づく字音とがどれほどの分量で混ざっているのかを概略的に把握することが目的であるので、便宜的に声点に着目し、両字音系統を分類することとする。

まず、3 本の資料に差声された声点を〈平〉・〈上〉・〈去〉に分ける。それぞれの声点を広韻の声調別に分類し、さらに呉音資料との対応を見る（詳細は「1.1.1.2 字音来源情報」（pp.25-29）参照）。広韻と呉音資料の両方に一致すれば「同音」とした。このほか呉音資料に当該字が確認できなかったり、複数の声調が見られたりするものは判定不能と考え、「不明」とした。広韻にも一致せず呉音資料にも一致しない例を「その他」としている。以下、分類の結果について述べる。

■早大本

早大本を特徴づけるデータとして、まず「官法」〈去平濁〉［早 035］、「立浪」〈上去〉［早 017］が挙げられる。この 2 例は、広韻入声字であるにも関わらず〈平〉と〈上〉が差されている。また漢音・呉音とも推定できない例が 5％混

入している。これらから本資料の字音に対する加点が字音の規範を離れた位相における加点であったことがうかがわれる。

	漢音	呉音	同音	不明	その他	入声	計
〈平〉	37 (44)	44 (61)	12 (17)	32 (38)	2 (2)	1 (1)	128 (162)
〈上〉	15 (23)	13 (21)	9 (14)	21 (24)	9 (12)	1 (1)	68 (95)
〈去〉	14 (17)	14 (24)	8 (9)	19 (20)	4 (7)	0 (0)	59 (77)
〈入〉	-	-	-	-	-	30 (39)	30 (9)
計	66 (84)	71 (106)	29 (40)	72 (82)	15 (21)	32 (41)	285 (343)
%	23 (24)	25 (31)	10 (12)	25 (24)	5 (6)	11 (12)	100 (100)

表 2.21：早大本　漢呉音の分類

　さて、本資料における漢音と呉音の割合を表 2.21 から見る。その概略は、異なり字数で 23％：25％であり若干呉音が多い。念のため声点とともに加点された仮名音注で割合を出すと、漢音 32％（異なり字数 46 例）：呉音 16％（同 23 例）である。ここでは仮名音注そのものを分析対象とはしないが、このずれは仮名音形は漢音でありながら声調は呉音となるものが少なからず含まれることを示していよう。仮名音形が漢音であるもののうち、積極的に漢音と認められる声点は 15（16）例で、同じく呉音と認められる声点は 4（4）例であるに対し、仮名音形が呉音であるもののうち、積極的に漢音と認められる声点は 0 例で、同じく呉音と認められる声点は 10（12）例であった。早大本における仮名音形漢音で呉音声点の 4（4）例は以下のとおりである。ただしこれらは次項に示すように、《去・去》《上・去》の連続が一語化する際に中低形を回避するため、後項の《去》を《平》で実現させた例を含む。ここでは分類上呉音に含めてある。

　「思<ruby>救<rt>キウ</rt></ruby>」〈去平〉［早 163］、「堅<ruby>固<rt>ケムコ</rt></ruby>」〈去平濁〉［早 170］、「虜<ruby>掠<rt>リヨリヤウ</rt></ruby>」〈上平〉［早 016］、「徘<ruby>徊<rt>ハイクワイ</rt></ruby>」〈平去〉［早 184］。

漢音　「全濁上声字の去声化」・去声の高平調化　漢音について、「全濁上声字の去声化」が疑われるものは、「土毛」〈去上〉［早077］、「蚕婦」〈平去〉［早051］の２例のみだった。うち「土毛」は本資料中に〈上上〉で現れることが２例について認められ、〈去〉と〈上〉とで揺れが見られる。

　なお、上昇拍の衰退による、１音節去声字の高平調化が疑われるものは、「数」〈上〉［早105］［早125］、「数所」〈上平〉［早253］、「数多」〈上上〉［早110］、「暴悪」〈上濁〇〉［早126］、「吏」〈上〉［早236］の３（６）例である。これら下線部は１拍で発音されたと考えられる例ばかりである。

呉音　〈上〉〈去〉

　呉音の《去》が〈去〉〈上〉どちらで現れるかは、語頭環境か非語頭環境か、また仮名音形で１字１拍か２拍かによる（奥村三雄1957・奥村三雄1961）。表2.22では〈去〉は語頭環境かつ２拍字、〈上〉は非語頭環境に多く現れ、相補的分布をなしていることが分かる。この非語頭環境の〈上〉が差された９（15）例のうち、〈去〉（または

	拍数	語頭	非語頭	計
〈去〉	1拍	2 (4)	0 (0)	2 (4)
	2拍	12(20)	1 (1)	13(21)
計		14(24)	1 (1)	15(25)
〈上〉	1拍	3 (5)	5 (7)	8 (12)
	2拍	1 (1)	4 (8)	5 (9)
計		4 (6)	9 (15)	13(21)

表2.22：早大本　呉音〈上〉〈去〉

〈上〉）に後接するのは７（10）例であり、先行研究に沿った結果となっている。

漢音・呉音の混読　古くは漢音と呉音とを交えずどちらかの系統でのみ読まれていたものが、漢籍や仏典を離れた資料では両者を交えて読む例が早くに見られるとされる（沼本克明1979, pp.1108-1118ほか）。早大本では、積極的に漢音と認められるもののみで構成される漢語10（11）例、同じく呉音のみで構成される漢語14（15）例であるに対し、漢音と呉音とを交える例13（16）例となっている。以下に混読例を掲げる。

　1. 「永財」〈上上濁〉［早114］

2. 「王臣家」〈去平上濁〉［早232］［早244］
3. 「官使」〈去上濁〉［早176］
4. 「済<ruby>進<rt>サイ</rt></ruby>」〈上平〉［早130］
5. 「死去」〈平去〉［早124］
6. 「<ruby>池溝<rt>チ コウ</rt></ruby>」〈上平〉［早204］［早207］
7. 「<ruby>彫弊<rt>テウヘイ</rt></ruby>」〈平平〉［早131］
8. 「<ruby>屠膾<rt>ト クワ□</rt></ruby>」〈去去〉［早018］
9. 「土毛」〈上上〉［早138］［早149］
10. 「<ruby>負<rt>フ</rt></ruby>名」〈平平〉［早124］
11. 「利潤」〈平去濁〉［早022］
12. 「離散」〈上去〉［早269］
13. 「<ruby>徘徊<rt>ハイクワイ</rt></ruby>」〈平去〉［早184］

■東大本

　東大本にも「乱<u>入</u>」〈去平〉［東346］、「<ruby>法<rt>ハウ</rt></ruby>」〈上〉［東226］の、入声字でありながら〈平〉・〈上〉が差された例を掲げることができる。またわずか3％ながら呉音・漢音とも推定できない例が含まれる。早大本と似た性質を持つ加点であると言えようか。

	漢音	呉音	同音	不明	その他	入声	計
〈平〉	13 (14)	12 (12)	7 (9)	17 (17)	3 (3)	1 (1)	53 (56)
〈上〉	3 (3)	6 (6)	1 (1)	11 (11)	0 (0)	1 (1)	22 (22)
〈去〉	10 (13)	8 (10)	2 (2)	4 (5)	0 (0)	0 (0)	24 (30)
〈入〉	-	-	-	-	-	8 (10)	8 (10)
計	26 (30)	26 (28)	10 (12)	32 (33)	3 (3)	10 (12)	107(118)
％	24 (25)	24 (24)	9 (10)	30 (28)	3 (3)	9 (10)	100(100)

表2.23：東大本　漢呉音の分類

　漢音と呉音の割合を表2.23から見ると、異なり字数の割合で24％：24％で

あり両者ほぼ同数であることがわかる。早大本同様に声点とともに加点された
仮名音注で割合を出すと、漢音34％（異なり字数20例）：呉音8％（同5例）
である。このずれも仮名音形は漢音、声調は呉音という例が含まれていること
を示している。仮名音形が漢音のもののうち、積極的に漢音と認められる声点
は7（8）例で、同じく呉音と認められる声点は4（4）例である。これに対し、
仮名音形が呉音のうち、積極的に漢音と認められる声点は0例で、同じく呉音
と認められる声点は3（3）例であった。東大本において仮名音形が漢音で声
点が呉音の4（4）例は以下のとおりである。

「塵芥(チンカイ)」〈去平〉［東355］、「救民(別キウ)」別〈平○〉［東069］、「補魚奪(キヨタツ)」〈上濁
入濁〉［東392］、「行操(カウサウ)」〈去上〉［東310］

漢音　「**全濁上声字の去声化**」「市夫(シ フ)」〈去上〉［東309］、「奉公」〈去東〉［東
212］の2例が該当する。このうち後者は他資料にも確認ができる（「奉公」ホ
ウコウ〈去平〉［05色前］前上47ウ3）。これらの2例は表2.23ではその他に
数えたものである。

呉音　〈上〉〈去〉　東大本における呉音の《去》が〈去〉〈上〉どちらで現れる
かについても、ほぼ早大本と同じである（表2.24）。母数は少ないが、語頭の
1拍字に対する〈去〉が全くないことは注目される。語頭環境の1拍去声字の
高平調化が早大本よりも進み、こうした結果を見せている可能性がある。

		拍数	語頭	非語頭	計
〈去〉		1拍	0 (0)	0 (0)	0 (0)
		2拍	7 (8)	2 (2)	9 (10)
	計		7 (8)	2 (2)	9 (10)
〈上〉		1拍	2 (2)	2 (2)	4 (4)
		2拍	0 (0)	2 (2)	2 (2)
	計		2 (2)	4 (4)	6 (6)

表2.24：東大本　呉音〈上〉〈去〉

漢音・呉音の混読　東大本では、積極的に漢音と認められるもののみで構成される漢語2（2）例、同じく呉音のみで構成される漢語3（3）例であるに対し、漢音と呉音とを交える例4（4）例となっている。以下に混読例を掲げる。

1. 「経廻」〈平去濁〉［東352］
2. 「才⎕行⎕」〈平去〉［東276］
3. 「進退」〈去平濁〉［東210］
4. 「舊領」〈去平〉［東319］

漢音と呉音の割合を表2.25から見ると、異なり字数で24％：13％であり漢音の方が2倍程度多く、早大本・東大本と様相を異にする。

	漢音	呉音	同音	不明	その他	入声	計
〈平〉	7 (7)	3 (3)	4 (4)	7 (7)	1 (1)	0 (0)	22 (22)
〈上〉	0 (0)	2 (2)	1 (1)	4 (4)	1 (1)	0 (0)	8 (8)
〈去〉	4 (4)	1 (1)	0 (0)	2 (2)	1 (2)	0 (0)	8 (9)
〈入〉	-	-	-	-	-	7 (8)	7 (8)
計	11 (11)	6 (6)	5 (5)	13 (13)	3 (4)	7 (8)	45 (46)
％	24 (24)	13 (13)	11 (11)	29 (28)	7 (9)	16 (17)	100(100)

表2.25：真福寺本　呉音の分類

■真福寺本

　なお真福寺本には入声字でありながら、〈平〉・〈上〉が差された例はない。漢音における「全濁上声字の去声化」を反映したと思しき例も認められない。表2.25の「その他」に該当する、漢音における去声字の高平調化と考えうる例は「調備」〈平上濁〉［真259］である（他資料にも「調備」テウヒ〈平上〉［05色前］下23オ1が確認できる）。

呉音　〈上〉・〈去〉　また積極的に呉音と認められた6（6）例のうち、〈去〉は語頭2拍「官」のみ、〈上〉は非語頭1拍「夫」「河」2例がある。数が少ない

ので量的な傾向を見ることはできないが、早大本・東大本で確認した傾向に反する例はない。

漢音・呉音の混読　真福寺本では、積極的に漢音と認められるもののみで構成される漢語は 3（3）例であるに対し（同じく呉音のみの漢語はない）、漢音と呉音とを交える漢語は 2（2）例である。以下に混読例を掲げる。

1. 「万 - 河」〈去濁上濁〉［真 211］
2. 「利潤」〈平去濁〉［真 262］

2.2.1.7　分析のまとめ・課題

　2.2.1.4「声点と声調体系」と 2.2.1.6「漢呉音の分類」で分析した結果について、3 本の共通点と相違点、および資料の位置付けについて考察する。

　まず声調体系についてであるが、早大本と東大本への差声は六声体系の名残があり、真福寺本は四声体系であった。早大本と東大本の差声状況は、移点の際に声点と音調の関係を十分に理解しなかったことによって引き起こされたものと考えられる。真福寺本が四声体系であることは、3 本中ではもっとも時代の降った資料あることと関係があるだろう。

　次に濁声点であるが、濁声点の差声率に着目すると、早大本と東大本の差声率が高いのに対して、真福寺本は低かった。漢籍訓読資料においては、「鎌倉時代以降は濁声点を加点するのが原則であり、濁声点を加点しないことが多い資料は古い加点法を留めたもの」（佐々木勇 2009a, p.1014）という特徴を持つという。とすれば早大本と東大本に濁声点の加点率が高いことは、声点体系に六声体系の名残があることと合わせて考えれば、漢籍訓読資料の特徴が色濃く現れているとかんがえることができる。真福寺本は濁声点の形態から加点には博士家（藤原家・中原家）の影響がうかがわれた。博士家の影響がある漢籍訓読資料では、濁声点をあまり加点しないことが指摘されており（佐々木勇 2009a, p.1013）、他 2 本より時代が下った真福寺本に濁声点加点率が低いことについては、ここに理由を求めることができるだろう。また早大本と東大本には、同時代の資料に類例の認められる、ある種の読み癖や連濁を認めることができた。その連濁について付言すれば、ほとんどが鼻音韻尾を有する字に限ら

186　2.2　漢語の声点に反映した原音声調の継承と変容

れ無韻尾字に後接する環境には生じていない。こうした特徴は「ウムの下濁る」
で知られるように中世に頻繁に生じており、本資料が中世的な様相を帯びてい
ることが分かる。

　漢音読みと呉音読み字音の比率については、早大本と東大本は大枠で見れば
先行研究における和化漢文訓読資料と同じ混在の傾向を確認することができた。
佐々木勇 2009a での分析によれば、楊守敬旧蔵本『将門記』（1058-1080 年頃点）
では漢音 16.4％：呉音 19.7％、真福寺本『将門記』（1099 年点）では漢音
24.3％：呉音 9.0％、高山寺本『古往来』（院政末期〜鎌倉初期点）では漢音
26.6％：呉音 20.0％、観智院本『注好選』（1152 年点）では漢音 36.7％：呉音
17.4％とされる。しかしここにおいても真福寺本のみは傾向を異にし、漢音が
かなり多い。この傾向も真福寺本の加点法が博士家の流れをくむことと関係が
あろうか。なお、3 本で同語に対して異なる差声がなされる例には、真福寺本
の傾向を説明できるものはなかった*31。

　最後に、漢音読みと呉音読みとの混読例については、3 本とも漢音読みのみ・
呉音読みのみで構成される漢語とほぼ同数かそれ以上の数を確認できた。これ
は同じく和化漢文訓読資料である楊守敬旧蔵本『将門記』（1058-1080 年頃点）
に比べて非常に多い。鎌倉期以降、こうした例が増加することがうかがわれる
が、他資料と比較し検証する必要があろう。

　以上の資料内的徴証から、3 本とも和化漢文訓読資料における声点の傾向を
有していることが確認できた。また、平安〜院政期の和化漢文訓読資料を用い

＊31　3 本で同語に対して異なる差声がなされる例を以下に示す。

　　早大本呉音：東大本漢音　1（1）例「外-国」〈平濁〇〉［早 273］：「㊟外国」〈去
　　濁入〉［東 402］

　　早大本漢音：東大本呉音　2（2）例「散亡」〈去平濁〉［早 252］：「散亡」〈平平〉［東
　　381］、「魚奪」〈平濁入〉［早 262］：「㊟魚奪」〈上濁入濁〉［東 392］

　　早大本東大本漢音：真福寺本呉音　1（1）例「窮-民」〈平平〉［早 262］：「窮民」〈平
　　平〉［東 223］：「窮-民」〈平去〉［真 003］

　　東大本漢呉同音：真福寺本不明　1（1）例「亡 残」〈平濁平〉［東 214］：「亡-残」
　　〈去濁平濁〉［真 334］

　　また、3 本でそれぞれ同じ声点が差声された例は、3 本共通 1 例、早大本・東大
　　本共通 8 例、早大本・真福寺本 3 例、東大本・真福寺本 1 例であり、そもそも同
　　語への差声例が少ない。

た先行研究と本資料の分析結果を比較したところ、漢籍や仏典などの資料的位相からより一層遠のいていることが分かった。

　こうした和化漢文訓読資料に現れる字音への声点は、日本語化という視点で捉える場合、漢語の形で取り扱わなければならない。すでに先行研究で指摘されるように、和化漢文訓読資料に現れる字音は日常的な発音を反映すると見られる『色葉字類抄』と共通するものも多い。また和化漢文訓読資料に現れる韻書や呉音資料に一致しない字音が、複数の文献に同じ音形となって現れることもあるとされる。おそらくはそうした例が漢語アクセントへと接続して行く可能性を持つのだろうが、これについては2.2.2にて改めて論じることとしたい。

2.2.2　『尾張国郡司百姓等解文』における漢語の声点
2.2.2.1　はじめに

　前項にて和化漢文訓読資料『尾張国郡司百姓等解文』（以下本資料）を取り上げ、字音声点の分析を行った。得られた主な結果は以下のとおりである。

1. 声調体系に軽声を区別する諸本が認められる。
2. 鼻音韻尾字に後接する字に連濁が多数生じている。また読み癖的な語頭濁音も認められる。
3. 漢音と呉音が一資料内にほぼ同数～2対1程度（諸本により異なる）混在している。
4. 一語内に漢音と呉音を交える、混読語が認められる。

これらの結果は、先行研究で報告される和化漢文訓読資料の字音の現れ方に概ね合致しており、13～14世紀における字音の特徴を反映すると考えてよいだろう。

　以上を踏まえ、次に二字の漢語に差された声点を取り上げ、原音声調の継承と変容について探る。結論を先に述べれば、本資料の声点には漢音と呉音のそれぞれの字音系統に基づく声調をそのまま継承したものと、「連音上」の変容を遂げたものとが大半を占める。一方で、原音声調とのつながりが、学習や伝承の弛緩によって絶たれてしまい、それぞれの字音系統から整合的に説明する

188　2.2　漢語の声点に反映した原音声調の継承と変容

ことが全くできなくなってしまったものも含まれる。ここでは、本資料の二字漢語に差された声点を用いて、原音声調の継承と変容の具体相を明らかにする。また、これによって、和化漢文訓読資料における声点の特徴について解釈を試みる。

2.2.2.2　字音系統分類の方法

　以下では、基本的に漢音の「来源情報」と呉音資料（各資料の詳細は「1.1.1.2 字音来源情報」（pp.25-29）参照）に基づき、また仮名音注に示された音形も参考にしながら、二字漢語の声点を分類する。「漢音漢語」、「呉音漢語」、「漢呉音混読語」は、それぞれの資料に現れる声調の組合せやその変化形、仮名音注から二字ともいずれかに認定できたもの、「字音系統不明」は、呉音資料に当該字が見つからず字音系統が不明なもの、「その他」は「来源情報」と呉音資料のどちらからも説明できないもの、をそれぞれ指す。

　また他資料に現れる漢語への差声例も、参考として各例に併記した。用いた資料は、『三巻本色葉字類抄』、『楊守敬旧蔵本将門記』（1058-1080 年頃点）および『真福寺本将門記』（1099 年点）＊32 である。『色葉字類抄』は和化漢文訓読資料を取り扱った先行研究においていくつかの一致例が確認されており（佐々木勇 2009a，pp.675-732）、『将門記』はすでに和化漢文訓読資料として字音声調について研究の蓄積があること、および本資料に現れる語彙と共通するものが多い（浅野敏彦 1985）ことによる。

　以下の表では、数字は異なり語数を、（　）内の数字は延べ語数をそれぞれ示す。前項の 2.2.1.4「声調体系」（p.170）で見たように、本資料に差される位置の高い B 点や E 点は、必ずしも軽点とみなせるわけではない。特に呉音漢語に差される B 点や E 点は、呉音の声調体系から基本的には軽点を認められないことも周知のとおりである。しかしそれらの中には移点の際の不注意などによって、偶然高い位置に差声された、と断じるにはやや不安が残る例もある。そこで、そうした例については声点を示す〈　〉の前に「＊」を付し、「＊〈東徳〉」などと示す。呉音漢語における「＊〈平徳〉」のように二字のうち、どち

───────────────
＊32　楊守敬旧蔵本については貴重古典籍刊行会 1955、真福寺本については古典保存会 1924 を用いた。

らか一方（この場合は後項）だけが問題になる場合であっても、〈　〉の前に「＊」
を付す。

2.2.2.3　早大本

声点	1+1	1+2	2+1	2+2	計
〈平平〉	1 (1)			4 (4)	5 (5)
〈平東〉				2 (2)	2 (2)
〈東平〉				1 (1)	1 (1)
〈平上〉				1 (2)	2 (3)
〈平去〉			1 (1)	2 (2)	3 (3)
〈平入〉		2 (2)		1 (1)	3 (3)
〈東入〉		1 (1)			1 (1)
〈上平〉		1 (1)	1 (1)	2 (2)	4 (4)
〈上東〉		1 (1)			1 (1)
〈上上〉	2 (2)		1 (1)		3 (3)
〈上去〉				1 (1)	1 (1)
〈上徳〉		1 (1)		1 (1)	2 (2)
〈去平〉	1 (1)	2 (2)		1 (1)	4 (4)
〈去上〉				1 (1)	1 (1)
〈入平〉				1 (1)	1 (1)
〈徳上〉			1 (1)		1 (1)

表 2.26：早大本　漢音漢語・拍構造別分布

■漢音漢語

　漢音漢語と認定したものは 35（36）例となる。表 2.26 からは、1 例を除き
中低形が現れていないことが注目される。例外は〈上去〉で差声される 29.「立
浪」（唇内入声・次濁字「立」の高平調を上声と混同したもの）のみである。
　仮名音注の観点からは、5.「窮」7.「権」14.「精」19.「城」など漢音形を
取るものが散見される。28.「駅子」のみ呉音形であり不審。『色葉字類抄』に
は和漢混種語の「ヤクコ」が掲げられており、本資料だけでは事情を詳らかに
することはできない。

190　2.2　漢語の声点に反映した原音声調の継承と変容

13.「思救」〈去平〉を呉音漢語とみなさず漢音漢語とみなしたのは、仮名音形が漢音であること、および中低形回避のための《去・去》＞《去平》を想定したからである。同様に、30.「両収」31.「慮掠」34.「賄賂」は、仮名音形から字音系統を判別することはできないが、中低形回避のための《上・去》＞《上平》を想定した。特に31.「慮掠」は『将門記』においても〈上平〉で現れながら、『色葉字類抄』では〈上去〉で差声される。この揺れについて、『色葉字類抄』を原音の規範に忠実な姿、本資料および『将門記』を規範から離れた姿をそれぞれ反映したと考えるわけである。この想定については以下の項や条でも適宜触れながら、2.2.2.6で取りまとめて考察する。

このほか、1.「引率」4.「幹了」10.「孤独」は『色葉字類抄』に同じ差声があり、本資料の差声と矛盾しない。

なお、以下では㊥に韻書から知られる清濁と声調を記し、㊦に呉音資料（各資料の詳細は「1.1.1.2 字音来源情報」（pp.25-29）参照）から知られる声調を示し、それぞれの字音系統に基づく調値推定の材料とした。

1.「引率」〈上徳濁〉［早110］㊥全濁上全清入㊦平入：〈上入〉インソツ［［05
   色前］前上12ウ4］

2.「永延」〈上平〉［早242］㊥全濁上全濁平㊦平／平去

3.「役民」〈入平〉［早182］㊥全濁入次濁平㊦入去

4.「幹了」〈去濁上〉［早126］㊥去次濁上㊦去平：〈去濁上〉カンレウ［［05
   色前］前上107オ4］

5.「窮‐民」〈平平〉［早262］㊥全濁平次濁平㊦去去

6.「魚奪」〈平濁入〉［早262］㊥次濁平全濁入㊦去入

7.「権公」〈平東〉［早023］㊥全濁平全清平㊦去平

8.「経営」〈平平〉［早180］㊥全清平全濁平㊦去平

9.「厳制」〈平濁去〉［早256］㊥次濁平去㊦去去

10.「孤独」〈東入〉［早169］㊥全清平全濁入㊦去入：〈平入〉コトク［［05
    色前］前上11オ7］

11.「蚕婦」〈平去〉［早051］㊥全濁平全濁上㊦平平

12.「散亡」〈去平濁〉［早252］㊥去次濁平㊦平平

13. 「思救（キウ）」〈去平〉［早 163］[漢]去去[呉]去平

14. 「庶（シヨ）人」〈去平濁〉［早 240］[漢]去次濁平[呉]去去

15. 「心神」〈平平濁〉［早 020］[漢]全清平全濁平[呉]去去

16. 「精好（セイカウ）」〈平上濁〉［早 088］〈平上濁〉［早 092］[漢]全清平全清上[呉]去平

17. 「世途」〈去平〉［早 117］[漢]去全濁平[呉]平平

18. 「承前（セウセン）」〈平平濁〉［早 041］[漢]全濁平全濁平[呉]去去

19. 「専城（センセイ）」〈東平〉［早 043］[漢]全清平全濁平[呉]去去

20. 「疎略」〈平入〉［早 183］[漢]全清平次濁平[呉]去平

21. 「刀 - 下」〈平去〉［早 275］[漢]全清平去[呉]去平

22. 「當國」〈平入濁〉［早 092］[漢]全清平全清入[呉]去入

23. 「馬 - 風」〈上濁東〉［早 278］[漢]次濁上全清平[呉]平去

24. 「撫育（フイク）」〈上濁徳〉［早 021］[漢]次清上全濁入[呉]平入

25. 「不可」〈上上〉［早 098］[漢]全清上次清上[呉]去平

26. 「父子」〈上上〉［早 157］[漢]全濁上全清上[呉]平平

27. 「民烟（エム）」〈平東〉［早 084］[漢]次濁平全清平[呉]去去

28. 「駅（ヤク）子」〈徳上〉［早 176］[漢]全濁入全清上[呉]入平：ヤクコ［［05 色前］黒中 87 ウ 6］

29. 「立浪」〈上去〉［早 017］[漢]次濁入去[呉]入平

30. 「両収」〈上平〉［早 179］[漢]次濁上去[呉]平不

31. 「虜掠（リヨリヤウ）」〈上平〉［早 016］[漢]次濁上去[呉]不平：〈上去〉リヨリヤウ［［05 色前］前上 75 オ 7］、〈上平〉［[将]楊 32-7］

32. 「林（リン）- 阿（ア）」〈平上〉［早 276］[漢]次濁平全清平[呉]去平去

33. 「綾羅（レウラ）」〈平平〉［早 093］[漢]次濁平次濁平[呉]平去

34. 「賄賂」〈上平〉［早 183］[漢]全清上去[呉]不不：〈上○〉ワイロ［［05 色前］前上 90 オ 2］

35. 「往古（コ）」〈上上濁〉［早 127］[漢]全濁上全清上[呉]平平

■呉音漢語

呉音漢語と認定したものは 38（39）例となる。表 2.27 から見てとれるのは、まず漢音漢語に比べて語頭〈去〉が多く非語頭〈去〉がないことであるが、〈上〉

と〈去〉の語環境（語頭・非語頭、拍数）ごとの現れ方が呉音の性格に則っていることについてはすでに報告した。

　仮名音形から呉音であることが保証されるものに、3.「刑罰」（『色葉字類抄』では漢音形が掲げられるが、両形あったか）12.「職掌」24.「逓送」がある（漢呉同形は含めず）。仮名音形から漢音が期待されるものは6.「解却」がある。

　このほか、12.「職掌」（軽声を捨象すれば）13.「将来」30.「非理」34.「用途」は『色葉字類抄』に同じ差声があり、本資料の差声と矛盾しない。

声点	1+1	1+2	2+1	2+2	計
〈平平〉		3 (3)	1 (1)	4 (5)	8 (9)
*〈平東〉			1 (1)		1 (1)
〈平上〉	2 (2)	1 (1)			3 (3)
〈平入〉				1 (1)	1 (1)
*〈平徳〉		1 (1)			1 (1)
〈上平〉		3 (3)			3 (3)
〈上上〉	2 (2)		1 (1)		3 (3)
〈去平〉		2 (2)	5 (5)	4 (4)	11 (11)
〈去上〉			2 (2)	2 (2)	4 (4)
*〈去徳〉				1 (1)	1 (1)
〈入平〉			1 (1)		1 (1)
*〈徳東〉				1 (1)	1 (1)

表 2.27：早大本　呉音漢語・拍構造別分布

1. 「愛子」〈平東〉［早 115］㊤去全清上㊦平平
2. 「移住」〈上平濁〉［早 018］㊤全濁平去㊦平去／平
3. 「刑罰」〈去濁徳濁〉［早 228］㊤全濁平全濁入㊦去入：ケイハツ［［05 色前］黒中 99 ウ 3］
4. 「官庫」〈去上濁〉［早 050］㊤全清平去㊦去去
5. 「官法」〈去平濁〉［早 035］㊤全清平全清入㊦去入
6. 「解却」〈平徳〉［早 235］㊤全濁上次清入㊦平入
7. 「堅固」〈去平濁〉［早 170］㊤全清平去㊦平去／平

第 2 章　原音声調の継承と変容

8. 「見任」〈平濁平濁〉［早 235］㊀去全清平㊁平平

9. 「検牧」〈平入濁〉［早 181］㊀全清上次濁入㊁平入

10. 「税帳」^{サイ}〈平平〉［早 008］㊀去去㊁平平

11. 「残害」^{サンカイ}〈去濁平濁〉［早 229］㊀全濁平去㊁平去／平

12. 「職掌」^{シキシヤウ}〈徳東〉［早 254］㊀全清入全清上㊁入平:〈入平〉シキシヤウ［[05 色前」前下 84 オ 4]

13. 「将来」〈去上〉［早 200］㊀全清平次濁平㊁去去:〈去上〉シヤウライ［[05 色前」前下 80 ウ 6]

14. 「従類」〈去濁平〉［早 111］㊀去去㊁去平

15. 「自余」〈平濁上〉［早 108］㊀去全濁平㊁平去

16. 「所為」〈平上〉［早 083］㊀全清上去㊁平去

17. 「私用」〈去平〉［早 093］㊀全清平去㊁去平

18. 「所 - 在」〈平平濁〉［早 190］㊀全清上去㊁平平

19. 「私乱」〈去平〉［早 249］㊀全清平去㊁去平

20. 「新古」〈去平〉［早 120］㊀全清平全清上㊁去平

21. 「制止」〈去平〉［早 230］㊀去全清上㊁去平

22. 「息利」^{ソクリ}〈入平〉［早 005］㊀全清入去㊁入平

23. 「損害」〈平平濁〉［早 214］㊀全清上去㊁平平

24. 「逓送」^{タイ}^シ〈平平〉［早 198］「逓送」^{タイソウ}［早 180］

25. 「鳥 - 枝」〈上上〉［早 278］㊀全清上全清平㊁去去

26. 「田疇」^{チウ}〈去濁平〉［早 206］㊀全濁平全濁平㊁去平

27. 「貪利」〈去平〉［早 116］㊀全濁平去㊁平去／平

28. 「把分」^ハ〈上平濁〉［早 196］㊀全清上去㊁平去／平

29. 「鄙悋」^{ヒ リン}〈平平〉［早 171］㊀全清上去㊁平平

30. 「非理」〈上上〉［早 224］㊀全清平次濁上㊁去去:〈去平〉ヒリ［[05 色前」前下 98 ウ 3]

31. 「不 - 治」〈上上濁〉［早 271］㊀全清上去㊁去去

32. 「負累」^{フ ルイ}〈平平〉［早 128］㊀全濁上次濁上㊁平平

33. 「兵杖」〈去上濁〉［早 230］㊀全清平全濁上㊁去去

34. 「用途」〈平平濁〉［早 058］㊀去全濁平㊁平平:〈平平濁〉ヨウト［[05

色前〕前上 117 ウ 3〕
35.「離散」〈上平〉［早 085］㊂次濁平去㊈去平
36.「利稲」〈平上〉［早 054］㊂去次濁上㊈平平
37.「臨時」〈去上濁〉［早 058］㊂次濁平全濁平㊈去平
38.「例擧」〈去平〉［早 004］㊂去全清上㊈去平

■字音系統が不明の漢語

声点	1+1	1+2	2+1	2+2	計
〈平平〉	2 (2)	2 (2)	1 (1)	3 (3)	8 (8)
〈東平〉				1 (1)	1 (1)
〈平東〉			1 (1)		1 (1)
〈平上〉	1 (1)		2 (2)	2 (2)	5 (5)
〈東上〉		1 (1)		1 (2)	2 (3)
〈平去〉				1 (1)	1 (1)
〈平入〉		1 (2)		1 (1)	2 (3)
〈東入〉				1 (1)	1 (1)
〈平徳〉		1 (1)		1 (1)	2 (2)
〈東徳〉		1 (1)		1 (1)	2 (2)
〈上上〉				1 (1)	1 (1)
〈上去〉		1 (1)			1 (1)
〈上徳〉		1 (1)		1 (2)	2 (3)
〈去平〉		1 (1)	2 (2)	4 (4)	7 (7)
〈去東〉				1 (1)	1 (1)
〈去上〉		2 (2)	3 (3)		5 (5)
〈去徳〉				3 (3)	3 (3)
〈入平〉			1 (1)	1 (1)	2 (2)
〈徳上〉				2 (2)	2 (2)

表 2.28：早大本　字音系統不明漢語・拍構造別分布

　字音系統が不明とした漢語は 49（51）例である。これらは第 1 字か第 2 字を上述の呉音系字音資料に見つけることができなかったものであって、厳しい基準のために漢音漢語・呉音漢語の区別を保留したグループとも言える。した

がって対象となる漢語の呉音情報が分からなくとも、漢音声調だけで見れば、4.「冤淩^{エムレウ}」6.「江-海」14.「荒蕪^{クワウブ}」26.「准頴^{エイ}」32.「調庸^{テウヨウ}」33.「天朝」35.「農夫」36.「万-機^キ」41.「蓬叟^{ホウソウ}」48.「霖雨^{リンウ}」49.「綸-旨^シ」などは漢音漢語である可能性は高い。18.「境程^{ケイテイ}」なども、「境」が『大慈恩寺三蔵法師伝』鎌倉初期点にケイ去声とある（佐々木勇 2009b）ことからすれば漢音漢語と言えるかもしれない。これらのうち、6、36、48 は『色葉字類抄』に同じ声調型が記載され、本資料の差声と矛盾もしない。49 も後項の去声字が〈上〉と〈去〉で揺れると考えれば漢音漢語とみなすことができる。4.「冤淩」が『色葉字類抄』にて〈上濁平〉ヘンレウ［［05 色前］前上 53 オ 6］となることは、「冤」を「免」（広韻上声・明母）と誤ったためであろうか。

呉音漢語についても、仮名音注に注目すれば、10.「貢御^ク」11.「貢朝^ク」12.「貢馬^メ」13.「功粮^{クラウ リク}」37.「封家^{フケ}」などが可能性ありと考えられるし、声調情報とも矛盾しない。

これらを除外しても、なお 32（34）例が不明として残る。

中低形となるのは、軽声点を交える 2.「衣食」〈東徳〉8.「家薗^{エム}」〈東上〉31.「誅-戮^{チウ リク}」〈東徳〉40.「襃賞^{ホウシヤウ}」〈東上〉の 4 例である。これらの解釈は和化漢文訓読資料における軽声の実現音調とも関わる。平声軽音節が、漢籍学習の場など外国語としての高い規範性が要求される場で発音される際に下降を伴ったとしても、それがただちに和語と同じアクセント型を担えるような下降拍＝高下りとして実現したかどうかには、留保が必要であると考えられるが（「3.1.1 下降調と下降拍」）、ひとまず声点に現れたものとして表に掲げている。

このほかについても、個別例を他資料と比較しなければその事情を判断できないので今は保留とし、用例を掲げるにとどめる。

1. 「衣裳^{シヤウ}」〈去上濁〉［早 115］㊌全清平全濁平㊎平去 / 不：〈上平〉イシヤウ［［05 色前］前上 13 ウ 6］

2. 「衣食」〈東徳〉［早 212］㊌全清平全濁入㊎平去 / 入

3. 「夭蘗^{エウケキ}」〈東入濁〉［早 025］㊌全清平次濁入㊎不入

4. 「冤淩^{エムレウ}」〈平平〉［早 129］㊌全清平次濁平㊎不不：〈上濁平〉ヘンレウ［［05 色前］前上 53 オ 6］

5. 「改 - 任」〈去濁平〉[早 276] 漢全清上次濁平呉不平

6. 「江 - 海」〈平濁上〉[早 275] 漢全清平全清上呉平／平去：〈平上〉カウカ
イ [[05 色前] 前上 106 ウ 6]

7. 「合期」〈入濁平濁〉[早 234] 漢全濁入全濁平呉入不

8. 「家薗」〈東上〉[早 253] 漢全清平全濁平呉去不
   （エム）

9. 「供給」〈平入濁〉[早 077]〉[早 182] 漢全清平全清入呉平入：クキウ [[05
   色前] 黒中 81 オ 1]

10. 「貢御」〈平濁平濁〉[早 181] 漢去去呉不平

11. 「貢朝」〈平濁平〉[早 052] 漢去全濁平呉不不
    （ク）

12. 「貢馬」〈平濁平〉[早 183] 漢去次濁上呉不平：クメ [[05 色前] 黒中
    （メ）
    80 オ 2]

13. 「功粮」〈去上〉[早 176] 漢全清平次濁平呉去不
    （ク ラウ）

14. 「荒蕪」〈平平濁〉[早 062] 漢全清平次濁平呉不不
    （クワウ フ）

15. 「嬛寡」〈去上〉[早 169] 漢全清平全清上呉不去
    （クワンクハ）

16. 「官 - 裁」〈去平濁〉[早 271] 漢全清平全濁平呉去不

17. 「官府」〈去平濁〉[早 242] 漢全清平全清上呉去不

18. 「境程」〈去平〉[早 020] 漢全清上全濁平呉不不
    （ケイテイ）

19. 「憲法」〈去徳濁〉[早 259] 漢去全清入呉不入
    （ケムハウ）

20. 「減 - 直」〈上濁徳濁〉[早 082]〉[早 088] 漢全濁上全濁入呉平去／入

21. 「沽却」〈平徳〉[早 114] 漢全清平全清入呉不入

22. 「裁恤」〈平徳〉[早 155] 漢全濁平全清入呉不入
    （シュツ）

23. 「嬬 - 嫗」〈平平〉[早 169] 漢全清平去呉不不
    （サウ サウク）

24. 「愁吟」〈去平濁〉[早 087] 漢全濁平次濁平呉平去／不

25. 「私謀」〈去平濁〉[早 058] 漢全清平次濁平呉去不
    （ハウ）

26. 「准頴」〈上濁上〉[早 189] 漢全清上全濁上呉不不
    （エイ）

27. 「前司」〈去上濁〉[早 239] 漢全濁平全清平呉去不

28. 「租税」〈平平〉[早 028] 漢全清平去呉不平

29. 「率 - 稲」〈徳上〉[早 056] 漢全清入全濁上呉入去
    （ソツ）

30. 「盗賊」〈去徳濁〉[早 231] 漢去全濁入呉去入
    （ソク）

31. 「誅 - 戮」〈東徳〉[早 264] 漢全清平次濁入呉不入
    （チウ リク）

32.「調庸」〈去濁東〉[早234] 漢去全濁平呉去不:〈去上〉テウヨウ[[05
　　色前]前下23オ7]

33.「天朝」〈東平〉[早117] 漢次清平全濁平呉去不

34.「任国」〈平入〉[早236] 漢次濁平全清入呉平入

35.「農夫」〈平東〉[早051] 漢次濁平全清平呉不去

36.「万‐機」〈去濁平〉[早273] 漢去全清平呉平不:〈去濁平〉ハンキ[[05
　　色前]前上31ウ7]

37.「封家」〈平上濁〉[早240] 漢全清平全清平呉不去

38.「輔弼」〈上徳〉[早009] 漢全濁上全濁入呉不入:〈去入〉ホヒツ[[05
　　色前]前上47ウ2]

39.「鳳‐厥」〈去徳〉[早279] 漢去全清入呉不入

40.「褒賞」〈東上〉[早151][早278] 漢全清平全清上呉不去:〈上平〉/〈上
　　上〉ホウシヤウ[[05色前]前48オ3]

41.「蓬叟」〈平上〉[早169] 漢全濁平全清上呉平不

42.「蒲‐鞭」〈上去〉[早263] 漢全濁平全清平呉不/平去

43.「濫‐絲」〈去上〉[早265] 漢去全清平呉不不

44.「劉寛□」〈平去〉[早046] 漢次濁平次清平呉不不

45.「執鞭」〈入平〉[早255] 漢全清入全清平呉入/平去

46.「陸海」〈徳上〉[早231] 漢次濁入全清上呉入/平去

47.「玲跰」〈平平〉[早164] 漢去全清平呉不不

48.「霖雨」〈平上〉[早213] 漢次濁平全濁上呉不去:〈平上〉リムウ[[05
　　色前]前上74ウ1]

49.「綸‐旨」〈平上〉[早279] 漢次濁平次清上呉不去:〈平去〉[[05色前]
　　前上74ウ6]

■漢呉音混読語

　漢呉音混読語に含めたものは10（11）例である。4.「彫弊」は『色葉字類抄』
と声調型が一致する。7.「徘徊」については『色葉字類抄』と一致しない（『色
葉字類抄』の〈平平〉は漢音漢語と認められる）。「徊」は仮名音形漢音なの
で漢音声調が期待されるところではある。9.「離散」〈上去〉については呉音

198　2.2　漢語の声点に反映した原音声調の継承と変容

漢語に含めた「離散」〈上平〉［早085］があり、中低形回避と回避しない形の両様が現れる。

声点	1+1	1+2	2+1	2+2	計
〈平平〉		1 (1)		1 (1)	2 (2)
〈平去〉	1 (1)	1 (1)		1 (1)	3 (3)
〈上上〉		1 (2)		1 (1)	2 (3)
〈上去〉		1 (1)			1 (1)
〈去上〉			1 (1)		1 (1)
〈去去〉		1 (1)			1 (1)

表2.29：早大本　漢呉混読語・拍構造別分布

　10.「利潤」〈平去濁〉は真福寺本にも同じ声調型として現れる。もしこれが漢音漢語だとすると《去・去》＞《平去》の変化を想定しなければならない。
　5.「屠膾トクワ□」〈去去〉は中低形となっており、漢語単位としての差声をなしていないことが疑われる例である。

1.「永財」〈上上濁〉［早114］㊤全濁上全濁平㊦平去
2.「官使」〈去上濁〉［早176］㊤全清平全清上㊦去平
3.「死去」〈平去〉［早124］㊤全清上去㊦平平
4.「彫弊テウヘイ」〈平平〉［早131］㊤全清平去㊦去平：〈平平〉テウヘイ［[05色前]前下22オ1]
5.「屠膾トクワ□」〈去去〉［早018］㊤全濁平去㊦去平
6.「土毛」〈上上〉［早138］［早149］㊤次清上次濁上㊦平平：〈平濁上〉トモ［[05色前]前上62オ3]
7.「徘徊ハイクワイ」〈平去〉［早184］㊤全濁平全濁平㊦去去：〈平平〉ハイクワイ［[05色前]前上33オ6]
8.「負名フ」〈平平〉［早124］㊤全濁上次濁平㊦平去
9.「離散」〈上去〉［早269］㊤次濁平去㊦去平
10.「利潤」〈平去濁〉［早022］㊤去去㊦平平

■その他

その他に含めたのは 9（9）例である。1.「永代」の〈上平〉はもし漢音漢語だとすれば、《上・去》>《上平》を想定する必要がある。2.「公用」は仮名音形から呉音声調が期待されるところだが、差声と合わない。3.「国例」4.「事状」における非語頭環境の〈上〉は、呉音《去》から《上》への変化を反映すると考えるべきか。

声点	1+1	1+2	2+1	2+2	計
〈平上〉		1 (1)			1 (1)
〈平去〉				1 (1)	1 (1)
〈上平〉			1 (1)	1 (1)	2 (2)
〈上上〉			1 (1)		1 (1)
〈去平〉		1 (1)	1 (1)		2 (2)
〈去東〉		1 (1)			1 (1)
〈入上〉				1 (1)	1 (1)

表 2.30：早大本　その他・拍構造別分布

1. 「永代」〈上平濁〉［早 252］㊤全濁上去㊨平去
2. 「公用」〈去平〉［早 058］㊤全清平去㊨平平
3. 「国例」〈入上〉［早 219］㊤全清入去㊨入去
4. 「財産」〈平去〉［早 252］㊤全濁平全清上㊨去平
5. 「事状」〈平濁上濁〉［早 280］㊤去去㊨平去
6. 「数所」〈上平〉［早 253］㊤去全清上㊨平平
7. 「数多」〈上上〉［早 110］㊤去全清平㊨平去
8. 「先祖」〈去平濁〉［早 114］㊤全清平全清上㊨去去
9. 「他州」〈去東〉［早 061］㊤次清平全清平㊨不 HL ＊

2.2.2.4　東大本

■漢音漢語

漢音漢語と認めたものは 14（14）例である。1.「喟然」〈上平濁〉は語頭の

去声字に〈上〉が差されたものと考えられる。

6.「進退」〈去平濁〉は《去・去》の後項を低く実現することで中低形を回避したと考える。

12.「奉公」〈去東〉の前項は「全濁上声字の去声化」を反映する。13.「乱入」の「入」（唇内入声字・日母）は LL に実現されたため、〈平〉と誤ったものか。

声点	1+1	1+2	2+1	2+2	計
〈平平〉				2 (2)	2 (2)
〈東平〉			1 (1)		1 (1)
〈平上〉	1 (1)				1 (1)
〈東入〉				1 (1)	1 (1)
〈上平〉		2 (2)			2 (2)
〈去平〉			1 (1)	3 (3)	4 (4)
〈去東〉				1 (1)	1 (1)
〈去上〉				1 (1)	1 (1)
〈去入〉				1 (1)	1 (1)

表 2.31：東大本　漢音漢語・拍構造別分布

1.「喟然」〈上平濁〉［東 213］⊛去次濁平⊛不去

2.「窮民」〈平平〉［東 223］⊛全濁平次濁平⊛去去

3.「⊕外国」〈去濁入〉［東 402］⊛去全清入⊛平入

4.「⊕蠱虫」〈上平〉［東 398］⊛全清上全濁平⊛去平

5.「⊕災蘗」〈東入濁〉［東 394］⊛全清平次濁入⊛去入

6.「進退」〈去平濁〉［東 210］⊛去去⊛平平：〈去平濁〉シンタイ［［05 色前］前下 83 ウ 5］

7.「世路」〈去平〉［東 211］⊛去次濁平⊛平 / 平去

8.「大友」〈去上〉［東 310］⊛去全濁上⊛平 / 平去

9.「⊕中 - 花」〈東平〉［東 402］⊛全清平全清平⊛去去

10.「亡残」〈平濁平〉［東 214］⊛次濁平全濁平⊛平 / 平去

11.「鮮鯆」〈平上濁〉［東 203］⊛次清平全清上⊛不：〈平平〉フホ［［05 色前］

第 2 章　原音声調の継承と変容　*201*

前上 4 ウ 7]

12. 「奉公」〈去東〉［東 212］㊡全濁上全清平㊋平平：〈去平〉ホウコウ［[05
    色前］前上 47 ウ 3]

13. 「乱入」〈去平〉［東 346］㊡去次濁入㊋平入：ランニウ［[05 色前］黒中
    41 ウ 2]

14. 「練行」〈去平〉［東 270］㊡去全濁平㊋去去

■呉音漢語

呉音漢語と認めたものは 11(11) 例である。表 2.32 から見てとれるのは、〈上〉
が語頭環境かつ 1 拍字にほぼ集中していることであるが、〈上〉と〈去〉の語
環境（語頭・非語頭、拍数）ごとの現れ方が呉音の性格に則っていることにつ
いては、早大本と同様にすでに報告した。

1.「講演」は『色葉字類抄』に同じ差声がある。2.「飢寒」は本資料で〈上
平〉であるに対し、『色葉字類抄』では〈去平〉である。これは呉音における
1 拍去声の高平調化が時代が下るにつれてより進んだことの反映と見ることが
できるだろう。

声点	1+1	1+2	2+1	2+2	計
〈平平〉		1 (1)	1 (1)	2 (2)	4 (4)
〈上平〉		1 (1)			1 (1)
〈上上〉	1 (1)				1 (1)
〈上入〉		1 (1)			1 (1)
〈去平〉				1 (1)	1 (1)
〈去上〉			1 (1)		1 (1)
＊〈去徳〉				2 (2)	2 (2)

表 2.32：東大本　呉音漢語・拍構造別分布

1.「講演」〈平平〉［東 261］㊡全清上全濁上㊋平平：〈平平〉カウエン［[05
   色前］前上 107 オ 3]

2.「飢寒」〈上平〉［東 211］㊡全清平全濁平㊋去平：〈去平〉キカン［[05 色

前〕前下 62 ウ 3〕

3.「<ruby>補<rt>キヨタツ</rt></ruby>魚奪」〈上濁入濁〉［東 392］漢次濁平全濁入呉去入

4.「具進」<ruby>別<rt>別ク別シ</rt></ruby>〈平平〉［東 016］漢去去呉平平

5.「官物」〈去徳〉［東 333］漢全清平次濁入呉去入

6.「五家」〈上濁上〉［東 325］漢次濁上全清平呉平去／去

7.「散亡」〈平平〉［東 381］漢去次濁平呉平平

8.「人物」〈去徳〉［東 347］漢次濁平次濁入呉去入

9.「<ruby>塵芥<rt>チンカイ</rt></ruby>」〈去平〉［東 355］漢全濁平去呉去平

10.「能治」〈去上〉［東 221］漢次濁平去呉去去

11.「<ruby>分附<rt>別フム別フ</rt></ruby>」<ruby>別</ruby>〈平平〉［東 040］漢全清平去呉平平

■字音系統が不明の漢語

声点	1+1	1+2	2+1	2+2	計
〈平上〉		1 (1)			1 (1)
〈平去〉				1 (1)	1 (1)
〈上平〉		1 (1)			1 (1)
〈去平〉				2 (2)	2 (2)
〈去上〉	1 (1)			2 (2)	3 (3)

表 2.33：東大本　字音系統が不明の漢語・拍構造別分布

　字音系統が不明とした漢語は 8 （8）例である。

　4.「<ruby>熙怡<rt>キイイ</rt></ruby>」〈上平〉が真福寺本『将門記』に〈上去〉とあるについては、本資料の〈上平〉が中低形である《上・去》を回避したものと考えたい。「熙」は広韻では平声だが、久遠寺蔵『本朝文粋』鎌倉中期点にキ上声とあり（佐々木勇 2009b）、漢音上声を認めることができれば、漢音声調《上・去》＞《上平》の例となる。このほか 2.「<ruby>運賃<rt>ウンチム</rt></ruby>」の〈平去〉も漢音漢語であるとすれば、《去・去》＞《平去》が想定される。

　また 1.「<ruby>院宮<rt>インク</rt></ruby>」は第 2 字の声調・仮名音形がともに呉音であることから、呉音漢語である可能性がある。これら 3 （3）例を除いても、5 （5）例は字音系

統が不明なものとして残る。

1. 「院宮」〈平上濁〉［東 373］漢去全清平呉不去
2. 「運賃」〈平去〉［東 226］漢去去呉不平
3. 「行操」〈去上〉［東 310］漢全濁平去呉去不
4. 「熙怡」〈上別平〉［東 212］漢全清平全濁平呉不不：〈上去〉キイ［将真 5-1］
5. 「官裁」〈去平〉［東 199］漢全清平全濁平呉去不
6. 「交替」〈去上〉［東 328］漢全清平去呉去不
7. 「市夫」〈去上〉［東 309］漢全濁上全清平呉不去
8. 「補皇命」〈去平〉［東 396］漢全濁平去呉不／平去

■漢呉音の混読語

声点	1+1	1+2	2+1	2+2	計
〈平去〉				2（2）	2（2）
〈去平〉				1（1）	1（1）

表 2.34：東大本　漢呉音混読語・拍構造別分布

漢呉音混読語に含めたものは 3（3）例である（表 2.34）。1.「舊領」は前項が漢音、後項が呉音と考えた（推定語形は「キウリャウ」）。2.「経廻」は前項が漢音、後項が呉音と考えた（推定語形は「ケイヱ」）。3.「才行」は前項が漢音、後項が呉音と考えた（推定語形は「サイギャウ」）。

1. 「舊領」〈去平〉［東 319］漢去次濁上呉平平
2. 「経廻」〈平去濁〉［東 352］漢全清平全濁平呉去去
3. 「才行」〈平去〉［東 276］漢全濁平全濁平呉去去

■その他

声点	1+1	1+2	2+1	2+2	計
〈平平〉				1（1）	1（1）
〈上平〉				2（2）	2（2）
〈去平〉				1（1）	1（1）

表 2.35：東大本　その他・拍構造別分布

「その他」に含めたのは 4（4）例である（表 2.35）。このうち 1.「久年」は前項が『大慈恩寺三蔵法師伝』鎌倉初期点に去声とあり（佐々木勇 2009b）、漢音去声を認めることができれば漢音漢語となる。

なお、1.「久年」4.「碗飯」は『色葉字類抄』に同じ差声があり、本資料の差声と矛盾しない。

1. 「久年」〈去平〉［東 335］漢全清上次濁平呉平／平去：〈去平〉キウネン［［05 色前］前下 60 ウ 7］
2. 「笞杖」〈平平〉［東 235］漢次清平全濁上呉不去
3. 「遼遠」〈上平〉［東 232］漢次濁平全濁上呉不去
4. 「碗飯」〈上平濁〉［東 352］漢去全濁去呉不去：〈上平濁〉ワウハン［前上 88 オ 3］

2.2.2.5　真福寺本

以下、真福寺本の漢語例は少ないので、認定ごとに表を掲げないことにする。

■**漢音漢語**　漢音漢語と認定したのは 4（4）例である。

1. 「狂 - 心」〈平平濁〉［真 279］漢全濁平全清平呉平去
2. 「廣 - 深」〈去平〉［真 211］漢去平呉平去
3. 「山 - 川」〈平平濁〉［真 008］漢全清平次清平呉去去
4. 「千 - 流」〈平平〉［真 210］漢次清平次濁平呉去去

■**呉音漢語**　呉音漢語と認定したのは 1（1）例のみである。

  1.「擔-夫」〈平上〉［真 370］㉗全清平全清平㉗平去

■**字音系統が不明の漢語**　字音系統が不明とした漢語は 6（6）例である。6.「轆
-轤」のみ『色葉字類抄』に同じ声調型が掲げられている。1.「運-賃」〈平去〉
が漢音漢語ならば、これも《去・去》＞《平去》の変化が想定される。

  1.「運-賃」〈平去〉［真 350］㉗去去㉗不平
  2.「稼-穡」〈平入〉［真 208］㉗去全清入㉗不入
  3.「官-裁」〈去平〉［真 080］㉗全清平全濁平㉗去不
  4.「藝-業」〈平德濁〉［真 327］㉗去次濁入㉗不入
  5.「愁-吟」〈去平濁〉［真 281］㉗全濁平次濁平㉗平去 / 不
  6.「轆-轤」〈入上〉［真 350］㉗次濁入次濁平㉗入不：〈入上〉ロクロ [[05
    色前］前上 18 オ 4]

■**漢呉音混読語**　漢呉音混読語に含めたのは 3（3）例である。2.「利潤」は漢
音漢語だとすれば《去・去》＞《平去》が想定される。

  1.「窮-民」〈平去〉［真 003］㉗全濁平次濁平㉗去去
  2.「利潤」〈平去濁〉［真 262］㉗次濁平次濁平㉗去去
  3.「万-河」〈去濁上濁〉［真 211］㉗去全濁平㉗平去

■**その他**　その他に含めたのは 2（2）例である。1.「調備」は『色葉字類抄』
の声調型とも一致する。

  1.「調備」〈平上濁〉［真 259］㉗去去㉗去平：〈平上〉テウヒ [[05 色前］前
    下 23 オ 1]
  2.「亡-残」〈去濁平濁〉［真 334］㉗次濁平全濁平㉗平 / 平去

2.2.2.6　中低形回避の方法

以上、三本に現れる二字漢語の声調型について分析を行ってきた。漢音漢語、呉音漢語と分類したものについては、中には仮名音形からも分類が支持される例も認められ、おおむね問題はないと考えられる。その他に分類したものの中にも、漢音漢語、呉音漢語と特定できる可能性のあるものも認められた。

なお、これらを単なる字音の連続ではなく漢語であるとみなす根拠は、中低形がほとんど現れていない点に求めることができるだろう。中低形が現れ得るのは、すでに《去・去》を《去上》で実現する方法を持つ呉音を議論の外に措くとすると、漢音の《去・去》および《上・去》が連続する場合、および《東》に《東》《上》《去》が後続する場合である。こうした、中低形を回避した例について考察を加える。

これまでに掲げた二字の漢語から漢音の単字声調で《上・去》となる組み合わせを抜き出すと、13（13）例となる。このうち8（8）例は呉音漢語と説明できるので、残り5（5）例が問題となる。いま改めてこれらを以下に抜き出して掲げる。

1.「永代」〈上平濁〉［早 252］[漢]全濁上去[呉]平去
2.「死去」〈平去〉［早 124］[漢]全清上去[呉]平平
3.「両収」〈上平〉［早 179］[漢]次濁上去[呉]平不
4.「虜掠（リヨリヤウ）」〈上平〉［早 016］[漢]次濁上去[呉]不平：〈上去〉リヨリヤウ［[05 色前］前上 75 オ 7]、〈上平〉［[将]楊 32-7］
5.「賄賂」〈上平〉［早 183］[漢]全清上去[呉]不不：〈上〇〉ワイロ［[05 色前］前上 90 オ 2]

このうち、2.「死去」〈平去〉は漢呉音混読語の疑いありとして除くとすれば、残りは《上・去》＞《上平》と考えられるものだけである。漢音漢語に分類しなかったグループにも目を向ければ、「離散」〈上平〉［早 085］と〈上去〉［早 269］、「熙怡（キイ）」〈上[別]平〉［東 212］が『将門記』〈上去〉キイ［[将]真 5-1］と、各々2つの差声が現れることから、これらも中低形の回避例である可能性が高いと言える。

同様に漢音の単字声調で《去・去》となる組み合わせを抜き出すと、11（12）例となる。このうち5（5）例を呉音漢語と説明できるので、残り6（7）例が問題となる。これらも改めて以下に掲げる。

1.「運賃（ウンチム）」〈平去〉［東226］［東350］㊌去去㊅不平
2.「思救（キウ）」〈去平〉［早163］㊌去去㊅去平
3.「進退」〈去平濁〉［東210］㊌去去㊅平平：〈去平濁〉シンタイ［［05色前］前下83ウ5］
4.「調備」〈平上濁〉［真259］㊌去去㊅去平：〈平上〉テウヒ［［05色前］前下23オ1］
5.「利潤」〈平去濁〉［早022］㊌去去㊅平平
6.「碗飯（別ワウ）」〈上平濁〉［東352］㊌去全濁去㊅不去：〈上平濁〉ワウハン［前上88オ3］

　このうち6.「碗飯（別ワウ）」〈上平濁〉については本項の範囲では説明ができないので保留すると、残りは《去・去》＞《平去》が想定されるもの2（3）例、同じく《平上》への変化が想定されるもの1（1）例、《去平》への変化が想定されるもの2（2）例となる。これらの変化に共通するのは、去声＝上昇調の低く始まる音調上の特徴を残して[33]中低形を回避している点である。さらに拍レベルで見ればこれらの変化は次の2種類に分けられる。

《去・去》＞《去平》　R/LH ＞ RLL、LH/LH ＞ LHLL

《去・去》＞《平上》（《平去》）　R/LH ＞ LLH、LH/R ＞ LLH、LH/LH ＞ LLLH

1つは語頭に上昇を残すパタン、もう1つは語末に上昇を残すパタンである。前者は語頭に字音の《去》（拍数を問わず）を残す。後者は和語アクセントの

＊33　字音単位では《平》と《去》で異なるが、低く始まるという点では同じである。これはいわゆる金田一法則「ある語が高く始まるならば、それを前部成素とする派生語・複合語もすべて高く始まり、ある語が低く始まるならば、それを前部成素とする派生語・複合語もすべて低く始まる」（金田一春彦1953）にも合う。

複合傾向に似ている[34]。また先に述べた《上・去》＞《上平》も和語アクセントの複合としてはあり得るパタンである[35]。和化漢文訓読資料の漢音を対象とした先行研究で言われる、「去声字は去声・上声に続く際に上声化しやすい」（佐々木勇 2009a, pp.730-732）傾向が本資料とは一致せず、むしろ和語アクセントの傾向に一致するのは、本資料の漢音漢語がより和語アクセントに近い捉えられ方をしていたためではないかと考えられる。

2.2.2.7　おわりに

　以上、和化漢文訓読資料の二字漢語への差声を分析することで分かったことをまとめる。

1. 字音系統を継承するものとそうでないものがある。
2. 字音系統を継承するものとそうでないもの、共に他資料に同じ差声を確認できるが、なかには他資料に異なる差声を確認できるものもあった。
3. 中低形が非常に少ない。
4. 漢音漢語と思しきものに、従来報告されるのとは異なるパタンの、中低形を回避した差声が見られる。

	早大本	東大本	真福寺本	計
漢音漢語	35 (36)	14 (14)	4 (4)	53 (54)
呉音漢語	38 (39)	11 (11)	1 (1)	50 (51)
字音系統不明	49 (51)	8 (8)	6 (6)	63 (65)
漢呉混読	10 (11)	3 (3)	3 (3)	16 (17)
その他	9 (9)	4 (4)	2 (2)	15 (15)
計	141 (146)	40 (40)	16 (16)	197 (202)

表 2.36：早大本・東大本・真福寺本　二字漢語の系統分類

---

[34]　特に2拍名詞＋2拍名詞の複合語アクセントには、前部成素が低起式、後部成素が撞頭型○●のものはその高さを保って○○○●になる傾向が強いとされる（秋永一枝 1980, p.156）。

[35]　ただし傾向というほどではない。秋永一枝 1980, pp.159-163 に掲げられる例では、HH/LH の条件で HHHH、HHHL、HHLL などの型がある。

三本に現れる二字漢語への声点をまとめ、字音系統別に分類したものが表2.36である。「はじめに」で述べたように、本資料の声点には漢音と呉音のそれぞれの字音系統に基づく声調をそのまま継承したものと、中低形の回避を目的として変容したものとがこれまで観察できた。全体としては、おおむね漢音漢語と呉音漢語を半数ずつ含み、漢音と呉音を交える漢語もある程度の数が認められる。すなわち、上記の1からは本資料の声点が原音声調の伝承線上に配置されることを意味しよう。しかし同時に、どちらの字音系統からも説明がつかない「漢呉混読」例もある程度の数が認められることにも注意しなければならない。これらは表層的には学習や伝承の弛緩・逸脱ではあるが、そこに新たに日本語のアクセント体系に融和していこうとする言語史的な力が働いていることもまた想定しておかなければならないだろう。とりわけ、そうした例のなかに他の資料と同じ差声が見出されたことは、そこに規範を離れて離散していくという観点からのみでは捉えきれない力が伏在していることを思わせる。3.および4.に述べた中低形の回避は、本資料に現れる差声がやはり漢語単位を志向することを示すものと考える。

　なお、単字声調で呉音の《去・去》についても《去平》、《平去》が数例見られるものの、漢音漢語とは異なるいわゆる連音上の変化、《上・去》＞《上上》、《去・去》＞《去上》の変化が多数を占めるために、はっきりとした傾向を見てとることができなかった。本資料の漢語への差声には、古い時代に複合したものと新しい時代に複合したもの、さらには声調としての把握とアクセントとしての把握なども混在していると考えるのが自然であろうから[36]、分析には語史や語の性格などを併せて考える必要なども出てくるだろう。

────────────

＊36　たとえば「土毛(モウ)」という語に対して、本資料では〈上上〉［早149］、〈去上〉［早077］と揺れがあるのに対し、『色葉字類抄』には低く始まる特徴を反映した〈平濁上〉「トモ」（［05色前］前上62オ3）が現れる。『色葉字類抄』は去声拍の衰退を迎える前の時代、つまり上昇調の低起性が強く現れる時代であるのに対し、本資料の早大本はすでに去声拍の衰退期に入り、かつての上昇調の低起性がさほど強くない時代に差声された、といったことが推測される。以上は、「土」（韻書に全濁上声・呉音に平声）、「毛」（韻書に平声・呉音に去声）を前項漢音＋後項呉音と想定した場合のことであるが、『色葉字類抄』の〈平濁上〉は呉音の《平去》が《平上》となったものかもしれない。

2.2.3 『宝物集』における漢語の声点

2.2.3.1 はじめに

ここまで漢籍や仏典などのような原音指向性の高い位相の資料ではなく、より日常的な発音が実現されやすい位相の資料として和化漢文訓読資料を取り上げてきた。漢語への差声としてどの資料にも一般的に言えるのは、漢語そのものが知識音に由来を持つ以上、伝統性を継承する語とそうでないものが含まれることである。伝統性を継承しない漢語には、同じ漢語であっても学習の弛緩や馴染み度の低さのために資料ごとに異なる声点が差されるものがある（散発的・臨時的）。一方で他資料と共通する場合もある（集合的・固定的）。前節ではこうした観点に基づいて、『尾張国郡司百姓等解文』の分析を試みたところ、伝統を継承しないが他資料と共通する例を一定数確認することができた。また伝統を継承するものの中には、中低形の回避のために、特に漢音漢語に《上・去》＞《上平》、《去・去》＞《去平》・《平去》または《平上》といった、従来必ずしも十分に指摘されて来なかった変化について報告した。

本項では中世の説話資料である『宝物集』を用いて、中低形の回避のためにどのような方法が取られているか、前節と同じ観点から分析を行う。また伝統性を継承する語とそうでない語について、語の性格や由来に応じて異なる現れ方をするのではないかという予測に立ち、人名や地名などの固有名詞を中国、印度、日本由来のものと、それ以外の名詞とに分けて個別例を見ていく方法を取る。

2.2.3.2 宝物集について

本節で分析の対象とする『宝物集』は平康頼が著したとされる説話集である。本資料は仏教説話の例証として経典・仏書類、漢籍等の名前を数多く引くほか、中国・印度・日本の説話や故事を豊富に載せる点が特徴とされる。『平家物語』等の中世の文学作品への影響も夙に指摘されており、こうしたほぼ同時代の他作品と本資料の声点を比較することも可能である。

『宝物集』の諸本には大別して一巻本系、二巻本系、三巻本系、七巻本系がある。本項で取り扱う資料は、光長寺本（弘安10年［1288］写）、本能寺本（巻3のみ、鎌倉末～室町初期写か）、最明寺本（巻4のみ、鎌倉末期写か）、久遠

寺本（15 世紀末頃写）の古鈔本であり、いずれも漢字仮名交じり文である。
これら 4 本は小泉弘 1973a に影印が収められるほか、最明寺本のみは古典保
存会複製書 7 期に複製がある。本項の調査は、最明寺本は複製、その他は影印
本によった。

　これらの諸本のうち光明寺本と久遠寺本には声点が存する（以下両本につい
ての書誌来歴等は小泉弘 1973b による）。光長寺本（静岡県沼津市光長寺蔵）
は奥書に「寶物集一（改行）弘安十年^{歳次}_{丁亥}二月一日書了（改行）尺日春」とあり、
光長寺開基の祖である日春による写本と知られている。本文、仮名音注も日春
自筆とされており、声点も同筆による写しと推測される。久遠寺本（身延山久
遠寺蔵）は上下 2 冊の体裁をなしており、上巻は巻 1〜3、下巻は 4〜7 巻を収
める。上下巻の外題に「寶物集抜書」と記されており抜書本であることが知ら
れる。また上巻は日意上人の自筆、下巻は奥書「御本云　延徳三年［1491］^辛_亥
九月十八日書寫了（改行）日意　在御判」から日意自筆写本をさらに写したも
のとのことである。日意は身延山の貫主として文明 9 年［1477］から明応 8 年
［1499］まで在山したとあり、その時期に自筆写本の親本から写したとすれば、
現存する下巻もそれをさほど下らない時期に写したと考えられる。本文の字体
に古体を用いるほか、捨て仮名や助詞等が宣命書き風であることから「この親
本がかなり時代を遡るものであることを窺わせる」（小泉弘 1973b，p.88）と
の指摘もあるが、本項が取り扱う問題の範囲から言えば、声点が本文の書写段
階において日意自身の音調把握によって加点されたのか、親本から移点、ある
いは書写段階以前の音調を反映する文献を参照したのかが問題となろう。本項
の分析結果を先取りして言えば、本資料の漢語の声点は南北朝期に起こったい
わゆるアクセントの体系変化以後の特徴[*37]を少しも持たない。したがって本
資料の声点は少なくとも日意自身の音調把握による差声ではなく、南北朝期以
前のものとして取り扱うことが可能と考える。

2.2.3.3　声点について

　光長寺本、久遠寺本とも漢字への声点は圏点である。濁音表示には横に並ぶ

[*37]　坂本清恵 1998 によれば、「南北朝期に起こった体系変化は低拍が続くものが高起
　　式に変わるという、式が交替する大きな音韻変化」とされる。

212　2.2　漢語の声点に反映した原音声調の継承と変容

双点を用いるが（以後濁声点と称す）、久遠寺本には縦に並ぶいわゆる新濁の形式を取る双点もまれに現れる[38]。漢語への差声のうち濁声点を含むものは69語、そのうち新濁形式を取るものは、4語（「盗人」〈○平濁（新濁）〉［1/05a/10］、「崑岳（珠）」〈平入濁（新濁）〉［1/07b/02］、「商山」〈○上濁（新濁）〉［1/09a/03］、「木母」〈入濁（新濁）上濁〉［1/12a/01］）であるが、「商山」以外は連濁を表すものでもなく、横に並ぶ双点ととりたてて異なるところがない。漢語への新濁形式は巻1の初頭部に集中しており、何がしかの作業上の事情を反映したものか。

　両資料の差声体系は、〈東〉・〈徳〉をそれぞれ〈平〉・〈入〉と区別しない四声体系である。まれに差声位置がやや高いものも見受けられるが、単字の音節頭子音について中国音韻学で言うところの清濁との対応は見られない。これをもって、両資料の親本以前の声点加点本において六声体系だったものが、書写・移点の段階で軽点の意味が理解されずに四声体系に収斂することになったかどうか、慎重な判断が必要である。確かに実音調がどうであれ漢籍類には12世紀ごろまで〈東〉・〈徳〉が残っており（柏谷嘉弘1965-08）、『三巻本色葉字類抄』の漢語を仮名音形に開いた箇所への差声には拍レベルで見ればHL[39]、字音音節レベルで見れば高降りで実現したものも、少なくとも語彙レベルでは明らかに存在している。しかし本資料のような和漢混淆文資料に現れるような、字音の規範性という観点では漢文資料より一段低い資料に、ある程度の体系性をもって字音《東》が高降り（2拍字なら高低）として実現したかには留保が必要と考える。

　その判断材料の一つとして、声点から知られる声調型の分布を考えたい。表2.37は漢字2字で構成される漢語のうち、語全体に差声されたものの声点の組み合わせの分布を示したものである（数字は異なり語数）。これらの結果から

＊38　全12語の和語には8例が新濁形式であった。「知レテ」〈○○新濁〉［1/01a/10］、「（人ノ物ヲ）トラテ」〈○○新濁〉［1/04a/09］、「シラレテハ」〈○○○上新濁○〉［1/06a/08］、「ナツトモ」〈新濁○○〉［2/31a/04］、「アフ」〈○新濁〉［2/41a/03］、「ミヘテ」〈○○新濁〉［3/63a/06］、「受シト」〈○○新濁○〉［3/64b/02］、「タ、カヒコツシタリケレハ」〈○○○○新濁（下略）〉［5/24b/08］の8語。

＊39　「優」イウナリ〈上平○○〉［1/011a/7］、「崩」ホウス〈上平平濁〉［1/043a/1］など。いずれにせよこの問題は本項の目的とは異なるので、他日を期したい。

分かることは、まず〈去去〉や〈上去〉などの連接を含む組み合わせが1例もないことである[*40]。次項以降で見るように、呉音声調の場合は《去・去》の組み合わせの場合は後項が《上》になるので〈去去〉は現れることがないし、〈上去〉も組み合わせとしてありえない。また漢音声調を反映する組み合わせであっても、漢語として実現する場合には《去・去》や《上・去》の組み合わせは同様に後項が変化すると考えられる。こうした現象は1語に高さの山が2箇所以上に分かれることを防ぐ「中低形の回避」であり、日本語として1語をひとつの韻律単位にまとめようとする動きとして解釈されよう。

〈平 -〉	〈平平〉8	〈平上〉6	〈平去〉2	〈平入〉2
〈上 -〉	〈上平〉5	〈上上〉4	〈上去〉0	〈上入〉0
〈去 -〉	〈去平〉8	〈去上〉5	〈去去〉0	〈去入〉0
〈入 -〉	〈入平〉1	〈入上〉3	〈入去〉0	〈入入〉0

表2.37：2字漢語における声点の分布

このように本資料の漢語声点の傾向を捉えたときに、差声体系に現れないが漢音声調に基づく平声には低平調のほかに下降音調が含まれていたと仮定すると、〈平上〉、〈平去〉に隠れている《東上》、《東去》の組み合わせは中低形の回避に違背することになってしまう。表中これに該当するのは「兼算」〈平去濁〉（ケンサン）［久7/74b/06］（漢平去（呉去不）のみである（2.2.3.7「人名　日本」）。逆に、これらの組み合わせは中低形の回避のために、すでに変化して〈上上〉・〈上平〉に紛れている可能性を探ってみても、そのように解釈できる蓋然性の高い該当例はない[*41]。なお、《徳》については差声例が少ないためにここでは言及することができなかった。以上のことから、両資料の親本以前の声点加点本において六声体系だったものが、移点者の四声体系による把握によって捉え直された

[*40] この他、3字以上では〈平平平〉2、〈平去平〉2、〈平上平〉1、〈平去平〉2、〈平入平〉1、〈平上上上〉1、〈上平平〉1、〈上上平〉1、〈去平平〉1、〈去上上〉2、〈去上平平〉1、〈去入平去〉1などがあった。

[*41] 「三章」〈上平〉［久6/41b/10］（漢平平（呉去去）はそのように解釈できる可能性はあるが、ここでは呉音の混入と考えた（2.2.3.10「句の引用」）。

とは、ただちに断定しにくい。このことは本資料の声点から漢語アクセントを推定するときに改めて考える必要があるだろう。

　このゆえに本項では差声された漢語声点を便宜的に声調のレベルに読み替えて取り扱う。本項で取り扱う資料は和漢混淆文資料であり、また漢文直読資料において生じた声調変化とは異なる変化を想定するため、ここに資料に現れた声点を、厳密には声調ともアクセントとも定めがたい面がある。

2.2.3.4　分析の方法

　調査を行ったのは、久遠寺本の115（118）[*42]語、光長寺本の3（3）語である[*43]。ところで、本資料における差声語には固有名詞が多い。久遠寺本に限れば66（70）語、すなわち全体の57.4（59.3）％を固有名詞が占めることになる。これは本資料が多数の仏典や漢籍を引用しながら中国・インド・日本の説話や故事に触れる構造を持つため、必然的に本文中に人名や地名などの固有名を含むことと直接に関係があろう。本項の目的の一つは、語の由来や性格によって、どのような伝統的な字音系統が反映され、また反映されないのかということにある。そのため固有名詞をさらに人名、地名、その他に分けた上で、それらを中国・印度・日本に由来を持つものにそれぞれ分けて分析を行う。

　語を性質に応じて種類に分けた上で、声点の字音系統を推定し、字音系統ごとに伝統的な声調の反映度を見て行く。字音系統の認定に際しては、字音「来源情報」と呉音資料（凡例参照）を基本的に用い、仮名音注も参照する。なお、以下では㊈に韻書から知られる清濁と調類を記し、㊉に呉音資料から知られる調値を示し（各資料の詳細は「1.1.1.2 字音来源情報」（pp.25-29）参照）、それぞれの字音系統に基づく調値推定の材料とした。したがって語として現れる現実の漢音や呉音を知るために、他資料に現れる漢語への差声例もできる限り個別的に参照しつつ（凡例参照）、連接による変化があればその都度解釈し、本文において漢音と呉音のいずれの字音系統に基づくかを推定した。

＊42　数字は異なり語数、（　）内の数字は延べ語数を意味する。
＊43　久遠寺本にはこの他、和語の12語（異なり語数）に差声があったが、本項での分析対象とはしていない。

2.2.3.5　固有名詞　人名：中国

中国の人名として掲げたのは、以下の 28（29）語である*44。

次の 12（13）語は漢音声調に基づくと認めたものである。

1. 「吾胥(ショ)」〈平濁平〉［久 6/40b/02］⓪次濁平全清平⓪平不
2. 「朝哺(テウ ホ)」〈平上濁〉［久 1/15a/08］⓪全濁平去⓪不不
3. 「潘安仁(ハンアンジン)」〈平平平濁〉［久 5/24a/09］［久 5/24b/04］⓪次清平全清平次濁平⓪不平去 / 不去去
4. 「范蠡(ハンレイ)」〈去上〉［久 1/05a/10］⓪全濁上次濁上⓪不不
5. 「文挙(フンキョ)」〈平濁上〉［久 1/12a/04］⓪次濁平全清上⓪去不
6. 「文成(フンセイ)」〈平濁平〉［久 5/24a/09］⓪次濁平全濁平⓪去去
7. 「木母(モク)」〈入濁新濁上濁〉［久 1/12a/01］⓪次濁入次濁上⓪入平
8. 「梁上公」〈平去平〉［久 5/20a/05］⓪次濁平去全清平⓪平平不 / 平去不 / 去平不 / 去去不
9. 「王祥(ワウシヤウ)」〈平平〉［久 1/12a/01］⓪全濁平全濁平⓪去不

〈1字のみ部分差声　3 語〉

「長文成(チャウフンセイ)」〈○平濁○〉［久 5/24b/02］⓪○次濁平○⓪○去○、

「武王」〈上濁○〉［久 1/14a/07］⓪次濁上○⓪不○、

「文王(フン)」〈平濁○〉［久 1/14a/07］⓪次濁平○⓪去○

2.「朝哺」〈平上濁〉は、後項の韻書去声字が仮名音形 1 拍のために高平調で実現し、〈上〉が差されたものと考える。4.「范蠡」の第 1 字「范」は韻書上声全濁字（奉母）であり、唐末に生じた「全濁上声字の去声化」を反映したものと考えられるため、漢音に含めた。

1 字のみ部分差声も漢音声調に一致する。また中国語音韻学でいう清濁音における鼻音と非鼻音の関係（バ行対マ行）から、濁声点によって漢音形であることが示されている。

次の 3（3）語は呉音声調に基づくと考えられる例である。

---

* 44　以下の挙例では漢語の同定などに小泉弘他 1993 を用いた。本文中では『新大系』と略して示す。

1. 「（燕）照王」〈去上〉［久 1/07b/03］㊊去全濁平㊀去去
2. 「僧融」〈去平〉［久 7/71b/05］㊊全清平全濁平㊀去不
3. 「樊於期」〈去上上〉［久 1/20b/02］㊊全濁平全清平全濁平㊀去去不

　これらのうち、呉音声調の反映であると考えられるのは、1.「（燕）照王」〈去上〉である。2.「僧」字の〈去〉は2.2.3.7「人名　日本」にも 2 例認められ呉音声調に基づくと考えられる。便宜的に「僧融」で 1 語としたが、実際には 2 語のように分けて発音されたこともあるとすれば、「融」のみ漢音声調に基づくと考えることも許されるかも知れない（仮名音注ユウは漢音である）。3.「樊於期」〈去上上〉は、仮名音形からすれば漢音声調が期待されるところであるが、呉音声調と考えたほうが説明がつく。

　次の 13（13）語は字音系統が特定できなかったものである。これらには仮名音注と声点の字音系統が一致しないもの、呉音資料に典拠を見つけることができなかったものなどを含む。なお 10.「吏師明」11.「吏朝義」は史師明、史朝義の誤りであるが、仮名音注と本文の表記の整合性に鑑み「吏 -」として解釈してある。

1. 「酉夢」〈去上〉［久 1/15a/09］㊊全濁上去㊀不平
2. 「夏大后」〈平去平〉［久 5/24a/08］㊊全濁上全濁去全濁去 / 去去去㊀不平平
3. 「夏大后」〈○去平〉［久 5/24a/11］㊊○去去㊀○平平
4. 「芥子推」〈去上上〉［久 6/40b/03］㊊去全清上全清平㊀平平平
5. 「玄宗」〈去濁平〉［久 5/24b/02］㊊全濁平全清平㊀去去
6. 「齊（威王）」〈平〉［久 1/07b/03］㊊全清平㊀平
7. 「伯瑜」〈入上〉［久 1/11b/03］㊊全清入全濁平㊀入不
8. 「班固」〈去上〉［久 1/14a/06］㊊全清平去㊀不平
9. 「班固」〈平平〉［光 1/20a/04］㊊全清平去㊀不平
10. 「斑彪」〈○入〉［久 1/14a/06］㊊○全清㊀○不
11. 「吏師明」〈上上平〉［久 1/16a/07］㊊去全清平次濁平㊀平去去 / 去去去

12. 「吏朝義」〈上平平濁〉［久 1/16a/07］㊐去全濁平去㊅平不平 / 去不平 /
平不去 / 去不去

　〈1字のみ部分差声　1（1）語〉「公望」〈○平濁〉［久 6/39b/07］㊐○
去㊅○去

2.2.3.6　固有名詞　人名：印度

印度の人名として掲げたのは、以下の 6（6）語である。

1. 「阿用子」〈平平平〉［久 1/13b/05］㊐全清平去全清上㊅平平平 / 去平平
2. 「耆婆」〈上濁上濁〉［久 1/15b/04］㊐全濁平全濁平㊅去去
3. 「術婆迦」〈○上濁上〉［久 5/23b/03］㊐○全濁全清平平㊅○去去
4. 「安婆利女」〈平上濁上○〉［久 1/06b/10］㊐全清平全濁平去○㊅平去平
　　○ / 去去平○
5. 「優闍大王」〈○上濁○○〉［久 1/14a/09］㊐○全濁平○○ / ○去○○㊅
　　○不○○
6. 「月光王」〈入濁○○〉［久 1/14a/08］㊐次濁入濁○○㊅入○○

1〜3 は、声点・仮名音注から呉音に基づくと考えてよいだろう。4 は第 1・2
字については呉音声調の反映と推測することもできなくはないが、今は措く。
5〜6 は不明である。これらの印度の人名は、仏典を経由して日本に伝来した
のであるから、基本的に呉音に基づくと考えられる。

2.2.3.7　固有名詞　人名：日本

　以下では、僧名とそれ以外を分けて論じる。まず、僧名として掲げるのは、
13（13）語である。このうち 2 字以上に差声されているもの 7（7）語をまず
掲げる。

1. 「永胤法師」〈平去○○〉［久 3/54a/06］㊐全濁上去○○㊅平不○○
2. 「行基菩薩」〈平濁平濁○○〉［久 1/13b/01］㊐全濁平全清平○○㊅去平○○
3. 「行基」〈○平濁〉［久 7/74b/02］㊐○全清平㊅○平

4. 「兼算《ケンサン》」〈平去濁〉［久 7/74b/06］[漢]全清平去[呉]去不

5. 「僧賀」〈去平濁〉［久 7/74b/10］[漢]全清平去[呉]去不

6. 「増碁《ソウキ》法師」〈去濁平濁〇〇〉［久 1/20b/05］[漢]全清平全濁平〇〇[呉]去去〇〇

7. 「道鏡」〈去濁平〉［久 5/25a/07］[漢]全濁上去[呉]平平

〈1 字のみ部分差声　6（6 語）〉「真済《セイ》」〈〇去濁〉［久 2/36b/05］[漢]〇去[呉]〇平 / 〇去、「僧都覺雅《カクカ》」〈〇〇〇平濁〉［久 5/31b/06］[漢]〇〇〇次濁上[呉]〇〇〇平 / 〇〇〇去、「増祐《ソウイウ》」〈去濁〇〉［久 7/74b/09］[漢]全清平〇[呉]去〇、「沙弥寂然」〈〇〇入濁〇〉［久 5/32a/01］[漢]〇〇全濁入〇、「道綽《シヤク》禅師」〈〇入〇〇〉［久 7/74a/04］[漢]〇全清入〇〇、「法眼実快《シツクワイ》」〈〇〇入濁〇〉［久 3/55a/05］[漢]〇〇全濁入〇[呉]〇〇入〇

まず 2.「行基菩薩」、3.「行基」、4.「兼算《ケンサン》」など、声点だけに着目すれば漢音を反映すると考えられるものが目に付く。2.3. は濁声点から呉音に基づく仮名音形ギャウギが推定されるが、声点とは字音系統が一致しない。また、1.「永胤《エイイン》法師」の第 1 字の仮名音注は漢音だが声点は呉音、6.「増碁《ソウキ》法師」の第 1 字は濁声点によって濁音であることが示されるので呉音、第 2 字は仮名音注も声点も漢音などと解釈され、一筋縄には行かない。5.「僧賀」は第 1 字が呉音資料に一致、第 2 字は呉音資料に例がない。7 の声点は字音系統からは説明がつかない。

1 字のみ部分差声のうち、「真済《セイ》」〈〇去濁〉は［01 古今］にも〈平去〉あるいは〈平上〉と解釈される例があり、本資料の声点と矛盾がない。

次に、僧名以外の人名、8（8）語を掲げる。

1. 「義孝《キケウ》少将」〈上濁平〇〇〉［久 7/74b/10］[漢]去去〇〇[呉]平平〇〇 / 去平〇〇

2. 「後江相公《コカウシヤウコウ》」〈平濁平濁去□（虫損平位置)〉［久 1/15a/01］[漢]去全清平去〇[呉]平平平 / 平平去□

3. 「上東門院」〈去上平平〉［久 1/14b/04］[漢]去全清平次濁平去[呉]平去去不 / 去去去平

4. 「神祇（ノ伯顕仲ノ女）」〈去濁平濁〉［久3/65b/01］㊂全濁平全濁平㊁去去

5. 「（左衛門ノ）府生（時原佐通）」〈上上〉［久7/74b/07］㊂全清上全清平㊁不去

   〈1字のみ部分差声3（3）語〉「江中納言」〈平濁○○○〉［久1/15a/02］㊂全清平○○○㊁平○○○、「儀同三司」○○○去濁［久6/42a/06］㊂○○○全清平㊁○○○不、「藤原定家」〈○○○上〉［久5/19a/08］㊂○○○全清平㊁○○○去

1.「義孝少将」の仮名音注は漢音に、声点は呉音に基づく。仮名音注に従い声点も漢音に基づくと考えるのであれば、《去・去》＞《去平》＞《上平》といった中低形回避とみなすこともできる。2.「後江相公」は語構成として「後」（仮名音注・声点とも呉音）で切れる。「江相-」も仮名音注・声点とも呉音だが、「-公」の仮名音注は漢音。4.「上東門院」は「門」のみ漢音、他は呉音に一致する。5.「神祇」は第1字のみ仮名音注・声点とも呉音に一致するが、第2字は説明がつかない。6.「府生」は仮名音注のみ呉音、声点は字音系統が不明。ただし、［01古今］に〈上上〉とあり、本資料と矛盾しない。

　このほか1字のみ部分差声も、字音系統が判然としない。

　以上、日本の人名については、中国・印度のそれに比べて、字音系統との関係が明確ではない。仮名音注と声点の字音系統が一致しないという例も多数見られる。このことは、日本の人名は、字音系統の伝承から離れて発音されたことを意味しよう。

2.2.3.8　固有名詞　地名

　地名は13（13）語であった。これらのうち、以下の9（9）語が漢音に基づいていると考えられる。

1. 「渭濱」〈上平〉［久1/09a/03］㊂去全清平㊁不不
2. 「合浦（珠）」〈入上〉［久1/07b/02］㊂全濁入次清上㊁入不
3. 「鬼界（嶋）」〈上平〉［久1/01a/10］㊂全清上去㊁平平

4.「金谷蘭」（キンコクエン）〈平入平〉[久3/54a/03]（漢）全清平全清入全濁平（呉）去入去

5.「花陽洞」（クワヤウトウ）〈平平去〉[久3/54b/09]（漢）全清平全濁平去（呉）去不不

6.「崑岳（ノ珠）」（コンガク）〈平入（新濁）〉[久1/07b/02]（漢）全清平次濁入○（呉）不入

7.「蜀江」（ショクカウ）〈入平〉[久3/54b/03]（漢）全濁入全清平（呉）入平

8.「上林苑」（エン）〈去平○〉[久3/58a/01]（漢）去全清平○（呉）平去○／去去○

9.「孟宗」（マウソウ）〈去平〉[光1/17a/01]（漢）去全清平（呉）不去

1.「渭濱」（イヒン）〈上平〉の第1字は、韻書去声・仮名音形1拍であるため高平調で実現し、〈上〉が差されたものと考えられる。2.「合浦（珠）」（カツ ホ ノタマ）〈入上〉の第1字は唇内入声字が促音化した姿、第2字は仮名音注・声点とも漢音に一致する。3.「鬼界（嶋）」（キ カイ カシマ）は、久遠寺本では「鬼鹿（嶋）」と表記されるが、ここでは「鬼界（嶋）」に訂して分析した。この語に対する〈上平〉の差声は、仮名音注を重く見て漢音声調に基づくものであるとすれば、《上・去》＞《上平》という中低形回避が疑われる。その他は、仮名音注・声点とも漢音に一致する。

　次の3（4）語のうち、1，2，4は呉音に基づくと考えられる。これらが持つ「-山」は、仮名音注から音形がザンであることは明らかであり、また他資料にも〈上〉が差声される）[09平家]熱田本に「医王山」〈○○上〉[03/28a/03]、「清涼山」〈○○上濁〉[04/20a/09]、「叡山」〈○上濁〉[06/17b/02]、「東山」〈○上濁〉[灌/31a/09]）。山の名前を「-山」と読むことは日常的にあり得たことであり、その中に漢音が伝承されているのであろう。3.「大庾嶺」は仮名音注は漢音に一致するが、声点の字音系統は不明である。

1.「商山」（シャウサン）〈○上濁（新濁）〉[久1/09a/03]（漢）○全清平（呉）○去

2.「商山」（シャウサン）〈平上濁〉[光1/14b/03]（漢）全清平全清平（呉）去去

3.「大庾嶺」（タイユウレイ）〈去平平〉[久3/54a/03]（漢）去全濁上次濁上（呉）平不不

4.「綿上山」（メムシャウ）〈○去濁上濁〉[久6/40b/04]（漢）○去全清平（呉）○平去／○去去

2.2.3.9　その他の固有名詞

1.「焔魔王宮」（エンマワウキウ）〈平上上上濁〉[久7/71b/05]（漢）去次濁平全濁平全清平（呉）平

去去去

2. 「史記」〈上平〉［久 1/14a/06］㊊全清上去㊁不平

3. 「承香殿（ノ女御）」〈平平去〉［久 5/26a/08］㊊全濁平全清平去㊁去去平

4. 「綾綺殿」〈平上平濁〉［久 6/45b/08］㊊次濁平次清上去㊁不平平

〈1字のみ部分差声　5（5）語〉「贈太政大臣」〈去濁〇〇〇〇〉［久 5/25b/05］㊊去〇〇〇〇㊁不〇〇〇〇、「続往生伝」入濁〇〇〇［久 7/74a/07］㊊全濁入〇〇〇㊁入〇〇〇、「仲文章」〈〇平濁〇〉［久 1/15a/08］㊊〇次濁平〇㊁〇去〇、「弼（ノ宰相）」入［久 1/12b/03］㊊全濁入㊁入、「不空羂索経」〈〇〇〇入濁〇〉［久 7/74a/03］㊊〇〇〇全清入〇㊁〇〇〇入〇

　1.「焰魔王宮」は呉音声調を反映すると考えられる。2.「史記」〈上平〉は声点と仮名音注からは字音系統が特定できない。もし漢音声調に基づくものであるとすれば、《上・去》＞《上平》という中低形の回避が疑われる。3.「承香殿（ノ女御）」は漢音に基づく。4.「綾綺殿」は第1字・第2字は漢音に基づくと考えられるが、第3字は韻書に一致しない。［05色前］に、〈平上濁〇〉リョウキテン［1/072b/4］、［01古今］に〈平上去濁〉とある。［01古今］の差声では、高さの山が2箇所に分かれてしまっているため、「綾綺」と「殿」とは一語として複合しておらず、ただの連接としたい。「承香－」に続く場合の「殿」は漢音、「綾綺－」に続く場合は呉音といった使い分けがあるとは考えにくいので、「綾綺殿」〈平上平濁〉は一語化する際の中低形の回避が行われたと考えたい。

　その他、1字を対象とした部分差声例には、職名、書名が5（5）語があった。

2.2.3.10　詩や仏典からの引用

1. 「寛仁」〈平平濁〉［久 6/41b/10］㊊次清平次濁平㊁不去

2. 「三章」〈上平〉［久 6/41b/10］㊊全清平全清平㊁去去

3. 「秋茶」〈平平〉［久 6/41b/09］㊊次清平全濁平㊁去去

4. 「繁文」〈平平濁〉［久 6/41b/09］㊊全濁平次濁平㊁不去

5. 「但欲是随」〈去入平濁去濁〉［久 5/23b/10］㊈去全濁入全濁上全濁平㊉
   去入平平／去入平去
6. 「笙歌」〈上上濁〉［久 7/66b/02］㊈全清平全清平㊉不去
   セイ カ
7. 「聖衆」〈上上濁〉［久 7/66b/02］㊈去去㊉平平／去平
   〈1字のみ部分差声　2（2）語〉「京洛」〈○入〉［久 1/09b/05］㊈○次
   ケイラク
   濁入㊉○入、「一宅」〈○入〉［久 1/12b/07］㊈○全濁入㊉○入があった。
   タク

　1〜4の声点は、本文では「秦皇帝惨虐　繁文芥於秋荼之霜　漢高祖寛仁
三章垂於春竹之露」の漢詩部分に差されている。『新大系』によれば、本朝文
粋九の冒頭部分より引用されているという。「三章」を除く3語は漢音声調に
基づき、なかでも「繁文」「寛仁」は仮名音形からも漢音と分かる。「三章」〈上
　　　　　　ハムフム　シム
平〉は数詞としての「三」のみが呉音去声から変化した上声であり、「章」漢
音平声と結びついたか。5は、本文では「女ハ不嫌貴賎（改行）但欲是随ト云
ハ是ナリ」とある。『新大系』によれば、大智度論十四によるという＊45。声点
は呉音声調に一致する。濁声点から推定される呉音に基づく音形は「タンヨク
ゼズイ」であろう。仏典からの引用として読む場合には、呉音であったと考え
られる。
　6〜7の声点は、本文では「茅屋无人扶病起　香炉有火向西眠　笙歌遥聞孤
雲上　聖衆来迎落日前」の漢詩部分に差されている。『新大系』によれば、新
撰朗詠集・下・僧に慶滋保胤の句として載るという。両語に差された声点は漢
音とも呉音とも推定しがたい。「笙歌」〈上上濁〉はその仮名音形から漢音とみ
　　　　　　　　セイカ
なすことができるが、声点は漢音に一致しない。「聖衆」〈上上濁〉は日葡辞書
等によれば呉音シャウジュの音形が期待されるが、声点は呉音に一致しない。
　以上、6〜7を除き、漢詩の体裁を取る部分では漢音に基づき、仏典から引
用する部分では呉音に基づいていることが分かる。

2.2.3.11　その他の名詞
　次の9（10）語は漢音声調に基づくと認めたものである。

＊45　大智度論十四、漁夫術婆迦説話の末尾に「以是証故知、女人之心不択貴賎唯欲是従」
　　とある。

1. 「花月」〈平入〉（虫損月二点目位置）[久 1/15a/01] ㊀全清平次濁入㊁去入
2. 「花麗」〈平上〉[久 1/16a/10] ㊀全清平去㊁去不
3. 「験」〈去濁〉[久 5/21b/01] ㊀去㊁平
4. 「馬下（ノ児）」〈上濁平〉[久 5/23b/01] [久 5/23b/10] ㊀次濁上去㊁平平
5. 「輔相」〈上平〉[久 1/21a/04] ㊀全濁上去㊁不平／不去

〈1字のみ部分差声　4（4）語〉「延齢」〈○平〉[久 1/18b/03] ㊀○次
濁平㊁○平、「金人」〈○平濁〉[久 1/05a/05] ㊀○次濁平㊁○去、「盗人」
〈○平濁（新濁）〉[久 1/05a/10] ㊀○次濁平㊁○去、「朝覲」〈平○〉[久
5/28b/04] ㊀全濁平○㊁不○

いずれも声点のみならず、仮名音注や清濁も漢音に基づくと考えて矛盾がない。
1.「花麗」〈平上〉の第2字は韻書去声・仮名音形2拍だが、語中環境のため
に高平調化したか。[01 古今] に〈平去〉がある。4.「馬下（ノ児）」〈上濁平〉
の第2字は韻書去声で本資料と一致しない。仮名音注を重んじて漢音声調に基
づくものと考えれば、《上・去》＞《上平》という中低形の回避が疑われる。
5.「輔相」〈上平〉の第2字も同様に考えたい。1字のみ部分差声も漢音に基づ
くと考えられる。「朝覲」は [05 色前] に〈平去〉テウキン [2/22a/04] とある。
　　次の 11（11）語は呉音声調を反映すると考えられるものである。

1. 「斎宮」〈平上〉[久 5/26a/03] ㊀全清平全清平㊁不去
2. 「相伝」〈平平濁〉[久 1/15a/02] ㊀去全濁平㊁平平／平去／去平／去去
3. 「従者」〈去濁平濁〉[久 1/04a/08] ㊀去全清平㊁去平／去去
4. 「猩丶」〈去○〉[久 5/30a/08] ㊀全清平○㊁不○
5. 「詔書」〈平濁上〉[久 1/05a/03] ㊀去全清平㊁平去
6. 「天平」〈去上濁〉[久 1/05a/01] ㊀次清平全濁平㊁去去
7. 「同姓」〈去濁平〉[久 1/12b/07] ㊀全濁平去㊁去平
8. 「白波」〈入上濁〉[久 5/20a/05] ㊀全濁入全清平㊁入平／入去
9. 「和儀」〈上平濁〉[久 3/60b/05] ㊀全濁平次濁平㊁去平／去去

〈1字のみ部分差声　2（2）語〉「験者」〈平濁○〉[久 7/73a/03] ㊀去○

㋺平○、「前世」○平濁〉［久 1/12b/08］㋩○去㋺○平

2.「相伝」は［05 色前］に〈平平〉サムテン［2/52a/02］とあり本資料と一致
する。4.「猩ゝ」は［05 色前］に「象常」〈去上〉 シヤウシヤウ〈平平上上
上上〉［2/70a/04］とある。両資料の仮名音形も呉音に基づくことを示す。
5.「詔書」〈平濁上〉の第 2 字は、《去》だったものが高平調に実現し、〈上〉
が差されたものと考える。［09 平家］には漢音に基づくと考えられる〈去濁平〉
［下 054/07］も存するが、本資料では呉音に基づく。8.「白波」入上濁〉は［05
色前］に〈入平濁〉ハクハ［1/33a/01］、［09 平家］に入上〉［上 311/03］があ
り、どちらも呉音に基づくと考えられるが、本資料は後者に一致する。9.「和
儀」〈上平濁〉は、［05 色前］に〈去上濁〉ワキ［1/90a/05］とあり、これも
どちらも呉音に基づくと考えられるが、本資料は〈上平濁〉の形を取る。

　次の 6（6）語は字音系統が不明のものである。

1.「(馬下) 児」〈上濁〉［久 5/23b/01］［5/23b/10］㋩次濁平㋺去
2.「霊蛇」〈平上濁〉［久 1/15a/09］㋩次濁平全濁平㋺去去
3.「陰陽師」〈上上○〉［久 7/73a/04］㋩全清平全濁平㋺平不○
　　〈1 字のみ部分差声　3（3）語〉「金翅鳥」〈○上濁○〉［久 1/08b/09］㋩
　　○去○㋺○不○、「却 老」〈入○〉［久 1/18b/03］㋩全清入○㋺入○、
　　「枯木」〈○入濁〉［久 7/67a/11］㋩○次濁入㋺○入

1.「児」は仮名音注と濁音表示からは漢音に一致するが、声点はそうではない。
2.「霊蛇」〈平上濁〉は仮名音注によれば第 1 字は漢音、濁音表示によれば第 2
字は呉音であり、声点もそれぞれの字音系統に一致している。漢音と呉音の混
淆した形と見るべきか。3.「陰陽師」の第 2 字は呉音資料に典拠を見つけるこ
とができず、字音系統を特定することはできない。

2.2.3.12　まとめと展望
　以上、語の由来や性格によってどのような伝統的な字音系統が反映されてい
るのかを分析した。その結果の概略に若干の解釈を加えたものを以下に掲げる。

1. 固有名詞
   (a)「人名」
      i．(中国) 28（29）語中、13（13）語が漢音声調に基づく。
      ii．(印度) 6（6）語中、3（3）語が呉音声調に基づく。
      iii．(日本) 字音系統が不明のものが多い。
   (b)「地名」は中国の地名がほとんどで、その 13（13）語中、9（9）語
      が漢音声調に基づく。まれに呉音声調に基づくものもある。
   (c)「その他の固有名詞」は仏典に由来を持つものは呉音声調、漢籍に由
      来を持つものは漢音声調、日本の建築物の名は漢音声調に基づく。
2.「詩や仏典からの引用」は漢詩の引用部分では漢音声調、仏典からの引用
   と思われる部分は呉音声調に基づく。
3.「その他の名詞」は政治関係の語に呉音声調、漢文的な用語に漢音声調が
   目立つ。日常的な用語には呉音声調と漢音声調の両方が見られる。

「人名」は中国、印度に由来を持つものはそれぞれ漢籍類、仏典類を経由して
日本語に入ってきているために、資料ごとの読みが人名に受け継がれているの
であろう。「地名」「その他の固有名詞」「詩や仏典からの引用」も同様である。
このことはたとえば柏谷嘉弘 1987, p.865 において、本朝文粋の漢語について
「漢籍出自の漢語は漢音読み、佛典出自の漢語は呉音読みの原則」と述べられ
ることと軌を一にしており、大部分においては他資料の分析結果を追認したも
のと言える。一方で本資料において特徴的だったのは、中国の人名において漢
音声調に基づいているように見えながら部分的には漢音声調に従わない、伝承
の弛緩とでも解釈されるような例を含んでいたこと、日本の人名では仮名音形
と声調の字音系統が一致しない例や人名の構造の複雑さから異なる字音系統を
交える例が散見されることなどが挙げられる。
　声調に関わることでは、字音系統に関わらず、1 拍去声がほとんど存在しな
い特徴を持つことが挙げられる（表 2.38）。これは従来指摘されるように、呉
音声調に基づく語であれば《去・去》のように伝統的読誦音の中で早くに生じ
ていた連音上の変化（奥村三雄 1957）の上に、鎌倉時代以後に日本語アクセ
ント体系において去声拍が衰退したこと（金田一春彦 1964, p.343）をも反映

していよう。すなわち本来の去声1拍字は高平調（拍ならばH）に変化し、2拍字のみがその上昇調（拍ならばLH）を保存していると考えられる。とりわけ漢音音調に基づくと見られる語のうち、韻書の去声字は中低形の回避のため、《去・去》または《上・去》の後項として現れるとき《平》（拍ならばLあるいはLL）として実現したと解釈できる例が存することも見てきた。今一度これらの例を挙げれば、「義孝少将」〈上濁平〇〇〉（＜《去・去》）、「史記^{シ キ}」〈上平〉（＜《上・去》）、「綾綺殿^{レウキ}」〈平上平濁〉（＜《平・上・去》）、「鬼界^{キカイ}（嶋^{カシマ}）」〈上平〉（＜《上・去》）の4例が該当する。前項で指摘した《去・去》＞《去平》あるいは《平上》で揺れ動くパタンは、本資料では十分に観察することはできなかった。

声点	拍数	語頭	非語頭
上	1	12 (15)	23 (25)
	2	4 (4)	12 (16)
去	1	0 (0)	1 (1)
	2	21 (24)	9 (11)

表2.38：〈上〉・〈去〉の拍数・環境別分布

　こうした変化は、本資料の漢語における音調に中低形が一例も現れないことの説明となろう。2.2.1および2.2.2で報告した和化漢文訓読資料『尾張国郡司百姓等解文』と、和漢混淆文たる本資料に共通する上のような特徴は、漢籍や仏典などの原音指向性の高い文献とは異なる資料に現れたものである。本項での分析では、語の由来や性格に依存して伝統的な声調が継承されつつ、その一方で学習の弛緩やなじみ度の低さなどによって生ずる臨時的で散発的な声調が、時代や資料ごとに生み出されることを見てきた。また伝統的な声調が継承されない差声であっても、位相を近くする異なる資料で同じ差声を見ることができた。

2.2.4　延慶本『平家物語』における漢語の声点

2.2.4.1　はじめに

　2.2.1および2.2.2まで正格漢文に基づく漢文訓読資料、和化漢文訓読資料に

ついて、また 2.2.3 にて和漢混交文の漢語声点の特徴を見てきた。

ところで和化漢文訓読資料における文体が記録体などの文体を経て、和漢混淆文を形成してゆくことは、日本語史におけるよく知られた文体の変遷である。『平家物語』は和漢混淆文の代表例として掲げられるが、諸本によって異なることもまた知られるところであり、「和漢混淆文」の項目（佐藤武義・前田富祺編 2014）によれば「『屋代本平家物語』『延慶本平家物語』などは『今昔物語集』風の宣命体表記を一部に残す漢字片仮名文である」とする。文体的な異なりが、言語使用における位相の問題とどのように関連付けられるかについて、序章Ⅱ.(b)にその概略を述べたが、ひとつひとつの文献がどのような位相に位置づけられるかは個別的な問題に帰する面もあろう。ここで取り扱う延慶本『平家物語』における声点については、すでに高松政雄 1971 による研究報告がある。そのなかで本資料を「本書は、辞書ならぬ、具体的な言語作品」としたうえで、「規範的なものと、通行のものとの或幅を示すかも知れない」とされたのも、そのような意図があってのことであろう。

さて、高松論文における研究報告では、漢語に差声された 372 例を提示した上で、主に韻書との比較に基づき清濁とアクセントについて部分的な言及がなされている。和語に差声された 38 例も提示されており、漢語への差声と合わせて本資料の概略的な差声状況を知ることができる。ただ、この調査は古典研究会による 1964 年の複製本に基づいており、現在ではこれよりも精密な大東急記念文庫 1982 の複製本によることで、より正確な調査を行うことができる状況にある。また北原保雄・小川栄一編 1990・北原保雄・小川栄一編 1990 の翻字・索引や、汲古書院から栃木孝惟・谷口耕一 2000 ほかの校訂本も刊行され、声点や被差声語の同定もしやすくなった。

本項の主な目的は、新しい複製本と諸先行研究に基づき資料の再整理を行いつつ、漢語および和語の声点を解釈し時代的な位置づけを行うことにある。特に漢語は高松論文では韻書とのみ比較されていたが、呉音資料とも可能な限り比較した上で、漢音系字音の漢語と呉音系字音の漢語を分類し、それぞれの特徴を探る。高松論文で解釈までは言及されていない和語についても、他のアクセント史資料と比較し解釈することで、時代的な特徴を明らかにしたい。

本資料は高松論文で触れられるように、「辞書ならぬ、具体的な言語作品」

であり、漢語声調・アクセント研究の観点からすれば「規範的なものと、通行のものとの或幅を示す」ことが推測される。すなわち、原音に規範的な声調が、和語のアクセント体系に融和する一断面が観察され得る[46]ことが期待される。たとえばその一端として、本資料では《入》と《平》を取り違えたものが3例見える[47]。本項では、こうした例のほか、高松論文で「同一字で四声の異なるものがまだ見えるが、漢呉音だけでは解決がつきそうにもない。熟語となると、それぞれの字が元のアクセントを代えることもあり、また、所謂その語の話線的関係によつても、韻書の四声を固守しないことがある」と言及される実態を観察し、漢呉音の混読や、中低形の回避などの観点から分析を行う。

2.2.4.2　資料と分析方法について

　大東急記念文庫蔵の延慶本『平家物語』は第1（本・末）、第2（本・中・末）、第3（本・末）、第4、第5（本・末）、第6（本・末）の全6巻12帖からなる。伊地知鉄男 1965 ほかによれば、本資料は巻末奥書によって2段階の書写過程を経ていることが知られる[48]。これらによれば根来寺の僧栄厳によって延慶2-3（1308-1309）年に第1段階の書写がなされ、応永26-27（1419-1420）年に第2段階としてそれをさらに多聞丸、有重、融憲、有淳らの僧が書写したものであることが分かる。2段階の書写を経ているが、北原保雄・小川栄一 1995 によれば、第2中の奥書[49]により「応永年間の書写においては、手が加えら

---

* 46　小倉肇 1983 によれば「時代・社会階層等によって、『正音』レベルのもの、『和音』レベルのものがあったとしても、一向に差し支えないであろう」とする。佐々木勇 2003 では、社会階層・学習の度合い・場面といった使い分けによって、原音の規範のゆるみを段階的にとらえる枠組みが提示されている。

* 47　牛車キッー〈入濁平〉（1本 023b-01）、周勃ーホツ〈○平濁（星点）〉（2中 017b-06）、怯猿〈平平〉（6本 020b-03）の3例。

* 48　延慶の書写奥書は第3本・第5本・第6本にあり、応永の書写奥書は第2中・第2末・第3本・第3末・第6本のそれぞれ帖末にある。参考に第3本帖末の両書写奥書を記す。「本云　于時延慶二年己酉七月廿五日　於紀州那賀郡　根来寺石曳院之内禅定院之住坊　書写之　穴賢　不可有外見披覧之義而已　執筆栄厳 生年三十」「応永廿七年八月廿一日　於妙楽院書写之　権律師融憲」

* 49　「応永廿七年庚子五月十三日　写本事外往復之言文字之謬多之　雖然不及添削大概写之了」

れることは、あまりなかったものと推定され」(p.3) ている。

　したがって、ひとまず本資料の本文は概ね延慶年間の書写を伝えるものと考えられる。ただし本資料の声点については高松論文において、①本文と同筆のものと異筆のものが混ざっていること②本文書写が複数の手によっていることから、声点の資料的均一性について「純度にやや欠陥があると云わねばならない」と述べられている[50]。資料的均一性が保証されにくい場合は、資料内の記述された言語や記号類を同時代における他資料と比較するか、あるいは読み取れた声調変化のパターンが先行研究と整合的に解釈できるか、といった方法に頼るほかない。しかし本資料に多く含まれる、高松論文が触れるような「漢呉音だけでは解決がつきそうにもな」く、かつ他資料に漢語声調の記述を見つけにくいものは、それだけでは分析が困難である。

　そこで本項では、漢語への声点だけではなく、和語への声点も分析の対象とし、和語アクセント研究の成果を用いて、資料の時代的定位を行う。その上で漢語への声点を分析したい。

2.2.4.3　和語声点の分析

　和語への差声例は全43例ある。品詞別の内訳は、名詞6例、動詞14例、形容詞3例、副詞1例、助詞11例、固有名詞他5例、不明2例であった。うち34例が双点によって濁音であることが示され、4例が単点によって清音であることが示されている（2例が清濁に無関係、1例が不明）。よって、少なくとも和語に関してはアクセントそのものよりも清濁を示すことによって語義を特定することに注意が向けられていることが分かる。

　以下、自立語25例に限定して、和語への差声についてアクセントと清濁の観点から検討する[51]。

---

[50]　このほか本資料の声点には墨筆圏点（二筆）と星点が認められる。高松論文で述べられるように、星点は後筆のものと考えられる。星点は、漢字表記の漢語（漢字）には5例、和語には3例存した。このほか本項では分析の対象としていないが、仮名表記漢語や漢語の振り仮名に対する声点には星点のものが多く含まれている。

■名詞

1. 「カタツ（固唾）」〈○○上濁〉[4 本 037a-03]
2. 「マナ（真魚）」〈上上〉[2n003a-03]
3. 「湯津ノ爪櫛（湯津爪櫛）」〈○平濁○○○〉[6 本 047b-08]
4. 「ユマキ（湯巻き）」〈平上上〉[3 本 018b-08]
5. 「ホタシ（絆し）」〈上上濁○〉[5 末 051a-03]
6. 「ツシ（つし）」〈上平〉[1 末 060a-09]

　「カタツ（固唾）」は『ア資』で近松 . に HHL、京ア . で HHL と LLH。語構成から考えると前部「かた（し）」は 1 類形容詞終止形の語幹で HH(F)、「つ（ばき）」は『ア資』和名 . ほかに L（LL）、名義 . に L（LX）、名義 . に H（LL）とあり、高起式と低起式の両様あったと考えられる。したがって〈固唾〉は HHL のほかに HHH もあった可能性もある。

　「マナ（真魚）」は『ア資』名義 . に HH とあり、本資料と合う。「湯津ノ爪櫛（湯津爪櫛）」（ゆつのつまぐし・ゆづのつまぐし）は『ア資』袖中 . に LLLHHHL、巫私 . に LLXHHHL・LLXHHHH とあり、本資料と合う。清濁については、古くは清音、巫私 .（応永 35 年 1428）で「ゆづのつまぐし」と濁音であるが、どこまでさかのぼるかは不明である。

　「ユマキ（湯巻き）」は語構成から考えて、「湯」は『ア資』和名 . ほかで L。「巻く」は四段動詞第 1 類であるが、秋永一枝 1980 によればこの転成名詞は HH で現れるとされる。これらが複合語となった場合の、体系変化前のアクセントは LHH であったと考えられ、本資料と合う。体系変化後のアクセントは『ア資』平節 . 京アに HLL とある。

　「ホタシ（絆し）」は「絆す」（3 拍動詞第 1 類）の転成名詞である。秋永一枝 1980, p.94 の動詞・転成名詞のアクセント対応表によれば、HHH とある。「ツ

＊51　説明中の略称は次の通り。『ア資』…『日本語アクセント史総合資料』（文献の略称もそのまま用いた）、『日国』…『日本国語大辞典』。また用例を掲げる際は「　」内に『延慶本平家物語』での表記、〈　〉に解釈、差声のない拍は○で示した。出現箇所は（　）内に示し、巻（本、末、中。巻 4 は 1 帖のみだが便宜的に本とした）、丁、オモテウラ（それぞれ ab）、行数を記した。

シ（つし）」*52 は他資料でのアクセント記載が見つからないので不明。

■動詞　終止形2拍・連体形3拍の語

第1類動詞

1.「アケ（上げ）」〈上平濁〉[3末090b-02]
2.「ワヒテ（詫び（で））」〈上上濁平濁〉[6末029a-06]

「アケ（上げ）」は終止形「上ぐ」で『ア資』法華.和名.ほかにHL。連用形一般形*53でHLとなる。

「ワヒテ（詫び（で））」は終止形「侘ぶ」で『ア資』名義.古今.でHL。未然形一般形でHHとなる。

第2類動詞

1.「アヒタリケレハ（浴び（たりければ））」〈○去濁○○○○〉[3末046a-03]
2.「イテテ（出で（で））」〈平上濁平濁〉[3末006b-06]
3.「ハケテ（化け（て））」〈平濁上上〉[1末050b-07]
4.「タヘケル食べ（ける））」〈○平濁○○〉[3本005a-06]
5.「ワケリ（分け（り））」〈上上平〉[3末090b-03]

「アヒタリケレハ（浴び（たりければ））」は終止形「浴ぶ（浴む）」で『ア資』名義.ほかにLF。連用形一般形でLF。本資料の声点体系は四声体系であるため、声点としては〈平上〉で現れると考えられるが、ここでは〈浴び…〉○去濁である。声点が音調標示機能を失った後代の書き入れか。〈出で（で））〉は終止形「出づ」で『ア資』名義.ほかにLF。未然形一般形でLH。〈化け…〉は終止形「化く」で『ア資』色葉.ほかにLF、連用形一般形でLF。

「タヘケル）食べ（ける））」の「食ぶ」は「賜ぶ」からの派生であるから、終止形「賜ぶ」で『ア資』神紀.ほかにLFとあり、連用形一般でLF。〈分け…〉

---

*52　本文では「民ノ家ニハツシト云所アリ」とあり、『小学館古語大辞典』では「天井裏、屋根裏に、囲いをして作った物置場」とある。

*53　用言活用形の分類は秋永一枝1991にしたがう。

は終止形「分く」で『ア資』古今．ほかに LF、已然形で LF＊54。この〈分け（り）〉上上（平）のみ推定アクセントに合わず不審である。

■動詞　終止形3拍・連体形3拍の語

第1類動詞

- 「アフレ（溢れ）」〈○上○〉［2本044b-04］

「アフレ（溢れ）」は『日国』によれば平安頃まで「アブル」と濁音であったかとされる。ここでは清音であることを示したか。終止形「あぶる」で『ア資』名義．図書寮本で HHL。「あふる」でも漢籍．で HHL＊55。連用形一般形で HHL。

第2類動詞

1. 「シケル（茂る）」〈○平濁○〉［5本081a-03］
2. 「スタク（集だく）（キリギリス）」〈○平濁○［5本074a-01］
3. 「タトリ付ニケリ（辿り（付きにけり））」〈○平濁○○○○○〉［2本053b-02］

「シケル（茂る）」の体系変化前のアクセントは不明だが、形容詞「茂し」の「しげ-」と同根であれば、『ア資』名義．ほかの「茂し」LLF により、第2類動詞終止形「茂る」LLF と推定される。〈集だく〉は『ア資』顕後．に LLF。連体形 LLH。〈辿り…〉は終止形「辿る」で『ア資』古今．に LLF。連用形一般形で LLF。

＊54　秋永一枝 1991 では終止形二拍・連体形三拍の動詞のうち、已然形は確例がないとしている。ここでは推定アクセント一覧（p.74）に基づいた。
同書 p.218 によれば完了の「り」は直前の拍が下降拍である場合「高くつきにくく、低まって接続することになる」とされ、〈分け（り）〉のアクセント型は LFL と推定される。
＊55　ここでの『ア資』漢籍．は、小林芳規 1967，p.581 に記載される夏本紀鎌倉初期点の例であるが、「上上平」となっている。同書にて夏本紀鎌倉初期点の例には、例えば p.571 に「潟」「上平濁」とあり、濁音表示もある。延慶本『平家物語』での清音表示を積極的に裏付けはしないが、当該期は清音だった可能性はある。

第2章　原音声調の継承と変容　233

■動詞　終止形3拍・連体形4拍の語

第1類動詞

- 「オホレ（溺れ）」〈去去濁○〉[5h079b-01]

「オホレ（溺れ）」は終止形「溺る」で『ア資』大般．ほかでHHL。連用形一般形でHHL。去去濁であらわれるのは上声点を誤って移したか。

■その他

1. 「タマキラセ（魂消らせ）」〈○○上濁○○〉[2中087a-04]
2. 「トトメキケリ（轟めき…）」〈平濁平濁○○○○〉[3本044a-01]

「タマキラセ（魂消らせ）」の終止形「魂消る」は『ア資』にアクセントの記載がない。『日国』によれば「消る」はキエル＞ケルという変化を経たとされる。「消ゆ」『ア資』名義．ほかのHLから考えて、「消ら（せ）」は未然形特殊形であるからHH(L)で本資料と合う。ただし複合を考えるとうまく合わない。「たま」は『ア資』和名．ほかにLL。「魂」は「玉」と同語源として取り扱って良いだろう。「魂消る」終止形のアクセントは終止形・連体形4拍の第2類動詞相当のLLHLと推測される。ところが第2類動詞相当の未然形特殊形はLLLLとされており、本資料と合わない。

「トトメキケリ（轟めき…）」は終止形「轟めく」が『ア資』名義．にHHHLとあり、連用形一般形ではHHHLと推定され、本資料の声点と合わない。同根の「と（ど）ど-」を持つ「轟かす」と派生関係であれば、『ア資』乾私．ほかのHHHHLとはべつに、神紀．ほかにLLLHLもあり、終止形「轟めく」LLHLも存していたか[*56]。したがって〈轟めき…〉の平濁平濁…も当該期のアクセントを示している可能性はある。

■形容詞・副詞

1. 「アトナカリケル（幼かり（ける））」〈平平濁○○○○〉[5本006b-10]

[*56]　秋永一枝1991によれば古今集声点本では「とどろ（に）」にも両様（稿者注：HHHとLHH）のアクセントが見られ、「『轟く・轟かす』にも当然高起式と低起式の両様が存在したことが考えられ」(p.107)るとする。

2. 「山　堆（ウツタカクシテ）」〈○○上○○○○〉［2 末 024b-10］

3. 「ヲトロヲトロシク」〈○平濁○○○○○○〉［2 本 018b-10］

4. 「アサアサ（鮮鮮）」〈○平濁○○○〉［1 末 095a-03］

「アトナカリケル（幼かり（ける））」は当該期のアクセントは不明である[*57]。〈堆くして〉は『日国』「うずたかい」の項目に「室町・近世は『うづたかし』『うづだかし』の両様」とある。『ア資』に「うづたかし」名義．HHHHF とあり、連用形は HHHHL か[*58]。声点は第3拍が清音であることを示したものと考えられる。「ヲトロヲトロシク」は『ア資』に3拍体言「おどろ」として記載がある。「おどろ」と「おどろおどろし」が派生関係にあるとすれば、名義．での HHL、補忘．および京アでの HHH とは整合的に説明が付かない。移点時のミスであろうか。

　　副詞「アサアサ（鮮鮮）」は同根の「あざ-」を持つ「鮮やか」が『ア資』金光．ほかで LLHL とある。『ア資』平節．では HHLL とあり、体系変化後の姿から考えれば、秋永一枝 1980, p.404 に示される「畳語及びそれに準じるもの」4 拍語の、LLLH との対応が考えられる。

■**和語の声点についてのまとめ**　以上、和語自立語声点についての分析を行った。全 25 例中、不審な声点3例と移点ミスと思しき2例をのぞき、南北朝期（1336-1392）に起こったいわゆるアクセントの体系変化前のアクセント史資料と整合的な解釈を行うことができた。また本資料の和語声点は、部分差声のものがほとんどであるが[*59]、語頭に低拍が連続していると推定されるものが見受けられた。

　　したがって、本資料の声点は少なくとも応永の書写時ではなく、延慶の書写

＊57　ただし体系変化後の資料として『ア資』近松．に「あどなき」HHLL とある。

＊58　ただし「うづたかき」平節．HHHLL（3拍目濁音）とあり、このアクセント型は体系変化前の推定アクセント型 LLLLF と対応する。両様あったか。

＊59　自立語 25 例のうち、18 例が双点による濁音を示したものだが、このうち 18 例が部分差声であり、当該拍にのみ双点を差すものはうち 15 例だった。秋永一枝 1991 では「清濁を示すための部分差声」について「この方法は当然ながら古い資料にはごく少ない」（p.420）としており、本資料の差声が延慶を遡るとしてもさほど古くはないと推測される。

以前のものであると考え、漢語声点の分析を行う。このことは巻第2中の奥書の記述とも齟齬しないものである。

2.2.4.4　漢語声点の分析

■漢語声点の分析方法と声点型の概要　高松政雄 1971 では、本資料に現れる単字声調を韻書の声調と対応させ、場合によっては仮名音注と推定語形をも参照することで、そこに現れる一致とずれを漢音的なものと呉音的なものとに分析している。推定語形を決めるには、北原保雄・小川栄一編 1990 の読みを参考にした。漢音系字音と呉音系字音の原音声調を決めるにあたっては、基本的に韻書および呉音資料によった。また、本資料は平声と入声に軽声を区別しない四声体系である。以下の挙例では、㊤に韻書から知られる清濁と声調を記し、㊦に呉音資料（各資料の詳細は「1.1.1.2 字音来源情報」（pp.25-29）参照）から知られる声調を示し、それぞれの字音系統に基づく調値推定の材料とした。

　以下の表 2.39 では、完全差声された2字漢語のうち、〈平〉〈上〉〈去〉の声点の組合せを一覧にしたものである。漢音系字音、呉音系字音のほか、両字音系統を混読（漢呉音混読）したもの、字音系統が不明なものに分けてある。

声点	漢音系字音	呉音系字音	漢呉混読	不明	計
〈平平〉	24	0	7	8	39
〈平上〉	5	3	1	4	13
〈平去〉	7	2	0	0	9
〈上平〉	6	0	1	2	9
〈上上〉	4	1	1	2	8
〈上去〉	0	0	1	0	1
〈去平〉	9	2	2	3	16
〈去上〉	2	1	0	2	5
〈去去〉	1	0	0	0	1
計	58	9	13	21	101

表 2.39：『延慶本平家物語』二字漢語声点型一覧

　全体として、漢音系字音に基づくものが 58 例（57%）と最も多い。呉音系

字音に基づくものはわずかに9例（9%）である。ただし中には独自の変容を遂げたものもある（中低形の回避例）。また漢呉音混読は13例（13%）あるほか、字音系統が不明のものが21例（21%）だった。原音声調を継承・変容した例のほか、伝承から外れる例も無視できない数にのぼっていることが分かる。

声点では〈平〉が含まれる組み合せ、就中〈平平〉が全体の4割も占めていることがわかる。また中低形となる《上・去》、《去・去》がほとんど存在していないことも注目に値する。後に詳述するように、《去・去》は呉音系字音なら《去上》に、漢音系字音なら《去平》に、それぞれ後項を変化させることで中低形を回避している。

■漢音系字音に基づくもの　漢音系字音に認定した58語を掲げる。「　」に2字漢語の用例と推定語形、〈　〉に声点、仮名音注があればそれを記し、[　]に出現箇所を示す。[漢][呉]はすでに述べたとおりである。仮名注が部分的に存する場合は、ない部分を一で示した。

1. 「安寧（アンネイ）」〈平平〉[2中098b-05] [漢]平平[呉]平去 / 去去
2. 「傭里（イウリ）」〈平上〉[5末021a-01] [漢]次濁平次濁上[呉]平平
3. 「叡念（エイデン）」〈去平濁〉一テン [1本079a-04] [漢]去去
4. 「永平（エイヘイ）」〈上平〉[2本050b-09] [漢]次濁上全濁平
5. 「遙嶺（エウレイ）」〈平上〉[2末089b-04] [漢]次濁平次濁上
6. 「宴会（エンクヮイ）」〈去平〉一クワイ [1本107b-06] [漢]去去
7. 「孝安（カウアン）」〈去平〉カンアン [2中098b-07] [漢]去全清平
8. 「更嬴（カウエイ）」〈平平〉[6本021b-04] [漢]全清平次濁平
9. 「孝元（カウゲン）」〈去平濁〉[2中098b-08] [漢]去次濁平
10. 「交談（カウタン）」〈平平〉カウタム [2本072b-02] [漢]全清平全濁平
11. 「孝霊（カウレイ）」〈去平〉[2中098b-08] [漢]去次濁平
12. 「賈誼（カギ）」〈上上濁〉[1m末023b-03] [漢]全清上次濁去
13. 「感降（カンカウ）」〈上平〉[2末104b-04] [漢]全清上去
14. 「諫皷（カンコ）」〈去上〉[2本042a-06] [漢]去全清上
15. 「閑放（カンハウ）」〈平去〉[2末089b-06] [漢]全濁平去

16. 「寒嵐（カンラン）」〈平？平？〉[2 末 090a-02] 漢全濁平次濁平

17. 「九五（キウゴ）」〈上上濁〉[3 末 051b-04] 漢全清上次濁上

18. 「帰敬（キケイ）」〈平去〉[2 末 090a-09] 漢全清平去

19. 「狂鶏（キャウケイ）」〈平平〉[2 末 008a-05] 漢全濁平全清平

20. 「御宇（ギョウ）」〈去濁去〉[3 末 051a-09] 漢去次濁上

21. 「凶乱（キョウラン）」〈平去〉[3 末 053a-02] 漢全清平去

22. 「虞公（グコウ）」〈平濁平〉[2 本 092a-03] 漢次濁平全清平

23. 「軍門（グンモン）」〈平？平？〉[3 末 053b-03] 漢全清平次濁平

24. 「傾危（ケイキ）」〈平平〉[2 本 017a-01] 漢次清平次濁平

25. 「瓊戸（ケイコ）」〈平上〉[3 末 005a-01] 漢全濁平全濁上

26. 「弘農（コウノウ）」〈平平〉[3 末 003a-08] 漢全濁平次濁平

27. 「後聞（コウブン）」〈去平濁〉[5 本 075b-01] 漢去次濁平

28. 「懇念（コンネン）」〈上？平〉[2 末 089b-07] 漢次清上去

29. 「山玄（サンゲン）」〈平平濁〉[2 本 016a-08] 漢全清平全濁平

30. 「上宰（シヤウサイ）」〈去上〉[2 中 038a-04] 漢去全清上

31. 「邪謀（ジャボウ）」〈平濁平濁〉[3 末 053b-02] 漢全濁平次濁平

32. 「神恩（シンオン）」〈平平〉[3 末 053a-03] 漢全濁平全清平

33. 「人間（ジンカン）」〈平濁平〉[2 本 016a-01] 漢次濁平全清平

34. 「心事（シンジ）」〈平去〉[3 末 047b-04] 漢全清平去

35. 「人庶（ジンショ）」〈平濁上〉ーソ [2 本 030b-10] 漢次濁平去

36. 「晋文（シンブン）」〈平平〉ーフン [2 末 045a-08] 漢去次濁平

37. 「瑞離（ズイリ）」〈去濁平〉[2 末 089b-07] 漢去去

38. 「崇斑（スウハン）」〈平平〉[2 本 071b-05] 漢全濁平全清平

39. 「悄然（セウゼン）」〈上平濁〉[3 末 005a-01] 漢次清上次濁平

40. 「前駆（セングウ）」〈平平濁〉セングウ [1 本 055b-02] 漢全濁平次清平

41. 「仙阪（センシユ）」〈平平〉ーシユ [3 本 065a-08] 漢全清平全清平

42. 「尊崇（ソンスウ）」〈平平〉[3 末 052b-01] 漢全清平全濁平

43. 「村南（ソンナン）」〈平平〉[2 本 016a-06] 漢次清平次濁平

44. 「道宣（ダウセン）」〈去濁平〉[2 本 012a-06] 漢全濁上全清平呉平去

45. 「丹誠（タンゼイ）」〈平？平〉[3 末 053b-01] 漢全清平全濁平

46.「仲哀（チュウアイ）」〈去平〉[2 中 099b-02]㊊去全清平

47.「朝憲（テウケン）」〈平去〉[3 末 052b-07]㊊全清平去

48.「典侍（テンシ）」〈上上〉[]㊊全清上去

49.「天孫（テンソン）」〈平平〉[6 本 048a-10]㊊次清平全清平

50.「同襟（ドウキン）」〈平平〉トウキム[2 本 072a-10]㊊全濁平全清平

51.「斗藪（トソウ）」〈上上〉ーソウ[2 末 090a-01]㊊全清上全清上

52.「傍人（ハウジン）」〈平平濁〉[2 本 096b-08]㊊全濁平次濁平

53.「微子（ビシ）」〈平濁上〉ビシ[2 中 017b-05]㊊次濁平全清上

54.「扮楡（フンユ）」〈平平〉ーユ[2 末 090a-03]㊊去次濁平

55.「萍桂（ヘイケイ）」〈平去〉ヘイケイ[2 末 089b-10]㊊全濁平去

56.「蘿洞（ラトウ）」〈平去〉[3 末 051a-09]㊊次濁平去

57.「吏務（リム）」〈上平〉[5 末 065b-07]㊊去去

58.「嶺嵐（レイラン）」〈上平〉[2 本 091a-05]㊊次濁上次濁平

25.「瓊戸」の後項は中国語原音で生じた「全濁上声字の去声化」により《(平)去》となったものが、1拍字であるために高平調として実現し、〈平上〉と差されたのだろう。20.「御宇」の後項、上声字に〈去〉を差すのは、過剰修正による「韻書上声非全濁字の去声加点例」（石山裕慈 2014）か。40.「前駈」は後項を「駆」字とみなした。

漢音系字音における中低形、《去・去》、《上・去》は、後項を《平》にすることで、高さの山が1語で2箇所に分かれることを回避する傾向がある（詳細は「3.1.3 去声字の低起性実現から考える漢語アクセントの形成プロセス」）。3.「叡念」、6.「宴会」、37.「瑞離」、57.「吏務」は、《去・去》に〈去平〉もしくは前項が1拍字なら〈上平〉とする例、13.「感降」、28.「懇念」は《上・去》に〈上平〉を差す例とそれぞれ考えて良いだろう。また、中には呉音系字音の中低形回避方法と同様に、《去・去》を〈去上〉、あるいは《上・去》を〈上上〉で実現させるものもある。12.「賈誼」、48.「典侍」がそれに該当すると考えられる。

他資料とも比較する。6.「宴会」は[05 色前]に〈去去〉で原音声調通りの差声がある。20.「御宇」は[05 色前]に〈去上〉で、こちらでは逆に本資料が原音声調通りの差声である。34.「心事」は[05 色前]に〈平平〉で本資料

と異なる。37.「瑞離」は［05 色前］にもスイリ〈去平〉。38.「崇斑」は［05 色前］にも〈平平〉。47.「朝憲」は［05 色前］にも〈平去〉。51.「斗藪」は［05 色前］に〈上上〉。以上、《去・去》を〈去去〉とするか〈去上〉とするかで揺れる例もあるが、他資料と明瞭に異なるのは 8 例中わずかに 1 例であり、これらが伝承の線上にあることが窺える。

体系変化後の資料では、28.「懇念」は、40.「前駆」、49.「天孫」が、本資料で〈平平〉であるのに対し、［10 正節］に HLLL であった。アクセントの体系変化前後でどのように漢語アクセントが対応するかについては 3 章の「3.3 アクセント体系変化前後に見る漢語アクセントの対応」にて詳述する。

■呉音系字音に基づくもの　呉音系字音と認定した 9 例を掲げる。

1. 「九曜（クエウ）」〈上上〉［1 末 012a-05］㊀全清上去㊁去去
2. 「寡婦（グヮフ）」〈平濁上〉クヮー［2 本 072b-04］㊀全清上全濁上㊁平去
3. 「解陳（ゲヂン）」〈平濁去濁〉［5 本 002a-06］㊁平去
4. 「今上（コンジャウ）」〈去平濁〉コンー［1 本 046a-07］㊁去平
5. 「攘災（ジャウサイ）」〈去濁上〉［2 本 019a-03］㊀次濁上全清平㊁不去
6. 「清浄（シャウジャウ）」〈去平濁〉［2 末 090a-03］㊀次清平去㊁去平
7. 「渡書（トショ）」〈平上〉トショ［2 中 004a-03］㊀去全清平㊁平去
8. 「宝宮（ホウグウ）」〈平去〉［2 末 089b-08］㊀全清上全清平㊁平去
9. 「冥恩（メイオン）」〈平上？〉［2 末 089b-07］㊁平去

1.「九曜」のみ《去・去》による中低形を回避するために、《去上》のように後項を変化させている。後に語頭の仮名 1 拍相当の《去》（上昇調）が《上》（高平調化）した。このほか、語頭に〈去〉が現れる、4.「今上」、5.「攘災」、6.「清浄」はいずれも前項が仮名 2 拍相当である。沼本克明 1971・沼本克明 1979 によれば、呉音声調の特徴として①曲調音節の衰退による上昇調の高平調化の出現する例を掲げ、単字または語頭、非去声字に連接するなど、「1 音節去声字はほとんどが高平調で実現するようになる」とする。また②「語中・語尾に於いては、語頭の場合に比して、漢字本来の四声を保つ度合いが非常に少なかっ

た」として、特に1音節字に高平調化が見られるとされる。上記例からは、語頭の1拍字1.「九」に〈上〉が差されるほかは、2拍字4.「今」5.「攘」6.「清」に〈去〉が差され、先行研究の指摘が確認される。非語頭の場合は、8.「(宝)宮」のみ〈去〉が差されるが、その他は拍数に関わらず〈上〉である。

　他資料との比較では、4.「今上」に[05色前]に〈去平〉とあるのみであるが、これは本資料と一致する。

■**漢音と呉音を混読するもの**　漢呉音混読例を示す。このなかには12.「遠境（エンキヤウ）」のように推定語形を手がかりに字音系統を推定したもの（「遠」＝漢音、「境」＝呉音）のほか、2.「亜夫（アブ）」、4.「残害（サンガイ）」、5.「尋所（ジンジョ）」、のように清濁を手がかりに字音系統を推定したものとが含まれる。その他については、原音声調の組合せに依った。

1.「奥区（アウク）」〈平平〉[2中098b-05]漢平平呉平去／去去
2.「亜夫（アブ）」〈平上〉[5末021a-01]漢次濁平次濁上呉平平
3.「高才（カウサイ）」〈去平濁〉ーテン[1本079a-04]漢去去
4.「残害（サンガイ）」〈上平〉[2本050b-09]漢次濁上全濁平
5.「尋所（ジンジョ）」〈平濁平濁〉[2末089b-04]漢次濁平次濁上
6.「青侍（セイシ）」〈去平〉ークワイ[1本107b-06]漢去去
7.「詔書（セウショ）」〈去平〉カンアン[2中098b-07]漢去全清
8.「尊貴（ソンキ）」〈平平〉[6本021b-04]漢全清平次濁平
9.「童帝（ドウタイ）」〈去平濁〉[2中098b-08]漢去次濁平
10.「微陽（ビヤウ）」〈平平〉カウタム[2本072b-02]漢全清平全濁平
11.「庸夫（ヨウフ）」〈去平〉[2中098b-08]漢去次濁平
12.「隣境（リンキヤウ）」〈上上濁〉[1m末023b-03]漢全清上次濁去
13.「遠境（エンキヤウ）」〈上平〉[2末104b-04]漢全清上去

　これらが漢呉音混読例であるかどうか、他資料の用例と比較する。3.「高才」は[05色前]に〈平平〉とある。これは漢音系字音を反映するか。4.「残害」は[07解文]にサンカイ〈去濁平濁〉とあり、不明。7.「詔書」は[08宝物]

に〈平濁上〉とあり、呉音系字音を反映するか。20.「庸夫」は［05 色前］に〈平上〉ヨウフで一致する。12.「隣境」は［05 色前］にリムケイ〈去上〉とある。この語形は漢音系字音だが声点は呉音系字音を反映する。

アクセントの体系変化後資料との比較では、5.「尋所」が［10 正節］でHLL であり、本資料の〈平濁平濁〉LLL ＞ HHL ＞ HLL と変化したか。6.「青侍」は［10 正節］でHHH とあり、説明がつかない* 60。

以上、本資料における漢呉音の混読例に対する説明は一筋縄では行かない。

■**字音系統から説明がつかないもの**　以下は漢音系字音、呉音系字音の組合せやその変容からは説明のつかないものである。

1. 「允恭（インギョウ）」〈上上〉キンクキヤウ［2 中 100a-08］㊀次濁上全清平㊁不去

2. 「開化（カイクヮ）」〈平平〉［2 中 099a-01］㊀次清平去㊁去平

3. 「韓彭（カンハウ）」〈去平〉［1 末 023b-01］㊀全濁平全濁平㊁不不

4. 「九野（キウヤ）」〈平上〉［2 本 072b-05］㊀全清上次濁上㊁去平

5. 「滉瀁（クヮウヤウ）」〈平平〉クワウヤウ［2 本 090b-01］㊀全濁上去㊁不不

6. 「翔楚（シャウソ）」〈平平〉［1 末 004b-03］㊀全濁平全清上㊁不去

7. 「鷓鴣（シャコ）」〈平平〉［5 末 064a-10］㊀去全清平㊁不不

8. 「讘遊（ショイウ）」〈平平〉［2 末 089b-06］㊀去次濁平㊁不去

9. 「綏靖（スイセイ）」〈平平〉スイセイ［2 中 098b-04］㊀全清平全濁上㊁不不

10. 「精誠（セイゼイ）」〈上平濁〉［2 末 089b-07］㊀全清平全濁平㊁去去

11. 「単宇（ゼンウ）」〈平平〉センー［1 末 097a-07］㊀全濁平次濁上㊁不不

＊60　ただし［11 補忘］（元禄版）によれば、《平平》や《入入》のように低い平らな音調が連続する場合、次のように HHH や HHHH で実現することがあるという。「平ヨリ平ニ移リ入ヨリ入ニ移ル者共ニ平ラニ之ヲ言フ。大智〈平濁平〉〈角角微微〉。一密〈入入〉〈角角微微〉。但シ平入ノ字モ数字連續シテ一句ト成ラバ共ニ高ク之ヲ言フ。」（節博士も〈　〉に入れて示した）

242　2.2　漢語の声点に反映した原音声調の継承と変容

12. 「台階（タイカイ）」〈平上〉[2 中 037b-05] 漢全濁平全清平呉去不

13. 「荼昭（ダセウ）」〈上濁上濁〉タセウ [2 本 063a-09] 呉去不

14. 「丹祈（タンキ）」〈上平〉[2 末 090b-02] 漢全清平全濁平呉平不

15. 「鼎臣（テイシン）」〈去平〉[2 本 071b-06] 漢全清上全濁平呉不去

16. 「晁錯（テウソ）」〈去上〉テウソ [1 末 023b-02] 漢全濁平去呉不入

17. 「病痾（ヘイア）」〈平上〉[2 末 089b-09] 漢去去呉平不

18. 「萌芽（マウゲ）」〈去平〉マウゲ [5 末 043b-05] 漢次濁平次濁平呉去不

19. 「輦車（レンジャ）」〈平平濁〉レンシヤ [1 本 023b-01] 漢次濁上次清平
   呉平去

20. 「往詣（ワウケイ）」〈去上〉[2 末 090a-09] 漢次濁上去呉平去

21. 「遠路（エンロ）」〈平？上〉

　これらの漢語の声調はどのように考えるべきだろうか。いま他資料と比較するに、1.「允恭（天皇）」は [01 古今] にイムクイヨウ〈平平濁〉、9.「綏靖（天皇）」は [01 古今] に〈○平濁○○〉スイセイてんわう、10.「精誠」は [05 色前] に〈平平〉セイ、、、20.「往詣」は [06 四座] にワウケイ〈上平〉斗斗十十とある。9 はわずかに整合的に説明がつくが、それにしても [01 古今]では部分加点であって、語全体での対応は不明である。ただ一例、21.「遠路」のみは、体系変化後の資料 [10 正節] に、ゑんろ HLL で現れ、LLH ＞ HLLの変化を推定することができる。ただし [05 色前] に《上・去》そのままの〈上去〉もあり、中低形回避によって後項を低平調化させたものが、HHL ＞ HLLを経たという可能性もないではない。いずれにせよ、これらは、伝承の線上から外れたものと考えておきたい。

2.2.4.5　おわりに
　以上、はじめに述べた目的に沿って分析を行ってきた。時代的な位置づけについては、和語に差声された声点をアクセント史の先行研究と対照することで、体系変化前の状況を反映するものと考えた。すなわち応永書写時以降に新たに書き込まれた声点はほとんどないとみなしてよく、本資料の声点は延慶書写以前の状況を反映したものと考えられる。漢語に差声された声点についても、同

第 2 章　原音声調の継承と変容　*243*

時代の音調を反映したものとみなすことができるだろう。その上で他資料との比較から単字レベルで漢音と呉音を認定し、さらに二字漢語の声点を分析したところ、以下のことが分かった。

- 二字漢語の6割に漢音系字音語、1割に呉音系字音、1割に漢呉音混読、2割が字音系統の観点からは説明のつかない声点が差されていた。
- 漢音系字音語には、《去・去》に〈去平〉、《上・去》に〈上平〉のように中低形を回避するために後項を《平》（低平調）にする例が認められた。
- 漢音系字音語の声点は他資料によく一致する。
- 呉音系字音語には、1拍《去》には語頭・非語頭に関わらず〈上〉が差され、2拍《去》は語頭では〈去〉、非語頭では〈上〉が差されるものもある。《去・去》の連接においては、後項に規則的に〈上〉が差される。
- 呉音系字音語で他資料とも比較可能であったのは、わずか1語だが、声点が一致する。
- 漢呉音を混読する語では、他資料では混読しない場合もあり、声点の一致しないものがほとんどである。
- 字音系統が全く不明な語は他資料とも一致せず、これらは伝承の線上から外れたものと考えられる。

本資料の字音声点を韻書との比較対照によって分析した高松政雄1971では、漢字に差された字音声点の全372例を調査し、そのうち132例、すなわち全体の36％が韻書と一致しないと報告している。本項ではそのうち二字漢語に絞って分析を試みてきたわけだが、高松論文が「熟語となると、それぞれの字が元のアクセントを代えることもあり、また所謂その語の話線的関係によっても、韻書の四声を固守しないことがある」とするように、《去・去》《上・去》による中低形を回避すべく後項の声調を変容させたものが観察された。一方で、伝承の線から外れたものも2割程度観察されたことは、結局、本資料のような和漢混淆文では、伝統を継承し、かつ人口に膾炙し日常的な発音と地続きな漢語と、馴染みがなく伝承の線上から外れ、散発的で「いい加減」な発音がなされる漢語とが混在していることを示すのであろう。

第3章

漢語アクセントの
形成

この章の目的と概略

　前章において、「字音」が規範性を失い「語音」として新たな姿を獲得しながら日本語に融和していこうとする、その具体相を文献資料から観察した。観察の結果、伝統的な字音声調を、漢字に差された声点との対応において捉えたとき、その多くは伝統を継承しながらも、時に漢字の連接のなかで変容し、あるいは伝統性から切り離され新たな音調として現れることが見て取れた。本章では、こうした音調の具体相を、体系性を有する漢語アクセントとして捉え、その史的変化を概略的に記述することを目指す。

　第1節では、前章以前に観察してきた資料を振り返りながら、字音声調の持つ音調上の特徴が日本語のアクセント体系のなかに継承される際に考えておくべき問題点について述べる。ここで取り扱うのは主として「曲調音節」と呼ばれる、下降調と上昇調である。「3.1.1 下降調と下降拍」では、平声軽音節の音調が、和語における下降拍と同様の高降りとして実現した、と一律にみなすことについて、疑義を呈する。『半井家本医心方』では、和語の下降拍に〈東〉と〈上〉が差される一方で、字音平声軽音節には〈東〉と〈平〉が差される傾向がある。また先行研究に基づき、現代における漢語のアクセント型について方言間の対応を見ていくと、和語のアクセント型の類別に似た対応が全体として得られるのに対して、平声軽音節に由来する漢語（1拍語と2拍語）では対応が認めにくい。これは平声軽音節が漢音の母胎音においては「低い下降」として実現し、下降拍のような「高い下降」とは異なる音調であったことに基づくのではないか、と推論した。こうした推論は、金田一春彦1951が『悉曇蔵』の記述から推定した音調を、以後の研究がどのように扱ってきたかという観点から批判的に検討すべきである。「3.1.2 原音声調における下降調についての試案」では、外国借音（日本書紀歌謡の音仮名、朝鮮漢字音）やアクセント史に関する知見に依りながら、さらに推論の根拠を述べる。

　「3.1.3 去声字の低起性実現から考える漢語アクセントの形成プロセス」では、漢字2字の組み合わせからなる漢語がアクセント型を形成するに際し、それが漢字2字からなる声調型を形成してから漢語アクセントとなるのか、漢字1字ずつの音調が拍として開かれた後で複合し漢語アクセントとなるのか、という問題を扱う。この問題を考える上で『新猿楽記』諸本を資料として、《去・去》

という単字の連続が一語となるにあたって《去上》となる場合と、《去平》と
なる場合とに着目し、それが漢語アクセントの形成プロセスの違いに基づくの
ではないかと考えた。その結果、(1) 語頭環境の《去》は漢音漢語では呉音漢
語に比べて低起性が保持される傾向がある (2) 語頭2拍環境の《去》は低起
性が保たれやすいが、呉音漢語のみ高平化する例がある (3) 非語頭環境の《去》
は漢音漢語では呉音漢語に比べて低起性が明瞭に保持される (4) 中低形の回
避では漢音漢語では後項の《去》を低平化するが、呉音漢語では高平化する、
との事実を得た。この4点はいずれも漢音漢語では呉音漢語に比べて去声字
の低起性が実現しやすいことを示している。それは漢音では単字についての分
析的な観察が先立ち、これを複合させることで漢語アクセントが形成されたこ
とによると推論した。

　以上を踏まえ、第2章において取り上げてきた和化漢文訓読資料、和漢混淆
文資料を中心としたアクセントの体系変化以前の漢語声点を、漢語アクセント
として捉えることを試みる。そのため、これらの漢語声点を、南北朝時代に生
じたアクセントの体系変化後の資料から知られる漢語のアクセント型と比較す
る。これまでも、体系変化後の資料に現れる漢語のアクセント型を原音声調と
対応させ、伝統性の度合いを測る試みはあった。本研究では、その中間に和化
漢文訓読資料と和漢混淆文資料の漢語声点を配置し、一方では原音声調からの
伝統性を探り、もう一方では体系変化後の資料に現れる漢語のアクセント型と
の対応を探る。その上で、体系変化前における漢語のアクセント型を推定する
手続きを取る。すなわちこの手続きは、通史的な流れのなかにここまで見てき
た漢語声点を置き、その継承と変容を素描するということでもある。例えば、
漢音漢語における《去・去》の連続が《去平》となる現象や、また低起上昇型
間で揺れが見られる（同語に《去上》《平上》が現れる）現象、あるいは原音
声調からは全く説明のつかない調値の組合せが、ある時代や資料にのみその傾
向が確認されるものの、その後の時代にまで持ち越されない「そだたなかった
変化」（亀井孝 1966, pp.136-138）なのか、そうでないのかという問題も通史
的な流れのなかで説明できる。こうした問題を「3.2.1 漢字2字3拍の漢語ア
クセント」「3.2.2 漢字2字2拍・4拍の漢語アクセント」にて考察する。

3.1
字音声調から漢語アクセントへ

3.1.1 下降調と下降拍

3.1.1.1 本項の目的

　日本漢音の声調においては、頭子音によって平声に２種類の調類が区別される。中国音韻学でいう全清音・次清音を頭子音に持つ音節が平声軽音節、全濁音・次濁音を頭子音に持つ音節が平声重音節となる区別がそれである。両者はわずかな位置の違いにもとづいて〈東〉、〈平〉で表記し分けられる。これらの調値については、従来、前者は下降調を、後者は低平調を反映したものとされてきた。調値についてのこうした推定は、学僧による四声の音価に関する記述、仏家に伝わる四声の音価などの漢字音の声調に関わる研究成果と、現代諸方言におけるアクセント型の類別対応や、和語アクセントの史的研究における成果が論拠となり、以後定説となっている（なお、本論では、下降を表す音調について、和語のリズム単位である拍で実現するものを「下降拍」、中国語原音のリズム単位である音節で実現するものを「下降調」と呼ぶ）。

　さてこの説を受け、漢字音研究においては、漢文文献に現れる漢音声調の分析と解釈が進んだ。後に述べるように、平安初・中期に区別のあった比較的整然とした〈東〉・〈平〉の別は鎌倉時代に入ると〈東〉から〈平〉へと合流し、以後時代を下るに連れて進行の度合いを深めるとされる。この現象は下降拍の衰退の影響で下降調も保たれなくなり、結果として音調の別によって理解されていた〈東〉と〈平〉の微妙な位置の違いも識別されにくくなってしまい、ついには点の位置が合流するに至ったと解釈されてきた。

　しかし、このような音調の推定と、和語アクセントの影響による字音声調の変化という解釈だけでは、①和語アクセントにおける下降拍は消滅していない②同一文献における和訓と字音とに対する〈東〉の分布傾向が異なる③漢音系

字音を含む漢語のアクセントには和語に準じた諸方言間の対応が見られるのに平声軽音節を持つ語のみが対応を認めにくい、などの点で説明困難となるところもある。本論では、漢文資料に基づく知見と、和語アクセントや方言音声を取り扱った先行研究とを利用することで、平声軽音節についての調値推定を再検討し試案を述べたい。

3.1.1.2 　半井家本『医心方』における和訓と漢文本文の声点

　立論の端緒として、まず半井家本『医心方』を資料として、平声軽音節と下降拍への差声状況について数的分布の違いを見る。半井家本『医心方』の資料的性格については第1章で論じた。漢文本文に差声される字音声点は二筆圏点、漢文本文の傍訓などに差声される和訓声点は星点である。これらの字音声点と和訓声点とは、本資料と仁和寺本とに確認できるので、祖点本からの移点と考えられている。また、和訓の声点はほとんどが朱筆で、墨筆は稀である。

		全清	次清	清濁	全濁	合計
墨筆	〈東〉	65（72）	24（25）	5（5）	6（6）	100（108）
	〈平〉	68（73）	15（16）	89（101）	93（105）	265（295）
	合計	133（145）	39（41）	94（106）	99（101）	365（403）
淡色朱筆	〈東〉	18（19）	4（4）	1（1）	4（5）	27（29）
	〈平〉	13（14）	1（1）	19（20）	25（27）	58（62）
	合計	31（33）	5（5）	20（21）	29（32）	85（91）
濃色朱筆	〈東〉	16（19）	0（0）	1（1）	2（2）	19（22）
	〈平〉	9（9）	2（2）	18（18）	18（20）	47（49）
	合計	25（28）	2（2）	19（19）	20（22）	66（71）

表3.1：三筆の〈東〉〈平〉と清濁の現れ方

　本資料に移点された字音声点は、平声と入声とに軽点を区別する祖点本の六声体系を継承している。いま三筆それぞれについて、〈東〉の現れ方を表3.1にて示す（数字は異なり字数、（　）は延べ字数）。この結果から、〈東〉の中

第3章　漢語アクセントの形成　249

核が平声全清音・次清音字であり、〈平〉の中核が平声次濁音・全濁音字であることが分かる。ただし〈平〉で現れるべき平声次濁音・全濁音字はほとんど揺れがないのに対して、〈東〉に現れるべき平声全清音・次清音字は約半数が〈平〉で現れている。この傾向は 3.1.1.3 で示す先行研究でもすでに報告されているとおりである。なお、韻書平声全清音・次清音でありながら〈上〉で差されたものについては、本資料は呉音系字音に基づく声点が多数含まれるため、それが下降調と高平調の音調的類似によって差された点なのか、呉音系字音の《去》が変化し差された点なのかを区別することは容易ではない。いま試みに二字漢語*¹ に限定し、1 字が韻書に一致し、もう 1 字が韻書平声全清音・次清音でかつ〈上〉が差されるものを抜き出すと「桂心」(1)「細辛」(5)「秦膠」(3)「芒消」(11) の 4 字（下線部）が該当する（（ ）内は延べ数、「芒消」2 例の淡色朱筆以外は全て墨筆）。このうち「膠」は [0309b5] の仮名音注に「ケウ」とあるので呉音系字音に基づくものと解釈され、除外できる。残る 3 字が下降調と高平調の音調的類似によって差された可能性の残る例となる。

　次に本資料に現れる和訓のうち、下降拍を持つとされる語例を挙げる*²。以下は、「スキナツメ」[0158a8] を除き、全て墨筆の和訓に朱筆の星点を差したものである。仁和寺本の同一箇所に声点がある場合は併記した。声点の認定に際しては秋永一枝・坂本清恵・佐藤栄作編 1999 も参考にしている。

■ 〈東〉が差されるもの（8 例）

- 宇（鵜）〈平軽〉[0162a7]
- 加美乃也（矢）〈平平平平軽〉[0150a9] ／仁：〈平平平平〉[0158b6]
- 久毛（蜘蛛）〈平平軽〉[0163b5]
- 波牟（鱧）〈平平軽〉[0162b6]

---

*1 　二字漢語相当の字音注記と認める際の判断は、漢字二字のもののうち、①音合符があるもの、②資料中処方の薬剤を示すために上下に空白を設け独立している部分に注記されるものなど。

*2 　金田一春彦 1964、秋永一枝 1980・秋永一枝 1991、鈴木豊 1998 によれば、下降拍は 1 拍名詞第 2 類（名類）、2 拍名詞第 5 類（秋雨類）、2 類動詞・サ変動詞の連用形と終止形・形容詞終止形と連体形を中心として、それぞれ最終拍に現れるとされる。

- 比留（蛭）〈平平軽〉[0163a6]／仁：比留无之呂（蛭）〈平平平上平〉[0161a2]
- 須支奈都女（酸し）〈平平軽上上上〉[0143a9]
- スキナツメ（酸し）〈平平軽上上上〉[0158a8]
- 知比佐岐古介（小さし）〈平平平平軽平平〉[0156a4]／仁：〈平平平平軽平平〉[0166a4]

■〈平〉が差されるもの（10例）
- 阿之乃阿為（藍）〈平平〉[0156a3]／仁：〈平平〉[0166a3]
- 支美乃毛知（黍）〈平平平上上〉[0167a3]
- 比呂女（広布）〈平平平〉[0154a6]／仁：〈平平平〉[0163b5]
- 阿加支々美（赤し）〈平上平平上〉[0166b7]
- 加波宇須岐々波多（薄し）〈平平平上平上上平〉[0160a1]
- 之呂支阿波（白し）〈平平平平上〉[0166b6]
- 知比佐支衣（小さし）〈平平平平平〉[0165b9]
- 布留支乎久都乃之岐（古し）〈平平平○○○○○〉[0157b4]（〈東〉か）
- 不留支不弖乃都加乃波比（古し）〈平上平上上上平平平上上〉[0157b5]
- 布留支与祢（古し）〈平平平上上〉[0166b8]（〈東〉か）

■〈上〉が差されるもの（8例）
- 阿為乃美（藍）〈平上○○〉[0151b6]／仁：〈平上○○〉[0160b2]
- 阿由（鮎）〈平上〉[0162b7]
- 古比（鯉）〈平上〉[0162b5]
- 布奈（鮒）〈平上〉[0162b8]
- 支美（黍）〈平上〉[0167a1]
- 阿加支々美（黍）〈平上平平上〉[0166b7]
- 支奈留支美（黍）〈平平上平上〉[0166b5]
- 布留岐加末古毛（古し）〈平平上上上上平〉[0156b3]／仁：〈平平上上上上平〉[0166b5]

以上、本資料における和訓の下降拍に差された声点には、〈東〉・〈平〉・〈上〉

第3章　漢語アクセントの形成　*251*

が混在していることが分かった。こうした状況はそれぞれ、〈東〉＝祖点本の
六声体系を忠実に移点したもの、〈上〉＝祖点本通りに移点したもの、〈平〉＝
移点の際の誤りと解釈できる。すなわち祖点本では下降調を〈東〉で加点した
場合と、音調上の類似のために高平調に近く聞きなして〈上〉で加点した場合
とがあったのだろう。

　このような和訓声点の現れ方に対し、下降調を持つとされる字音の声点はど
うかと言えば、ほぼ〈東〉・〈平〉で現れ、先の3字を除き〈上〉で現れないこ
とが異なる。祖点本における両種の声点は、従来言われるように同一の下降音
調を反映したものであるとするなら、なぜこのような違いとなって現れるのだ
ろうか。

3.1.1.3　先行研究における平声軽音節の扱い

　3.1.1.1 に示したように、平声軽音節は金田一春彦 1951 および頼惟勤 1951 に
よって下降調で実現したとされている。ただし、両論文における下降調の調値
推定には微細な違いがある。頼惟勤 1951 では天台声明の博士における宮商角
徴羽の5音階の音調を、字音声調と音節頭子音で分類し、全清音・次清音を頭
子音に持つ平声については「強い下降型」、全濁音・次濁音を頭子音に持つ平
声を「やや下降性を帯びた平板型」と結論された。天台声明の反映する漢音は
日本に伝来した複層の漢音のうち、最も新しいものに当たるとされており（沼
本克明 1982, pp.1050-1058）、『悉曇蔵』『四座講式』に伝承された漢音とは異
なる母胎音を反映している可能性もある。金田一春彦 1951, p.61 では、『悉曇
蔵』ほかにおける四声の音価に関する記述、『四座講式』の曲節における「徴角」
「徴々角」といった博士の存在から、平声軽音節が下降調に実現されたと結論
付けた。ただしその例証の過程で挙げられた八声家の音調観察ついて「この軽
重における高低の差は、平声上声における音の高低等に比べて遙かに小さかっ
たのではあるまいか。さうでなければ、低平調と下降調といふやうな、可成り
差のある音調に対して、一を平声の重とし、他を平声の軽とするといふやうに、
一つの声に一括するのは不審だと言へるからである。」とし、低降りであった
可能性も示されている。こうした下降調に関する諸説を受け、小松英雄 1957
において、『図書寮本類聚名義抄』の和訓にあらわれる下降拍が、しばしば高

平調を表す〈上〉でも差声される事実に基づき、その音調を高降りであるとした。

　平声軽音節が下降調であったという説を受け、柏谷嘉弘 1965 では訓点資料を用いて漢音の声調体系が 11 世紀後半から 14 世紀初頭にかけて、平声・入声に軽重を区別する六声体系から、軽重を区別しない四声体系へと変化したことを論じた。具体的には軽点から重点への合流過程の指摘である。この論文では声点が反映する調値については直接的に触れていないものの、「声調の変化の発生が、十一世紀後半に始まってゐたことを示す」とし、調値の変化があったことが示唆される。

　さらにこうした先行研究を踏まえ、佐々木勇 1988 では字音直読資料である蒙求諸本の声点に基づき、〈東〉と〈平〉の分布の比率が諸本の性格によって異なると指摘した。ここでは調値の問題にも踏み込まれており、和語における「曲調音節」の消滅が〈東〉から〈平〉への合流の背景にあったと解釈されている。ただし字音声調の変化が和語アクセントの変化と全く軌を一にするものではないことについて、「和語の影響を受けたとはいえ、漢字音には漢字音の、別の要素を考えなければならないのかも知れない」と慎重に触れつつ、その「要素」として、平声軽が平声の異声調であるとの規範意識を、加点者が強く持っていたのではないかと推測している。つまり実現音調に規範意識が強くかぶさっていると見るわけである[*3]が、だとすればこれは声調変化ではなく規範意識の変化と解釈されることになる。ただしこれと対照的に、蒙求諸本中「国語アクセントに同化」する傾向が特に見て取れる岩崎本では、「本資料の一音節上声字の中には、和語の『平声軽音節の上声化』の影響を受けて、本来の平声軽字が、上声に移行した例が存する」とあり、岩崎本加点者が字音声点を差声するにあたって、和語アクセントの影響を受けたことが推定されている。また、佐々木勇 1995 において、〈東〉から〈平〉への合流には音節数（仮名 1 字のものと仮名 2 字のもの）や平声軽音節の現れる位置などの形態音韻論的観点が導入され、「日本漢音が国語化」したことが実証的かつ多面的に明らかにされた。字音〈東〉は過渡的な姿を見せつつも、佐々木勇 1997 ほかにおいて 15

＊3　小松英雄 1957 においても「字音の平声軽は平声の異音（allotone）として把握されたため、音調として高平調に類似する下降調に実現したとしても、上声点で差声されることは少なかったと推定される。」とある。

世紀末には伝承が困難となり消滅すると結論された。

　以上の要点は、次の2つである。①平声軽の調値は下降調である。②下降調は衰退を通して消滅する。また②の解釈として③下降調の衰退・消滅には和語の下降拍の消滅が関与していた、ということが掲げられているが、それは取りも直さず④下降調は和語の下降拍の支えで実現していたということをも意味することになろう。しかし3.1.1.2に示した半井家本『医心方』に現れる字音の〈東〉と和訓の〈東〉の分布傾向の違いや、3.1.1.5に示す方言音声での平声軽音節の現れ方について、③④の解釈では説明が困難となる。そもそも字音の平声軽音節における下降調は上に示されるような音調で実現し、和語のアクセント体系による支えを得ることができたのだろうか。以下では、和語のアクセント研究の観点からこの問題について再考してみたい。

3.1.1.4　和語下降拍の消滅による影響説について

　まず3.1.1.3で掲げた③の解釈について述べる。すなわち、下降調の衰退が「和語における曲調音節の消滅」の影響を受けたという解釈についてであるが、和語下降拍は現代まで消滅していない。佐々木勇1988が根拠の一つとする金田一春彦1964, p.485では、下降拍が「『四座講式』の譜本では●（稿者注：高平拍をあらわす）と同じに表記されている」ということが示されているのであって、下降拍自体が消滅したということが示されているのではない。院政時代の末頃に「曲調音節」が衰退したことは事実であるが、アクセントとしては現在まで残存しているのである。〈東〉の消滅が表記上のことなのか、それとも下降拍自体の消滅なのかといったことには議論があるものの[*4]、語の種類や音声的環境による違いはあっても基本的に下降拍は消滅していないと考える[*5]。

　字音の下降調音節を受けとめる和語アクセント体系に音調上類似した下降拍が存在し続けているにもかかわらず、下降調の衰退の要因を和語アクセントにおける「曲調音節」の消滅に求めるのは困難であると考えられる。だとするとこの衰退には音調上以外の要因を想定しなければならないが、それは先行研究

＊4　たとえば奥村三雄1972, pp.148-151では下降調拍の消滅とされるものが、「主として、表記に関する問題とみなすべきもの」である可能性を述べている。

＊5　和語下降拍が現れる条件は注2（p.250）に示したとおりである。

254　3.1　字音声調から漢語アクセントへ

で述べられる、平声軽は平声の異音であるというような規範意識の衰退ということのみで説明できるだろうか。下降調の表す音調と和語の下降拍の音調とが、ともに聴覚印象上高平調に近い音調でありながら、規範意識としては調値上低平調の異音であるというような、やや不自然に思える状況がありうるとして、もし規範意識が緩めば聴覚印象に近い高平調に合流していくのが自然であると考えられるが、現象だけ見れば逆に低平調への合流と解釈され得る変化が起こっている。この現象について、そもそも下降調の衰退には音韻史を担いうる（3.2.1（p.295）に詳述）ような実音調は十分に介在しにくく、専ら学習・伝授の場において実現していた下降音調、あるいはその知識が衰退しただけだとの立場もあり得よう。本論はそのような立場を排除しないが、音韻史を担い得るような実音調が介在しにくかったのであれば、なぜ介在しにくかったのかという問題は依然として残ると考える。この問題を考えるには、そもそも下降調が和語の下降拍と同じような高降りに実現したかを検討する必要があると考える。

3.1.1.5　諸方言にみる平声軽音節の現れ方

そこで本節では、規範意識の影響から離れた例として、諸方言における漢語アクセントでは平声軽音節がどのような現れ方をするのかを見る。以下では、仮名音形2拍で実現するものを2拍字、1拍で実現するものを1拍字と呼んで区別する[*6]。2拍で実現したものはもはや下降調とは呼べないが、その音調上の特徴に基づいて平声軽音節の調値を検討することは可能と考えられる。

奥村三雄 1974、金田一春彦 1980 によれば、「由緒正しい漢語」（金田一論文では「日常親しく用いられてきた字音語」）においては原音声調の反映が認められ、かつ和語同様に方言間におけるアクセント型の対応が認められるものが存することが指摘されている。両論文によれば、呉音語・漢音語のどちらにも対応が認められることから、諸方言へのアクセントの分派時期は漢音輸入後であ

＊6　従来漢字音研究では「漢字音研究では、金キン」などを2音節字と呼ぶことが多い。ここではこの問題に深く立ち入る準備がないが、佐々木勇 1988・佐々木勇 1995 や古くは奥村三雄 1953 において「音節」数の違いに応じて平声軽や去声などの曲調音節の現れ方に違いが認められるという報告から、原音風に発音した場合のリズムと区別するためにも、拍の概念を導入したほうが説明の便宜としても良いように思われる。

ろう（奥村論文では院政期以後、金田一論文では平安朝以後）と推定されている。その対応の概要と方法の異同は次のようである。奥村論文では、「二拍漢語アクセント類別対応表」として、(1) 敵類 (2) 智恵類 (3) 毒類 (4) 千類（数字は和語のアクセント型類別に対応）のほか使い慣れない語に現れがちな基本型類を設定する。金田一論文では (1) a類 (3) b類 (4) c類を設定する。2拍字の下降調は、もし高降りで実現したとするならば和語の2拍名詞第2類に相当することになる。比較の方法では、奥村論文では「京都式」でHL、東京式でLH(L)*7、鹿児島式LH(L)の対応*8に基づくのに対し、金田一論文ではそれらを含む20の方言の対応に基づいている点で類別相当の認定により説得力がある。なお鹿児島式は、特に2拍字の検討について、室町時代ごろに生じたとされるアクセントの体系変化によってHLに合流してしまった「LLからの変化形HL」を対応上区別するのに役立つ。両論文における類別相当の認定方法には大きな理論的相違はないが、各方言でのアクセント型の認定に異なる部分があるため、結果的に所属させる漢語には若干の出入りがある。たとえば金田一論文で第3類相当・奥村論文で第2類相当のものに「金」「意地」「義理」「智恵」、金田一論文で第3類相当・奥村論文で第4類相当のものに「縁」「陣」、金田一論文で対応が乱れているもの・奥村論文で第2類相当のものに「天」がある。こうした個別的な出入りについては、比較に用いる資料から再検討する必要があるだろう。

　さて、まず1拍字について見る。下降調が高降りであったとするならば、和語1拍名詞第2類（名類）相当の対応が期待される。ところが奥村論文では1拍字について1拍名詞第2類と同様な対応を見せる例が全くないとしている（第1類相当や第3類相当はある）。金田一論文でも第2類なみの対応を見せる類を掲げていない。第1類相当には漢呉音ともに上声字・去声字を、第3類相当には呉音平声字のみを対応させているところからすれば、漢音平声だけが、相当する類別を与えられていない。

---

*7　ただし東京式アクセントは2拍目がいわゆる特殊拍であるものはアクセントの高さが1拍前にずれる。このため奥村論文ではアクセントのずれない西伊豆方言と但馬方言、金田一論文では西伊豆方言を参照している。

*8　HLやLHは単独で発音した場合のアクセント、単独形に助詞「ガ」などがついた場合のアクセントを（　）内に示した。

次に2拍字について見る。奥村論文の「二拍漢語類別対照表」には、和語2拍名詞第2類に相当する型に「金(キン)」「天(テン)」が掲げられているが、末尾の語彙表にはなぜかこの型自体が掲げられていない。他の類に比べて、2拍名詞第2類相当のグループは安定した対応が認めにくかったのではないかと推測される。ちなみに「間(カン)」「巻(カン)」など平声軽字のいくつかは基本型に分類されている。一方、金田一論文では2拍名詞第2類相当のグループを立てず、「金」を第3類相当に所属させている。このグループに所属する漢音で平声軽字に分類されるものとしては「風(フウ)」が挙げられるのみで*9、HLに実現したものの存在を示唆するにとどめている。また奥村論文で第2類相当とされているものに、金田一論文で第3類相当とされているものが含まれることは前述したとおりである。「天」は諸方言間の対応が乱れており、類別できないグループに含められている。

　このほか、両論文以降行われた漢語アクセントの諸方言対応に関わるもの（2拍名詞の第2類と3類を区別する方言）には、伊吹島や真鍋式アクセント6島の調査がある。伊吹島については上野善道1985によれば「金」「天」は2拍名詞第2類相当の所属になっているし、真鍋式アクセントの調査でも中井幸比古1984において「金」は2拍名詞第2類相当となっている。ただし奥村論文で触れられているように、原音声調の伝統を離れて発音されるものも散見されるので、類別語彙相当の認定には慎重を期す必要があろう。ともあれこれらの報告を見る限り、下降調が高降りでも実現した可能性はみとめてよいと思われる。

　以上を要するに、1拍字については和語同様の対応は認められず、2拍字については類別がはっきりしないということである。ただし不安定ながら諸方言を見る限りHLに実現したと推定されるものもあるので、高降りに発音しなかったというわけではなさそうである。だが、平声軽字がすべて高降りに実現したわけでもない。漢音系字音に基づく漢語自体には和語相当の類別を認めることができ、また下降調を受け止める和語のアクセント体系にF型やHL型が存在しているのに、なぜ下降調のみ不安定なのだろうか。特に2拍字については1音節を2拍に分節することで高低差を明瞭に把握できたとするならば、

──────────

＊9　金田一論文では「『象』『天』などは、第2類の和語（例、『雪』『川』）に似た対応を見せるところから考えますと、あるいは軽平声で、平安朝の京都語で高低型だったのかもしれません」としている。

和語の2拍名詞第2類のように安定して京阪方言でHLで実現できるはずである。もっとも、方言間に整然とした対応が見られないのは、奥村三雄 1974 に示されるように、字音としては後発の漢音系字音に基づく語彙が和語に十分に浸透せず、諸方言の分派に間に合わなかったことなどがまず考えられようが、それでも下降調のみが不安定であることの説明が困難となる。そう考えれば、問題の所在は、下降調の日本語アクセント体系への受け止められ方ではなく、字音平声軽の音調そのものにある、と推測されることになる。

3.1.1.6　結論　試案と課題

3.1.1.3 節末尾において、下降調の問題点について検討してきた。得られたところを以下にまとめる。

1. 半井家本『医心方』では、下降調と和語下降拍とで、異なる差声のふるまいが認められる。
2. 和語の下降拍は消滅していない。したがって下降調の衰退・消滅をただちにその影響と見ることは困難である。
3. 漢語のアクセント型に見られる和語相当の類別では、下降調を有していたと推定されるもののみ対応を認めにくい。これは特に1拍字に顕著である。ただし2拍字には2拍名詞第2類相当のものがわずかに認められ、それらはHLで実現したこともあったと考えられる。

以上の結果を解釈するための試案として、下降調の実現音調が従来言われているような高降りではなく、3.1.1.3 に示した金田一春彦 1951 の指摘にあるような「平声上声における音の高低等に比べて遥かに小さ」い高低差の下降調、すなわち低降りに実現することがあったのではないかと考えたい。3.1.1.5 での和語類別語彙相当による検討で述べたように、平声軽音節の下降調が和語下降拍に受け止められ他の漢語同様の対応を形成することができなかったのは、中国語原音声調と和語アクセントとでは、同じ下降する音調であっても、必ずしも同じものと聞きなせるほど類似していなかったためと考えるわけである。HLで実現したと推定されるものについては、ちょうど日本語音韻体系が／フィ

／を持たない状況で英語の "film" を「フイルム」と４拍で音写したことがあるように、２拍に開くことでその下降調を和語のアクセント体系で受け止められたのではないかと考える。

　漢文訓読・直読資料として報告される〈東〉の衰退には、和語下降拍の衰退といった音韻史を担い得るような実音調は直接的に介在していないのではないか。こうした文献に現れる字音にはその資料的性格のゆえに、和文（仮名文）資料とは異なって原音への志向性が高く保たれているはずである。そのような世界での音調の伝承は、音韻史を担う世界とは区別して考える必要があろう＊10。

　平声軽音節の下降調が和語下降拍に支えられていたかについていえば、学習の場においては、下降という類似点を介して、高降りに実現することがあったと考えることに不自然はない。それが個別的に漢語アクセントとして実現しているのではないか。しかし、平声軽音節の下降調そのものが体系的に高降りとして実現したのではない。むしろ原音への志向性が高く保たれる資料であるほど下降調は低降りに発音され、和語下降拍との類似性は希薄であったとすら考えられる。ゆえに平声軽音節の下降調そのものが、和語下降拍の衰退に影響を受けたとは考えにくいのである。和語下降拍の体系的な支えがなければ、平声軽音節の実現は、語彙ごとに個別的に定着した下降拍や２拍に開かれて実現したケースを除けば、ひとえに字音学習や知識に依存することになる（もっとも、原音への志向性は資料ごとの個別性によるであろうから、なかには岩崎本『蒙求』に現れた例のように高降りと思しき音調に実現したものもあったろう）。その学習・知識は、言うまでもなく字音の頭子音情報と音調との関係についての学習・知識である。この学習・知識が弛緩すれば、字音の〈東〉は衰退・消滅を迎えてしまうことになる。

　主に和語アクセント研究の成果から平声軽音節の調値についての試案を述べたが、試案の蓋然性を確保するために検討すべき課題は多い。奥村論文と金田

＊10　高山知明 2002 によれば「（上略）その主な文献資料は漢籍や仏典であるが、それらが漢語の現実の実態をどの程度反映しているのかに大きな問題がある。すなわち、それらに見えるのは、学習対象としての字音、あるいは特殊な目的のために特化された字音であり、資料における変遷過程をそのまま、言語史的な意味での歴史とみなすことができないからである。」という。

一論文で類別相当が食い違う語の再検証や、両論文では扱われなかった、諸方言間の対応が見られない平声軽音節を持つ語の振る舞いについての詳細な検討、などである。またアクセントの体系変化前のいわゆる和文(仮名文)文脈に則った文献を調査する必要もあろう。たとえば本項では触れることができなかった「字音の〈東〉が語頭に残りやすい」という先行研究の指摘が、和語アクセントにおける下降拍が専ら語の最終拍に現れることからはうまく説明ができないといったことなども、そうした資料を用いた分析のなかで検証していくべきであろうと考える。

3.1.2 原音声調における下降調についての試案

3.1.2.1 はじめに

　前項では、下降調の実現音調が従来言われているような高降りではなく、低降りだったのではないかと考えた。下降調を高降りと見ることについては「3.1.1.3 先行研究における平声軽音節の扱い」で見たように、金田一春彦 1951 の影響が大きい。平声を低平調、平声軽を下降調とする見方は現在もほぼ定説として受け入れられており、古代字音の音調を論じる上での基本となっている(奥村三雄 1974・小松英雄 1971, pp.16-24・沼本克明 1982, pp.956-958・佐々木勇 2009a, pp.520-522 ほか)。

　ところで金田一春彦 1951 は、「国語のアクセントを真に科学的に研究する」(p.91)[*11] こと＝日本語のアクセントについての実現音調を解明することを標榜しているが、そのプロセスで古代字音の実音調を取扱うために、その都度示される「音価」が日本語アクセント体系から見た姿であるのか中国語側から見た姿であるのか必ずしも十分に明示していない。三章(「中国語の四声の音価の考察」)は間違いなく中国語側での姿を論じており、四章(「現在の国語諸方言に伝へられてゐる字音語のアクセント」)は日本語側での姿を論じていることは明らかである。しかし五章(「仏家に伝へられてゐる四声の音価の考察」)や七章(「古代の諸文献に見える四声の音価に関する記述の考察」)は中国語を受容した者がその音調をどう聞きなしたか、あるいは伝承したかということが

[*11]　金田一春彦 2005 ＝金田一春彦 1951 のページ番号に従う。

問題となるので、得られた結論の位置づけには解釈が生ずるだろう。外国語に接した日本語母語話者が聞きなした音から、外国語自体をどう再現していくかについては様々に困難が伴う。

　上に示した定説となっている調値のうち、とりわけ下降調の発端高度は金田一論文の中でも複数の案が示されながら、それをひとつに定めていく具体的なプロセスは必ずしも丁寧に論述されていないように見受けられる。それは金田一が結論として掲げる調値推定の論拠の大部分が、日本語として実現されたアクセントというフィルタを通して得られていることによると考えられるが、これについては金田一春彦 1951 を批判的に再検討することが必要であろう。ここでは金田一以後、字音研究や中国語音韻史研究の領域から下降調実現については異なる提案が様々になされていることを概略的に整理し、金田一の推定した調値を再検討することを試みたい。

3.1.2.2　日本語アクセントで中国声調を写し取ること

　金田一は主として現代日本（当時）の方言アクセントと歴史資料に記される四声との対応を明らかにすることによって、古代日本における四声の音調を明らかにする手法を取ったのであって、中国語原音における四声の音調を直接的には推定したわけではなかった。その古代日本における四声とはすでに日本語アクセント体系の高低認識のもとで写し取られたものであるから、原音声調に存在していた弁別的特徴はもちろん捨象されている。となれば、問題はそこで何が写し取られ、何が捨象されたのかということになるだろう。

　金田一の考え方によれば、日本語アクセントの最小構成要素は古代も低い調素と高い調素であるから、2つの高さの段階さえあればあとは調型が段位声調（level tone）的であれば低いか高いか、曲節声調（contour tone）であれば上昇するか下降するかで低平・高平・上昇・下降の4つの音調を記述することができる。ところが『悉曇蔵』で触れられるような、声調分化を経て弁別的な声調数がこの4つより多い体系の場合は、2段階では写し取り切ることはできない。もし中国語における平声軽の発端高度が日本語の高平調の高さよりも低ければ（金田一自身が『悉曇蔵』の「表」から平声軽を低い下降調と推定する）、中国語の弁別的な声調体系の調値を推定するには3段階以上（たとえば5度式

でいう 51 の下降と 31 の下降が分けられるような）を必要とすることになる。そのような中国語声調を日本語アクセントで写し取るとしたら、31 の下降をその「下降する」調型を重視して写し取るか、全体としての低さを低平に寄せて写し取るかの 2 択しかない（そうして写し取られた下降を上声点、平声軽点、平声点のいずれで記載するかは、書記の問題である）。

3.1.2.3　金田一春彦 1951 における下降調推定の根拠

　金田一が字音平声軽について触れているのは、『四座講式』に現れる軽点（「五仏家に伝へられてゐる四声の音価の考察」）と、『悉曇蔵』等の記述の 2 箇所である。『四座講式』の軽点は日本での読誦の際に連音上現れたものと見るべきであって、中国語原音に存していた下降を論じる根拠にはならない。呉音はラングレベルでは 3 声体系であり（奥村三雄 1961 他）、平声軽・入声軽も元は単字声調としては存在しなかった（沼本克明 1982, pp.424-441）。これらは「連読上の声調変化」（沼本氏）によって生まれたという（本来低平調である入声字が音節末が高い上声字または去声字に後接した時に、順行同化を生じて高平調化し、それが入声軽と把握された、というような経緯を辿って）。金田一は『四座講式』における平声軽・入声軽は「例が少ない」とするが、後から生じた音調であることが関係していよう。

　また字音平声軽を論じるためには漢音資料を扱わねばならないがここではそもそも呉音による読誦音が分析の対象となっている。とすれば、根拠を持って金田一が論じているのは『悉曇蔵』等の記述のみということになる。低平・高平・上昇の推定とは異なり、下降のみは他の音調に比べて希薄な根拠のうえで論じられているわけである（下降拍が存在したことの予見は和語についてなされているのみである）。金田一は (1) 四声家　心空『法華経音訓』(1386)、(2) 六声家　安然『悉曇蔵』(880)　明覚『悉曇要訣』(1101 以後)、(3)　八声家　信範『悉曇秘伝記』(1286)*12 の記述をもとに表 3.2 のような音調についての整理を行っている（去声・入声は省略）。ただし、表に現れる H、M、L（金田

＊12　金田一は「信範『悉曇秘伝記』は、飯田利行氏に従へば、「八声ノ事」として次のやうな記述を載せてゐる由である」(p.147) とするが、実際は了尊『悉曇輪略図抄』(1287) に記載がある。

262　3.1　字音声調から漢語アクセントへ

一は傍線で音調を表示）の３段階は、例えば平声軽について、六声家でのHL
と八声家のMLをもって六声家が高降りととらえ八声家が低降りととらえた、
というふうに理解するべきではないだろう。どちらも原音の下降を捉えたこと
は同じであるが、六声家の記述からは二段観、八声家の記述からは三段観が要
請されたと考えるべきで、六声家の記述から推定される原音はHLでもMLで
も構わない。ことは日本側の聞きなしにあると考えられる。

		四声家：法華経音義	六声家：悉曇要訣	八声家：悉曇秘伝記
平声	軽	低平調　LL	下降調　HL	低下降調　ML
	重		低平調　LL	低平調　LL
上声	軽	高平調　HH	高平調　HH	高平調　HH
	重			上昇調　MH

表 3.2：四声家・六声家・八声家の記述から推定される音調（一部）

3.1.2.4 　他の研究者による『悉曇蔵』からの調値推定

　さて、『悉曇蔵』に記される諸家の四声のうち、平声・入声にのみ軽重の区
別を持つ六声家の「表（袁）」は、天台宗の漢音声明に現れる音調の別とよく
一致することが知られており（頼惟勤 1951）、また六声体系は日本漢字音資料
（漢音）では最も中心的であったことも多くの資料から知られるところである
（沼本克明 1982，pp.955 他）。この意味では六声体系の音調を金田一以降の研
究者がどのように推定してきたかをひととおり見ておくことが下降音調を考え
る上では必要と考えられるだろう。

　天台宗の漢音声明を分析した頼惟勤 1951 では「戒品」の博士の分布から表 3.3
に示すような調値が推定される[13]。『悉曇蔵』「表（袁）」については、頼惟勤
1968 に基づいた。平声は「表則平聲直低有輕有重」[14]とあるから、ほぼ平ら

＊13　調値は実際には図示されており５度式の表示法で示されているわけではないが「仮
　　に発端高度を３段に分ければ」と記されていることを手がかりに、相互の高さを５度
　　式の表示に置き換えることは可能である。ここでは頼惟勤の調値を３段の基準ととも
　　に図示した沼本克明 1982，pp.958 も手がかりとしながら５度式の表示に置き換えた。
＊14　我日本國元傳二音。表則平聲直低有輕有重。上聲直昂有輕無重。去聲稍引有輕無重。
　　入聲徑止無内無外…（下略）（『悉曇蔵』巻 5，『大正新脩大蔵経』による）

な音調と推定しているようである。入声は「入聲徑止無内無外」とあり軽重は区別しないかのようだが、頼は「あるほうが自然と思われる」として一覧表では軽重を分けて調値を推定している。

| | | 天台宗の漢音声明 | | 『悉曇蔵』 |
	発端高度	高度変化	調値	「表」の調値
陰平	羽＞徴	強い下降	*53	*32
陽平	徴＞羽	下降性を帯びた平板	*21	*21
陰上	徴≒羽	平板と上昇の中間	*35	*34
陽上	去声に合流		*15	*15
去声	徴	強い上昇		
陰入	羽	やや下降性を帯びた平板	*54	*44
陽入	羽＞徴	やや上昇性を帯びた平板	*24	*22

表3.3：頼惟勤による調値推定

悉曇学の立場からの分析である馬渕和夫 1962、『悉曇蔵』の用語を詳細に分析した遠藤光暁 1988、恐らくは現代官話諸方言の調値（平山久雄 1984）も参考にしたのではと思われる平山久雄 2002[*15] にそれぞれ掲げられる音調も表 3.4 に示す。このほか表には含めなかったが、金田一と同じ推定を行う平田眞一朗 2004・2005 がある。

	馬渕和夫	遠藤光暁	平山久雄
陰平	*22	*33	*31
陽平	*11	*11	*11
陰上	*55	*55	*55
去声	*15		*214

表3.4：馬渕和夫・遠藤光暁・平山久雄による調値推定

以上の検討から、頼惟勤 1951 は平声軽を *53 のように発端高度を高く見積もっているのに対し、馬渕和夫 1962・遠藤光暁 1988・平山久雄 2002 はそれよりは低い発端高度を想定していることが分かる。このような発端高度が掲げられたのには、ひとつには同じ平声から声調分化したということを大きく損ね

[*15]　平山のみが「表則平聲直低有輕有重」の記述から下降調を推定しているが、この「直低」から考えられる低平性は必ずしも純粋な低平のみを指すわけではないと考えていることが示されており、低平調の一種としての下降を意図していることが分かる。

ない範囲で推定したことがあるだろうと思われる。

3.1.2.5　方言間対応による字音下降調の検討

　金田一春彦 1951 では漢音の四声に基づいて音調を推定するという手続きは取られなかったが、後に金田一春彦 1980、奥村三雄 1974 において漢音を由来とするものも含めた漢語アクセントの方言間対応が試みられている。そこでは和語をもとにした金田一の類別語彙の枠組みを漢語にも敷衍し、方言間対応が認められるかどうかが論じられている。両論文において原音に存していた下降調をどのように処理しているかは、「3.1.1 下降調と下降拍」に述べた。いまその要点を記せばつぎのとおりである。

1. 漢音陰平声の 1 字 1 拍語…和語 1 拍名詞第 2 類相当の対応が期待される。しかし奥村は同相当の漢語語彙は見られないとしている。金田一でも同様である。
2. 漢音陰平声の 1 字 2 拍語…和語 2 拍名詞第 2 類相当の対応が期待される。しかし奥村は「天（テン）」などを例示はするが語彙表には同相当の漢語を挙げていない（HL が基本形と峻別できないという方法論的な限界が背後にあると思われる）。金田一では一部に対応が見られると指摘するにとどめている。

　和語 1 拍名詞第 1 類・第 3 類相当、同 2 拍名詞 1・3・4 類相当の漢語アクセントには諸方言間の対応が認められ、上記にのみ認められにくいという不均衡は、その音調実現そのものが和語のアクセント体系に受け入れがたい特徴を持っていたからではないかと考えられる。

3.1.2.6　外国借音による検討

　この問題を解決する有効な手がかりのひとつは外国借音である日本漢字音に求められるだろう。ここでは日本漢字音の例として日本書紀歌謡の音仮名、朝鮮漢字音の例として中期朝鮮語の漢字音をそれぞれ挙げる。

■日本書紀歌謡の音仮名

高山倫明 1982・2003 他では日本書紀歌謡における音仮名と原音声調の関係が論じられている。一連の研究によれば歌謡に現れる和語に想定されるアクセントと、歌謡を記した音仮名の字音声調には、平仄でいう平（平声）がおおむね低拍に、仄（上去声）がおおむね高拍にそれぞれ当てられる関係のあることが指摘される。もし陰平声が高降りであれば、その音調的特徴は仄に近いと考えられるから高拍に当たっていることが期待されるが、そのような傾向は観察されていない。高山倫明 2012 では「陰調・陽調の発端高度を考えて、韻鏡の清・次清・濁・次濁の枠組みで細分化した表も作成した」が傾向は見いだせなかったとしており、むしろ詩文の世界で堅持されてきた平仄対立に基づく音調理解が強かったのではないかとしている。森博達 1991 他に示される、『日本書紀』α群の成立に関わった渡来系の人物が聴覚印象に基づいて中国原音を利用したと考えるほうが素直な理解とも思えるが、実際の四声の分布からはそのように理解する他ない。

陰陽が借字に関与するかという問題について森博達 1991, pp.139-145 はややふみこんだ議論をしている。森によれば唐代長安音に生じていたと考えられる全濁上声の去声への合流は、α群においては可能性として認められるという（全濁上声字が選択されにくい傾向に基づいて）。また平声のうち全濁字が多く用いられているのは、それが低平調であったために低拍を表すのに適していたことが推測されている。ただし上声字については清濁の分布傾向を示すにとどまっており、平声字については日本書紀での用字が中国語原音そのものにおける清濁（音節頭子音）の分布率とどれくらいかけ離れているかを検討しなければ、それぞれ陰陽分化の反映と断定するのは難しい。

■朝鮮漢字音

河野六郎 1968 の研究およびそれを多くの資料から発展させた伊藤智ゆき 1999・2007 では、中期朝鮮語（14・15 世紀）の漢字音が明らかにされている。

これらによれば、朝鮮漢字音は日本漢音と同様に、複層性を内部に持ちながらも概ね『慧琳音義』の体系に一致する、唐代長安音を母体音としているようである。当時の朝鮮語のアクセントは高低の対立からなる上り核アクセント体

系を有していたと考えられ、音節
に付与される音調にはL、H、R（R
は語頭にのみ現れる）があったと
いう。こうした体系が受け入れた
漢字音の種類と朝鮮漢字音の音調
の関係は表3.5に示すとおりである
（伊藤智ゆき1999をもとに作成、
日本漢音の音調は金田一春彦1951
を参照とのこと）。

調類	日本漢音	朝鮮漢字音
平声重 平声軽	低平調 下降調	L
上声 去声	高平調 上昇調	R（H）
入声重	低平調	断片的にL
入声軽	高平調	H

表3.5：日本漢音・朝鮮漢字音の四声音調

　この表で平声の軽重を区別しないことについて、伊藤は（1）中国語におい
て平声が陰陽に分かれる以前に伝わった、（2）平声軽の下降調が「低下がり調」
であったために平声重と区別されなかった、という2つの解釈をしている。（1）
の場合は朝鮮漢字音は日本漢音より早い段階で伝わったと考えることになるが、
（2）の場合は必ずしもそうとは言えない、と結んでいる。

3.1.2.7　小倉肇2014による平声軽の音調推定

　小倉肇2014では、呉音系字音の声調体系を漢音系字音とは異なるものとし
て推定している（表3.6）。ここに見られる上声を高平ではなく下降と見るのは、
日本本土祖語再建のために立てられた式音調（上野善道1988）を採用しての
ものである[16]。

　小倉によれば和語の平声軽が上声に合流する（高平化する）のに対して漢音
系字音の平声軽は平声に統合されることを勘案して、漢音系字音の平声軽は小
幅な下降調（[42]-[31]）で実現したのではないかとする。この点、「3.1.1下降調
と下降拍」でも和語と漢音系字音の平声軽が異なる振る舞いをすることに基づ
いて音調についてほぼ同じ推定をしているが、拙案では呉音系字音の平声軽を

---

[16]　式音調としての下降を字音声調体系の調値推定に導入したことを、それが意欲的
　　な推定であると評価しながらも真に必要なことだったか検討の余地はあると見る立場
　　もある（肥爪周二2015による書評）。金田一春彦1951以来の改定案となる意味での
　　インパクトは確かにあるが、諸方言における漢語アクセントにもとづいて平安末期の
　　漢語音調を推定する際に、式音調がどのように役立つかは今後の研究に委ねられている。

扱っていない。すでに述べたように呉音系字音の平声軽は上声と同様に「連音上」生まれたものであるから、原音との関係を論じる場合の声調体系は考慮しなかった[*17]。

《平声》	低降り調	[中低]	[21] の小幅な下降調
《東声》	下降調	[高低]	[51]-[41] の大幅な下降調
《上声》	下降式音調	[高中～高高]	[54]-[55]
《去声》	上昇調	[低高]	[15] の大幅な上昇調
《入声》	低降り調	[中低～低低]	[21]-[11]
《徳声》	下降式音調	[高中～高高]	[54]-[55]

表 3.6：小倉肇による呉音系字音の調値案

3.1.2.8　アクセントの体系変化前後の対応関係

　以上の検討からすると、漢音の陰平声の元になった中国語原音の発音は、低降りだったのではないか、と推測されてくる。そのため低平調と区別されにくかったのではないか。しかしそうだったとしても、高降りで実現することは全く無かったのかというとそうでもない。

　平安鎌倉期の字音声調を知るためには訓点資料などの漢文資料に付された声点を手がかりにすることがある。軽点のような微妙な位置の違いによって音調が示される場合は、それが誤写である場合や異なる差声体系間による書写の問題が関係する場合があるので、節博士のような別の手がかりがない限りはただちに調値を推測するには困難を伴う。そこで、平安鎌倉時代の字音声点から推定される漢語アクセントと、アクセントの体系変化後の漢語アクセントとの間に、和語に見られるような整合的な対応が見られるかどうかを調べることによって、体系変化前の実現調値を推定することができる（「3.2 アクセント体系変化前後に見る漢語アクセントの対応」）。

　いま漢音系字音の 2 字からなる 4 拍漢語を例に取ると、体系変化前後では表

[*17]　敢えて言えば漢語アクセントのレベルに写し取られた音調から「声調体系」を考えれば、小倉の見立ては措定し得ると考える。すなわちたとえばここに見る呉音系字音の大幅な下降調は、日本語アクセント体系における下降拍そのものかそれにかなり近い音調である、というような。

3.7 のような関係を取るものがある（群については「3.2.1.6　2+1 構造の 3 拍漢語」を参照）。

群	四声組合せ	体系変化前	体系変化後		語例
V	陰平＋陽平	HLLL	HLLL	丁寧	
			HHHL	英雄	
VI	陰平＋陰平	*HLHL	HLLL	春秋、星霜、朝恩など	
			HHHL	心肝	
IX	陽平＋陽平	LLLL	HHHL	神明、人倫、船頭など	

表 3.7：2 字 4 拍の漢語　体系変化前後のアクセント

　まず、IX 群が整合的な対応関係にあることが分かる。これは語頭隆起を生じて LLLL ＞ HHHL と変化したものと解釈される。ところが V 群と VI 群では 2 種類の対応関係が現れている。V 群の HLLL は 1 拍目のみが高いアクセント型が体系変化後も残ったもの、あるいは基本アクセントの現れと解釈できる。VI 群の *HLHL → HLLL は第 1 拍から第 2 拍にかけての下降を活かした HLLL とみなすことができる[18]　ならば V 群と同じ扱いができる。ところが両群ともに HLLL から変化したとは解釈しにくい HHHL で対応するものがある。これらは、LLLL ＞ HHHL の変化を経たと考えるのが自然な見方であろう。つまり体系前の実現調値として、陰平でありながら低平調で実現した、とみなしたほうが整合的に解釈される例も存在しているのである。

　やはり低降りを母体音に想定したほうが良いのではないかとここでも考えられる。受容する日本語側には HL と LL しかないわけで、音節全体としての音調認識として低平調に近く受け取られる場合と、下降する調型を捉えて下降で実現することがあったとここでは解釈したい。

　漢文資料の字音声点を分析した佐々木勇 2009a, pp.614-615 では、例えば『蒙求』諸本についての横断的な分析結果から 1 音節より 2 音節に多く平声軽点が観察される傾向が述べられる。しかし 2 音節に平声軽点が多く観察されるとい

＊18　中低形となるものにはアクセント型としてその形は取らなかったと考えるので ＊ を付した。

第 3 章　漢語アクセントの形成　*269*

うこの傾向も、時代が降ると音節数に限らず平声に合流していくという。もし
この現象の背後に2音節をHLで捉えるような音調実現があったとするなら、
HL＞LLになるような変化が生じたことになるが、これは考えにくい。字音
の場合は原音への規範性が高いため、平声軽は平声の異音という意識が強く働
くこと、そしてそのような規範意識や知識に支えられた平声軽と平声との区別
が、その支えの衰退によって失われたということがまずもって考えられよう。
平声軽が平声に表記上合流することがただちに音調上の変化を反映すると考え
るべきではない。

　そのように仮定することが許された上で、なお音調としてはどのように実現
したのかを問われれば、平声軽と平声が異音の関係にあるという認識から大き
く逸脱する音調はあまり自然とは考えにくいので、高降り調と低平調というペ
アで実現したとしても、伝承や学習に際して大きな労力を要したであろうこと
は想像に難くない。そうであれば、平声軽が低降りで実現したと想像すること
にもそう不具合はないと思われる。また、仮に平声軽が高降りとして実現する
ことがあったとしても、それはすでに平声の異音という関係性から離れ、日本
語アクセント体系の枠組みに接収された後のことであって、平声軽の音調を原
音との関係で探ろうとする営みとは次元の異なる話であると思われる。

3.1.2.9　結論

　以上、本項では「日本四声古義」に述べられた音調の推定は概ね現代におい
ても有効であることが確認されたものの、以後半世紀を超える研究の進展から、
特に字音四声の音調については部分的な書き換えが必要である可能性が見えて
きた。「字音下降拍」は日本語アクセント体系のなかで実現されたものについ
ては、和語に下降拍があれば同様に下降拍として実現したと考えて良いだろう。
ただしそのように写し取られた（漢音の母体となった）中国語原音においては、
低降りであっただろうと推定した。全体としてのその調値を低平拍に聞き取れ
ば低平拍に実現し、下降という調型を聞き取れば下降拍に実現することもあっ
たと考えるわけである。

3.1.3 去声字の低起性実現から考える漢語アクセントの形成プロセス

3.1.3.1 はじめに

　漢語の多くは単字の組み合わせであるから、それら漢語の音調も組み合わされたそれぞれの単字声調に対応して一定するはずである。しかし実際には声調の組み合わせが同じであっても、漢語には幾種類かの異なる音調があらわれる。この現象には資料の規範性の違いや、多数型等への類推、複合度などの個別的な要因が関与していることが指摘されてきた。本論では、従来必ずしも十分に検討されてこなかった漢語アクセントの形成プロセスの問題を取り上げる。

　2字以上からなる漢語がアクセントとして実現するには少なくとも2つの成立モデルが考えられる。1つは、外国語学習のある段階で2字以上の音調のかたまりを1つの単位と理解し、それが拍に開かれて実現するものである。その場合、構成要素であったはずの単字に立ち戻って発音を分析することはできなかったであろう。もう1つは、単字の声調が学習され、それが拍に開かれたあとで日本語アクセント体系の複合システムのなかで1つの単位をなすものである。後者は複合語が形成されるシステムとほとんど同じであったと考えられる。本論で漢語アクセントの形成プロセスと呼ぶのはこのような2つの異なる成立モデルを背景においてのことである[19]。

　前者の実現には仏典読誦や漢籍直読・訓読のような字音学習、あるいは師説継承のような学習規範の強い場を経由することが必要であったろう。そしてそこで固定化された声調の組み合わせが、規範の相対的に弱い場を経由し、日常的な場において用いられていくうちに漢語アクセントが形成されたと考えることができる。後者の実現には同様に外国語学習規範の強い場を経由したことがあったとしても、それを拍に開いて複合させる段階は日本語を複合させる力を働かせることができる場に生じていなければならない。後者を観察するには少なくとも外国語学習規範の強くない資料を用いるのが適当であると考えられる。本論で用いる『新猿楽記』諸本は和化漢文のひとつであり、漢音読み語彙と呉音読み語彙（以後漢音漢語・呉音漢語と記す）が、どちらか一方の混在というレベルを超えてほぼ同量存在していることからも、位相論的には日常的な場に

＊19　独立した字音とそれらが結合した漢語音を分ける視点は小倉肇 1983 ほかで指摘されてきた。

近く[20]、もちろんそのような規範意識も希薄であると考えられるだろう。

本論では『新猿楽記』諸本において、漢音漢語・呉音漢語それぞれの去声字がその低起性をどう実現するかに着目し、和語における複合語アクセントの成果を用いながら、それが複合プロセスと関連することを指摘する。またこのことが字音学習の方法の違いに基づくのではないかということも併せて考えることとする。

3.1.3.2　去声字における 2 つの実現形

《去》を含む漢語は声調の連接によって変化を起こす。とりわけ呉音声調については、《去・去》において後接する《去》を中低形回避のために高平調化させることが指摘されて久しい（奥村三雄 1953、奥村三雄 1957、奥村三雄 1961、桜井茂治 1959、沼本克明 1971）。この現象は《去・去》の連続が、1 語になろうとした時に、高さの山が 2 箇所に現れることを嫌ったために生じた声調の変化であるとされる。こうした説明は広義の「語アクセント化」とは言えるものの、その連接は和語における複合語アクセントと軌を一にしたふるまいとは必ずしも言えない[21]。

ところで《去・去》が中低形を回避するには、後続する《去》を低平調化させる方法があることも知られている（金田一春彦 1964, p.323、桜井茂治 1994、榎木久薫 2003・2004、石山裕慈 2009・2011、本論「2.2 漢語の声点に反映した原音性長の継承と変容」ほか）。すなわち中低形回避には次の 2 つのタイプがあったことになる。

- 高い調素に後続する《去》を高平調化する　 -H、-HH
- 高い調素に後続する《去》を低平調化する　 -L、-LL

---

[20]　佐々木勇 2009a, pp.24-41。

[21]　たとえば秋永一枝 1980, pp.156-157 では体言 2 拍＋体言 2 拍による 4 拍の複合名詞のアクセントについて「前部成素が低起式、後部成素が擡頭型 LH 型・LF 型のものはその高さを保って LLLH・LLLF 型になる傾向が強い」としている。同様の傾向は秋永一枝他 1998 でも指摘がある。

後者のタイプの中低形回避について、榎木久薫 2004 では、「熟合度の低い臨時一語」ではないかと推論し、複合度の問題が伏在することを指摘している。また上野和昭 2012 では、去声字の韻尾が十分独立せずに漢語を形成する場合とは異なり、LH の形で 2 拍に読まれたあとで「接合」した結果 LHLL 型が生まれたと推論し漢語アクセントが形成されるプロセスの違いを指摘する。《去》の低く始まり上昇する音調（低起上昇性）が、複合度と複合するプロセスのなかでどう実現するかが考察のポイントとなることが両論から示唆される。

本論ではこの 2 つのポイントを踏まえ、まず《去》そのものが漢音漢語と呉音漢語とで低起性をどのように実現させているかを確認する。そのうえで、それが上に掲げたような中低形回避にどのように関与しているかについて考える。

3.1.3.3　資料の概略

『新猿楽記』は藤原明衡の撰と伝えられる和化漢文の文献である。その内容は往来物の一種とされており、当時の人事全般にわたる事物や所作の名称が列挙されるため、語彙集に似た性格を持つ。3 本の書誌および訓点の日本語学的な特徴、および声点の特徴は「2.1.2 中世和化漢文訓読資料に現れる漢語声点の揺れ」にも示したが、以下に声点についてのみ、その概略を記す。

	古抄本	弘安本	康永本
差声体系	六声体系の名残が他本に比して強く現れる四声で、濁音表示のための双点あり。	六声体系の名残がみえる四声体系で、濁音表示のための双点あり。	四声体系、濁音表示のための双点あり。
声点の総数	墨筆 283 例（1 字漢語 23 例、2 字漢語 227 例、3 字以上の漢語 33 例） 朱筆 137 例（内訳は 1 字漢語 9 例、2 字漢語 121 例、3 字以上の漢語 7 例）。	墨筆 193 例（1 字漢語 18 例、2 字漢語 159 例、3 字以上の漢語 15 例）。	墨筆 18 例（1 字漢語 1 例、2 字漢語 15 例、3 字以上の漢語 2 例）朱筆 403 例（1 字漢語 32 例、2 字漢語 326 例、3 字以上の漢語 45 例）。

その他	本文は他本との異同から弘安九年(1286)以前の説。墨朱両筆は同時期、声点を含む訓点は鎌倉時代後期頃のものと推定されている。	仮名字体から鎌倉時代中期から後期の様相を呈するとされ、加点は奥書に示される書写の時期から大きく外れないとされる。	奥書から声点は康永三年（1344）以前によるものとみなし得る。唇内入声字に〈平〉・〈上〉の差されるものが7例あり、字音の知識を離れた音調を写し取っていると推測される。

3.1.3.4 字音系統の推定

　以下では両字とも差声のあった2字漢語を抜き出し（人名等固有名詞、国字による漢語は除く）、字音系統ごとにその調類を調べ、分類を行う。字音系統の認定は2.1.2に倣う。認定の方法について要点だけ記せば、韻書や呉音資料を用いること、声点だけではなく仮名注も参照する（ただし声点と仮名注の拠って立つ字音系統が異なる場合は基本的には仮名注を優先した）こと、語形が不明であれば川口久雄1983の読みに従う、などである。

	漢音漢語	呉音漢語	混読漢語	計
1+1	7 (10)	18 (25)	0 (0)	25 (35)
1+2	29 (36)	41 (57)	3 (3)	73 (96)
2+1	35 (46)	40 (58)	3 (6)	78 (110)
2+2	112 (150)	88 (114)	14 (19)	214 (283)
計	183 (242)	187 (254)	20 (28)	390 (524)

表 3.8：字音系統・拍構造別　全異なり語数・延べ語数

　表3.8は、差声のあった2字漢語を字音系統と拍数構造ごとに分類し、その3本の異なり語数と延べ語数を示したものである（（　）内が延べ語数）。字音系統を認定できたものはそれぞれ「漢音漢語」・「呉音漢語」とし、漢呉音混読漢語は「混読漢語」に含めた。以上、字音系統を認定できたものが合計390語524例、このうち漢音漢語が183語242例、呉音漢語が187語254例、漢呉混読漢語が20語28例である。

　次節以降では単字調値の組み合わせに《去》を含む漢語について検討を加え

ていく。

3.1.3.5 語頭環境に《去》を持つ２字漢語

　まず、語頭環境に《去》を持つ２字漢語について拍数構造ごとに、漢音漢語、呉音漢語および混読漢語に分けて語数と例数を示す。続いて２字の組み合わせごとに漢音漢語（■漢漢）、呉音漢語（■呉呉）、混読漢語（■漢呉、■呉漢）に分けて、単字の調値の組合せごとに全例を掲げた。入声字は、ここでは２拍相当に読まれるものとして処理したので、たとえば1+1構造に《去・入》《去・徳》は存在しない。[　]には当該語の出現箇所として、諸本名、前掲影印本の頁数／行数を示した。また漢語の仮名音形が一方の漢字にだけ表示されている場合は、表示されていない部分を○、単字の仮名音形が一部だけ表示されている場合は、表示されていない部分を▽で、それぞれ示した。

■ 1+1 型（漢音漢語４語６例・呉音漢語６語11例）

《去・平》（2語3例）　■呉呉（2語3例）：「倶舎」〈去上〉[康 104/03]、「五四」〈去濁平〉クシ[古 056/03]・〈上濁平〉ク○[康 086/15]

《去・東》（1語1例）　■漢漢（1語1例）：「顧私」〈去平〉コシ[古 053/09]

《去・上》（3語5例）　■漢漢（3語5例）：「貴使」〈平上〉[弘 016/18]、「画女」〈去濁上濁〉クワ○[古 063/10]・〈平濁上濁〉[康 096/02]・〈平濁上濁〉クワ○[弘 016/08]、「御所」〈平濁上〉[康 100/13]

《去・去》（4語8例）　■呉呉（4語8例）：「耆婆」〈去濁上濁〉キハ[古 062/04]・〈去濁上濁〉キハ[弘 015/05]「家治」〈去上濁〉ケ○[古 054/14]・〈上上〉[弘 017/15]・〈平平濁〉ケ○　[康 098/04]、「牛頭」〈去濁上濁〉[康 106/03]、「刺史」〈去上〉[古 070/05]・〈去上〉シシ[康 102/08]、

■ 1+2 型（漢音漢語８語９例・呉音漢語13語21例・混読漢語２語２例）

《去・平》（7語8例）　■漢漢（2語2例）：「秀才」〈上平〉[康 091/03]・〈去平〉シユサイ[弘 012/14]　■呉呉（4語5例）：「輸税」〈上平濁〉シウサイ[古 057/14]、「持戒」〈去濁平〉[康 101/03]、「俘囚」〈上上濁〉フシユ[古

072/15]「不犯」〈上平濁〉○ホム［古 068/12］・〈上平濁〉［康 101/02］、
■漢呉（1 語 1 例）：「気躰」〈去平〉キタイ［古 059/12］

《去・上》（1 語 1 例）　■漢漢（1 語 1 例）：「野水」〈上上濁〉［古 072/03］

《去・去》（8 語 12 例）　■漢漢（2 語 2 例）：「駄賃」〈去濁上〉○チム［古
060/15］、「吏捍」〈上平〉リカム［古 054/13］　■呉呉（6 語 10 例）：「醫
王」〈去上〉イ○［古 062/04］、「几帳」〈平平〉キチヤウ［康 102/02］、「胡
粉」〈上濁上〉コフン［康 106/06］、「蘇芳」〈平上〉スハウ［康 106/03］、
「翡翠」〈去濁上濁〉ヒ○［古 064/08］・〈上濁上〉ヒスイ［弘 017/02］・〈平
去〉ヒスイ［康 097/01］、「雄黄」〈上上〉ヲワウ［古 072/19］・〈平上〉
ヲワウ［弘 023/07］・〈去上〉ヲワウ［康 106/05］

《去・入》（3 語 6 例）　■呉呉（3 語 6 例）：「烏瑟」〈上入〉ウスツ／○シユツ［古
067/03］・〈去入〉［弘 018/17］、「治国」〈上濁入〉［康 102/12］・〈上濁入〉
［古 070/09］、「不熟」〈去入〉［古 057/10］・〈上入濁〉［康 088/14］

《去・徳》（4 語 5 例）　■漢漢（3 語 4 例）：「稼穡」〈去入〉カシヨク［古
057/09］・〈去入〉［康 088/13］、「夜發」〈去入軽〉○ホツ／○ハツ［古
067/06］、「理髪」〈去入軽〉リハツ［古 059/14］　■漢呉（1 語 1 例）：「過
失」〈去入軽〉クワシチ［弘 008/08］

■ 2+1 型（漢音漢語 7 語 9 例・呉音漢語 21 語 30 例）

《去・平》（9 語 13 例）　■呉呉（9 語 13 例）：「官使」〈去上濁〉○シ［古
057/10］・〈東去濁〉［古 065/12］・〈去上濁〉［弘 017/18］・〈去上濁〉［康
088/14］、「歡喜」〈去平濁〉［古 074/06］、「玄義」〈去濁平濁〉［康
104/04］、「高座」〈去平濁〉［康 102/03］、「従者」〈去濁平濁〉［古
055/03］、「身子」〈去平濁〉○シ［古 071/16］、「西施」〈去上〉［古
054/11］・〈平上〉［康 085/08］、「童子」〈上濁平濁〉［古 062/04］、「男女」
〈去平〉［古 052/13］・〈去平〉［古 058/04］

《去・東》（2 語 3 例）　■漢漢（2 語 3 例）：「貫花」〈去平〉▽ム○／クワンク
ワ［古 068/05］、「弊衣」〈平上〉ヘイ○［弘 017/18］・〈平上〉［康
098/08］

《去・上》（2 語 2 例）　■漢漢（2 語 2 例）：「愛酒」〈去上〉［康 092/05］、「太鼓」

〈去上〉○コ［康 107/06］

《去・去》(15 語 21 例) ■漢漢 (3 語 4 例):「灸治」〈平濁上濁〉［古 062/01］、「世路」〈去平〉［古 055/06］、「戀慕」〈去東濁〉［古 054/06］・〈去平濁〉レンホ［弘 008/05］　■呉呉 (12 語 17 例):「教書」〈去上〉［康 090/12］、「経書」〈去平〉［古 068/07］・〈去上〉［康 100/13］・〈去上〉［弘 019/14］、「新羅」〈去上〉［康 107/05］「造宮」〈去濁上〉○クウ［古 061/05］、「短歌」〈平上〉［古 063/05］・〈平上〉［康 095/10］、「調和」〈去濁上〉［古 054/12］・〈去濁去〉［弘 008/11］、「能治」〈去上濁〉［古 054/14］、「屏風」〈去濁上濁〉［康 100/13］「頻伽」〈上濁上濁〉［康 100/05］、「貧家」〈去濁上〉○ケ［古 057/15］、「方除」〈上上濁〉［古 059/07］・〈去上〉○チ［康 091/01］、「遠離」〈平上〉［弘 018/16］、

■ **2+2 型**（漢音漢語 25 語 34 例・呉音漢語 46 語 63 例・混読漢語 4 語 7 例）

《去・平》(22 語 26 例)　■漢漢 (6 語 6 例):「運命」〈去平〉［弘 023/15］、「近来」〈去平〉［弘 017/16］、「衆人」〈去平濁〉［古 052/03］、「大唐」〈去平〉［康 107/05］、「棟梁」〈去平〉［古 061/14］「衛官」〈去平〉［康 086/06］、■呉呉 (14 語 17 例):「淫奔」〈去平濁〉インホン［弘 019/04］、「看病」〈去平濁〉［古 062/01］、「混本」〈去平濁〉［康 095/10］、「柔軟」〈去平〉ニウナン［康 105/05］、「造殿」〈去濁平濁〉［古 061/05］・〈去濁平〉［康 093/04］、「身躰」〈去平濁〉［康 094/01］、「神拝」〈去濁平濁〉▽ム▽イ［古 070/08］・〈去濁平濁〉［康 102/12］、「精進」〈去平濁〉［康 101/03］、「端正」〈去平濁〉［弘 013/16］・〈去平濁〉タン○［康 092/10］、「寵愛」〈去平〉［康 096/09］、「人躰」〈去平濁〉［康 095/03］、「勇捍」〈平去〉ユウカン［康 091/07］、「龍脳」〈去平〉○ナウ［康 106/03］「王相」〈去平〉［康 105/06］、　■漢呉 (1 語 2 例):「遞送」〈去濁平〉タイ▽ウ／○ソウ［古 057/10］・〈去平〉タイソウ［康 088/14］　■呉漢 (1 語 1 例):「甘松」〈去平〉カンセウ／カムソウ［古 072/16］

《去・東》(5 語 7 例)　■漢漢 (5 語 7 例):「會稽」〈去去〉［古 056/11］・〈東東？〉クワイケイ［康 087/14］「遣針」〈去平〉ケムシム［古 062/01］、「炭薪」〈去平〉タムシム［古 065/13］、「奉公」〈去東〉［古 053/08］、「弄槍」〈去

入濁〉ロウサウ［古 074/03］・〈去平濁〉ロウサウ［康 107/12］、

《去・上》(4 語 7 例)　■漢漢（4 語 7 例）:「象眼」〈去上濁〉シヤウカン［古 073/04］・〈去上濁〉シヤウカン／サウ［康 106/08］、「唱礼」〈去上〉シヤウレイ［康 101/05］、「段米」〈去上〉［古 057/12］、「賣買」〈去濁上濁〉ハイハイ［古 072/16］・〈去濁上〉ハイハイ［弘 023/04］・〈去濁上濁〉［康 106/01］

《去・去》(28 語 43 例)　■漢漢（5 語 8 例）:「運命」〈去平〉［弘 023/15］、「近代」〈去平濁〉［古 052/12］・〈去平濁〉［古 059/08］・〈去平濁〉［弘 012/14］・〈去平濁〉［康 091/03］、「勝計」〈去平濁〉［古 053/04］、「進退」〈去平濁〉［古 054/12］・〈去平濁〉［古 062/09］、「濟々」〈平去濁〉セイヽニ［弘 021/15］　■呉呉（22 語 34 例）:「因明」〈去上〉［康 104/02］、「淫奔」〈去上濁〉／〈平平〉イン〇［康 100/03］、「願文」〈去濁平〉［康 090/11］、「空青」〈去濁上濁〉クン〇［弘 023/08］・〈去上〉クウシヤウ［康 106/06］、「形貌」〈去濁上〉キヤウメウ［古 059/12］・〈去上〉〇メウ［古 060/11］・〈去濁上〉〇メウ［弘 013/16］・〈去濁上〉［弘 017/02］・〈去濁平〉〇メウ［康 091/07］・〈去濁平〉［康 092/10］・〈去濁上〉［康 097/01］、「高名」〈去上〉［古 059/10］、「剛柔」〈平濁去〉〇ニウ［古 054/12］・〈去濁去〉［弘 008/11］、「紺青」〈去上濁〉コンシヤウ［康 106/05］、「人間」〈去上濁〉［古 052/11］、「人形」〈去上濁〉［康 105/06］、「先生」〈去上濁〉［古 052/06］・〈去上濁〉［古 062/07］・〈去上濁〉［康 083/04］、「相應」〈去上〉［康 101/02］、「糟糠」〈去上〉サウカウ［弘 017/09］、「代稲」〈上濁上〉タイタウ［古 057/11］・〈去濁上〉〇タウ［弘 011/05］・〈上濁平〉［康 089/01］、「燈臺」〈去上濁〉［康 102/02］、「同年」〈去濁上〉［古 054/11］、「銅黄」〈去濁上〉［康 106/05］、「貧窮」〈去濁上濁〉ヒムクウ［弘 018/12］、「容貌」〈去去〉ヨウメウ［弘 022/06］、「當千」〈上上濁〉［弘 010/08］、「睚眦」〈去濁上〉カヒサイセルニ［古 054/06］・〈上濁平〉カイサイ［康 085/04］　■漢呉（1 語 1 例）:「分明」〈去上〉［康 104/07］

《去・入》(12 語 14 例)　■漢漢（2 語 2 例）:「旱魃」〈去入軽濁〉［古 057/09］、「鶌鶘」〈去入濁〉［康 094/07］　■呉呉（10 語 12 例）:「三業」〈去平濁〉［康

101/02]、「消息」〈去入軽〉［古 059/03］・〈去入〉［康 090/12］、「成業」〈去濁入濁〉シヤウ○［弘 012/14］・〈去濁入濁〉［康 091/03］、「成熟」〈去濁入軽濁〉［古 057/09］、「青木」〈去入〉［康 106/02］、「通達」〈去入濁〉［康 104/03］、「田楽」〈去濁入濁〉［古 051/03］、「堂達」〈去濁入濁〉［古 052/07］、「明法」〈去入軽濁〉［古 058/15］、「唯識」〈去入〉［康 104/03］

《去・徳》（4 語 7 例）　■漢漢（3 語 4 例）：「勢徳」〈去入軽〉［古 053/09］、「大業」〈去○〉［弘 012/14］・〈去平濁〉○ケウ［康 091/03］、「療疾」〈去入軽〉▽ウ▽ツ［古 062/01］、■呉漢（1 語 3 例）：「短弱」〈去濁入濁〉タムシヤク［古 065/15］・〈去入軽濁〉○シヤク［弘 018/03］・〈平入濁〉［康 098/11］

　以上をもとに、語頭の《去》が実際にどのように現れるかを示したものが、表 3.9 である（数字は異なり語数、（　）内に延べ語数、［　］に異なり語数の％を示した）。まず気づくのは、〈去-〉と〈上-〉の分布について、語頭 2 拍環境のほうに〈去-〉が圧倒的に多いことである。全体としてみれば先行研究で指摘されるように上昇拍の衰退と高平拍への変化の影響を被っており、語頭 1 拍環境は〈去-〉が 20 語 23 例（漢音漢語 8 語 9 例、呉音漢語 12 語 14 例）に対して〈上-〉が 14 語 16 例（漢音漢語 3 語 3 例、呉音漢語 11 語 13 例）で〈去-〉は 6 割程度であるが、語頭 2 拍環境では〈去-〉が 89 語 119 例（漢音漢語 29語 39 例、呉音漢語 60 語 80 例）に対して〈上-〉が 6 語 7 例（呉音漢語のみ）で 9 割強となっている。これは奥村三雄 1953 以来言われるように、2 拍分の長さを持つ字のほうが去声字の低起上昇性を保持できたと説明される現象であり、本資料においても同様の傾向を確認することができる。

		語頭 1 拍環境				語頭 2 拍環境			
		漢音漢語		呉音漢語		漢音漢語		呉音漢語	
低起性保持	〈去-〉	8（9）	［79］	12（14）	［61］	29（39）	［100］	60（80）	［92］
	〈平-〉	3（4）		5（5）		3（4）		6（7）	
低起性喪失	〈上-〉	3（3）	［21］	11（13）	［39］	0（0）	［0］	6（7）	［8］

表 3.9：語頭環境：拍数・字音系統別　声点の現れ方

さて、そうすると表3.9において〈平-〉が差されるものがまず問題となる。語頭1拍環境の〈平-〉は、《去・去》（呉音漢語3語＝「蘇芳」「翡翠」「雄黄」）《去・上》（漢音漢語3語＝「画女」「貴使」「御所」）のほとんどに、〈平去〉、〈平上〉としてあらわれており、《去・平》等が〈平-〉になることはない。どちらの調値の組み合わせも《去上》型を経由し、語頭の上昇調が持っていた低い部分と、語の後半部で高くなるという特徴を《平上》型・《平去》型に捉えたものであろう[*22]。《去・上》《去・去》がRH…とLH…で現れるについては従来より指摘があり[*23]、それらによれば去声拍の持つ第一拍の低さと次拍頭で高くなる特徴を上昇拍と低拍のどちらでとらえるかという違いによるとされる。語頭2拍環境の〈平-〉は、《去・東》（漢音漢語1語＝「弊衣」）《去・去》（漢音漢語2語＝「灸治」「濟々」・呉音漢語3語＝「剛柔」「短歌」「遠離」）における《平上》型・《平去》型が目立つ[*24]。《去・東》の「弊衣」はLHF＞LHHをLLHととらえたか。「遠離」は［11補忘］に〈平上〉（LLH）[*25]、「短歌」は［01古今］に〈平上〉があり本資料の差声と一致する。「濟々」は［05色前］にも「済々 セイセイ 多威儀兒多也集也」とあり多く盛んな様を表す。『新猿楽記』では「済々成市（済々ニ市ヲ成ス）」と副詞的に用いられている。秋永一枝1980, pp.404-413によれば副詞の畳語では語の複合度に応じて単純に2語を連

---

*22 《去・去》のうち「几帳」〈平平〉キチヤウ［康102/02］と「家治」〈平平濁〉ケ○［康098/04］（〈去上濁〉ケ○［古054/14］、〈上上〉［弘017/15]）のみが《平上》・《平去》型を採らない。これらについては要因を説明できないが個別的な事情によるものとひとまずは考えたい。

*23 　秋永一枝1980, p.538では「芭蕉」《去・去》が観智院本名義抄に〈去上〉、古今集声点本に〈平上〉と現れるについて後者を「第一拍の低いLHH型が生まれた」とし、また同, pp.69-70では「めと（めど）」が古今集声点本で〈去上〉や〈上上〉になる場合が多いとしつつも「定家系統の〈平上〉型は、去声の低い部分が残って［me「ndo」のようにでも発音されたものと思われる」とする。

*24 《去・平》に「西施」〈平上〉［康085/08］（〈去上〉［古054/11]）、「勇捍」〈平去〉ユウカン［康091/07］の2例が見られるが説明がつかない。ただし「西施」は諸本間の異同からLHHだったものをLLHととらえたかと考えられる。《去・東》にも「會稽」〈東東〉クワイケイ［康087/14］とあるがこれについても事情は不明である。

*25 　節博士はアクセントの体系変化以後の［徴角］角HL-Lであり、声点の〈平上〉（LLH）といわゆる出合の関係で対応する。

280　3.1　字音声調から漢語アクセントへ

接・接合させただけのアクセントではなく、1語としてのアクセントを形成するという[26]。「濟々」は連濁を起こしていることも考えあわせ、LH + LH の連接から接合型の LHLL を経て、LLLH となって、副詞としての1語のアクセントを示したものと考えたい。その他については学習の弛緩、他の型への類推などの事情が考えられようが、いずれにしても調値との関係が不明である。

　他資料においても《去・去》（いずれも漢音）で〈平上〉〈平去〉で現れるものを見ると、［解文］に「調備」〈平上濁〉・［色前］に〈平上〉テウヒ、「利潤」〈平去濁〉がある。また［延平］に「病痾」〈平上〉がある。

　さて、表3.9に立ち返って語頭環境における《去》の現れ方を、低起性という観点から見てみたい。実数が少なく十分な比較に耐えないが、まず語頭1拍環境では漢音漢語では低起性を保持する群が79%・呉音漢語では61%で、《去》が本来持つ低起性という特徴は、漢音漢語のほうにより保持される傾向がある。次に語頭2拍環境全体でも、漢音漢語に100%・呉音漢語に92%と若干ではあるが漢音漢語のほうに同様の傾向が見て取れる。ところで、語頭2拍環境において《去》はその長さのために上昇を保持しやすく〈去〉が差されることが期待されるにも関わらず、呉音漢語のみにおいては高平調を表す〈上〉が差された例、すなわち《去・平》（1語 = 「童子」〈上平〉）《去・去》（4語 = 「睚眦」〈上濁平〉「代稲」〈上濁上〉/〈上濁平〉「頻伽」〈上濁上濁〉「方除」〈上上濁〉）、の5語が見受けられる。これらのうち「代稲」「方除」の《上上》型は諸本間で《去上》型も現れるので《去上》型＞《上上》型の変化を遂げたものと推測される。「睚眦」「代稲」の《上平》型は事情が不明だが、その他についても《去上》型＞《上上》型の変化と考えたい。つまり、漢音漢語における語頭2拍環境《去》に上声点が差されず呉音漢語にのみ見られることも、漢音漢語が低起性を保つことの徴証と考えられる。

3.1.3.6　非語頭環境に《去》を持つ2字漢語

　まず、拍数の組み合わせごとに、それぞれ字音系統を分け全例を掲げる。すでに語頭環境で掲げた例については省略して＊と記し、その数のみ示した。

---

[26]　秋永一枝 1980, pp.407 では「異々（ことごと）」について、〈平上○○〉、〈平平平濁上〉という差声を挙げ、○●○○と○○○●の両型が存在しただろうとしている。

■ 1+1 型（漢音漢語 2 語 3 例・呉音漢語 12 語 17 例）

《平・去》（9 語 10 例）　■漢漢（1 語 1 例）：「夫婦」〈平平〉フフ［古 054/11］
　　■呉呉（8 語 9 例）：「解除」〈平濁上濁〉ケ○　［康 094/14］、「健兒」〈平
　　平〉コムニ［古 070/11］・〈上平〉コニ［康 103/01］、「五畿」〈平濁上〉［康
　　102/08］、「御書」〈平濁上？〉［古 068/06］、「醜樓」〈平上〉シユル［古
　　065/02］、「地祇」〈平濁平濁〉［康 089/08］、「覩曾」〈平上〉トソ［康
　　107/12］、「繪師」〈平上〉ヱ○［康 105/01］

《上・去》（1 語 2 例）　■漢漢（1 語 2 例）：「虎歩」〈去上〉○ホ［康 100/04］・
　　〈去上コホ［弘 019/06］

《去・去》（4 語 8 例）　■呉呉（4 語 8 例）：＊

■ 1+2 型（漢音漢語 9 語 13 例・呉音漢語 16 語 25 例・混読漢語 1 語 1 例）

《平・去》（15 語 23 例）　■漢漢（4 語 7 例）：「河上」〈平去〉［古 067/07］・〈平
　　去〉［康 100/01］、「胡臭」〈平上〉コシユ［古 065/06］・〈平平〉コシウ［弘
　　017/12］、「和尚」〈平去〉［古 068/05］・〈平去〉［康 100/11］、「餘命」〈平
　　去〉［康 100/08］　■呉呉（10 語 15 例）：「外題」〈平濁上濁〉［康
　　100/14］、「古文」〈平去〉［康 100/09］、「四三」〈平上〉［古 055/15］・〈平
　　上〉［古 056/03］、「子孫」〈平去〉［古 059/11］、「字行」〈平平〉シカウ［古
　　068/04］・〈平濁上濁〉［康 100/10］・〈平濁平濁〉［弘 019/11］、「自身」〈平
　　濁去〉［古 065/15］、「衆中」〈平上濁〉［古 052/12］、「土毛」〈平上濁〉
　　○▽ウ［古 057/12］・〈平濁上〉○モウ［弘 011/05］、「野干」〈平去〉○
　　カン［康 089/09］、「巳南」〈平上〉［古 058/06］・［康 089/12］　■呉漢（1
　　語 1 例）：「露命」〈平去〉［古 054/08］

《東・去》（2 語 3 例）　■漢漢（2 語 3 例）：「居住」〈上平〉キヨ○スル［弘
　　017/16］、「輸税」〈平去〉シユサイ［康 089/04］・〈平去〉シユサイ［弘
　　011/07］

《上・去》（1 語 1 例）　■漢漢（1 語 1 例）：「美麗」〈去濁平〉［古 055/05］

《去・去》（8 語 12 例）　■漢漢（2 語 2 例）　■呉呉（6 語 10 例）＊

■ 2+1 型（漢音漢語 8 語 12 例・呉音漢語 16 語 23 例）

282　3.1　字音声調から漢語アクセントへ

《平・去》（4語8例）） ■漢漢（2語5例）：「垂露」〈平上〉スイ○［古068/04］・〈平上〉スイ○［弘019/12］・〈平上〉［康100/11］、「良吏」〈平上〉リヤウリ［古070/09］・〈平上〉○リ［康102/12］ ■呉呉（2語3例）：「長歌」〈平上？〉［古063/04］・〈平上〉［康095/10］、「頻伽」〈平上濁〉ヒンカ［弘019/06］

《東・去》（2語2例） ■漢漢（1語2例）：「天下」〈東平濁〉［古058/04］・〈東平〉［弘017/07］

《上・去》（1語1例） ■漢漢（1語1例）：「海部」〈上平〉○フ［古072/03］

《去・去》（15語21例） ■漢漢（3語4例） ■呉呉（12語17例）＊

《入・去》（2語3例） ■呉呉（2語3例）：「告書」〈平濁上〉［古059/03］・〈平濁上〉［康090/12］、「七佐」〈入上〉［康095/01］

■ 2+2型（漢音漢語25語36例・呉音漢語42語54例・混読漢語2語2例）

《平・去》（24語33例） ■漢漢（7語12例）：「営世」〈東上〉エイセイ［弘017/15］・〈平去〉エイセイ［康098/04］、「沈滞」〈平去濁〉チムタイ［古063/06］、「陳状」〈平上濁〉［康090/11］、「謀計」〈平去〉R▽フ▽イ／ホウケイ［古055/15］・〈平濁去〉ホウケイ［弘018/05］・〈平濁去〉ホウケイ［康086/15］、「妙高」〈平去〉［古051/08］、「遊蕩」〈平平〉▽ウタウ［古067/07］・〈平去〉イウタウ［弘019/03］・〈平去〉○タウ［康100/01］、「鸞鏡」〈平去〉ラム○［古064/13］ ■呉呉（16語20例）：「勘状」〈平上濁〉［康090/11］、「勘文」〈平上〉［弘021/02］・〈平去〉［康090/11］、「強縁」〈平濁去〉［古055/04］、「講堂」〈平上濁〉▽ウタウ［古061/06］、「算経」〈東上濁〉［康091/02］、「正文」〈平去〉［古068/02］・〈平去〉［康100/09］、「奏状」〈平上濁〉［古059/02］・〈平上濁〉［康090/11］、「大山」〈平濁去〉［康101/10］、「大名」〈平濁平〉［古056/16］・〈平濁平〉［弘010/11］、「長生」〈平上〉［康086/12］、「定縁」〈平濁去〉［古052/03］、「等身」〈平去濁〉［康105/05］、「道場」〈平濁去濁〉［弘018/14］、「内明」〈平上〉［康104/02］、「礼盤」〈平去〉［康102/03］、「檢田」〈平上濁〉［康103/03］ ■漢呉（1語1例）：「肝中」〈平上濁〉［弘008/06］

《東・去》（6語7例） ■漢漢（7語7例）：「弓箭」〈東平〉キウ○［古

070/07]、「興販」〈東平濁〉○ヘン［古 054/13]、「参詣」〈平去濁〉［康
099/09]、「心操」〈平去濁〉○サウ［弘 008/11]・〈平去濁〉［康 098/03]、
「青黛」〈東平濁〉▽イタイ［古 064/10]、「妖艶」〈上去〉［康 086/04]

《上・去》(2 語 4 例) ■漢漢（2 語 4 例):「水旱」〈上上〉○カン /R▽ン［古
056/16]・〈上平〉［康 088/04]、「両鬢」〈上去濁〉○▽ム［古 065/11]・〈上
去〉○ヒム［弘 017/17]

《去・去》(28 語 43 例) ■漢漢（5 語 8 例） ■呉呉（22 語 34 例） ■漢呉（1
語 1 例）＊

《入・去》(5 語 5 例) ■漢漢（1 語 1 例):「直幹」〈入上〉［康 090/15] ■呉
呉（4 語 4 例):「悉曇」〈入去〉○タン［康 101/05]、「白檀」〈入濁平濁〉
［康 106/03]、「法王」〈入去〉［古 062/13]、「緑青」〈入上〉［康 106/06]

《徳・去》(3 語 4 例) ■漢漢（3 語 4 例):「宿耀」〈入去〉［康 095/02]・〈入去〉
［康 098/14]、「筆勢」〈入平〉［康 100/10]、「百錬」〈入平〉ハクレム［古
058/14]

非語頭環境における《去》の現れ方は、前接字の影響を受けることが知られ
ており、単字調値の連続と実際の声点を対照していくのが有効と考えられる。

		《平・去》	《入・去》	《東・去》	《上・去》	《去・去》	《徳・去》	計
漢	〈-去〉	0(0)[0]	0(0)[0]	0(0)[0]	0(0)[0]	0(0)[0]	0(0)[0]	0(0)[0]
	〈-平〉	1(1)[33]	0(0)[0]	1(1)[100]	1(1)[50]	2(3)[67]	0(0)[0]	5(6)[56]
	〈-上〉	2(5)[67]	0(0)[0]	0(0)[0]	1(2)[50]	1(1)[33]	0(0)[0]	4(6)[43]
	計	3(6)[100]	0(0)[0]	1(1)[100]	2(3)[100]	3(4)[100]	0(0)[0]	9(12)[100]
呉	〈-去〉	0(0)[0]	0(0)[0]	-	-	1(1)[5]	-	1(1)[3]
	〈-平〉	2(3)[20]	0(0)[0]	-	-	2(2)[11]	-	4(5)[13]
	〈-上〉	8(9)[80]	2(3)[100]	-	-	16(22)[84]	-	26(34)[84]
	計	10(12)[100]	2(3)[100]	-	-	19(25)[100]	-	31(40)[100]

表 3.10：非語頭環境 1 拍《去》

表3.10 からは、まず非語頭1拍環境には漢音漢語・呉音漢語ともに〈-去〉がほとんどないことが見て取れる。次に漢音漢語では〈-平〉56％と〈-上〉43％とやや〈-平〉が多いのに対し、呉音漢語は〈-上〉が84％であることがわかる。漢音漢語において〈-平〉が差されるほとんどは中低形を避けたと考えられる例で、これについては次節で述べる。両字音系統ともに〈-上〉が差されるのは、去声拍が一拍語や語頭拍にのみ現れるという位置の制約（金田一春彦 1944・金田一春彦 1951）を受け非語頭で上昇調を保てなかったことによることが知られ、漢語においても同様の傾向を示す（佐々木勇 1987 ほか）ことが本論でも確認される。単字の調値の組合せに目を向けると、低起上昇形が期待される《平・去》の後項（《平上》型が漢音漢語に2語＝「垂露」「良吏」、呉音漢語に8語＝「解除」「五畿」「御書」「醜樓」「覩曾」「繪師」「長歌」「頻伽」）、呉音漢語のみ《入・去》の後項（同じく《入上》型に2語＝「告書」「七佐」）に〈-上〉が多い。また単字調値の組み合わせから中低形となってしまう《東・去》《去・去》では、用例数は少ないが漢音漢語に〈-平〉がみられるのに対し呉音漢語では〈-上〉が目立つ点が異なる。

		《平・去》	《入・去》	《東・去》	《上・去》	《去・去》	《徳・去》	合計
漢	〈-去〉	9(14)[64]	0(0)[0]	5(6)[56]	1(2)[25]	1(1)[14]	1(2)[33]	17(25)[45]
	〈-平〉	2(2)[14]	0(0)[0]	4(4)[43]	2(2)[50]	5(9)[72]	2(2)[67]	15(19)[39]
	〈-上〉	3(3)[22]	1(1)[100]	0(0)[0]	1(1)[25]	1(1)[14]	0(0)[0]	6(6)[16]
	計	14(19)[100]	1(1)[100]	9(10)[100]	4(5)[100]	7(11)[100]	3(4)[100]	38(50)[100]
呉	〈-去〉	12(13)[43]	2(2)[50]	-	-	3(4)[10]	-	17(19)[27]
	〈-平〉	2(4)[7]	1(1)[25]	-	-	6(7)[19]	-	9(12)[14]
	〈-上〉	14(17)[50]	1(1)[25]	-	-	22(33)[71]	-	37(51)[59]
	計	28(34)[100]	4(4)[100]	-	-	31(44)[100]	-	63(82)[100]

表3.11：非語頭環境2拍《去》

　非語頭2拍環境では漢音漢語・呉音漢語とも、非語頭1拍環境と比較すれば総じて〈-去〉が多い（表3.11）。ただしその内訳は、漢音漢語は45％が〈-去〉、39％が〈-平〉、16％が〈-上〉であるのに対し、呉音漢語は27％が〈-去〉、

14％が〈-平〉、59％が〈-上〉と、字音系統で傾向が異なる。すなわちこの傾向から非語頭環境の呉音漢語では、2拍分の長さがあっても低く始まる特徴を保持しにくい性質を持ち、それに対して漢音漢語では低く始まる特徴を保持しやすい性質を持つことが窺われる。同表の単字の調値の組合せを見ると、両字音系統ともに《平・去》の後項に〈-去〉がもっとも多いが、〈-上〉についていえば漢音漢語に22％（内訳は《平去》型9語・《平上》型3語・その他2語）であるのに対し呉音漢語に50％（内訳は《平去》型12語・《平上》型12語・その他5語）である点にまず着目される。次に単字調値の組み合わせでは中低形となる《東・去》《上・去》《去・去》《徳・去》に目を向けると、漢音漢語ではいずれも後項に〈平〉を差すものが多い一方で、呉音漢語では《去・去》の後項に〈上〉を差すものがほとんどであることが分かる。

　以上、非語頭環境1拍・2拍《去》の現れ方を見たが、前項に後項が低く接続するか否かという観点からまとめたものが表3.12である。表からは次のことが分かる。それは、《去》の持つ低起性が前項に接続する際、漢音漢語と呉音漢語で明らかに異なる傾向を示すということである。すなわち後接する《去》は漢音漢語では低起性が保持される傾向があり、呉音漢語では喪失される傾向にあるといえる。

		非語頭1拍環境				非語頭2拍環境			
		漢音漢語		呉音漢語		漢音漢語		呉音漢語	
低起性保持	〈-去〉	0 (0)	[56]	1 (1)	[16]	17 (25)	[84]	17 (19)	[41]
	〈-平〉	5 (6)		4 (5)		15 (19)		9 (12)	
低起性喪失	〈-上〉	4 (6)	[43]	26 (34)	[84]	6 (6)	[16]	37 (51)	[59]

表3.12：非語頭環境：拍数・字音系統別　声点の現れ方

3.1.3.7　2つの中低形回避プロセス

　前節までの分析で、《去》は漢音漢語において低起性が保持される傾向があると指摘した。この傾向のもとで中低形を回避するとすれば、《東・去》《上・去》《去・去》《徳・去》においてその後項は低平調化するのが、少なくとも和語アクセントの接合からすれば自然であるといえる。ここでは先行研究で指摘され

てきた、高い調素に後続する《去》を低平調化する中低形回避のパターンについて実例を検討し、なぜこのようなパターンが生ずるのかについて考察することとする。以下に、漢音漢語の《上・去》《去・去》について非語頭1拍・2拍例を併せて示す。

1. 《上・去》（後項に〈平〉＝3語3例）
    (a)1+1構造「虎歩」〈去上〉○ホ［康100/04］・去上コホ［弘019/06］
    (b)1+2構造「美麗」〈去濁平〉［古055/05］
    (c)2+1構造「海部」〈上平〉○フ［古072/03］
    (d)2+2構造「水旱」〈上上〉○カン/Rマン［古056/16］・〈上平〉［康088/04］、「両鬢」〈上去濁〉○▽ム［古065/11］・〈上去〉○ヒム［弘017/17］
2. 《去・去》（後項に〈平〉＝7語12例）
    (a)1+1構造　なし
    (b)1+2構造「駄賃」〈去濁上〉○チム［古060/15］、「吏捍」〈上平〉リカム［古054/13］
    (c)2+1構造「灸治」〈平濁上濁〉［古062/01］、「世路」〈去平〉［古055/06］、「戀慕」〈去東濁〉［古054/06］・〈去平濁〉レンホ［弘008/05］
    (d)2+2構造「運命」〈去平〉［弘023/15］、「近代」〈去平濁〉［古052/12］・〈去平濁〉［古059/08］・〈去平濁〉［弘012/14］・〈去平濁〉［康091/03］、「勝計」〈去平濁〉［古053/04］、「進退」〈去平濁〉［古054/12］・〈去平濁〉［古062/09］、「濟々」〈平去濁〉セイ丶ニ［弘021/15］

《上・去》の後項に〈平〉が差されるのは、（H+R＞HL、）H+LH＞HLL、HH+R＞HHL、HH+LH＞HHLL を表したものと考えられる。「美麗」は語頭の《上》を〈去〉とする点が不審だが、漢音における過剰修正による「韻書上声非全濁字の去声加点例」（石山裕慈2014）とも考えられる。［色前］に〈上平〉ヒレイとあり、体系変化後は［正節］に HLL とあるので、〈上平〉が望ましい。「美麗」〈去濁○〉○レイ［弘009/02］もあり、RLL が存在した可能性

もあったか。「両鬢」は中低形を生じているが、漢数字を含む漢語は結合の度合いが緩いという指摘があり（上野和昭 2012, pp.304-306）、漢数字に準ずる「両」と「鬢」との 2 語の段階を示したものかと考えられる*27。

　同様の例について他資料を見ると、［解文］に「永代」〈上平濁〉、「両収」〈上平〉、「虜掠」〈上平〉（［色前］〈上去〉リョリヤウ、「将門」〈上平〉）、「賄賂」〈上平〉（［色前］〈上〇〉ワイロ）があるほか、［宝物］に「史記」〈上平〉、［延平］に「感降」〈上平〉、「懇念」〈上平〉がある。

　《去・去》の後項に〈平〉が差されるのは（R+R＞RL、）R+LH＞RLL、LH+R＞LHL、LH+LH＞LHLL を表したものだろう。「吏捍」は［色前］に「吏幹」〈去平〉リカンとある。「世路」は［色前］［07 解文］に〈去平〉。「戀慕」は［古今］に〈〇平濁〉レンボ、［四座］にレンホ〈去平濁〉・十斗十（LHL）。「運命」は［正節］に LHLL。「近代」は［古今］に〈去平〉。「勝計」（ショウゲ）は［07 解文］に〈〇平濁〉、［11 補忘］に語形がショウゲで〈去平（新濁）〉［角徴］角 LH-L。「進退」は［色前］に〈去平濁〉シンタイ、［解文］に〈去平濁〉。［11 補忘］に〈平平（新濁）〉徴［徴角］（HH-HL）とあるのは呉音に基づくか。

　同様の例について他資料を見ると、［解文］に「思救」〈去平〉、「進退」〈去平濁〉（［色前］〈去平濁〉シンタイ）、［延平］に「叡念」〈去平濁〉、「宴会」〈去平〉、「瑞離」〈去濁平〉、「吏務」〈上平〉がある。この他［宝物］に「義孝少将」〈上濁平〇〇〉、「綾綺殿」〈平上平濁〉（韻書で次濁平＋次清上＋去）を含めても良いだろう。

　次に《東・去》《徳・去》についても一応見ておきたい。いまここでは十分に論じられないが、《東》は F・HL、《徳》は HH で実現したとされており、そうであれば《東・去》《徳・去》は中低形となってしまうことになる。以下に実例を示す。

1.　《東・去》（後項に〈平〉＝ 5 語 6 例）
　　(a)1+1 構造　なし

＊27　当該語が現れる文脈は「十 - 指黒、両鬢白。（十ノ指ハ黒ク、両鬢ハ白シ。）」（読み下し文は川口久雄 1983 による）。同じく漢数字を含む「十指」と「両鬢」が対句のなかで対比的に表現されていることも注目される。

(b)1+2 構造 「居住」〈上平〉キヨ○スル ［弘 017/16］、「輸税」〈平去〉
　　　　シユサイ ［康 089/04］・〈平去〉シユサイ ［弘 011/07］

　　(c)2+1 構造 「天下」〈東平濁〉［古 058/04］・〈東平〉［弘 017/07］

　　(d)2+2 構造 「弓箭」〈東平〉キウ○ ［古 070/07］、「興販」〈東平濁〉○
　　　　ヘン ［古 054/13］、「参詣」〈平去濁〉［康 099/09］、「心操」〈平去濁〉
　　　　○サウ ［弘 008/11］・〈平去濁〉［康 098/03］、「青黛」〈東平濁〉▽イ
　　　　タイ ［古 064/10］、「妖艶」〈上去〉［康 086/04］

2.《徳・去》(後項に〈平〉= 2 語 2 例)

　　(a)2+1 構造　なし

　　(b)2+2 構造　「宿耀」〈入去〉［康 095/02］・〈入去〉［康 098/14］、「筆勢」
　　　　〈入平〉［康 100/10］、「百錬」〈入平〉ハクレム ［古 058/14］

　下線を付した《東・去》の 6 例は後項に〈平〉が差されるものであるが、こ
れらを見ると古抄本では前項は〈東〉、弘安本では〈東〉と〈上〉である。す
なわち〈上平〉か〈東平〉かの違いは諸本の性質によるものにすぎず、高く始
まる音調を持つ字に続く場合のみ、非語頭環境の《去》に〈平〉が差されてい
る。このことからすると、《東・去》の〈東平〉は F+R ＞ FL ＞ HL、HL+R
＞ HLL、HL+LH ＞ HLLL を示すと考えられよう*28。

　ただし一方で〈平去〉で現れるものも 4 語 5 例あることに注意したい。これ
らは康永本と弘安本が全てである。「2.1.2 中世和化漢文訓読資料に現れる漢語
声点の揺れ」では両本の差声体系について康永本は四声、弘安本は六声の名残
が認められるとし、いずれも差声体系を良く理解しない者が移点したために、
元は〈東〉の位置だったものが平声(重)点に動いてしまった例があると考え
た。そうであれば、これらは加点段階で中低形だったということになる。しか
し漢音漢語における《去・去》の約 8 割が後項を低くする去平型をとる中で、《東・
去》では半数が中低形のまま存在し得たというのは整合的に解釈しにくい。こ

────────────────
＊28　佐々木勇 2009a，pp.602-603 では漢籍訓読資料である金沢文庫本『群書治要』を
　　資料として、平声軽(東)＋入声軽(徳)の連接において●○●▲という中低型を避け、
　　●○○△になったと指摘する。平声軽音節によって中低形が生じる場合によってもそ
　　の回避が行われていたことが知られる。

第 3 章　漢語アクセントの形成　　289

の問題についてこれ以上本論で踏み込む準備はないが、《東》の音調に関わることに問題の一因があるのであって中低形回避とは別の経緯があると考えたい。《徳・去》についても上記実例を掲げるのみにとどめておく。

さて、なぜ漢音漢語の中低形回避に後項の《去》を低く接続する方法が多く現れるのか。榎木久薫 2004 では後項《去》を低平化させるのは「熟合度の低い臨時一語」であった可能性がある、と指摘している。また上野和昭 2012 では 2 拍の《去》を挙げて「もし二拍によまれて低起性を確保したのちに接合すれば○●○○型になったであろう」と指摘している。和語の複合語を結合の強さに基づいて、分離段階（2 語）、接合段階、結合段階、癒合段階という段階を想定するという観点（秋永一枝 1999, p.133 ほか）からすれば、たとえば《去・去》が LH+LH の前部成素が持つアクセント型の特徴を生かし、また後部成素の低く始まる特徴を生かしてひとつの単位になろうとすれば、LHLL 型を取るのが接合段階にはふさわしい。すなわち低起性という音調上の特徴を保ったまま独立した R や LH 等がまず成立し、それが複合してゆくプロセスを想定することはできないだろうか。

他方、このプロセスでは呉音漢語において《去・去》に〈去上〉が差されることは説明できない。呉音の《去・去》が《去上》型で現れることは、2+2 構造で説明すれば LH+LH の連続した 1 単位のなかに音調の谷間が生ずることを避け、後項が高平調になったとするものである[29]。しかし和語における複合語

---

[29]　奥村のほか桜井茂治による「出合」の観点からの一連の言及にも同様の指摘がある。なお、「出合」についての総括的な論文である桜井茂治 1994 では、《去・去》（○●＋○●）の出合例として〈去上〉（○●●●）型のほかに〈去平〉（○●○○）型も紹介している（『四声秘伝鈔』『四声并出合読誦私記』（丁本）『四声出合私記』の記述に現れるという）。両型が現れるについては、中低型を嫌ってどちらも「鎌倉時代に安定した所属語彙をもった型として存在し、中世のアクセントの体系的な変化でも、変わらなかった比較的安定した型であった」（p.61）としており、両型振り分けの条件などについては特に触れていない。また出合を説いたものの中には、例えば『補忘記』に「上ヨリ去ニ移ル事ハ稀レ也、（中略）中臺（〈上去濁〉）無門（〈上去〉）遮遣（〈上去〉）修成（〈上去濁〉）等也各ノ上ミヲ高ク下モヲ平ラニ言之也」などとして●○●○＞●○○○、●●○●＞●●○○のように後項を低平調に実現する例も存している。しかし呉音はもと三声であって《上》は後に生まれたものであるから、本書で論ずるような伝統的な呉音とは別と考える。

が形成されるプロセスとしては、低く始まる音調が後項に位置すれば結合後も低くつき LHLL のように実現することのほうが自然な捉え方であって、呉音における現象をうまく説明しない。結合した2字漢語の後項が高平調で実現することは、低起性の放棄と捉えられる事態とも考えられ、とりわけ上昇拍衰退期以前においては、和語とは異なる特殊な事情を考えざるを得ないことになる。その特殊な事情とはなにか、ということであるが、ひとまずは呉音の発音が仏典読誦の口承性[*30]の中で実現し、それが語の発音として固定化し伝承されたものと考えたい。

　漢音の学習は字書や韻書を用いて単字の調値を学ぶ機会に支えられたとされる[*31]。平声軽音節（高下り）の衰退についても、音調上の類似から《上》（高平調）に変化するのではなく、平声重に合流することなども単字の調類に関する認識に影響を受けたという指摘もある[*32]。また、『医心方』における分析でみたように（1.2.1.6）、呉音系字音に基づく語には語単位の、漢音系字音に基づく語には単字単位の加点がなされる傾向も、このことと関連があろう。こうしたことからすれば、漢音の場合は、呉音のように仏典読誦のなかから切り出される形で漢語声調が実現し、それが固定化して漢語アクセントとなるのとは異なり、単字についての分析的な観察が先立ち、それを複合させることで漢語アクセントが実現したと考えることができる。

　もしこうしたプロセスを考えることが許されるのであれば、漢音漢語の場合には複合語アクセントに観察されるようなメカニズムが背景に働いていると想

[*30]　ここでは仏典読誦の口承性を、音節リズムで読誦する意味合いで用いている。語頭《去》にまれに上声が現れることは、連音上の変化によって生じた音韻的地位を得ていない（パロール的）上声が、後に音韻的地位（ラング的地位）を得て差されるようになったためとするのが奥村三雄 1957 以降の説である。この背景には上昇拍の衰退の影響を受け、上昇調を保てなくなったことが、仏典読誦のように音節リズムで発音されるような場においても生じたことがあったためであろう。こうした考え方は、「《去》がモーラリズムとしての2拍によって LH で実現すれば和語2拍名詞第4類のような明確な低起性を有するはずだ」という仮定によって裏側から保証されている。

[*31]　佐々木勇 2009a, p.613 では漢籍訓読資料において一音節去声が残ったことを韻書や字書からの学習の場を想定しており、また漢詩作成の必要上からとりわけ四声を意識する機会が多かったろうとしている。

[*32]　注11に同じ。

定しても良いだろう*[33]。3.1.3.5 で触れた「濟々（セイセイ）ニ」（p.281）について今一度取り上げると、副詞的に用いられた《去・去》がLHLL型を経由して１語としてより緊密なLLLH型に至ったのではないかと推定した。秋永一枝 1980，p.156 における古今集声点本の観察では、2拍名詞＋2拍名詞の複合語アクセントが前部成素が低起式で全体として上昇していく型である場合、後部成素○●はその高さを保って○○○●になる傾向が強いとされる。これが１語として緊密な癒合段階を示すとすれば、《去・去》をLHLLで実現させる接合段階からLLLHで実現させる（「濟々（セイセイ）ニ」のような）癒合段階に進んだものがあまり見られないのはなぜだろうか。あるいは呉音漢語の2+2構造に多数見られるような《平・去》を《平上》型で実現させること、すなわち後項の低起性を捨て元の音調が持つ特徴から乖離してしまうのに対し、漢音漢語が《平去》型を比較的守るのはなぜだろうか。それは漢音の学習が字書や韻書を用いて、漢語から単字の調類や調値へと分析的に戻り得たであろうことと関係があると思われる。

3.1.3.8　結論と課題

　以上の検討から、漢音漢語と呉音漢語で異なった傾向が見て取れた点を次にまとめる。

1. 語頭環境の《去》は漢音漢語では呉音漢語に比べて低起性が保持される傾向がうかがわれる。
2. 語頭2拍環境の《去》は低起性が保たれやすいが、呉音漢語のみ高平化する（〈上〉が差される）例がある。
3. 非語頭環境の《去》は漢音漢語では呉音漢語に比べて低起性が明瞭に保持されている。

＊33　桜井茂治 1994，pp.48-49 においてすでにこの指摘はなされている。ただ「「出合」による漢語アクセントの変化は、原理的に一種の《結合アクセント変化》として、とらえることができるのではないかと思われる。（中略）「出合」の大部分を占めているのは、いわゆる漢字と漢字の結合によるアクセントの法則を述べた《漢字ノ出合》と呼ばれるものである」という指摘は大筋において賛同できるものの、《去・去》を《去上》型と《去平》型の2通りに実現させているのは同じ共時体系上に働く力ではない、というのが本論の主張である。

4. 中低形の回避では漢音漢語では後項の《去》を低平化するが、呉音漢語
   では高平化する。

　この４点はいずれも漢音漢語が呉音漢語に比べて《去》の低起性を実現しや
すいことを示している。そしてこのことは、漢音では単字についての分析的な
観察が先立ち、それを複合させることで漢語アクセントが形成されたことによ
ると推論した＊34。では、呉音漢語についてはそのようなことは全くあり得な
かったか。実は、呉音漢語においても《去・去》が後項を低平化する例がわず
かにある。漢音漢語と同様に〈去平〉・〈上平〉で現れるものを取り出せば５語
６例（《去平》型３語４例「経書」「願文」「形貌」、《上平》型２語２例「代稲」「眦
眦」）が該当する。これらについても説明しておきたい。「経書」は康永本・弘
安本に〈去上〉でも現れる。「形貌」は康永本において１例〈去上〉がみられ
るほか、古抄本・弘安本にも〈去上〉で現れる。「代稲」は古抄本に〈上上〉・
弘安本に〈去上〉で現れる。「眦眦」は古抄本に〈去上〉で現れる。すなわち
呉音漢語において《去・去》の後項を低平化する例は少数でかついずれも安定
せず、高平化する例との間で揺れている。多くの呉音漢語は仏典読誦の如き口
承性の中で実現した発音を固定化させ、《去・去》を《去上》型で実現するが、
漢音漢語と同様に独立した単字同士を複合させて理解するプロセスを経ること
が、加点者によってはあったと考えることもそう不自然なことではない。たと
えば「代稲」は仏典に見られない記録語であるからそうした経緯を考えた場合
の蓋然性は高い。
　本論では『新猿楽記』の漢音漢語と呉音漢語を対象として《去》の低起性の
現れから漢語アクセントの形成プロセスを推論してきた。他資料でも同様の傾
向が見られるか検討することは必要であろう。また呉音漢語においても《去・去》

＊34　このことは、差声者に漢音と呉音の区別が強く意識され、それによって一つ一つ
　　の語の発音が決定されたということを必ずしも意味しない。語の発音はあくまでも語
　　ごとに定まっており、それを字音系統の別なく差声者が認識していたと考えるのが自
　　然であろうと考える。ここに論ずるのは、その語ごとに定められた発音がどのように
　　形成されたか、というプロセスについてであって、それが漢音と呉音で異なっていた
　　ということである。

後項を低平化する例がわずかにあることからわかるように、語の個別的な成立
年代や、あるいは位相を異にする資料での検討も必要であろう。

3.2
アクセント体系変化前後に見る
漢語アクセントの対応

3.2.1　漢字2字3拍の漢語アクセント
3.2.1.1　研究の目的

　中世前期以前の漢語声点は、主として従来それよりも古い時代の国内資料やそれをさらに遡る漢字音声調（以後「原音」ないし「原音声調」と呼ぶ）との比較を通じて、その伝統性・規範性が語られてきた。前章で報告してきた和化漢文訓読資料・和漢混淆文資料は、中国語としての伝統性・規範性という観点からすれば「逸脱」してゆく傾向を有する。伝統・規範からの逸脱という枠組みで漢語声点を捉える限り、声点が表す音調の伝統性は声調との距離によって計測されることになる。

　一般的に、知識音としての性格を持つ漢字音は、特に具象物名などの日常的な漢語を除けば、識字層による学習によって実現される以上、資料に現れた実現形とその変遷過程をそのまま言語史的な意味での歴史と見なせるかは評価が難しい[35]。また加えて、漢語が臨時的な造語性に優れていることも問題を複雑にしている。2字漢語のアクセントが一語を単位として伝承されるのか、それとも要素ごとの伝承がある時代に臨時的に結合しているのか[36]。

　ここで問題にするのは当該期の漢語声点において観察される（1）ある程度規則性が認められる共時的な現象と（2）散発的に生じており規則性は見い出しにくい個別的現象とのそれぞれが、音韻史・アクセント史のなかでどう捉えられるかという点である。（1）については漢音漢語にみられる中低形の回避に

＊35　高山知明 2002 ほか。

＊36　岡島昭浩 2009, p.113 では臨時的に一字と一字が組み合わさって二字漢語が作られるケースが漢語を対象とした日本語史研究を難しくする、と指摘している。

第3章　漢語アクセントの形成　*295*

着目する。漢音漢語は、その母体音となる中国語の声調が呉音声調に比べて複雑なため、上昇＋上昇のみならず下降＋上昇といった音調の組合せが生まれ、中低形を生ずることも多い。字音の原音声調が日本語のアクセント型（以後「ア型」と呼ぶ）に取り込まれていく過程で、古くは必ずしも十分に指摘されてこなかったそうした中低形が回避されることも近年報告される（石山裕慈 2008、本論「2.2 漢語の声点に反映した原音声調の継承と変容」）。(2) については低起上昇型間における揺れに着目する。これは例えば同じ 2 字漢語に対する〈去上〉〈平上〉といった差声の揺れが RHH 型・LHH 型・LLH 型など、低く始まり語末に向かって上昇する型の間で揺れる現象を指す）。この他、(3) 原音声調との対応に全く規則性がなく説明が困難であった例にも着目する。

　以上のような現象が言語史・音韻史のなかで捉えられるかを明らかにするために、南北朝時代に生じたアクセントの体系変化後の資料と対比する。「体系変化後側」から漢語のア型を史的に分析するに際しては、韻書等と比較することで、語頭低拍連続の高起化を含む体系変化前からの連続性が以前より指摘されており、体系変化の時期を挟む比較対照の方法はある程度の成果を上げている（桜井茂治 1957、奥村三雄 1961a、蒲原淑子 1989、上野和昭 2006b）。ただしそれらの先行研究においても、韻書ではない体系変化以前の具体的な資料に現れる声点を体系変化後の漢語アクセントと比較する試みは、ほとんどなされていない。そこで本項では、アクセントの体系変化以後の資料と対照し両者の対応を見ることで、それ以前の資料に現れる声点の史的位置づけを試みるという方法を取り、対応の有無を通じて音韻史を担うか否かの考察を行う。合わせて、体系変化前の漢語アクセントを、原音声調と体系変化後の間の歴史の線上に配置した時、どれくらいが連続的に説明できるのか＝音韻史を担っているのかを量的に把握することも試みる。

3.2.1.2　分析対象

　「漢語アクセントデータベース」[37] および「中世漢語声点資料による画像付きデータベース」[38] に含まれる資料を用いた。これらに収録される資料を、ア

＊37　詳細はアクセント史資料研究会 2011 を参照。
＊38　詳細は加藤大鶴 2014a、加藤大鶴 2014b を参照。

296　3.2　アクセント体系変化前後に見る漢語アクセントの対応

クセント体系変化の前後で以下のように分けた。なお、資料の略称は凡例に従う。

- 体系変化前資料（9 資料）
    - 古今和歌集声点本諸本、類聚名義抄諸本、将門記諸本、前田本色葉字類抄、四座講式、尾張国郡司百姓等解文諸本、宝物集諸本、平家物語諸本、新猿楽記諸本
- 体系変化後資料（3 資料）
    - 平家正節諸本、補忘記、近松浄瑠璃本

体系変化前後に資料を分け、それぞれの資料群に現れる漢語から重複するものを取り出し、推定語形、漢語形、原音、体系変化前、体系変化後に並べて一覧表にしたのが末尾の表 3.28（pp.320-333）である。推定語形は拍数や字音系統（漢音か呉音か）を考えるために便宜的に設けており、概ね歴史的字音仮名遣に沿う。厳密さには欠けるが、本研究に用いるには問題がない。原音の㊁は『広韻』や『韻鏡』に基づく漢字の音節頭子音[39]と声調を、㊁は呉音資料 に基づく声調を記す（各資料の詳細は「1.1.1.2 字音来源情報」（pp.25-29）参照）。

　本項では、まず、上記のうち 2 字 3 拍（1+2 構造・2+1 構造）で構成される漢語を対象とする。2 拍(1+1 構造)の漢語はデータ数が比較的少なく、4 拍(2+2 構造) の漢語は 1 字ごとの独立性が高いことが疑われるためである（上野和昭 2012）。2 字 3 拍の漢語のうち、分析の対象となる全語数は 193 語となった。

3.2.1.3　字音系統の推定

　字音系統の推定に先立ち、漢語の仮名音形を推定した。基本的には体系変化前資料に仮名注があればそれを参考にし、ない場合は体系変化後資料に現れる仮名音形や声点を手がかりに相互の関係に矛盾がなければその仮名音形をもとに推定する。

＊39　平声については全清音・次清音と全濁音・次濁音、上声と入声については全濁音とそれ以外の区別が音調の区別に関与する。このため平声・上声・入声のみ音節頭子音を記した。

どちらにも仮名音形がない場合は、循環論法となるが声点の組合せから字音系統を推定し、それによって仮名音形を決める手続きをとっている。以上の手続きで仮名音形と字音系統を推定し、なお不明なものはXで表した[40]。

　以下に、2字3拍の漢語を1+2構造（表3.13）、2+1構造（表3.14）に分けて示す。ア型の推定については次節に述べる。両表から、まずいずれの構造も含まれる漢音語と呉音語の割合に大差はないことが分かる。1+2構造では漢音漢語にRLL（-HLL）型がやや多く[41]、呉音漢語でもRLL（-HLL）型が多い。呉音漢語ではLLL型も目立つ。2+1構造では漢音漢語にLLH（-LLR）型、呉音漢語でもLLH（-LLR）型が多いほかLLL型とLHL型も目立つ。1+2構造と2+1構造を合わせるとLLL型が最も多く（46語24％）、次いでLLH（-LLR）型（39語20％）、HLL・FLL・RLL型（36語17％）、LHL・LHF・RHL型（21語11％）と続く。3.2.1.5で触れるように、ア型のこうした偏りは体系変化後のア型に属する語数にも影響を与えている。

	HHH	RHH	HHL	HLL	FLL	RLL (-HLL)	LLL	LLH	LHH	RHL	*RLH	合計
漢-漢	2	2	1	3	4	7	2	4	1	1	1	28(36)
漢-呉				2							1	3(4)
呉-呉		3		2		10	16	3	3			37(48)
呉-X		1				1	1		1			4(5)
X-漢						1					1	2(3)
X-呉		1										1(1)
X-X	1			1								2(3)
合計	3	7	1	8	4	19	19	7	5	1	3	77(100)
%	(4)	(9)	(1)	(10)	(5)	(25)	(25)	(9)	(6)	(1)	(4)	(100)

表3.13：1＋2構造の漢語　字音系統別

＊40　「行歩」（カウホ―ギャウブ）、「古今」（コキン―ココン）、「耳目」（ジボク―ジモク）、「天下」（テンカ・テンガ―テンゲ）、「無念」（ブネン―ムネン）のように体系前資料と体系変化後で漢呉が異なる場合は語形が異なるので分析から外している。この他、語形の違いが推定しにくくとも、声点等の組合せから漢呉が異なると判断したものもある。「子孫」は㊀全清上全清平㊂平去で、〈平去〉（呉音）[15新猿／古抄本 059-11]とHHL（漢音）[10正節]、「前司」は㊀全濁平全清平㊂去Xで、〈去上濁〉（呉音か）[07解文／早239]とHHL（漢音）[10正節]の2例がそれに該当する。

＊41　去声拍Rが高拍Hでも現れる場合は、RLL（-HLL）のように記した。

	HHH	HHF	HHL	HLL	LLL	LLH (-LLR)	LLF	LHH	LHF	LHL	*HHR	*LHR	合計
漢-漢	4	2	2	5	3	15	2	4	2	3	2	1	45(39)
漢-呉				1									1(1)
漢-X			2	1									3(3)
呉-漢				1	3								4(4)
呉-呉		2	2		17	13		5		15			54(47)
呉-X					1			1		2			4(4)
X-呉	1												1(1)
X-X					2								2(2)
合計	7	2	6	5	26	31	2	10	2	20	2	1	114(100)
%	(6)	(2)	(5)	(4)	(23)	(27)	(2)	(9)	(2)	(18)	(2)	(1)	(100)

表 3.14：2 ＋ 1 構造の漢語　字音系統別

3.2.1.4　アクセント型の認定について

■声調と音調の関係　漢字の音節頭子音・声調、および拍による音調との関係を次に示す[42]。

- 1拍字：陽類平声＝L、陰類平声＝F、陰類上声＝H、陽類上声＝R、去声＝R
- 2拍字：陽類平声＝LL、陰類平声＝HL、陰類上声＝HH、陽類上声＝LH、去声＝LH、陰類入声＝HH、陽類入声＝LL

　基本的には声調の組合せによって音調が成立し、それによってア型が形成されると考える。例えば漢語「表裏」は陰類上声「表」と陰類上声「裏」によるので、〈上上〉とあればHH+HでHHH型とみなすなどである。この他、本項では差声から可能な限りア型を推定するため次のように差声を解釈することもある。

　陰類平声字の場合は、基本的にFまたはHLとみなすものの、一律に差声からア型を推定するのが難しく、音声的環境や資料の性質を勘案し個別的に判断する。例えば「衣裳」陰類平声＋陽類平声に〈上平〉［05色前］では次のよ

---

[42]　平声の全清音・次清音を陰類、全濁音・次濁音を陽類、上声と入声の全清音・次清音・次濁音を陰類、全濁音を陽類とした。去声については陰陽を分けていない。

うな事態が想定される。古く中国語またはそれが伝承された音調を厳密に聞き分けたり発音したりする人の場合は FLL で把握されていたが、原音に対する厳密さを欠く人々の音調では HLL と聞きなされ発音されていた。それを四声体系で記述すれば〈上平〉となる。あるいは原音に対する厳密さのために実音調が FLL であったとしても四声の枠組みで記述すればやはり〈上平〉と差声せざるを得なかった。ゆえに［05 色前］の〈上平〉は FLL または HLL と解釈されることになる。「衣食」陰類平声＋陽類入声に〈平入〉［07 解文］とある例では、実音調で FLL であったものが一旦〈東入〉で差声され、移点の時に〈平入〉とされた、などと理解する。中低形が生じた場合の処理は次の「中低形の回避」にて詳述する。

■**中低形の回避**　漢音声調の組合せによっては中低形（高さの山が１語に２箇所以上に分かれる組合せ）が生ずる場合がある。そうした組合せからア型を推定する際は、以下に示す手続きによった。

1. 前項の音調を活かして中低形を回避したもの
    (a) H+LH → HLL、HH+R → HHL　例）「末座」陰類入声＋去声に〈入濁平濁〉と差声されるなど。前項の音調（高平）を活かし、後項を低平にする。
    (b) R+LH → RLL (-HLL)、LH+R → LHL　例）「世上」去声＋去声に〈去平〉と差声されるなど。前項の音調（低起上昇）を活かし、後項を低平にする。
    (c) F+LH → FLL (-HLL)、HL+H → HLL　例）「居住」陰類平声＋去声に〈上平〉、「天下」陰類平声＋去声に〈東平〉と差声されるなど。前項の音調（下降）を活かし、後項を低平とする。F+HL、F+HH は今回の調査対象には現れなかった。
2. 中低形を回避したか推定を控えるもの
    (a) F+LH　例）「披露」〈平去〉
    (b) HL+H　例）「山野」〈平上〉
    (c) HL+R　例）「夫婦」〈平去〉

本論では差声から可能な限りア型を推定するが、2. (a)〜(c)のように前項が陰類平声字で後項が陽類上声字または去声字であり、かつその差声が〈平上〉や〈平去〉である場合には、推定を控えた。たとえば、(a)「披露」〈平去〉であれば、FLH（-HLH）という中低形のほか、前項の音調を活かせばFLL（-HLL）の両様が想定されてしまい、どちらかに決することができない。3.2.1.5（p.302）以降に示すように、この語が対応する体系変化後のア型はHLLであるが、これはFLH → FLL → HLL、FLL → HLLのどちらの道筋からも説明がついてしまい、体系変化前のア型を推定する決め手にはならない。もっともどのみちFLLは経ているのだから体系変化前のア型では中低形回避がなされたと考えることは可能であろう。ただ本論では差声からア型の推定を行うため、こうした例については推定を控えた[*43]。

■**アクセント型としての妥当性**　資料から和語のア型を記述する際、特に上昇拍や下降拍についてには、声点等のアクセント記号とア型に関する体系等の知見とを付き合わせて推定を進めていく。しかし古代の漢語アクセントの場合は、ア型の研究が十分に進んでおらず、推定の材料に乏しい。

HHH	HHF	HHL	HLL	<u>FLL</u>
LLL	LLF	LLH	LHH	
<u>LHF</u>	LHL			
<u>RHH</u>	<u>RHL</u>	<u>RLL</u>		

　そこで1語として不可能なア型、すなわち前述の中低形のほかは、作業上の仮説としてひとまずあり得た型と認めて集計を行った。したがって、和語アクセントには型として一般的に認められていない型も認め、分析を行っている。上記は、本論で推定したすべてのア型である。このうち下線で示したのは和語

---

* 43　「悲嘆」陰類平声＋去声に〈平去〉と差声される一例のみは、四座講式に〈十十斗〉とあることから、例外的にLLHと推定した。陰類平声字がすべて下降音調を持っていたかについては留保が必要（3.1.1 参照）である可能性もある。

アクセントでは認められていない型である（HHF はク活用第 1 類形容詞、LLF はク活用第 2 類形容詞および第 2 類 3 拍動詞などに認められる型）。

　上昇拍 R を認めるかどうかについては、鎌倉時代には R ＞ H の変化が生じ曲調音節が消滅した（金田一春彦 1964, pp.343-344）という大筋を踏まえれば、「体系変化前」という大まかな区分設定からすると H で推定しても良かったかもしれない。しかし字音資料の場合、少なくとも記述上の規範性から、鎌倉期以降も 1 字 1 拍の漢字に〈去〉を差す状況が続く。また、和語についての〈去〉は「必ず第一音節に現れる」（金田一春彦 1951 という位置制限[*44]、その影響を受けて漢語についても R は語頭に残りやすい（佐々木勇 1987）ため、R は語頭にのみ推定し LLR は（　）に入れて示した。

■**体系変化後のアクセント型推定**　平家正節諸本、近松浄瑠璃本についてはアクセント史資料研究会 2011 にすでにア型の記載がある。補忘記からア型を推定するにあたっては、まず節博士に基づいた。節博士がなく声点だけの場合は、声点から合理的に導かれる型をア型に推定した。もちろん出合によって節博士が声点と異なる時は節博士のほうを採用している。そのほか節博士や声点がアクセントの体系変化後に相応しくない場合（体系変化後に語頭 LL- を持つ型）は、推定を控え（　）内に示した。

3.2.1.5　1+2 構造の 3 拍漢語

■**漢音漢語**　表 3.15 に 1+2 構造の漢音漢語の異なり語数をア型ごとに示し、概観する。上段は体系変化前、左端の一列に体系変化後のア型、右端に合計語数を示してある。ただし 1 つの漢語で異なるア型が推定される場合は、別個に数えてある。網掛け部分は変化前後で対応すること[*45]を示す。？欄には中低形やア型の推定を控えたものの数をまとめた。

[*44]　ただし複合語の結合度によっては非語頭にも R が現れる（秋永一枝 1998）という。
[*45]　体系変化前後で同じアクセント型であるものや連続的に説明できるものを「対応する」とみなした。たとえば体系変化前で語頭に低拍が連続するア型は変化後で連続する低の最終拍を残し高くなるア型を対応とみなすほか、曲調拍は音環境に応じて低拍・高拍に対応させている。

後＼前	HHH	RHH	HHL	HLL	FLL (-HLL)	RLL (-HLL)	LLL	LLH	LHH	RHL	?	合計
HHH	1	2					1					4
HHL						3						3
HLL	1		1	3	4	5	1	3			2	20
LHL										1		1
LXX								1				1
合計	2	2	1	3	4	8	2	3	1	1	2	29

表 3.15：1＋2構造　漢音漢語

　表から、まず体系変化前は RLL（-HLL）型が最も多いことが分かる。体系変化後は HLL 型が最も多いが、これは RLL（-HLL）・HLL・FLL 型に加え、LLH ＞ HLL の変化型が合流することによってもたらされている。網掛け部分の合計は全体の 66％（19 例 /29 例）にあたる。

　さて、表 3.22 に、3 拍（1+2 構造）の漢音漢語を示した。表は縦二重線で大きく 3 分割されており、左から原音情報、中央に体系変化前の漢語声点のうち原音との対応関係が対応するもの（中低形回避も含む）、右に対応しないものを配置した。

　原音情報では漢語の前項と後項の原音情報を記載し、さらに原音からそのまま組み合わされる音調の組合せを I から XII の群で分類した。中低形を生ずる組合せおよびア型の推定を控えたものは * を付した。「原音に対応する例・変化前」には、当該漢語と声点の代表例およびあれば四座講式の節博士を記載するとともに、そこから推定されるア型を示した（個々の具体例については末尾の表 3.28（pp.320-333）を適宜参照のこと）。「原音に対応しない例（原音から整合的に説明できない例）・変化前」も同様に当該漢語等とともに推定ア型を示した。

　原音の組合せの多くがそのまま推定ア型となるが、中低形の回避によって原音の組合せが推定ア型で統合されているものもある。VI 群の声点「世上」（去平）では *RLH の前項上昇調を生かし RLL で実現したとみられ、これは体系変化後の HLL 型とも対応する。VIII 群の「居住」（上平）は前項の高下りを音声的に聞き取り、四声の枠でとらえたものか。変化後の HLL にも対応する。

　XII 群の RHL 型（原音組合せ・推定ア型とも）は、変化後の LHL 型から顧

表3.22：1+2構造　漢音漢語

群	原音 前項	原音 後項	組合せ	原音に対応する例・節博士例 語（声点）	推定ア型 変化前	推定ア型 変化後	原音に対応しない例・節博士例 語（声点）	推定ア型 変化前	変化後 推定ア型
I	陰類上声	陰類上声／陰類入声	HHH	土産（上上）／舞楽（上濁入濁）	HHH	HHH／HLL			
II	去声	陰類上声／陽類入声	RHH	御出（去入）	RHH	HHH			
III	陰類上声	陰類平声	HHL	牡丹（上平）	HHL	HLL			
IV	陰類上声	陽類平声／陽類入声	HLL	五十（上濁入濁）／美人（上濁平濁）／尾籠（上濁平濁）	HLL	HLL／HLL／HLL			
V	去声／陽類上声	陽類平声／陽類入声	RLL	去年（去平）／扈従（去平濁・上平）／自然（去平平）／秘蔵（去平）／歩行（去平）／美麗（去濁平濁・上平）	RLL（-HLL）	HLL／HHL、HLL／HHL、HLL、HLL、HLL、HLL			
VI	去声／陽類上声	去声	*RLH	世上（去平）		HLL	世上（去去）	*RLH	HLL
VII	陰類平声	陽類平声／陽類入声	FLL	衣裳（上平）／衣食（平入）／悲暗（上平・斗斗）	FLL（-HLL）	HLL／HLL／HLL			
VIII	陰類平声	去声	*FLH	居住（上平）		HLL	悲嘆／披露（平去・十斗）	LLH／*FLH	HLL／HLL
IX	陽類平声	陽類平声／陽類入声	LLL	徒然（平平濁）／浮雲（平平濁）	LLL	HHH／HLL			
X	陽類平声	去声	LLH	和尚（平去）／辞退（平濁去）	LLH	HLL／HLL			
XI	陽類上声	陰類上声／陰類入声	LHH	茶碗（平上）	LHH	LXX	祈祷（去上）	RHH	HHH
XII	去声／陽類上声	陰類平声	RHL	故郷（去平）	RHL	LHL			

表3.23：1+2構造　呉音漢語

群	原音 前項	原音 後項	組合せ	原音に対応する名例・節博士例 語（声点・節博士例）	推定ア型	変化後 推定ア型	原音に対応しない例 語（声態・節博士例）	変化前 推定ア型	変化後 推定ア型
I	平声	平声 入声	LLL	意見 （平平）	LLL	HLL/HHL	火宅 （平上・十十斗十）	LHH	LHH
				究竟 （平平・十十十十）		HHL	二十 （上入濁ア）	HLL	HLL
				供養 （平平・十十十）		HHL	（平上）		
				五戒 （平平）		HLL	（上入濁ア）		
				自在 （平濁平濁）		(LLL)			
				次第 （平濁平濁）		HHL			
				受領 （平平濁平）		HHH			
				世界 （平平・十十十）		HHL			
				儀式 （平平・十十十）		HLL			
				胸臆 （平入）		HLL			
				火宅 （平入・十十十）		LHL			
				解脱 （平入・十十十十）		HHH			
				五十 （平濁入濁・十十十）		HLL			
				作法 （平濁ア濁・十十十十）		HHH			
				利益 （平入）		HLL			
II	平声	去声	LLH	我今 （平濁去・十十斗十）	LLH	HLL	苦海 （平上・十十斗十）	LHH	LHH
				世間 （平去）		HLL	主従 （平上）	LHH	HLL
III	去声	平声 入声	RLL	九重 （上平・斗十十）	RLL	HLL	流浪 （去上）	RHH	HHH
				悲嘆 （上平・去平）	(-HLL)	HLL	（去上）		
				非常 （上平）		HXX			
				微妙 （斗十十）		HLL			
				無性 （上平・斗十十十）		HLL			
				無念 （斗十十）		HLL			
				廻向 （去平・上平・斗十十）		HHH			
				奇特 （上入）		HLL			
				功徳 （上入毘・斗十十）		HHH			
				諸佛 （上平・斗十十十）		HLL			
IV	去声	去声	*RLH	資財 （去上）	RHH	HHH	悲涙 （上平・斗十十）	HLL	HLL
				流通 （去上）		HHH	夫人 （平平・十十十）	LLL	HHH
							夫人 （十十十）	LLH	HHH

第3章　漢語アクセントの形成　305

みれば語頭の低起性が保たれていたと考えねばならず（語頭1拍子にも関わらず）、ア型としては現れてこないが、変化後に高起 H- と対応する RHH や RLL とは性格を異にしている。

　変化後の推定ア型から全体を見るとほぼ規則的な対応が見られるものの、いくつか例外もある。I 群の「舞楽」が変化前 HHH 型と変化後 HLL 型とで対応するのは最多型である HLL 型への類推によって生じたものだろうか。V 群の「去年」[13 近松] の揺れは、音楽的特徴の影響か[46] とも考えられる。「扈従」[10 正節] の揺れは、上野和昭 2006b に「『扈従』が《口説》HHH 型、《白声》HLL 型という具合に二つの型であらわれる」とある。IX 群の「徒然」は上野和昭 2006b にも解釈があるが[47] 難しい。

　原音に対応しない例では、VI 群「世上」（去去）の RLH（古今集声点本・将門記）が挙げられる。これは中低形となるのでア型とは認められない。中低形回避の〈去平〉RLL のほうが変化後と対応する。XI 群の「祈祷」（去上）は原音にそぐわない差声だが、変化後とは対応する。低起上昇型である RHH と LHH でア型が揺れ[48]、RHH 型で残ったか。

■**呉音漢語**　表 3.16 に 1+2 構造の呉音漢語の異なり語数をア型ごとに示し、概観する。体系変化前は LLL 型が最も多く、体系変化後は HLL 型が最も多い。変化前の HLL・RLL（-HLL）・LLH 型が合流したほか、後に示す I 群の LLL 型 > HHH 型が期待されるところに HLL 型が目立つ。これは多数型 HLL 型への類推作用[49] が影響しているためと考えられようか。

　なお、網掛け部分の合計は全体の 58%（21 例 /36 例）である。

---

* 46　坂本清恵 2000、p.427 によれば、「アクセント体系変化前から●●●であったものは、変化後も●●●が多いものの高起式の有核であらわれる場合もある。変化後の有核型●●○・●○○の語例の多くが『近松』のものであり、資料のもつ音楽的特徴を考慮すべきである」としている。

* 47　詞章と譜記から、後続する助動詞との結合の関係上、HHH で現れるのではないかと推測されている。

* 48　注 23（p.280）参照。

* 49　奥村三雄 1974、蒲原淑子 1989 に、耳慣れない漢語は多数型の高起 1 型、本論でいう HLL 型で現れるという。

後＼前	RHH	HLL	RLL (-HLL)	LLL	LLH	LHH	合計
HHH	3		1	3	1		8
HHL				6			6
HLL		1	9	5	2	1	18
LHH						1	1
LHL						1	1
HXX			1				1
対応せず				1			1
合計	3	1	11	15	3	3	36

表 3.16：1＋2 構造　呉音漢語

　さて、呉音漢語の場合は、漢音漢語と異なり、下降拍 F がない分、推定ア型もシンプルである（表 3.23）。IV 群の去声＋去声は原音の組合せから唯一中低形となるが、後項を高平調で実現させることでこれを回避することは従来から指摘されている（奥村三雄 1953 ほか）。

　表 3.23 から、体系変化前については原音に対応する例がほとんどである中、8 例の対応しない例があることが見て取れる。まず I 群の「火宅」は四座講式に 3 例現れる内、2 例が LHH（十十斗斗、クヮタク）、1 例が LLL（十十十十）である（表 3.28 参照）。呉音の声調体系に入声軽は存在しないが、「連音上の声調変化の結果として出現する」こともある（沼本克明 1982, p.441）。体系変化後の推定ア型が LHL であることを勘案すれば、LHH のほうが対応すると考えるべきか。「二十」（古今集声点本）は原音との関係で考えると難しい。秋永一枝 1980, p.503 でも「二」単独では平声なのに「二十」で HLL であることに触れられている。これを受け上野和昭 2006b に「二」を前項とする漢語について述べられているが、『観智院本類聚名義抄』にも「ニシフ」〈上平濁○〉、『高山寺本類聚名義抄』に「ニジフ」〈上平濁平〉とあることを踏まえれば、体系変化前後で HLL 型だったと考えるほうが自然だろう。II 群の「苦海」「主従」（ともに平上）は、声調レベルにおいて後項の去声が平去―平上で揺れ、それぞれがアクセントレベルで LLH・LHH 型に固定し[50]、その結果が体系変化後

───────────────

＊50　注 23（p.280）参照。

と対応するのだと考えられる。III 群の「流浪」は原音とは前項のみ対応するが、体系変化前後では語全体で対応する。IV 群は特に説明が難しい。「悲涙」(上平)は去声＋去声が *RLH の前項を活かした可能性もあるが、呉音漢語に漢音漢語で観察されるタイプの中低形回避はひとまず想定せず、ここでは同じ四座講式に「悲嘆」(上平)とあることへの類推と考えておきたい。「夫人（ぶにん）」(十十・十斗) は漢音声調（㊤全濁平次濁平）の混入であろうか。

その他、「解脱」は不明である。III 群の「奇特」は、呉音の入声軽声が反映しむしろ体系変化前は HHH 型だったことを推測させる。沼本克明 1982, pp.425-426 に示されるように「九条本法華経音」巻末部声点図に「入声之軽」の語例として「奇特」が掲げられており、法華経字音読の伝承音として実現した HHH 型が体系変化後の HHH に対応すると考えたい。

■その他の漢語　表 3.17 に 1+2 構造のその他の漢語の異なり語数をア型ごとに示す。網掛け部分の合計は全体の 46%（6 例 /13 例）である。

後＼前	HHH	RHH	HLL (-HLL)	RLL	LLL	LHH	?	合計
HHH	1	1				1	1	4
HHL					1			1
HLL	1	1		2		1		6
LHL							1	1
HXX			1					1
対応せず								0
合計	2	2	2	2	1	2	2	13

表 3.17：1 ＋ 2 構造　その他の漢語

その他の漢語の具体例について表 3.24 に示す。原音との対応については必ずしも詳らかではないが、ここに掲げた 13 例のうち、6 例（「美麗」「御覧」「希代」「機根」「囲繞」「起請」（HHH 型のみ））は体系変化の前と後とで対応する。

308　3.2　アクセント体系変化前後に見る漢語アクセントの対応

表 3.24：1+2 構造　その他の漢語

分類	原音		組合せ	原音に対応する例・名例		変化前	変化後	原音声調詳細
	前項	後項		語	原音（声点・節博土例）	推定ア型	推定ア型	
漢音呉音混読	陰類上声	呉音入声	HLL	五色	（上入）	HLL	HXX	（漢次濁上全清入　平入
	去声	呉音去声	RLH	赦免	（去去）	*RLH	HHH	（漢去次濁上（呉）X（漢）
	陰類上声	呉音去声	HLH	囲繞	（上平・斗十十）	HLL	HLL	（呉去去（漢全濁平去、次濁上去
X＋漢音	X	去声	XLH	畿内	（去去）	*RLH	LHL	（漢次濁平去（呉）X平
	X	去声	XLH	美麗	（去濁平）	RLL	HLL	（漢次濁上去（呉）平X
呉音＋X または X＋呉音	平声	X	LXX	御覧	（平平）	LLL	HHL	（呉平X（漢去次濁上
	平声	X	LXX	御饌	（平上）	LHH	HHH	（漢去（呉）平X
	去声	X	RXX	希代	（去平）	RLL	HLL	（漢全清平去（呉）去X
	去声	X	RXX	衣裳	（去上濁）	RHH	HHH	（漢全清平全濁平全清平
	X	去声	XLH	機根	（去上）	RHH	HHH	（呉X去（漢）全清平全濁平全清平
X＋X	X	X	XXX	起請	（上上）	HHH	HHH/HLL	（呉平X（漢）次清上全清上
	X	X	XXX	浮言	（平濁上濁）	LHH	HLL	（全濁平次濁平次濁平（呉）上去

第 3 章　漢語アクセントの形成　*309*

3.2.1.6 2+1 構造の 3 拍漢語

■漢音漢語 表 3.18 に 2+1 構造の漢音漢語の異なり語数をア型ごとに示し、概観する。体系変化前は LLH（-LLR）型が最も多い。体系変化後は HLL 型が最も多い（HHF・HHL・LLL 型からの合流についてはすでに述べた）。網掛け部分は 46%（21 例/46 例）で、1+2 構造の漢音漢語（66%）と比べて低い。

後＼前	HHH	HHF	HHL	HLL	LLL	LLH(-LLR)	LLF	LHH	LHL	LHF	?	合計
HHH	3			1								4
HHL	1		1			1						3
HLL		1	1	3	3	7	2	1	1		6	25
HXX								1			1	2
LHH				1								1
LHL						1		1	3	2		7
LHX						1						1
LXX								1				1
対応せず		1				1						2
合計	4	2	2	5	3	11	2	4	4	2	7	46

表 3.18：2 ＋ 1 構造　漢音漢語

2+1 構造の漢音漢語について表 3.25 に示す。まず原音組合せで中低形を生じる群はそれぞれ回避したア型を推定している。III 群の *HHR を HHL 型に、XIV 群の *LHR を LHL としたことには特に説明は不要であろう。V 群の *HLH、VI 群の *HLF、VII 群の *HLR をそれぞれ HLL 型に推定するに際しては、前項の下降を生かして中低形を回避したが、その前項を六声体系で〈東〉（V 群「天下」〈東平〉［15 新猿]）、四声体系または点の意味を十分に理解しない者が移したために生じた〈平〉（V 群「褒美」〈平平濁〉［05 色前］ほか）と考える。変化後との対比では、「褒美」の LHH は［11 補忘]（[角徴] 徴：〈去上本濁〉）から音形は漢音であろうが、声点のみ呉音かもしれない。

次に原音に対応しない例について見る。III 群の「遠路」は原音で㊅（ゑんろ）次濁上去㊇（をんろ）平去であるから、〈上去〉［05 色前］は漢音漢語とした。X 群「尋所」「毛挙」は難しい。XII 群の「勝負」「進止」が原音の組合せ通りであれば LHH 型であるところ、LLH 型で現れるのは低起上昇型の枠内での揺れと考えて良いだろう。体系変化後の HLL 型は LLH 型にこそ対応する。「調子」

は原音⑳去平㉟去全清上からその由来は解釈できないが体系変化後とは対応する。「造化」は㉟全濁上去であるから《去・去》の組合せから LHH 型と LLH 型で揺れ、LLH 型から体系変化を経て HLL 型になったものが [11 補忘] の [徴角] 角サウクワ〈平上〉なのだろう。

■**呉音漢語**　表 3.19 に 2+1 構造の呉音漢語の異なり語数をア型ごとに示し、概観する。体系変化前は LLL 型が最も多く、次いで LLH 型と、LHL 型も目立つ。全体としてみれば低く始まる型が 61 例、高く始まる型が 3 例と、圧倒的に低く始まる型が多い。体系変化後は LL- で始まる型が語頭隆起を生じ、高く始まる型に変化するが、それでも LH- で始まる型のために、低く始まる型が 25 例、高く始まる型が 35 例となっており、比較的低く始まる型が多い。網掛け部分の合計は 48%（31 例 /64 例）で漢音漢語とほぼ同じである。

後＼前	HHH	HHL	LLL	LLH	LHH	LHL	合計
HHH	2		7			1	10
HHL			6	4		1	11
HLL			5	8			13
HXX			1				1
LHH				1	1		2
LHL		1	2		2	14	19
LHX					1		1
LXX			2	1			3
対応せず			1	3			4
合計	2	1	24	16	5	16	64

表 3.19：2+1 構造　呉音漢語

　2+1 構造の呉音漢語を表 3.27 に示す。原音の組合せで LLR となるものが体系変化前資料では余さず LLH 型であらわれている点で、非語頭環境に R を残す漢音と異なる。

　原音に対応しない 11 例を見ていく。II 群の「江河」（平濁平濁）[06 四座]に対する体系変化後の LHL 型 [10 正節] は説明がつかない。上野和昭 2006b では LHL を認定するなかで、認定の際に準拠しなかった諸本から HLL 型も認

第 3 章　漢語アクセントの形成　*311*

表 3.25：2+1 構造　漢音漢語

群	原音 前項	原音 後項	組合せ	原音に対応する例・節博士例 語 (声点・節博士例)	変化前 推定ア型	変化後 推定ア型	原音に対応しない例・節博士例 語 (声点・節博士例)	変化前 推定ア型	変化後 推定ア型
I	陰類上声 陰類入声	陰類上声	HHH	表裏 (上上) 礪子 (チャウシ入上) 発起 (ハッキ入平)	HHH	HHH HHH HHH			
II	陰類上声 陰類入声	陰類平声	HHF	水波 (斗斗十) 猟師 (入平)	HHF	(LLL) HLL			
III	去声 陽類上声	陰類上声	*HHR	末座 (入濁平濁)	HHL	HHL	遠路 (上去) 博士 (入去)	*HHR *HHR	HLL HXX
IV	陰類上声 陰類入声	陽類平声	HHL	夢如 (入濁平濁)	HHL	HLL			
V	陰類上声 陰類入声	陰類上声	*HLH	天下 (東平) 褒美 (平平濁)	HLL	HLL HLL	山野 (平上) 天子 (平上) 偏頗 (平上濁)	*HLH *HLH *HLH	HLL HLL HLL
VI	陰類平声	陰類平声	*HLF	参差 (シンシ・平平)		HLL			
VII	去声 陽類上声	陰類平声	*HLR	青特 (平平) 夫婦 (平平)		HHH HLL	夫婦 (平去)	*HLR	HLL
VIII	陽類平声 陽類入声	陽類平声	LLL	便宜 (ビンギ)	LLL	HLL			
IX	陽類平声 陽類入声	陰類上声	LLR	安置 (平去) 田舎 (平去) 獨歩 (入上・入去)	LLH (-LLR)	LHL HLL (LLH)			
X	陰類平声 陰類入声	陰類上声	LLH	由緒 (イウショ平上) 遊女 (平上濁) 皇女 (クワウニョ平上) 人馬 (平上) 瓶子 (平上濁)	LLH	LHX HLL HLL HLL HLL	尋所 (平濁平濁) 毛挙 (平濁平)	LLL LLL	HLL HLL
XI	陽類平声 陽類入声	陰類平声	LLF	閑居 (平平) 籠居 (平平)	LLF	HLL HLL			

XII	去声 陽類上声	聖主（去上） 大夫（去上） 放火 万里（去濁上）	LHH	HXX LXX HLL LHL	勝負（平上濁） 進止（平上濁） 調子（上上）	LHH	LLH LLH HHH	HLL／HHL HLL HHH
XIII	去声 陰類平声 陽類平声	大夫（タイフ去平） 万馬（去濁平）	LHF	LHL LHL		LHF	*LHR	HLL
XIV	去声 陽類上声 陽類平声	政務（去平） 用意（去平） 慈慕（去平濁・十斗十）	*LHR	LHL LHL HLL LHL	造化（去去）→2語	LHL	*LHR	HLL／LHL

表 3.26　2+1 構造　その他の漢語

分類	原音 前項	原音 後声	組合せ	原音に対応する名例・文例 語	声点・節博上例	変化前 推定ア型	変化後 推定ア型	原音声調詳細
漢音呉音混読	呉音入声	去声	LLR	十二	（シウジン入上濁）	LLH	（漢音）（XLL）	（呉）入平（漢）全濁入去
	呉音平声	去声	LLR	勝趣	（平去）	LLH	（XLL）	（呉）平平（漢）去去
	陽類平声	呉音平声	LLL	尋所	（平濁平声）	LLL	HLL	（呉）去平（漢）全濁平全清上
	呉音平声	次濁上声	LLH	第五	（平濁上濁・十斗十）	LLH	HLL	（呉）平平（漢）平全濁上
	呉音平声	全濁平声	LLL	長者	（平濁平濁・十斗十斗十）	LLL	HHL	（呉）平平（漢）平全清上
漢音＋X	陰類上声	X	HHX	仕事	（上平）	HHL	HLL	（呉）平平（漢）次濁上
	陽類平声	X	LLX	堂下	（平平）	LLL	LLL	（呉）平平（漢）全濁上
	陽類平声	X	LLX	堂下	（上上）	HHL	HLL	（呉）平平（漢）全濁上
呉音＋X または X＋呉音	平声	X	LLX	大赦	（平平）	LLL	HLL	（呉）平X
	X	平声	XXL	停止	（チャウシ上上）	HHH	HLL	（呉）X平（漢）全濁平全清上
	去声	X	LHX	連理	（平平・十斗十）	LHL	LHH	（呉）去X（漢）次濁平次濁上
	去声	X	LHX	官府	（去平濁）	LHH	LHH	（呉）去X（漢）全清平全清上
			LHX	三途	（去上）	LHH	LHH	（呉）去X（漢）全清平全清上
X＋X	X	X	XXX	調子	（平平）	LLL	HHH	（呉）平平（漢）全清上
	X	X	XXX	韻員	（平平）	LLL	HHL	（呉）X X（漢）去去

第3章　漢語アクセントの形成　313

表3.27：2+1構造　呉音漢語

群	原音 前項	原音 後項	組合せ	原音に対応する例・節博士例 語（声点・節博士例）	推定ア型 変化前	変化後 推定ア型	原音に対応しない例・節博士例 語（声点・節博士例）	推定ア型 変化前	変化後 推定ア型
I	平声・入声	平声	LLL	障子 (平平)	LLL	HHH/HLL			
				勝地 (平平)		HHH			
				大地 (平濁平・十十十)		HLL			
				第二 (平濁平濁)		LHL			
				女御 (平平濁)		HHH			
				本意 (平平)		HHL			
				梵字 (平濁平濁)		(LLL)			
				横死 (平濁平濁)		HLL			
				一樹 (十十十)		HXX			
				十四 (十濁平)		HHL			
				嫡子 (チャクシ入平)		HHH			
				得意 (入平)					
				発起 (入平)					
				拍子 (入平)					
II	平声・入声	去声	LLR	遠離 (平上)	LLH	HLL	江河 (平濁平濁)	LLL	LHL
				証拠 (平上)		(LLH)	大師 (十十十)	LLL	HLL/HHL
				大慈 (平濁上濁・十十十濁)		HLL/HHL	論議 (平平濁)	LLL	HHH ?
				大夫 (ダイブ平濁上濁)		HHL			
				住持 (平濁上濁)		HLL			
				一期 (イチゴ入濁上濁)		HLL/HHL			
				楽器 (入濁上濁)		(LLH)			
				十九 (入濁上濁)		HLL/HHL			
				十五 (入濁上)		HLL			
				法華 (入上)		(LLH)			
				法師 (平上)		HLL			
III	去声	去声	*LHR	柔和 (去上)	LHL	LHH	令旨 (上上濁)	HHH	HHH
				屏風 (去濁上濁)		LXX	相違 (上上)	HHH	HHH
				凡夫 (十斗斗)		LHX	長時 (去上濁)	LLH	LHH
							先祖 (去平濁)	LHL	LHL

IV	去声	平声	LHL		LHL			LHL	HHL	HHH
				因果（去平濁）	LHL				HHL	HHH
				今夜（去平濁・十斗十）	LHL				HHL	LHL
				最惬（去平濁・十斗十）	LHL				LHH	LHL
				生死（去平昆・十十十斗十）	HHH/LHL				LHH	LHL
				勝計（去平濁）	LHL					
				瞳志（去平）	LHL			讓位（上平）		
				新古（去平）	HHL			童子（上濁平濁）		
				身子（去平昆・十斗十）	LHL			成就（去上・十斗十斗濁）		
				随喜（去濁平・十斗十）	LHL			男子（去上）		
				前後（十斗十）	LHL					
				難化（十十十）	LHL					
				男女（去平）	LHL					
				文字（去平濁・十斗十）	LHL					

第3章　漢語アクセントの形成　*315*

めるべきかとする（それでも体系変化後が HLL 型だったとすれば、[06 四座]から読み取れる LLL 型とは直接的に対応しないが）。「大師」（十十十）[06 四座]は [13 近松] の HHL とは対応する。「論議」（平平濁）[05 色前]に対する [11 補忘] の〈徴徴・平平濁〉は声点は同じであるのに、節博士の説明がつかない。本分析に用いなかったが名目抄に HHL があり（『日本語アクセント史総合資料　索引篇』）、[05 色前]によるア型推定とは対応する。III 群の「令旨」「相違」の HHH 型は漢語前項の去声音節が上昇を保てず高平調で実現し、それが HH- 型として固定したか（IV 群の「童子」も同様の事情が想定できそうである）。体系変化後の HHH 型もこのことを支持する。「長時」の LLH 型は LHH 型との間で揺れ、LHH 型が体系変化後につながるものと思われる。IV 群の「成就」「男子」は前項 LH- のみ体系変化前後で共通するが、ア型としては体系変化後と原音組合せによる LHL 型とが対応する。「譲位」は原音組合せ・体系変化前・体系変化後が三者相互に説明ができず、事情はわからない。

■**その他の漢語**　表 3.20 に 2+1 構造のその他の漢語の異なり語数をア型ごとに示す。網掛け部分の合計は 36%（5 例 /14 例）である。

後\前	HHH	HHL	LLL	LLR-LLH	LHH	LHL	合計
HHH			1				1
HHL			2				2
HLL	1	2	3	1			7
LHL						1	1
LHH					1		1
XLL				1			1
対応せず				1			1
合計	1	2	6	3	1	1	14

表 3.20：2 ＋ 1 構造　その他漢語

その他の漢語について表 3.26 に示す。ここに掲げた 12 例も字音系統がはっきりせず、原音との関係を明確に定めがたい。体系変化前後の対応で見ると、規則通りに対応する 6 例（「連理」「三途」「第五」「長者」「贔屓」）、これに変化後の HLL 型が HHL 型からさらに変化したものと捉えられるのであれば、

さらに5例（「往事」「堂下（平平）」「大赦」「尋所」）も対応が整合的な例に加えることができるだろう。

3.2.1.7　まとめと課題

　以上のまとめおよび結論と課題について述べる。まず、体系変化前資料において以前から報告されてきた以下に示す現象は、体系変化後の推定ア型と対応することが説明できた。つまりある時代に臨時的に生じた現象ではないことが分かった。

1. 漢音漢語における中低形の回避（1+2構造VI群・VIII群、2+1構造III群・V群・VI群・VII群・XIV群）。
2. 低起上昇型間での揺れ
   - 原音からLHH型が期待されるところ、LLH型で現れる現象（2+1構造漢音XII群「勝負」「進止」、呉音III群「長時」）。体系変化後はHLL型（「長時」は除く）に対応する。
   - 原音からLLH型が期待されるところ、LHH型で現れる現象（1+2構造呉音II群「苦海」）。体系変化後は「苦海」がLHH型に対応する。
   - 原音からLHH型が期待されるところ、RHH型で現れる現象（1+2構造漢音XI群「祈祷」）。体系変化後、HHH型に対応する。
3. その他、原音と対応しない例
   - 拍構造、字音系統を問わず、原音と対応しないが体系前後で対応する個別的な現象（2+1構造漢音漢語XII群「調子」など）。

　これらにより、韻書との距離によって「学習の弛緩」の度合いを探るのとは異なり、体系変化後のア型と対照することで体系変化前の声点が音韻史を担えるかを問う方法の有効性が改めて確認された。中低形と低起上昇型間の揺れ、および単に原音からは説明のつかないア型が体系変化前後で対応する関係であること、なかでも語頭における低拍連続に生じた高起化が見られる場合は、すなわちこれらが和語アクセントに融和し、音韻史を担ったのだということを意

味しよう。3のような現象の存在は、体系変化前のア型から見れば、そこに原音の規範性をただ失うのではなく新たな体系の力（類推のような）によって再構成されたものが含まれることを示すと考える。

　次に、アクセント史を担う漢語の変化を極めて概略的ながら量的に示してみる。表3.21の「原音と体系変化前」は、3.2.1.5・3.2.1.6で示した表3.22・3.23・3.24、および表3.25・3.27・3.26において、原音に対応する例と対応しない例を比較し、対応例の％を示したものである。対応しない例には上に示すように揺れで解釈できるものもあるが、全体を概略的に捉えることを目的としてそのまま数を出している。「体系変化前後」は3.2.1.5節・3.2.1.6節で掲げた表のうち網掛け部分の％である。全体としてみれば変化前は原音との対応度が総体として高い。これは本研究で取り上げた変化前の資料が原音の規範から相対的に自由でないことを示しているのだと考えられる。

構造	字音系統	原音と体系変化前	体系変化前後
1+2	漢音	86％対応（24例対応・4例非対応）	66％対応
	呉音	78％対応（29例対応・8例非対応）	58％対応
	その他	―	46％対応
2+1	漢音	73％対応（32例対応・12例非対応）	46％対応
	呉音	80％対応（44例対応・11例非対応）	48％対応
	その他	―	36％対応

表3.21：原音・体系変化前・体系変化後の対応率

　ところで、2+1構造より1+2構造の対応度が高いのはなぜだろうか。体系変化前後欄についてもう少し精度を上げるために、表3.22・3.23・3.24、および表3.25・3.26・3.27から＊付きの中低形と「対応せず」およびア型が不明なものを母数から外し、さらに変化前LLL型やHHL型に対する変化後HLL型も対応するとみなして計算しても、1+2構造の漢音漢語は78％（21例/27例）・呉音漢語は79％（26例/33例）、2+1構造の漢音漢語は67％（26例/39例）・呉音漢語は56％（37例/66例）であって、若干両者の差は縮まるものの依然として1+2構造に対応度が高い。変化前の推定ア型でみると、2+1型には陽類平声（および呉音平声）由来のLL-型が多い。これらの型に体系変化後と対

318　　3.2　アクセント体系変化前後に見る漢語アクセントの対応

応しない例が散見するが、要因を考えるのは難しい。データの拡充を待ってこの傾向について再検討したい。いずれにしても、本分析によれば原音と体系変化前で7〜9割程度、体系変化前から体系変化後まで5〜7割程度が連続的に説明できるというわけである。

　本研究では分析しなかった原音と体系変化後だけが対応するケースの存在や、そもそも音韻史を担う例とそうでない例には音声的特徴・語彙的特徴、あるいは日常的な使用の度合いのいずれがどの程度関与しているのかといったことなど、検討すべき課題は多い。

表 3.28：原音・体系変化前・変化後　対照語彙表

推定語形	漢語形	原音	体系変化前	体系変化後
あんぢ	安置	漢全清去去(呉去去)	平上濁 アンチ [05 色前 /2-039b-2]	去平〈新濁〉[11 補忘 / 元 114-3]
いうじよ	遊女	漢次濁平次濁上	平上濁 イクチヨ [05 色前 /1-012b-4], 平〇イクリー [05 色前 /2-028b-2], 〇上濁イウ〇 [15 新猿 / 古抄本 067-06]	遊女 HLL [13 近松]
いけん	意見	呉平平	平平イケン [05 色前 /1-012b-6]	ゐけん・いけん HLL/HHL [13 近松]
いしやう	衣裳	漢全清平全濁平(呉平平X)	上平上濁イシヤウ [05 色前 /1-013b-6], 去上濁〇シヤウ [07 解文 / 早 115]	いしやう HLL [13 近松]
いしよく	衣食	漢全清平全濁入	平入 シヨク [07 解文 / 早 212]	いしよく HLL [10 正節]
いちご	一期	呉入平	入上濁イチゴ [05 色前 /1-013a-5]	いちご HLL [10 正節]. 一期 HHL [13 近松]
いちじゆ	一樹	呉入平	入平濁 / ナナ十十(十)イチジユ(ト)[06 四座 / 涅 19-07], 入〇/ナ十十十(十)イチシユ(ト)[06 四座 / 涅 19-08]	いちじゆ HXX [10 正節]
いんぐわ	因果	呉去平	去平濁 インクワ [05 色前 /1-012b-5]	[角 徴]角：去平〈新濁〉[11 補忘 / 元 204], いんぐは LHL [13 近松]
がうが	江河	呉平去(漢全清平全濁平)	平濁平濁 カウガ [06 四座 / 涅 10-02]	がうが LHL [10 正節]
がこん	我今	呉平去	平濁去 / ナ十斗カ コン [06 四座 / 涅 08-07]	餓角○コン：平〈本濁〉去 [11 補忘 / 元 61-6]
がくき	楽器	呉入平(漢次濁入去)	入濁上濁カツキ [05 色前 /1-109a-7]	角 徴：入〈本濁〉上 [11 補忘 / 元 61-6]
かんきよ	閑居	漢全濁平全清平	平濁平濁 カンキヨ [05 色前 /1-109a-4]	かんきよ HLL [10 正節]
きこん	機根	呉X去(漢全清平全清平)	去上キコン [05 色前 /2-064a-4]	微 徴：上上 [11 正節]
きしき	儀式	呉平入	平入キシキ [05 色前 /2-061b-3]	きしき HLL [10 正節].上〈本濁〉入 [11 補忘 / 元 123-4]
きしやう	起請	呉平平(漢次清上全清上)	上上キシヤウ [05 色前 /2-063a-2]	きしやう HHH [10 正節].上 [11 正節].さしやう HLLL [13 近松]
きたい	希代	漢全清平全濁X	去平キタイ [05 色前 /2-063a-3]	きたい HHH [10 正節]
きたう	祈祷	漢全清平全清上	去上キタウ [05 色前 /2-061a-4]	きたう HHH [10 正節]

読み	漢語	声点	文献A	文献B
きちやう	議定	優夫平優去去	平平キチヤウ [05 色前 /2-063a-2]	きちやう HXX [10 正節]
きとく	奇特	優夫入	上入キトク [05 色前 /2-063b-6]	上態〈本濁〉 [11 補忘 / 元 124-5]
きない	畿内	優次濁平去優X平	去去 [04 将門 /2-063b-1]	きない LHL [10 正節]
きしゆつ	御出	優去清次清入	去入 [05 色前 /2-063b-2]	きよしゆつ HHH [10 正節]
きよぢゆう	居住	優全清平去優上平	上平キョ○スル [15 新猿 / 弘安本 017-16]	きよぢう HLL [10 正節]
きよねん	去年	優去次濁平	去平 [05 色前 /2-060b-7]	きよねん・去年 HLL/HHL [13 近松]
〈おく	胸臆	優平入	平入 / 十十 (斗) クヲク (ラ) [06 四座 /涅 07-05], 平入 / 十十十 (十) クヲク (ノ) [06 四座 /涅 14-05]	胸臆クヲク HLL [11 補忘 / 元 92-3]
〈かい	苦海	優平去	平上 / 十斗斗 (十) クカイ (モ) [06 四座 /涅 04-04]. 平上 / 十斗斗 (十) クカイ (二) [06 四座 /涅 15-10]. 平上 / 十斗斗 (十) クカイ (ノ) [06 四座 /涅 17-10]. ○上 / 十斗斗 (十) クカイ (ハ) [06 四座 /涅 24-02]	角胸 : 平上 [11 補忘 / 元 90-1]
〈きやう	究竟	優平平	平平 / 十十十 (十) クキヤウ (ズ?) [06 四座 /涅 13-10]	胸 [胸角↓シ?] 角角 : 平平 [11 補忘 / 元 92-4]
〈ぢゆう	九重	優去平	上平 [05 色前 /2-061b-1]	〈ぢう HLL [10 正節]
〈どく	功徳	優去入	上入昆 / 斗十十クトク [06 四座 /涅 02-09], 上入昆 / 斗十十クトク [06 四座 /涅 04-09]	〈どく HLL [10 正節], 上入〈新濁〉 [11 補忘 / 元 38-3]. 〈どく HLL [13 近松]
〈やう	供養	優平平	平入 / 十十十 (十) クヤウ (ズ?) [06 四座 /涅 12-07]. 平平 / 十十十 (斗) クヤウ (シ) [06 四座 /涅 13-06]. 平平 / 十十十 (十) クヤウ (ラ) [06 四座 /涅 15-01]	〈やう HHL [10 正節]. 徴 [徴角↓ス / 元 49-3]. 平平 [11 補忘 / 角], 平平 [11 補忘 / 元 〈上新濁〉, 角], 平平 [11 補忘 / 元 92-1]
〈わうによ	皇女	優X平優全濁平次濁上	平上クワウニョ [01 古今]	〈わうにょ HLL [10 正節]
〈わしやう	和尚	優全濁平去	平去 [15 新猿 / 古抄本 068-05]. 平去 [15 新猿 / 康永本 100-11]	胸角クワ○○ : 平去 [11 補忘 / 元 90-4]

推定語形	漢語形	原音	体系変化前	体系変化後
くわたく	火宅	(漢)全清入全清(呉)平入	平態／十十斗斗（斗）クワタク（ ）[06四座／逬04-03]、平入／十十十十（十）クワタク（ ）[06四座／逬10-10]、平態／十十斗斗（斗）クワタク（二）[06四座／逬15-09]	くわたく LHL [10正節]
くわんぶ	官府	(呉)去人X(漢)全清上全濁上	○平濁／[07 解文／早 028]、去平濁／解文／早 242]	上上〈新濁〉[11 補忘／元 93-3]、歠歠：上上[11 補忘／元 93-2]
けごん	華厳	(呉)去去	上上濁／十斗斗斗（斗）ケコン（二）[06四座／逬 16-05]	（角角）：上上[11 補忘／元 102-4]
げだつ	解脱	(呉)平入(漢)全清上全濁入	上人カイタツ [05 色前 /1-110a-4]、平濁入濁／十十十ケタツ [06 四座／逬 08-06]	げだつ HHH [10正節]
こうじ	講師	(呉)平去	平上濁カウシ [05 色前 /1-107a-3]	平上〈新濁〉[11 補忘／元 148-3]
ごかい	五戒	(呉)平平	平平 [04 将門／楊 30-3]	ごかい HLL [10正節]
こきゃう	故郷	(漢)全清平(呉)平入 X	去平 [05 色前 /2-010b-1]	こきゃう LHL [10正節]、古郷・こきや う LHL/LHX [13近松]
こくし	国司	(漢)全清去去(呉)人X	去平／十十十斗タツ／早 020]	こくし HHH [10正節]
ごけい	御慶	(漢)全去X(呉)平入 X	平上コケイ [05 色前 /2-010a-7]、○人 [07 解文／早 020]	ごけい HHH [10正節]
ごしき	五色	(漢)全清入全清(呉)平入	上人 [05 色前 /2-010a-6]	ごしき HXX [10正節]
ごじふ	五十	(漢)次濁入全濁入(呉)平入	上濁入濁／平濁プ十十十 コニフ [06四座／逬 01-07]	ごじふ HXX [10正節]、五十 HLL [10正節近松]
ごしやう	後生	(漢)全清平(呉)平去	去平 [05 色前 /2-010b-7]	ごしやう HLL [10正節]
こしよう	扈従	(漢)全濁上全濁平	去平 [05 色前 /2-010b-3]、上平 [09 平家／熱 11-33b-09]	こしよう：こしよう HHL [10正節]、こしよう HLL [10正節]
ごらん	御覧	(呉)平X(漢)次濁上	平平 [05 色前 /2-011b-6]	ごらん HHL [10正節]
こんや	今夜	(呉)去平	去平／十十斗コンヤ [06 四座／逬 08-01]	こんや LHL [10正節]、こんや LHL [13近松]

見出し	漢字	声調	用例	備考
さいご	最後	㊀去平	去平サイコ [05色前/2-051b-3]，去平濁／ナ斗十十（十）サイコ（二）[06四座／涅 04-10]，○平濁／涅平濁／ナ斗十十（十）サイコ（ノ）[06四座／涅 05-04]，去平濁／涅平濁／ナ斗十十（十）サイコ（ノ）[06四座／涅 05-07]，去平濁／ナ斗十十（十）サイコ（三）[06四座／涅 08-01]，十斗十十（十）サイコ（ノ）[06四座／涅 21-05]	さいご LHL [10正節]
そうくゎ	造化	㊀全濁上去	去去サウクヮ [05色前/2-052b-4]	[徴角]角サウクヮ：平上 [11補忘／元 119-3]
そうゐ	相違	㊀去去	上上サウヰ [05色前/2-052b-1]	そうゐ HHHH [10正節]．徴徴：上上 [11補忘／元 119-1]，(角角)：上上 [11補忘／元 128-1]，徴徴：上上 [11補忘／元 136-6]，徴徴：上上 [11補忘／元 61-2]
さほふ	作法	㊀平入	平入サホフ [05色前/2-051b-1]	さほふ HHL [10正節]
さんき	慳貪／慳懼慳	㊀去平平㊀全濁平去	去濁平濁サゾンキ X [01古今]，去濁平濁平濁サンキ [05色前/2-052b-1]	さんき HHH [10正節]．1角[角]徴：HHH [11補忘／元 120-2]．去〈本濁〉平〈新蜀〉[11補忘／元 82-6]
さんづ	三途	㊀去X	去上 [05色前/2-052b-6]	[角角]徴：去上〈本濁〉 [11補忘／元 121-1]
さんや	山野	㊀全清平次濁上	平○ [15新猿／抄本 070-07]，平上 [15新猿／康永本 102-10]	さんや HLL [10正節]
しざい	資財	㊀去去	去上シザイ [05色前/2-083b-6]	しざい HHH [10正節]
じざい	自在	㊀去平平	平濁平濁シザイ [05色前/2-081b-5]	(角角)徴：平〈本濁〉[11補忘／元 100-7]
しぜん	自然	㊀去次平	去平濁 [01古今]，去○ [01古今]	しぜん HLL [10正節]
しだい	次第	㊀去去(受)平平	平平濁シタイ [05色前/2-081a-5]	しだい HHL [10正節]
じだい	辞退	㊀平(受)全濁平去	平濁去シタイ [05色前/2-080b-2]	じだい HLL [13近松]
じふく	十九	㊀入去	入濁上濁 [01古今]	じふく HLL [10正節]，十九 HHL [13
じふこ	十五	㊀入去	入濁上濁 [01古今]	じふこ HLL [10正節]

推定語形	漢語形	原音	体系変化前	体系変化後
じふし	十四	(呉)入平	入濁平 [01 古今]	じふし HHL [10 正節], 十四 HHL [13 近松]
じふに	十二	(呉)入平平(漢)全濁入去	○平 [01 古今], 入上濁シウシン [05 色前 /2-085a-3]	じふに HHL[10正節], 十二 HHL/HLL[13 近松]
しふゑ	集會	(呉)入平	平平/十十(十)シュエエ(ス) [06 四座 /涅 06-05]	シフ○：フ入平 [11 補忘/元 135-2]
しやうじ	障子	(呉)平平(漢)去全清上	平平 [15 新猿/康末 100-13], 去濁○ セツ○ [15 新猿/弘安本 022-11]	しやうじ HHH [10 正節], しやうじ HHH/HLL [13 近松]
しやうじ	生死	(呉)去平	去平毘/十十斗十(十)シヤウシ(ノ) [06 四座/涅 15-08], 去平毘/十十斗十十十(十)シヤウシ [06 四座/涅 18-04], 去平？/十十斗十シヤウジ [06 四座/涅 24-02], 去濁○セツ○ [15 新猿/弘安本 022-11]	しやうじ LHL [10 正節], 生死 LXX/ HLL [13 近松]
じやうじゆ	成就	(呉)去平	去上/十十斗斗シヤウシユ [06 四座/涅 22-10]	じやうじゆ LHL [10 正節]
じやうゐ	讓位	(漢)去去(呉)去平	上平 [05 色前/2-080a-6]	じやうゐ HHH [10 正節]
じやけん	邪見	(呉)去平	去平シヤケン [05 色前/2-081a-7], 去平[05 色前/2-083a-4]	じやけん HHH/HLL [13 近松]
しやめん	救免	(漢)去次濁上(呉)X去	去去シヤメン [05 色前/2-084a-5]	しやめん HHH [10 正節]
しゆじやう	衆生	(呉)去去	上上毘/十斗斗斗十十シ゜ユシヤウ /涅 14-01], 上上毘(ノ)/十十斗斗斗シ゜ユシヤウ上 [06 四座/涅 15-09], 上上毘/十斗斗斗十(斗)シ゜ユシヤウ(ウ) [06 四座/涅 16-05], 斗斗斗斗十(ウ)シ゜ユシヤウ [06 四座/涅 16-06], 上上毘/十十斗斗斗シ゜ユシヤウ(ウ) [06 四座/涅 17-01], 上上毘/十斗斗斗十(斗)シ゜ユシヤウ(ウ) [涅 17-05]	しゆじやう HHH [10 正節]
しゆじゆう	主從	(呉)平去	平上/ス○ [04 將門/楊 21-5]	しゆじう・主從（しゆじゆ）HLL [13 近松]
しゆしよう	殊勝	(呉)去平	去平シユシヨウ [05 色前/2-082a-6]	しゆせう HLL [13 近松]

		呉/漢		
じゅりゃう	受領	呉平平	平濁○ [15 新猿 / 古抄本 070-05]. 平濁平 [15 新猿 / 康永本 102-08]. 平濁平濁？ [15 新猿 / 弘安本 020-15]	じゅりゃう HHH [10 正節]
しょうげ	勝計	漢去去呉平平	○平濁 [07 解文 / 真 002]. 去平濁 [15 新猿 / 古抄本 053-04]	[角散]角：去平〈新濁〉[11 補忘／元 132-6]
しょうこ	証拠	呉平去	○平濁X ゴ [01 古今]. 平上ショウコ [05 色前 /2-083a-2]	せうこ HLL/HHL [13 近松]. [徴角]角：平上 [11 補忘／元 133-2]
しょうじゅ	勝趣	呉平平漢去去	平去ショウシュ [05 色前 /2-084a-6]	○角：平平〈新濁〉[11 補忘／元 132-3]
しょうち	勝地	呉平平	平平 [05 色前 /2-079a-2]	しょうち HHH [10 正節]
しょうぶ	勝負	呉平平漢去全濁上	平上濁ショウブ [05 色前 /2-085a-7]	しょうぶ HLL [10 正節]. 勝負 HHL [13 近松]
しょぶつ	諸仏	呉去入	上平 / 斗斗十十ショウ [06 四座 / 涅 24-04]	しょぶつ：上入〈本濁〉[11 補忘／元 144-3]
しんい	瞋恚	呉去去漢全清去	去平シンイ [05 色前 /2-081b-1]	しんゐ HHL [13 近松]
しんこ	新古	呉平平	去平 [07 解文 / 早 120]	[角散]角：去平〈新濁〉[11 補忘／元 130-4]
しんし	参差	漢全清平次清平	平平シンシ [05 色前 /2-084a-6]	[徴角]角：平平シンシ：平上 [11 補忘／元 142-2]
しんじ	身子	呉去平	去平毘 / 十斗十十シンシ [06 四座 / 涅 23-06]. 去平濁○シ [15 新猿 / 古抄本 071-16]	[角散]角：平／角：去平〈新濁〉[11 補忘／元 136-6]
しんじ	進止	呉平平漢去上	平上濁シンシ [05 色前 /2-081b-1]	しんじ HLL [10 正節]
じんじょ	尋所	呉去平漢全濁平全清上	平濁平濁平 [09 平家 / 延 4.044a-03]	じんじょ HLL [10 正節]
じんば	人馬	漢次濁平次濁上	平上 [04 将門 / 楊 08-6]	じんば HLL [10 正節]
ずいき	随喜	呉去平	去濁平スイキ [05 色前 /2-120b-1]	ずいき LHL [10 正節]
ずいは	水波	漢全清上全清平	○平 / 斗斗十（十）スイハ [06 四座 / 涅 18-01]	平平 [11 補忘／元 153-6]
せいし	青侍	漢次清平去	平平 [09 平家 / 延 1本 067b-06]	せいし HHH [10 正節]
せいしゅ	聖主	呉去去全清上	去上 [05 色前 /2-110b-2]	せいしゅ HXX [10 正節]
せいむ	政務	漢去去	去平 [05 色前 /2-110b-3]	せいむ LHL [10 正節]

推定語形	漢語形	原音	体系変化前	体系変化後
せかい	世界	(呉)平平	平平／十十十（斗）・セカイ（斗）・セカイ（X）・セカイ（ラ）［06 四座／涅 13-09］, 平・十十（X）・セカイ（ラ）／十十十セカイ［06 四座／涅 16-10］	（角角）：平平／元 60-1, せかい HHL［13 近松］
せけん	世間	(呉)平去	平去［05 色前／2-111a-5］	せけん HLL［11 正節］, 歛角：平去［11 補忘／元 151-2］, 世間 HLL［13 近松］
せじゃう	世上	濁平去(呉)平平	去去［01 古今］, 去平［01 古今］, 去去［04 将門／楊 46-5］	世上 HLL［13 近松］
せんぐ	前駆	濁全濁平次清平	平平センクウ［05 色前／2-111b-1］	せんぐ HLL［10 正節］
ぜんご	前後	(呉)去平	去○／十十十セ○コ［06 四座／涅 21-01］	ぜんご LHL［10 正節］, ～の〈角角〉平〈本濁〉［11 補忘／元 20-2］
せんじ	宣旨	濁全清平全清上(呉)去去	平平［05 色前／2-110b-4］, 平平マンジシ［15 新猿／古抄本 059-02］, 平平濁 康永本 090-10］	せんじ HHL［10 正節］
せんぞ	先祖	(呉)去去〈濁全清平全清上〉	去平平／十十十セ○○［05 色前／2-111a-1］, 去平濁文／早 114］, 去平濁［07 解	せんぞ LHL［10 正節］
だいこ	大鼓	濁去全清上	去上○コ［15 新猿／康永本 107-06］	だいこ LXX［13 近松］
だいご	第五	(呉)平平平去次濁上	平濁上濁／十十十（斗）タイコ（二）［06 四座／涅 22-09］	［歛角］角：平〈本濁〉上〈本濁〉／元 68-5［11 補忘
だいし	大師	(呉)平去	○平／十十十タイシ□？［06 四座／涅 17-01］	だいし HLL［10 正節］, 大師 HHL［13 近松］
だいじ	大慈	(呉)平去	平濁上濁／十十斗タイシ［06 四座／涅 03-10］	だいじ HHL［13 近松］
だいしゃ	大赦	(呉)平X	平平［04 将門／楊 03-5］	だいしゃ HLL［10 正節］
だいぢ	大地	(呉)平平	平濁平／タイチ［06 四座／涅 10-01］, 濁平濁？／十十十タイチ［06 四座／涅 10-03］, 平濁平濁 12-02］, 濁平濁○／十十（斗）タ イチ（二）［06 四座／涅 23-08］	だいぢ HLL［10 正節］, 大地 HLL［13 近松］
だいに	第二	(呉)平平	平濁平濁？／十十十（斗）タイニ（二）［06 四座／涅 11-06］	だいに LHL［10 正節］

読み	漢字	声調区分	用例	アクセント資料
たいふ	大夫	（曼去全清平	去平 [01 古今]	たいふ LHL [10 正節]
だいぶ	大夫	（曼平去	平平上濁タイフ [05 色前/1-112a-2]	だいぶ HLL [10 正節]
たうか	堂下	（曼全濁平全濁上	平平 [09 平家/熱 03-08b-06], 上平○カ [09 平家/熱 06-15b-08]	たうか HLL [10 正節]
ぢうぢ	住持	（曼平去	平平上濁チ [09 平家/熱], 上平去 [05 色前/1-069a-5]	[斂角] 角：平〈本濁〉 上〈本濁〉[11 補忘/元 50-4]
ぢもく	除目	（曼去入	去濁入チモク [05 色前/1-069a-7]	ぢもく HLL [10 正節]
ちやうじ	停止	（曼X平濁全濁平全清上	上上チヤウシ [05 色前/1-070b-1], ○入 [07 解文/真 015]	[斂角] 角チヨウジ：平上〈新濁〉[11 補忘/元 50-3]
ちやうじ	長時	（曼平去	平上濁 [09 平家/熱 kj-34a-01]	[角角] 徴：去〈本濁〉上〈本濁〉[11 補忘/元 47-3], [角斂] 斂：去〈本濁〉上〈本濁〉：去 [元 50-5]
ちやうじや	長者	（曼平平（濁全清上	○上濁チヤウシヤ [05 色前/1-069b-5]. 平平昆 /十十十十チヤウシヤ [06 四座/涅 02-01]. 平平昆 /十十十十十チヤウシヤ /涅 02-01], 上上濁 [06 四座/涅 16-09], 上上濁 [15 新猿/康永本 067-06], 平平濁 [15 新猿/康永本 105-01]	ちやうじや HHL [10 正節]. 長者 HHL [13 近松]
ちやうじや				
ちやくし	嫡子	（曼全清入全清上	入平チチヤウシ/チヤウシ [05 色前/1-066a-7], 入上濁 [05 色前/1-069b-4]	ちやくし HHH [10 正節]
ちやわん	茶碗	（曼全濁平全清上	平上○ワン [15 新猿/康永本 106-07]	茶わん・ちやわん LXX [13 近松]
づきん	頭巾	（曼平去X全清平	○平トキン [05 色前/1-057a-4], 平平トキン [05 色前/1-063a-4]	づきん：頭巾 HHL [13 近松]
てうし	調子	（曼X平（濁全清上	上上 [05 色前/2-023a-2]. 平平 [15 新猿/康永本 107-08]	てうし HHH [10 正節]
てんが	天下	（曼次清平全濁上	東平濁 [15 新猿/古抄本 058-04]. 東平 [15 新猿/弘安本 017-07]	てんが HLL [10 正節]. [斂角] 角：平〈本濁〉[11 補忘/元 111-5]
てんし	天子	（曼次清平全清上	平上 [05 色前/2-022a-2]	てんし HLL [10 正節]. [11 補忘/元 126-6]（角角）（角：去平〈新〉
でんじや	田舎	（曼全濁平去全清平	平去 [05 色前/2-021b-7]	でんじや HLL [10 正節]
どうじ	童子	（曼去平（濁全清平去全清上	上濁平濁 [15 新猿/古抄本 062-04]	どうじ LHL [10 正節]

推定語形	漢語形	原音	体系変化前	体系変化後
とくい	得意	(呉)入平	入平トクイ [05 色前 /1-062b-5]	とくい HHL [10 正節]、とくい HHL [13 近松]
とさん	土産	(漢)次清上全清上	上上トサン [05 色前 /1-062a2a-1]、上〇 [07 解文 /早 184]	とさん HHH [10 正節]
とぜん	徒然	(漢)全濁平次清濁平	平平濁トセン [05 色前 /1-062a-5]	とぜん HHH [10 正節]、平平〈本濁〉[11 補忘 /元 44-6]
どくは	獨歩	(呉)全濁入去	入去 /入上トクホ [05 色前 /1-062b-4]	角徴：入上 [11 補忘 /元 44-1]
なんけ	難化	(呉)去声平	去平 /十斗十 (十)ナンケ (ノ) [06 四座 /遏 17-06]	[徴角]角：去平 [11 補忘 /元 108-5]、[角徴]角：去平 [11 補忘 /元 78-5]
なんし	男子	(呉)去平平	去上ナ去声俗〇 [05 色前 /1-081a-4]	なんし LHL [10 正節]
なんにょ	男女	(呉)去平平	去平 [15 新猿 /古抄本 052-13]、去平 [15 新猿 /古抄本 058-04]	なんにょ LHL [10 正節]
にうわ	柔和	(呉)去平去	去上ニウワ [05 色前 /1-040a-4]	[角徴]散ニウ〇：去上 [11 補忘 /元 31-6]
にじふ	二十	(呉)平入(漢)去入	上入濁フ [01 古今]	にじふ HLL [10 正節]、徴角散 [11 補忘 /元 31-6]、散角〈本濁〉：平フ入〈角〉：平フ入 [11 補忘 /元 32-1]、廿 HLL [13 近松]
にょうご	女御	(呉)平平	平平濁ニョゴ [05 色前 /1-040a-5]	にょうご HHH [10 正節]
にょほふ	如法	(呉)去入	去入ニョホウ [05 色前 /1-040b-1]	にょほふ HLL [10 正節]
はうくわ	放火	(漢)去上入(漢)火火	去上ハウクワ [05 色前 /1-033a-1]	はうくわ HLL [10 正節]
はくし	博士	(漢)全清入全濁上	入去ハクシ [05 色前 /1-032b-5]	はかせ HXX [10 正節]
ぼっざ	末座	(漢)次濁入去	入濁平濁ハンサ [05 色前 /1-032b-2]	ぼっざ HHL [10 正節]
ぼんき	万機	(漢)去全清平	去濁平ハンキ [05 色前 /1-031b-7]、去濁平〇キ [07 解文 /早 273]	ぼんき LHL [10 正節]
ぼんり	万里	(呉)去次清平	去濁上ハンリ [05 色前 /1-031b-3]	ぼんり LHL [10 正節]
ひいき	贔屓	(呉)X X(漢)去去	平平ヒイキ [05 色前 /1-071a-6]	ひいき HHL [13 近松]
ひぞう	秘蔵	(漢)全濁平(漢)平平	去平ヒサウ [2/2098a-4]	ひぞう HLL [10 正節]、ひさう・ひさう HLL [13 近松]

読み	漢字	声調	出典・声点	アクセント
ひじやう	非常	呉全清平全濁平(呉去平	去平 [04 将門/楊 09-4], 上平ヒジヤウ [05 色前 /2-098b-3]	ひじやう HXX [10 正節]
びじん	美人	呉次濁上次濁平	上平濁 [05 色前 /2-097b-7]	びじん HLL [10 正節]
ひたい	悲哀	呉去平全清平全濁平	上平/斗十十(斗)ヒテイ(ノ) [06 四座 /涅 21-03]	散角○タイ:上平 [11 補忘/元 146-5]
ひたん	悲嘆	呉去平全清平	平去平/十十斗(斗)ヒタン(ウ) [06 四座 /涅 03-03]. 上平/斗十十(十)ヒタン(ノ) [06 四座 /涅 03-07]. 上平?/斗十十ヒタン [06 四座 /涅 05-05]. ヒタ ン [06 四座 /涅 14-10]	ひたん HLL [10 正節]
ひやうし	拍子	呉入濁平漢次濁平全清上	拍ウ(入平)[03 名義/観 308]. 入○ハ ク○ヒヤウシ [05 色前 /2-094a-6]	ひやうし HHL [10 正節]. ひやうし HLL [13 近松]
びやうぶ	屏風	呉去平去	去濁上濁ビヤウフ俗 [05 色前 /2-094b-7]. 去濁○ [15 新猿/古抄本 068-07]. 去濁 上濁 [15 新猿/康永本 100-13]	屏風 L X X X [13 近松]
ひるい	悲涙	呉去去(漢全清平清平去	上平/斗十十(十)ヒルイ(ラ) [06 四座 /涅 11-01]. 上○/斗十十(十)ヒルル イ(ラ) [06 四座 /涅 20-10]. 上平/斗十 十(十)ヒルイ(ラ) [06 四座 /涅 22-03]. 上平/斗十 十(十)ヒルイ(ラ) [06 四座 /涅 22-05]	ひるい HLL [10 正節]
びれい	美麗	漢次濁上去(呉平X	上平ヒレイ [05 色前 /2-098a-1]. 去濁平 [15 新猿/古抄本 055-05]. 去濁○○レイ [15 新猿/弘安本 009-02]	びれい HLL [10 正節]
ひろう	披露	呉平平(漢次濁平去	平去ヒロウ [05 色前 /2-098b-6]	ひろう HLL [10 正節]
びろう	尾籠	漢次濁上次濁平	上濁平 [05 色前 /2-099a-2]	びろう HLL [10 正節]
びんぎ	便宜	漢全濁平次濁平	平平ビンギ [05 色前 /2-098b-6]	びんぎ HLL [10 正節]. (ほんぎ HLL [13 近松]
ふうふ	夫婦	漢全清平全濁上	平去 [01 古今]. 平平フフ [15 新猿/康永本 100-10]	ふうふ HLL [10 正節]. 夫婦・ふうふ HLL [13 近松]
ふうん	浮雲	漢全濁平全濁平上平	上平 [15 新猿/康永本 107-05]	ふうん HLL [10 正節]
ぶがく	舞楽	漢次濁上次濁平入	上濁入濁 [15 新猿/康永本 107-05]	ぶがく HLL [10 正節]

推定語形	漢語形	原音	体系変化前	体系変化後
ふげん	浮言	漢全濁平次濁平上去	平濁上濁平フ゛ン [09 平家／熱 03-31b-02]	ふげん HLL [10 正節]
ぶにん	夫人	(曳)去去(漢全清平全濁平	平去去／ナナナ十ナニン [06 四座／涅 20-03]	ぶにん HHH [10 正節]
へいじ	瓶子	漢全濁平全清上	平上濁ヘイシ [05 色前 /1-051b-3]	へいじ HLL [10 正節]
へうり	表裏	漢全清上次濁平	上上濁ヘウリ [05 色前 /1-053b-6]	籔角：上平？ [11 補忘／元 42-3]
べうじま	藐如	漢次濁入次濁平	入濁平濁ベウシ゛マ [05 色前 /1-053a-2]	べうじま HLL [10 正節]．ベウ○○：入濁／平〈本濁〉[11 補忘／元 43-2]
べんぎ	便宜	漢全濁平次濁平	平濁ヒ゛ンキ [05 色前 /2-098b-6]	べんぎ HLL [10 正節]
へんぱ	偏頗	漢次濁清平次清上	平上濁ヘンハ [05 色前 /1-053a-2]	[籔角] 角：平上〈本濁〉[11 補忘／元 42-1]
ほうい	布衣	漢去去全清平	去平全濁ホイ [05 色前 /1-048b-1]	ほうい LHL [10 正節]
ほうきょ	毛挙	漢次濁平全清上	平濁平ホウキヨ [05 色前 /1-048a-2]	[籔角] 角：平上 [11 補忘／元 30-3]
ほうび	襃美	漢全清平次濁清上(曳)X平	平平濁平濁ホウヒ [05 色前 /1-048a-4]	[角籔]籔：去上 [11 補忘／元 30-5], [角,籔]籔：去上 [11 補忘／元 38-6]．ほうび LXX [13 近松]
ほかう	歩行	漢去全濁平	去平濁ホカウ [05 色前 /1-048b-2]	ほかう HHL [10 正節]
ぼたん	牡丹	漢次濁平全清平(曳)X去	上平／去濁平ホタン／ホウタン俗 [05 色前 /1-042a-1]	ぼたん HLL [10 正節]
ほつき	発起	(曳)入平漢全清入次清上	入平ハツキ [05 色前 /1-033b-2], 入平ホウキ [05 色前 /1-048a-2]	ほつき HHH [10 正節]．ほつき HHL [13 近松]
ほふけ	法華	(曳)入去	入上ホフクヱ [05 色前 /1-047a-6]	角？籔：入上 [11 補忘／元 34-6], 角籔：入上 [11 補忘／元 38-3]
ほふし	法師	(曳)入去	平上ホウシ [01 古今]	ほふし HLL [10 正節]
ほんい	本意	(曳)平平	平平 [05 色前 /1-047b-6]	ほんい HHL [10 正節]
ぼんじ	梵字	(曳)平平	平濁平濁ホンシ [05 色前 /1-047a-6]	：平〈本濁〉[11 補忘／元 39-5]

読み	漢字	声点		
ぼんぶ	凡夫	曳去去	去濁上濁／十斗斗斗（十）ホンフ（ノ）[06四座／湼16-07]	[角徴] ○：去〈本濁〉上〈新濁〉[11補忘／元39-5]. 去〈本濁〉上〈新濁〉[11補忘／元50-5]
みけん	眉間	曳去去	○上／斗斗斗ミケン [06四座／湼04-10]	徴徴ミケン：上上 [11補忘／近松] みけん HHH [13近松]
みぢん	微塵	曳去去	上上上X [01古今]. ○平濁 [06四座／湼01-08]／斗斗斗ミヂン 上上濁 [06四座／湼01-08]	みぢん HHL/HHH [13近松]
みめう	微妙	曳去平	斗十（十）ミメウ（ノ）[06四座／湼06-06]	徴角○○○：上平 [11補忘／元127-3]
むしやう	無性	曳去平	上平／斗十十十ムシヤウ [06四座／湼06-08]	徴角：上平 [11補忘／元16-1]. 徴角：上平 [11補忘／元81-6]. 徴角：上平 [11補忘／元135-5]. 上平 [11補忘／元149-4]
むねん	無念	曳去平	斗十十（十）ムネン（ノ）[06四座／湼24-02]	無念 HLL [13近松]
むみやう	無明	曳去去	上上／斗斗十十ムミヤウ [06四座／湼08-06]	徴徴：上上 [11補忘／元14-5]
もんじ	文字	曳去平	徴平濁モンジ [05色前/2-105b-4]. ○平濁／十斗十モンジン [06四座／湼21-08]	もんじ LHL [13近松]
ゆいしよ	由緒	曳次濁平全濁上	平上イウシヨ [05色前/1-012b-7]	由緒 LHX [13近松]
ようい	用意	曳去平曳濁平	去平ヨウイ [05色前/1-117b-2]	ようい LHL [10正節]. [角徴] 角：去 [11補忘／元64-5]. ようい・用意 LHX [13近松]
りやうじ	令旨	曳去去	上上濁リヤウジ [05色前/1-074b-6]	りやうじ HHH [10正節]
りやく	利益	曳平入曳去全清入	平入／リヤク [06四座／湼24-07]	りやく HLL [13近松]
るざい	流罪	曳去平	去平濁ルサイ [05色前/1-079b-3]	るざい HLL [10正節]
るつう	流通	曳去去	去上ルツウ [05色前/1-079b-3]	徴徴：上上 [11補忘／元55-2]. 徴徴ル濁 [11補忘／元55-2]
るらう	流浪	曳次濁平全濁去	去上ルラウ [05色前/1-079b-2]	徴徴ル○○：上上 [11補忘／元55-2]
れふし	獵師	曳次濁入全清平曳入去	入平レフシ [05色前/1-095b-3]	れふし HLL [10正節]

第3章　漢語アクセントの形成　*331*

推定語形	漢語形	原音	体系変化前	体系変化後
れんぼ	戀慕	(匣)去去	○平濁レンホ [01 古今], 去平平/十斗十レンホ [06 四座/涅 03-07], 去平平濁/十斗十/十十レンホ [06 四座/涅 15-02], ○平/十十十レンホ [06 四座/涅 17-08], /十十レンホ [06 四座/涅 18-01], ○平濁/十十十十レンホ(十) [06 四座/涅 18-05] [06 四座/平濁/涅 19-02], 去平濁/十斗十十レンホ(ラ) [06 四座/涅 22-04], ○平濁/十斗十十レンホ(ノ) [06 四座/涅 22-09], [06 四座/涅 23-04], ○平濁/ナ斗十/十十レンホ(十) [06 四座/涅 23-04], ○平濁/十斗十(十)レンホ(十) [06 四座/涅 24-01], 去東濁 [15 新猿/古抄本 054-06]	れんぼ HLL [10 正節], [11 補忘/元72-4], 平〈本濁〉[11 補忘/元 72-4], 角:去
れんり	連理	(匣)去X(匣)次濁平次清上	平平/十斗十十レンリ (セルニ) [06 四座/涅 20-02]	れんり LHL [13 近松]
ろうきょ	籠居	(匣)次濁全清平	平平ロウキヨ [05 色前 /1-019a-1]	ろうきょ HLL [10 正節]
ろんぎ	論議	(匣)平去	平平濁ロンキ [05 色前 /1-019a-1]	籠徴?:平〈本濁〉[11 補忘/元 25-5]
わうし	横死	(匣)平平	平平ワウシ [05 色前 /1-090a-3]	わうし HLL [10 正節]
わうじ	往事	(匣)平平(匣)次濁上全清上	上平ワウシ [05 色前 /1-090a-2]	[徴角]角:平上 [11 補忘/元 58-4]
ゑねう	囲続	(匣)去去(匣)全濁平・去、次濁上去	上平/十斗十十(十十十)イネウ(シテ) [06 四座/涅 12-07]	ゑねう HLL [10 正節]
ゑかう	廻向	(匣)去平	去平エカウ [05 色前 /2-089a-7], 上平/十斗十十(十)エカウ(ノ) [06 四座/涅 03-06], 上平/涅 22-09]	徴角:上平 [11 補忘/元 144-5], ゑかう HLL[13 近松]
ゑんろ	遠路	(匣)次濁上去(匣)受平去	上去 [05 色前 /2-089a-6], 平?上 [09 平家/延3 090a-03], 上平 [15 新猿/古抄本 068-05], 平去 [15 新猿/康永本 100-11]	ゑんろ HLL [10 正節]

をんり	遠離	㊉平去	平上 [15 新猿／弘安本 018-16]	[微角] 角：平上 [11 補忘／元 55-5]

3.2.2 漢字2字2拍・4拍の漢語アクセント

3.2.2.1 研究の目的

　前項において、漢字2字の3拍漢語（1+2構造・2+1構造）を対象として、中国語の声調（原音と呼ぶ）と南北朝期以前（体系変化前と呼ぶ）の漢語アクセント、および体系変化前と南北朝期以後（体系変化後と呼ぶ）の対応状況を分析した。この分析を通じ、三者の対応状況を量的に把握することができたとともに、中低形と低起上昇型間の揺れ、および単に原音からは説明のつかないアクセント型（ア型と呼ぶ）がアクセント史の中で整合的に捉えられることがわかった。すなわち、体系変化前の漢語アクセントのうち、原音からは必ずしも説明のつかなかった現象には、原音との距離によって規範性の喪失・学習の弛緩ではなく、新たな体系の力によって再構成されたものが含まれることが明らかになった。

　本節では、同じく漢字2字の2拍漢語（1+1構造）および4拍漢語（2+2構造）を対象として、3拍漢語と同じ分析を行う。また漢字2字の2拍～4拍漢語の分析結果を比較し、拍数による漢語の長さがア型の成立や、体系変化前後のアクセント変化とどのように関わるかについて考察する。

3.2.2.2 分析対象とアクセント型の認定

　3拍漢語の分析と同様であるので、概略のみ示す。「漢語アクセントデータベース」および「中世漢語声点資料による画像付きデータベース」に含まれる資料を用いた（両データベースについては、注＊38、3.2.1.2と同様）。これらに収録される資料を、アクセント体系変化の前後で、体系変化前資料（9資料）・体系変化後資料（3資料）に分けた。資料の詳細は3拍漢語と同様である。

　それぞれの資料群に現れる漢語から重複するものを取り出し、推定語形、漢語形、原音、体系変化前、体系変化後に並べて一覧表にしたのが末尾の表3.42および表3.43である。推定語形は拍数や字音系統（漢音か呉音か）を考えるために便宜的に設けている。原音の㊂は『広韻』や『韻鏡』に基づく漢字の音節頭子音と声調を、㊉は呉音資料に基づく声調を記す。

　アクセント型の認定については、*HHLH・*HLLH・*HLHL・*LHLHなどの中低形が問題となるが、その処理についての基本的な考え方については3拍漢

語と同様なので、ここで改めて述べることはしない。

3.2.2.3　字音系統の推定

　字音系統の推定に先立ち、漢語の仮名音形を推定する。体系変化前資料に仮名注があればそれを参考にし、ない場合は体系変化後資料に現れる仮名音形や声点を手がかりとして相互の関係に矛盾がなければその仮名音形をもとに推定する、という手続きは3拍漢語についての分析と同様である。

　なお、体系変化前が漢音、体系変化後が呉音と認められたのは17例である。うち4例が語形が異なって現れる（「一人」（イッジン―イチニン）、「顔色」（ゲンシキ―ガンソク）、「殺害」（セツガイ―サツガイ）「迷惑」（ベイワク―メイワク）。12例が声点の組合せなどから判断される例である（「禁中」㊣去全清平㊗平去（〈去東〉LHHL―HLLL）、「懸隔」㊣全濁平全清入㊗去入（〈平入濁〉LLHH―LHLL）、「閑寂」㊣全濁平全濁入㊗去入（〈平入〉LLLL―LHLL）、「忽然」㊣全清入次濁平㊗入去（〈入平〉HHLL―HHLL〈入去〉・徴角［11補忘記］）、「草木」㊣次清上次濁入㊗平入（〈上入〉HHHH―HHHL）、「三章」㊣全清平全清平㊗去去（〈上平〉HHLL―LHHH）、「聖人」㊣去次濁平㊗平去（〈去平濁〉LHLL―HHLL）、「進退」㊣去去㊗平平（〈去平濁〉LHLL―HHHL）、「山川」㊣全清平次清平㊗去去（〈平平濁〉LLLL―LHHH）、「東方」㊣全清平全清平㊗去去（〈平平〉・十十十十 LLLL―LHHH）、「褒賞」㊣全清平全清上㊗？去（〈上平・上上・平上〉HHLL・HHHH・LLHH―LHLL）、「凡人」㊣全濁平次濁平㊗去去（〈平平濁〉LLLL―LHHH））

　体系変化前が呉音、体系変化後が漢音と認められたのは7例である。うち2例が語形が異なって現れる（「金銀」（コンゴン―キンギン）、「西北」（サイホク―セイボク））。5例が声点の組合せなどから判断される例である（「安平」㊗去去㊣全清平全濁平（〈去上濁〉LHHH―HLLL）、「消息」㊗去入㊣全清平全清入（〈去徳〉・せうそこ〈平上平平〉LHHH・LHLL―HHHL）、「大将」㊗平去㊣去去（〈平濁平〉・十十十十十 LLLL―LHLL）、「朝夕」㊗？入㊣全清平全濁入（〈去入〉LHLL―HLLL）、「南北」㊗去入㊣次濁平全清入（〈去入〉・十斗十十 LHLL―HLLL））。

　これらは分析の対象から外しているが、漢音読み語彙と呉音読み語彙が交代

したわけではなく、どちらの伝統も併存しておりそれがある時代にまとまって観察されたと考えるべきであろう。全体としては体系変化前に漢音だったものが、体系変化後に呉音で対応するケースが、その逆より多い。

また稀にであるが、体系変化前後を問わず、音形と声点の字音系統にずれがある場合が認められる。「行幸」は推定語形ギャウカウで呉音であるが、その声点等をみれば⑧去平⑨全濁平全濁上に対して体系変化前の〈平上〉キヤウカウ［05 色前］、体系変化後ではギャウガウ HLLL［10 平節］（LLHH＞HLLL）であって＊51、どちらも漢音と考えられる。「大内」は体系変化前は推定語形タイダイ、〈去去濁〉［09 平家］は⑧平平⑨去去からすると漢音がふさわしい。しかし体系変化後は音形はダイダイと前項を呉音読みにしながらも LHLL［10 平節］は漢音と解釈される（＊LHLH＞LHLL）。

■**1＋1構造の2拍漢語**　体系変化後と対照可能だった漢語は「呉 - 呉」の組合せがほとんどであった（表 3.29）。なお、表中、数字は異なり語数、（ ）に％を示す。「RH（-HH）」や「RL（-HL）」は去声拍の衰退により、「FL（-HL）」は同様に下降拍の衰退により、それぞれ高平拍で実現した場合を想定して記した。また漢音読み語彙は RH（-HH）型と FL（-HL）型にそれぞれ 1 例ずつあるのみである。全体としてみれば、RH（-HH）型が 32％で最も多く、LL 型の29％が続く。後に見るように体系変化後は、LL 型、RL（-HL）型が HL 型に変化し合流するため、HL 型が多数型となっている。

	FL-HL	RH-HH	RL-HL	LH	LL	計
漢 - 漢	1	1				2(7)
呉 - 呉		8	5	5	7	25(89)
呉 - X					1	1(4)
計	1	9	5	5	8	28(100)
％	(4)	(32)	(18)	(18)	(29)	(100)

表 3.29：1 ＋ 1 構造の漢語　字音系統別（体系変化前）

＊51　「行」は韻書等では全濁上声字であり、上昇調化（＝去声化）していてほしいところである。しかし上昇調化はすべての全濁上声字に一律に生じたわけでもないとされており、ここでは高平調を保った例として現れたと考えられる。

■2+2構造の4拍漢語　表3.30 から、漢音漢語（漢 - 漢）の 82 例、呉音漢語（呉 - 呉）の 104 例が全体の中心をなしていることが分かる。漢音漢語では LLLL 型が 14 例と最も多く、HLLL 型 12 例、LHLL 型 11 例と続く。後に見るように LLLL ＞ HHHL という型の変化が規則的に生じているようには観察されず、この表から体系変化後における型の分布を規則的に推定することは難しい。

	HHHH	HHHL	HHLL	*HHLH	HLLL	*HLHH	*HLLH	LLLL	LLLH	LLHH	LHHH	LHLL	*LHLH	LHHL	LLHL	計
漢 - 漢	5	1	9	3	12	3	3	14	9	5	3	10	2	1	1	81(43)
漢 - 呉					1		1									2(1)
漢 - X											1					1(1)
呉 - 呉			2					32	14	4	26	23		1		102(55)
呉 - 漢												1				1(1)
計	5	1	11	3	13	3	4	46	23	9	30	34	2	2	1	187(100)
%	(3)	(1)	(6)	(2)	(7)	(2)	(2)	(24)	(12)	(5)	(16)	(18)	(1)	(1)	(1)	(100)

表 3.30：2 ＋ 2 構造の漢語　字音系統別（体系変化前）

3.2.2.4　1+1 構造の 2 拍漢語

　表 3.31 に 1+1 構造の漢語の異なり語数をア型ごとに示し、概観する。上段は体系変化前、左端の一列に体系変化後のア型、右端に合計語数を示してある。ただし 1 つの漢語で異なるア型が推定される場合は、別個に数えてある。網掛け部分は変化前後で対応することを示す。漢音漢語は体系変化前の FL（-HL）型に 1 例、HH 型に 1 例のみ、また前項呉音・後項字音系統不明の漢語は LL 型に 1 例のみであるため、字音系統別に表を分けずに示した。

後＼前	FL (-HL)	RH (-HH)	RL (-HL)	LH	LL	計
HH	1	4				5
HL		2	5	1	6	14
HX					1	1
LL						0
LH		2		4		6
計	1	8	5	5	7	26

表 3.31：1 ＋ 1 構造　漢語

　対応あり（網掛け部分）と認められるのは全体の 73％（19 例 /26 例）である。例数は少ないが、これは 3 拍漢語や 4 拍漢語に比べると高い数値といえる。体系変化後の型を見ると、HL 型が最も多い。これは RL（-HL）型と LL 型から変化した HL 型が合流したためであることは言うを俟たないが、多数型である HL 型への類推と思しき例もわずかに見える。

　表 3.38 に呉音漢語の具体例を示した。「原音に対応する例」変化前と変化後を見ると、I 群から IV 群までほとんどが規則的に対応することがわかる。IV 群は原音の組み合わせ上、中低形の ＊RR となるが、後項を「連音上」高平化させ RH 型として実現することが知られ、ここでもそれが確認される。唯一、「牛頭」のみが対応しない。「原音に対応しない例」では 4 例が問題となる。「御所」は後項が㊀全清上声であり、呉音＋漢音かとも考えられる。体系変化後の HL 型はむしろ原音通りの組合せからの変化に一致している。「数多」「左右」も同様に、体系変化後の型が原音通りの組合せに一致している。逆に「数珠」は原音からは説明がつかないが、体系変化前後では対応しており、個々の事例に個別的な事情が考えられそうである。

　漢音漢語については「規模」と「父子」の 2 例がある（例数が少ないので表にはしていない）。「規模」は陰類平声＋陽類平声の組合せであり、〈上平濁〉〈平平濁〉の差声がある。前項の下降拍を聞き取ったものが〈上〉であり、〈東〉が期待されるところ四声の枠組みで移した結果現れたのが〈平〉と解釈すれば、推定アクセント型は FL (-HL) である。しかし変化後の HH 型とは対応しない。「父子」は陽類上声＋陰類上声の組合せであり、〈上上〉の差声がある。陽類上声（全濁上声）字は上昇調で実現したとされるので、RH 型から語頭去声拍の

表3.38：1+1構造　呉音漢語

群	原音 前項	原音 後項	組合せ	原音に対応する例（声点・節博士例） 語	推定ア型・変化前	推定ア型・変化後	原音に対応しない例（声点・節博士例） 語	推定ア型・変化前	推定ア型・変化後
I	平声 入声	平声 入声	LL	意趣（平平） 供奉（平濁平濁） 五戒（平平） 弟子（平濁平・十十） 度々（平濁平濁） 琵琶（平濁平）	LL	HL HL HL HL HX HL	御所（平濁上）	LH	HL
II	平声 入声	去声	LR	護摩（平濁上） 自余（平濁上） 所為（平上） 是非（平上）	LH	LH LH LH LH	数珠（平濁平） 数多（上上）	LL HH	HL LH
III	去声	平声 入声	RL	奇異（上平） 衆徒（去平） 思慮（去平濁） 奴婢（去平濁） 留守（去平）	RL (-HL)	HL HL HL HL HL	左右（上上・斗斗）	HH	HL
IV	去声	去声	*RR	加持（去上濁） 牛頭（去濁上濁） 慈悲（去上・上上・斗斗） 無餘（上上・上上・斗斗）	RH (-HH)	HH HL HH HH			

衰退を経た HH 型が、差声から読み取れるア型と考えられる。体系変化後は
LH と HH の両型が現れるが、これは体系変化前に RH 型から語頭の低起性を
活かした LH 型に変化し安定したものと、去声拍の衰退による HH 型とを反映
したものであろう。前項呉音・後項字音系統不明の漢語は「沙汰」1 例のみで
ある。「沙汰」の前項は呉音平声であり、〈平平〉の差声がある。推定ア型は体
系変化前が LL 型、変化後は HL 型で対応が認められる。

3.2.2.5　2+2 構造の 4 拍漢語

■**漢音漢語**　表 3.32 に 2+2 構造の漢音漢語の異なり語数をア型ごとに示し、
概観する。体系変化前は LLLL 型が最も多く、HLLL 型と LHLL 型がそれに
続く。体系変化後は HLLL 型が最も多い。まず、3 拍漢語の分析結果に見るよ
うに、語頭に連続した低拍を持つ LLHH 型からの合流が 3 例ある。また中低
形の回避例となる *HLHH・*HLLH からの変化が 4 例ある。これらを体系変化
前から動かなかった HLLL 型 8 例と合計すれば 15 例である。しかしそのよう
に規則的に説明できるものの他に、HHHH 型から 3 例・HHLL 型から 2 例・
LLLL 型から 4 例・LLLH 型から 3 例のほか、LHHH・LHLL 型からも 1 例ずつ、
それぞれ HLLL 型に合流しているように見える。すなわち規則的に説明でき
る 15 例とそうでない 13 例があることが分かる。これはひとまず多数型 HLLL
型への類推変化と考えられようか[52]。網掛け部分の合計は、全体の 53%（43
例 /81 例）である。

＊ 52　奥村三雄 1974、蒲原淑子 1989。

後＼前	HHHH	HHHL	HHLL	*HHLH	HLLL	*HLHH	*HLLH	LLLL	LLLH	LLHH	LHHH	LHLL	*LHLH	LHHL	LLHL	計
HHHH								2		1	1					4
HHHL			1	2	3			6			1					13
HHLL	2	1	5	1	1		1	2	6				1			20
HLLL	3		2		8	3	1	4	3	3	1	1				29
HXXX			1				1			1					1	4
LHHH												1				1
LHLL												8	1			9
LHHL														1		1
計	5	1	9	3	12	3	3	14	9	5	3	10	2	1	1	81

表 3.32：2 ＋ 2 構造　漢音漢語

　次に表 3.39 によって、具体例を見る。表は縦二重線で大きく 3 分割されており、左から「原音」情報、中央に体系変化前の漢語声点のうち「原音と対応」するもの（中低形回避も含む）、右に対応しないものを配置してある。原音における「組合せ」および推定ア型において中低形を生ずる場合は * を付した。

　全体として、原音の組合せの多くがそのまま体系変化前の推定ア型になるが、なかに中低形が見られることも 3 拍の漢語と同様である。たとえばIV 群の *HHLH、VI 群の *HLHL、VII 群の *HLHH、VIII 群の *HLLH がそれにあたる。これらは接合して一語化する時、いずれも前項にあたる 2 拍を生かす特徴を持つ。前項が HH であれば後項が低く始まる場合はそれを生かして低く接続し、HL であれば後項の音調にかかわらず低く接続すると解釈した。原音の組合せで *LHLH となる XV 群は、漢音読み語彙の場合は、接合すれば基本的に後項

表 3.39：2+2構造　漢音漢語

群	原音 前項	原音 後項	組合せ	語（声点・節博士例）原音に対応する例	変化前 推定ア型	変化後 推定ア型	語（声点・節博士例）原音に対応しない例	変化前 推定ア型	変化後 推定ア型
II	陰類上声	陰類平声	HHHL	老翁（上平）	HHHL	HHLL	昴星（上濁上）	HHHH	HHLL
III	陰類上声 陰類入声	陽類平声 陽類平声	HHLL	一門（入平） 感敷（上平濁） 管弦（上平濁） 懇念（上平） 執権（入大） 洗濯（上大）	HHLL	HHLL HHLL HHLL HHLL HXXX HHLL			
IV	陰類上声 陰類上声	去声 陽類入声	*HHLH	甲冑（入平） 莫大（入大）		HHHL HHLL	一代（入去濁・十十斗） 一日（入去） 甲冑（入去） 窃盗（入去）	LLLH *HHLH *HHLH *HHLH	HHLL HHHL HHHL HHHL
V	陰類上声	陽類平声	HLLL	英雄（平平） 丁寧（平平）	HLLL	HHHL HLLL	宮中（上平）	HLLL	HLLL
VI	陰類平声 陰類平声	陽類平声 陽類入声	*HLHL	春秋（平平） 心肝（平平） 星精（平平） 朝恩（平平） 天孫（平平） 芳心（平平濁）		HHLL HHLL HLLL HLLL HLLL HLLL			
VII	陰類平声 陰類平声	陰類平声 陰類入声	*HLHH	振本（上平濁）		HHLL	優長（平上） 催促（平入） 蒼海（平上） 先哲（平入）	*HLHH *HLHH *HLHH *HLHH	HLLL HLLL HLLL HLLL
VIII	去声	陽類上声	*HLLH	弓箭（東平）		HHHL	参詣（平去濁） 朝廷（去去） 朝覲（平去濁） 天性（平去濁）	*HLLH *LHLH *HLLH *HLLH	HHLL HHLL HXXX HLLL
IX	陽類平声 陽類入声	陽類平声 陽類入声	LLLL	神明（平平） 人倫（平平）	LLLL	HHLL HHLL	徘徊（平去） 龍蹄（平去）	LLLH LLLH	HHLL HHLL

番号	声調（一）	声調（二）	式	語例	アクセント	語例	アクセント	アクセント
X	陽類平声 陽類入声	去声 陽類上声	LLLH	船頭（平平） 排徊（平平） 容顔（平平濁） 寵路（平去濁） 編言（平平濁）	HHHL HHLL HHHH/HHHL /HLLL HHHL HHHL	延引（平上） 神妙（平平濁） 堂上（平平）	LLHH LLLL LLLL	HHHH HLLL HLLL
XI	陽類平声 陽類入声	陰類平声 陰類入声	LLHH	合戦（入去） 神妙（平去濁） 成敗（平去） 傍輩（平去濁） 囊鏡（平去）	HHLL HLLL HLLL HHLL/HLLL HHHL			
XII	去声 陽類入声	陰類平声 陰類入声	LHHH	合力（入入） 長短（平上濁） 白髪（入入） 外職（去濁入） 重職（去入濁） 鳳輦（去上）	HLLL HLLL HLLL HXXX HHHL HLLL	引率（上入平） 乱入（去入濁） 住反（上上濁） 遠国（上入）	HHHH LHLL HHHH HHHH	HHLL HLLL/LHLL HLLL HLLL
XIII	去声 陽類上声	陰類平声 陰類入声	LHHL	奉公（去東）	LHLL	奉公（去東）	LHLL	LHLL
XIV	去声 陽類上声	陽類平声 陽類入声	LHLL	聖人（去平濁） 論談（平平濁）	LHLL LHHH	讒言（平平濁） 逗留（平平） 往来（上平）	LLLL LLLL HHLL	HHHL HHHH HLLL
XV	去声 陽類上声	去声 陽類上声	*LHLH	運命（去平） 幼少（去平） 向後（去平） 教訓（平上平） 洞院（去平） 面々（去平・十斗十十）	LHLL LHLL LHLL LHLL LHLL	相応（去上） 大内（去去濁） 諒闇（去上）	LHHH *LHLH LHHH	LXHX LHLL HHHH
XVI	陽類平声 陽類入声	陰類平声 陰類入声	LLHL	長生（平上）	HXXX			

第3章　漢語アクセントの形成　343

を低く接続する。「運命」「幼少」「向後」「教訓」「洞院」「面々」などの体系変化前〈去平〉がそれであるが、「相応」「諒闇」などわずかに〈去上〉も現れる。以上、群ごとに推定ア型を認定し、「原音に対応する例」について体系変化前後を対照すると、規則的に対応するものは、65％（31例/48例）認められることになる。

　ところで、原音との対応を見るについては、すでに述べたように韻書を機械的に適用させているが、「原音に対応しない例」としたなかにも、佐々木勇2009b に記載される漢音資料によれば、いくつかは本報告と同じ差声が観察される。例えば、XII 群「引率（上入濁）」の「引」は『蒙求』諸本および『大慈恩寺三蔵法師伝』鎌倉初期点に〈上〉、XII 群「往反（上上濁）」XIV 群「往来（上平）」の「往」は『大慈恩寺三蔵法師伝』鎌倉初期点に〈上〉、XII 群「遠国（上入）の「遠」は『大慈恩寺三蔵法師伝』鎌倉初期点に〈上〉、XIV 群「讒言（平平濁）」の「讒」は金沢文庫本『群書治要』鎌倉中期点に〈平〉、などである。「原音に対応しない例」にはこうした例のほか、IV 群・VII 群・VIII 群・XV 群にア型の推定を控えた例も含んでおり、ひとくくりに傾向を論ずることはできないが、IV 群「一代」など体系変化の前後で規則的に対応する例も散見される。

■**呉音漢語**　表3.33 に 2+2 構造の呉音漢語の異なり語数をア型ごとに示し、概観する。体系変化前は LLLL 型が最も多く、LHHH 型と LHLL 型がそれに続く。体系変化後は HHLL 型と LHLL 型がそれぞれ 20 例と最も多い。HHLL型は LLLH 型からの変化が中心となっている。続く HHHL 型（16 例）もLLLL 型からの変化が 14 例とほとんどを占める。前項が平声＝語頭に低拍連続を持つ語は語頭隆起によって、高く始まる型となっていることは言うまでもないだろう。網掛け部分の合計は、全体の 50％（50 例/101 例）である。

後＼前	LLLL	LLHH	LLLH	LHLL	LHHH	LHHL	HHLL	計
HHHH	6		1		2			9
HHHL	13		1	1				15
HHLL	4	1	9	2	3		1	20
HLLL	6	2	2		1			11
HXXX			1		1			2
LHHH				2	9	1		12
LLHH		1			5			6
LHHL								0
LHLL	1			18			1	20
LLHL	1							1
LXXX					5			5
計	31	4	14	23	26	1	2	101

表 3.33：2 ＋ 2 構造　呉音漢語

　しかし体系変化前に LLHH 型である中には、低起性を保持するものも 2 例ある。この LLHH 型は原音の組合せが《平・去》の後項が高平化した型であるが、3 拍語で分析したように、後項に上昇を保つ型（1+2 の LLH 型）・高平化する型（同じく LHH 型）、それぞれどちらのアクセント型で固定するかは個別的な事情によるようである（低起上昇型間の揺れ）。表 3.40 に記載した 4 拍漢語では、低起性を体系変化後も保持するのは基本的に III 群と IV 群であるが、II 群の「第三（十十斗斗）」のみは体系変化後に LLHH 型、HLLL 型を取る。これはこの語が体系変化前に LLHH 型と LHHH 型の 2 つのアクセント型をなし、後に LLHH ＞ HLLL という変化と、LHHH ＞ LLHH という変化とをそれぞれ経た結果と考えられる。LHHH 型が LLHH 型へと変化するについては、上野和昭 2011，p.283 にあるように、去声＋去声の組合せが LHHH 型となって、体系変化のさらに後の江戸後期に至って LLHH 型に発音されるようになったことを示す。IV 群の体系変化前 LHHH 型が、基本的には変化後にも LHHH 型を保ちつつ LLHH 型を交えるのはそのような変化を反映してのことと考えて良いだろう。

　「原音に対応する例」を概観すれば、I から IV 群のいずれも体系変化前後でおおむね対応している。ただし IV 群はやや複雑で、上に述べたように体系変

表 3.40：2+2構造　呉音漢語

群	原音 前項	原音 後項	組合せ	原音に対応する例・変化前 語（声点・節博士例）	推定ア型（変化前）	変化後 推定ア型	原音に対応しない例・変化前 語（去濁点・節博士例）	推定ア型（変化前）	変化後 推定ア型
I	平声 入声	平声 入声	LLLL	悪業（入入）	LLLL	HHHH	殄滅（去濁平）	LHLL	LHLL
				庵室（平平平平・十十斗十）		HHHL			
				一切（入入・十十斗十）		HHLL/(LLHL)			
				海蔵（平平）		HHHL			
				海賊（平平）		HHHH/HHHL			
				罪障（平濁平）		HHHH			
				七日（入入・十十十）		HHHH			
				十七（入入濁入）		HHHL/HHLL			
				十八（入入濁入）		HHHL			
				十六（入入濁入・十十十）		HHHL			
				聖教別（平平濁・十十十十）		HLLL			
				惣別（十十十）		LHLL			
				第一（十十十）		HHHH			
				大覚（十十十十）		HHHH			
				大願（十十十十）		HHHH			
				大聖（十十十十）		HHHL			
				大法（十十十）		HHHL			
				徳行（入入濁）		HLLL			
				拝礼（平平）		LLLL			
				必定（入平濁・十十十十）		HHHL			
				別業（入入濁）		HHHL			
				法界（入入濁）		HLLL			
				本国（平入昆・十十斗斗）		HLLL/HHLL			
				勿論（入平）		HHHL			
				問答（平入濁）		HHHL			
II	平声 入声	去声	LLLH	悪霊（入去）	LLLH	HLLL	大名（平濁平）	LLLL	HHHL
				一心（入去・十十斗）		HHHL	誕生（平去昆・十十十十）	LLLL	HHHH
				結縁（入去濁）		HHHL	講堂（平上濁）	LLHH	HHLL
				相承（平去濁）		HLLL	第三（十十斗十・十十上）	LLHH	(LLHH)/LHHH
				十善（入平濁）		HXXX	行幸（平上）	LLHH	HLLL

III

声調	語	アクセント		
平声・入声 (LHLL)	善根 (平濁去昆・十十十斗)	HHHL		
	誕生 (平去昆・十十十十)	HHHH		
	倍増 (平濁去濁・十十十斗)	HHLL		
	遍身 (十十十斗)	HHLL		
	法用 (平去)	HHLL		
	用心 (十十十斗)	HHLL/HLLL		
	六親 (平平)	HHLL		
	六通 (人夫)	HHLL		
*LHLH	安穏 (平濁)	LHLL		
	看病 (去平濁)	HHLL		
	行道 (去平)	LHLL		
	還俗 (去濁入濁)	LHLL		
	今日 (去入・十斗十十)	LHLL		
	根本 (去平)	LHLL		
	三業 (去平濁)	LHLL		
	三寶 (去平昆・十斗十十)	LHLL		
	三昧 (去平)	LHLL		
	精進 (去平濁)	LHLL		
	常住 (去濁平濁・十十十十)	LHLL		
	神拝 (去濁平濁)	LHLL		
	誓願 (去濁平)	LHLL		
	先達 (去入)	LHLL		
	中央 (去平)	LHHH		
	寵愛 (去平)	LHLL		
	同行 (去濁平濁)	LHLL		
	同道どうだう (去濁平濁)	LHHH		
	兵船 (去平)	HHLL		
	煩悩 (去濁平)	LHLL		
	唯識 (去入)	HHLL		
	輪讚 (去平濁)	LHLL		
	金色 (去入濁・十十十斗)	LHHL	LHHL	LHHH
	天性 (去上濁)	LHHH	LHHH	HHLL/LXXX
	縁覚 (上入昆・斗斗十十)	HHLL	HHLL	LHLL

IV

声調	語	アクセント		
去声 (LHHH)	因縁 (去上)	LHHH		
	高名 (去上)	(LLHH)		
	光明 (去上・十斗十斗十斗)	LHHH		
	最前 (去上)	HHLL/HLLL		
	降人 (平去)	LLLH	LLLH	HHLL
	明燈 (平平・十十十十)	LLLL	LLLL	LHHH

群	原音		原音に対応する例・変化前		変化後	原音に対応しない例・変化前		変化後
	前項	後項	語（声点・節博士例）	推定ア型	推定ア型	語（声点・節博士例）	推定ア型	推定ア型
			西方（去上・十斗斗斗-）		LHHH/LXXX			
			糟糠（去上）		LHLL			
			将来（去上）		HXXX			
			尋常（去濁上濁）		LXXX			
			先生（去上濁）		HHLL			
			梅檀（去上濁）		HHHH			
			中宮（去上濁）		(LLHH)			
			中間（去上濁）		LXXX			
			中門（去上）		LHHH/(LLHH)			
			天台（去上）		LHHH			
			天人（去上・十斗斗斗-）		LHHH			
			天平（去上濁）		HHHH			
			東西（去上濁・十斗斗斗-）		LXXX			
			黄門（去上・十斗斗斗-）		LXXX			
			人間（十斗斗斗-）		(LLHH)			
			人身（去上・十斗斗斗-）		LHHH			
			貧窮（去濁上濁）		LHHH			
			龍神（去濁上濁・十斗斗斗-）		(LLHH)			

表 3.41：2+2 構造　その他の漢語

分類	原音		組合せ	原音に対応する語例・変化前		変化後	原音声調詳細
	前項	後項		語（声点・節博士例）	推定ア型	推定ア型	
混読	X	X		改易（平入）	?	HLLL	（漢）全清上次濁入（呉）XX
漢呉	全清平声	去声	*HLLH	精兵（平上・セイヒャウ）	*HLLH	HLLL	（漢）全清平全清平（呉）去去
呉漢	呉音去声	去声	LHLL	先帝（去平）	LHLL	LHHL	（呉去）?（漢）全清平去平
漢呉	全清平声	平声	HLLL	宣命（平平）	HLLL	HLLL	（漢）全清平去（呉）全清去平
漢X	去声	X	LHXX	分明（去上）	LHHH	HHHH/LHHH	（漢）去声次濁平（呉）平平去
XX	X	X	XXXX	騒動（去平）	LHLL	LHLL	（呉平）平（漢）全清平去

化前の LHHH 型が LLHH 型・LHHH 型の両様に対応するほか、「最前」「先生」のように体系変化後に HHLL 型や HLLL 型を取るところからすれば、体系変化前には同じく低起上昇型である LLHH 型でも実現していたことを考えたくもなる。また同じく体系変化後に HHHH 型を取る「栴檀」「天平」の前項に着目すれば、通常であれば 2 拍字の呉音去声は LH- で実現するところ、低起性を失い HH- となってしまったことも考えられる。いずれにしても体系変化前の LHHH 型は表 3.33 を見ても体系変化後の型にはばらつきがあり、LHHH 型としてア型が固定していたかについても検討が必要かもしれない。

「原音に対応しない例」は、原音に対応せずとも、体系変化前後で規則的に対応する I 群「殄滅」II 群「第三」「行幸」（LLHH 型 > HLLL 型）「大名」（LLLL 型 > HHHL 型）、IV 群「降人」（LLLH 型 > HHLL 型）等が大半を占める。ただし、なかには II 群「講堂」の HHLL 型のように、体系変化前の LLHH 型からではなく、原音組合せ LLLH からの変化と考えたほうが説明のつくものも散見される。

■**その他の漢語**　字音系統が定められなかった漢語について、体系変化前後の対応状況を表 3.34 に示した。また具体例を表 3.41 に掲げた。「精兵」における中低形の回避、「分明」における体系変化前の LHHH 型が変化後に LHHH 型と HHHH 型で現れることの解釈など、これまで述べ来たったとおりである。網掛け部分の合計は、例数は少ないが全体の 67%（4 例 /6 例）である。

後＼前	HLLL	LHHH	LHLL	*HLLH	計
HHHH		1			1
HLLL	1			1	2
LHHH		1			1
LHHL			1		1
LHLL			1		1
計	1	2	2	1	6

表 3.34：2 ＋ 2 構造　その他の漢語

350　3.2　アクセント体系変化前後に見る漢語アクセントの対応

3.2.2.6 語形と声点の字音系統が一致しない例について

　すでに見てきたように、本分析は、韻書や呉音資料、体系変化前の声点資料、体系変化後のアクセントが反映する資料の３つを比較する手法を取ってきた。これにより、従来行われていたように、ある資料に現れた漢語に対する声点を韻書や呉音の音義資料等と比較するだけでは十分に説明することのできない例についても、一定の説明を与えることができた。ここでは、先行研究で説明が困難とされる例を取り上げ、本分析の立場から新たに解釈を加えてみたい。具体的には、上野和昭 2011, pp.290-294 で述べられる、体系変化後の資料『平家正節』における漢語アクセントのうち、韻書や呉音音義資料等における声調の組合せから説明できない例について取り上げる。

　上野論文では、字音系統の認定に際してその語形（仮名音形）に厳密な基準を置いている。しかしすでに見たように、語形と声点から推定される字音系統にずれがある場合もある（「行幸」の推定語形はギャウカウで呉音であると考えられるのに、声点は体系変化前〈平上〉で㊈全濁平全濁上に対応し漢音であると考えられる等）。上野論文で「〈呉音読み漢語〉アクセントの例外」として挙げられている数例は、語形と声点から推定される字音系統の認定に問題があったと考えられる。

　例えば「教訓」は語形ケウクンからすれば呉音といえる。その声調は㊈平平であるから、［10 正節］の LHLL を説明するのは難しい。しかし体系変化前資料である［01 古今］には『古今訓点抄』の例として「ケウク（平上平）」（傍注に「教訓也」）とあり、これが LHL(L) を示すとすれば［10 正節］につながるアクセント型として説明することが可能である。「教訓」の漢音声調は㊈去去であって、漢音におけるこの声調の組合せは後項を低く実現させるので、LHLL は漢音声調にこそふさわしい。上野論文で引用される『補忘記』の記述（「教授教示ノ時ノミ教ノ字古来ヨリ去声ニ用ヒ来ルト」）は、漢音声調の混入に対する解釈であったとも考えられる。

　「面々」も同様に語形メンメンから呉音とされ、その声調は㊈平平であるから、［10 正節］の LHLL の説明は難しいとされる。これも体系変化前［06 四座］に去平／十斗十十（十）メンメン（ニ）とあり、由来のあるアクセント型である。上野論文では和語の畳語のアクセントへの類推変化として説明されている

が、漢音声調は㊤去去であるから「教訓」と同様に字音系統の問題として説明することも可能である。「南北」も語形ナンボクから呉音とされ、声調㊥去入から、[10正節]のHLLLを説明することは難しい。体系変化前の資料［06四座］について言えば去入毘／十斗十十（十）ナンホク（ノ）とあり、呉音声調と連続的に説明することが可能である。一方、漢音声調は㊤次濁平全清入であるから、ここから推測される体系変化前のアクセント型は、LLHHが語頭隆起を経ればHLLLとなって、[10正節]のアクセント型を説明するのにふさわしい。とすれば[10正節]のアクセント型は漢音であったと考えるのが良いと思われる。

　上野論文において「〈漢音読み漢語〉アクセントの例外」とされるなかにも、呉音と考えられる例があると考えられる。「重職」は語形チョウジョクから漢音とされ、その声調は㊤去全清入であるから、[10正節]のHHHLを説明できない。体系変化前［05色前］の去入濁チヨウシヨクは漢音声調から整合的に説明できる。呉音声調は㊥平入であって、推測される体系変化前のアクセント型はLLLLであるから、体系変化後のHHHL型を説明するのにふさわしい（上野論文においても呉音ヂウであった可能性について触れられている）。

　これらは、体系変化の前後に対応が見られることから、字音系統の観点からすれば語形と声点とに「ずれ」が見られはするが、そのような形で音形とアクセント型が成立したものと考えられる。

3.2.2.7　拍数・構造ごとの比較

　ここまで、漢字2字の漢語のアクセント型の変化について、2拍（1+1構造）、3拍（1+2構造・2+1構造）、4拍（2+2構造）に分けて分析してきた。なお2拍の漢語のうち、「漢音」と「その他」については例数が少ないため（　）に入れて示してある。

　ここで、アクセント史を担う漢語の変化を、全拍数・構造について表3.35に量的に示してみる。まず原音と体系変化前の対応から見ると、2拍（1+1構造）漢語では81％、3拍（1+2構造）漢語では82％、同じく3拍（2+1構造）漢語では77％、4拍（2+2構造）漢語では77％が対応する。前項が2拍構造の漢語にやや対応率が高く見えるが、ほぼ誤差の範囲内と見るべきで、対応率

に大きな異なりはないと言えるだろう。

　次に体系変化前後の対応を見ると、2拍（1+1構造）漢語では70%、3拍（1+2構造）漢語では62%、同じく3拍（2+1構造）漢語では46%、4拍（2+2構造）漢語では52%が対応する。2拍と4拍の漢語とを比較すれば、その対応率には20%ほどの開きがある。すなわち拍数の短い漢語のほうがより規則的な変化をしたと考えて良いだろう。また、漢語全体の拍数だけでなく、前項が1拍と2拍とを比較すると、前項が1拍の漢語のほうが対応率が高いことが分かる。

構造	字音系統	原音と体系変化前	体系変化前後
1+1	漢音	（66%対応（2例対応・1例非対応））	（33%対応）
	呉音	83%対応（19例対応・4例非対応）	73%対応
	その他	—	（100%対応）
（計）		81%対応（21例対応・5例非対応）	70%対応
1+2	漢音	86%対応（24例対応・4例非対応）	66%対応
	呉音	78%対応（29例対応・8例非対応）	61%対応
	その他	—	54%対応
（計）		82%対応（53例対応・12例非対応）	62%対応
2+1	漢音	73%対応（32例対応・12例非対応）	46%対応
	呉音	80%対応（44例対応・11例非対応）	48%対応
	その他	—	36%対応
（計）		77%対応（76例対応・23例非対応）	46%対応
2+2	漢音	61%対応（48例対応・31例非対応）	53%対応
	呉音	90%対応（83例対応・9例非対応）	50%対応
	その他	—	67%対応
（計）		77%対応（131例対応・40例非対応）	52%対応

表 3.35：2・3・4拍漢語　原音・体系変化前・体系変化後の対応率

3.2.2.8　字音系統別に見た H1 型への類推変化

　原音と体系変化前との、ア型についての対応率を字音系統別にみると、漢音で69%（106例対応・48例非対応）、呉音84%（175例対応・32例非対応）と、呉音漢語のほうに対応率が高い。これは呉音声調が低平調と上昇調の2種類し

第3章　漢語アクセントの形成　*353*

か持たないのに対して、漢音声調が高平調や下降調も含むより複雑な体系を有することが、アクセント型の成立過程を複雑にしていることによると考えられる。

一方、体系変化前後の対応率を字音系統別にみると、漢音全体で53%（84例対応・74例非対応）、呉音全体で54%（121例対応・104例非対応）であり、違いは認められない。一度アクセント型が成立してしまえば、基本的には、字音系統の別を離れ日本語アクセント史の大きな流れに融和してしまったと考えることができるだろう。

ただし、仔細にみればそのプロセスには字音系統ごとの異なる動きも見て取れる。例えば、奥村三雄1961aや蒲原淑子1989等で言われるように「耳新しい漢語」が基本型であるH1型（HLL・HLLL型）に、類推変化によって合流しがちである、という指摘は本論でも縷々確認してきたとおりである。その類推変化の度合いを、字音系統ごとにみたのが表3.36である。この表は体系変化後にH1型となる体系変化前の型のうち、HHX-型・LLL-型・LHX-型（体系変化前にHL・HLL・HLLL型を取るものとLL・LLH・LLHX型のように体系変化後に語頭隆起を生じてH1型に変化するものとを除く型）を、字音系統別にみたものである。表内の数字は、「/」の左側に体系変化後にH1型となった語数、右側に体系変化前における当該アクセント型の母数を示す。HHX-等とあるのはHHで始まるアクセント型（2拍漢語も含む）を意味する（LLL-のみ2拍漢語は含まない）。

	HHX- (RHX-)	LLL-	LHX-	計
漢音漢語	9/29 31%	11/28 39%	4/27 15%	24/84 29%
呉音漢語	0/15 0%	18/87 21%	3/80 4%	21/182 12%
計	9/44 20%	29/115 30%	7/107 10%	45/266 20%

表3.36：字音系統別　H1型への類推変化率

まず型別にみると、H1 型への類推変化には、体系変化前の LHX- 型に少なく、LLL- 型に多い。体系変化前 LLL- 型で体系変化後 H1 型で現れるもののうち、HHL 型との間で揺れる「十二」「大師」「拍子」「意見」「供養」、HHHL 型との間で揺れる「容顔」の存在からも分かるように、体系変化後に HHL ＞ HLL や HHHL ＞ HHLL ＞ HLLL 等の変化を更に経たものが含まれることによると考えられる。

　次に字音系統別にみると、H1 型に類推変化するのは漢音漢語に 29％であるのに対し呉音漢語に 12％で、漢音漢語に多い。一旦 LLL- 型で成立したアクセント型が字音系統別に異なる動きをする、ということは考えにくいので、これには別の理由を考えねばならない。例えば、漢音漢語は前項が独立して LL ＞ HL に変化し、後に後項の LL と接合して HLLL となったといったことは考えられないだろうか。表 3.37 は表 3.36 から体系変化前 LLL- 型のみ抜き出し、前項の拍構造別にしたものである。前項 1 拍の漢語は語数が少ないので傾向に言及することは難しいが、少なくとも前項 2 拍の漢語については、漢音に類推変化率が高い。「3.2.1 漢字 2 字 3 拍の漢語アクセント」で述べたように、漢音漢語の独立性がここにおいても観察された、とひとまずは解釈したい。

	前項 1 拍	前項 2 拍	計
漢音	1/2 （50％）	10/26 38％	11/28 39％
呉音	5/15 33％	13/72 18％	18/87 21％

表 3.37：字音系統別　LLL- 型から H1 型への類推変化率

3.2.2.9　結論

　以上の結論を以下にまとめる。

1. 体系変化前のア型について観察されること（3 拍漢語と同様）
　　（a）4 拍の漢音漢語において、中低形の回避がなされていた（IV 群・VI 群・

VII 群・VIII 群・XV 群）。その際、いずれも前項を活かし、後項を低く接続させる。

(b)4 拍の呉音漢語において、低起上昇型間の揺れが確認された（IV 群）。なお 2 拍の漢音漢語についても 1 例あり。

(c)「その他の漢語」「原音と非対応例」であっても、体系前後で対応する例が存在する。

2. 語形（仮名音形）と声点が示すアクセントとで字音系統の異なる漢語がある。それらはその語形でアクセント型を成立させ、体系変化前後で対応をなしている。

3. 「原音」と「体系変化前」の対応率は漢音漢語で 69%、呉音漢語で 84% で、呉音漢語に対応率が高い。これは呉音に比べて、漢音の声調体系が複雑だったために、アクセント型の成立過程が複雑だったことを反映すると考えられる。

4. 漢音漢語と呉音漢語について、「体系変化前」と「体系変化後」では、拍数ごとに違いはあるが、対応率に違いはほとんどない。これは、一度アクセント型が成立すれば、字音系統の別を離れ、日本語アクセント史の流れに融和してしまったためと考えられる。

5. 拍構造別に「体系変化前」と「体系変化後」の対応率を見ると、2 拍漢語では 70%、3 拍漢語（1+2 構造）では 62%、同じく 3 拍構造（2+1構造）では 46%、4 拍漢語では 52% であり、全体としてみれば長さの短い漢語のほうがより規則的な変化をする傾向が認められる。また前項だけに着目すると、2 拍よりも 1 拍のほうに対応率が高い。

表 3.42：原音・体系変化前・変化後　2字2拍漢語対照語彙表

推定語形	漢語形	原音	体系変化前	体系変化後
いしゅ	意趣	漢去去(曽)平平	平平イシュ [05 色前 /1-013a-6]	いしゅ HL [10 正節]
かぢ	加持	(曽)去去	去上濁カチ [05 色前 /1-107a-1]	鏃鏃：上上〈本濁〉 [11 補忘／元 60-1]
さい	奇異	漢全清平去(曽)去平	上平 [05 色前 /2-063b-7]	さい HL [10 正節]
きぼ	規模	漢全清平次濁平(曽)去X	上平濁／平平濁キホ [05 色前 /2-061b-4]	鏃鏃キ÷：上平〈本濁〉 [11 補忘／元 122-4]
ぐぶ	供奉	(曽)平平	平濁平濁 [09 平家／熱 06-03b-07]	ぐぶ HL [10 正節]
ごしょ	御所	(曽)平平	平濁上 [15 新猿・康永本 100-13]，平濁○ゴシヨ [15 新猿／弘安本 019-13]	ごしょ HL [10 正節]
ごう	牛頭	(曽)平去去	去濁上濁 [15 新猿・康永本 106-03]	ごう HL [10 正節]
ごま	護摩	(曽)平去	平濁上コマ [05 色前 /2-010b-2]	角鏃：平 [11 補忘／元 105-3]
さう	左右	(曽)去平	上上／斗斗（斗）サウ（二）[06 四座／涅 12-05]，斗斗（斗）サウ（二）[06 四座／涅 21-01]	さう：平〈本濁〉上 [10 正節]
さた	沙汰	(曽)平X	平平サタ [05 色前 /2-051b-1]	さた HL [10 正節]
じひ	慈悲	(曽)去平	去上 [05 色前 /2-081b-3]，上上／斗斗（斗）シヒ（ノ）[06 四座／涅 09-01]，上濁上／斗斗エヒ [06 四座／涅 16-01]	じひ HH [10 正節]
しゅしゅ	数株	(曽)平去	ス、〈平濁平〉[05 色前 /2-116a-7]	しゅず HL [10 正節]
しゅと	衆徒	漢去全濁平(曽)去平	去平シュト [05 色前 /2-084b-6]	しゅと HL [10 正節]
じよ	自余	(曽)平去	平濁上 [07 解文／早 108]	じよ LH [10 正節]
しょね	所為	(曽)去去	平上 [07 解文／早 083]	しょね LH [10 正節]
じりよ	思慮	漢全清平去(曽)去平	○去 [01 古今]，去平シリヨ [05 色前 /2-081a-6]	じりょ HL [10 正節]
ずた	数多	漢去全清平(曽)去去	上上 [07 解文／早 110]	角鏃シユ○：平上 [11 補忘／元 133-1]
ぜひ	是非	漢去全清平(曽)平去	平上セヒ [05 色前 /2-11b-2]	ぜひ LH [13 近松]

推定語形	漢語形	原音	体系変化前	体系変化後
でし	弟子	(呉)平平	デシ〈平濁平〉[05 色前 /2-019b-3] ,平平 / 平平 / 十十（斗）テシ（斗）[06 四座 / 涅 13-06]	でし HL [10 正節]
どど	度々	(呉)平平	平濁平濁 [15 新猿 / 康永本 101-08]	どど HX [10 正節]
ぬび	奴婢	(呉)去平	去平濁ヌヒ [05 色前 /1-078b-4]	ヌヒ：上平〈本濁〉[11 補忘 / 元 54-6]
びは	琵琶	(呉)平平	？婆（平平）[02 和名 / 京 6-50b] ,俗云微波（平濁平）[03 名義 / 図 170] ,平濁平ヒハ [05 色前 /2-094a-6]	びは HL [10 正節]
ふし	父子	漢全濁上全清上	上上 [07 解文 / 早 157]	ふし LH [10 正節] ,散散・ノ散：平平 / 補忘 / 元 103-4]
むよ	無餘	(呉)去去	上上 / 斗斗（斗）ムヨ（ノ）[06 四座 / 涅 14-09] ,上上 / 斗斗（斗）ムヨ（ノ）[06 四座 / 涅 16-02] ,上上 / 斗斗 ムヨ（斗）[06 四座 / 涅 23-05]	(角角)：上上 [11 補忘 / 元 151-3]
るす	留守	(呉)去平	去平ルス [05 色前 /1-079b-2]	るす HL [10 正節] ,散角ルス：上平 [11 補忘 / 元 55-3] ,留守・るす HL [13 近松]

表 3.43：原音・体系変化前・変化後　2字4拍漢語対照語彙表

推定語形	漢語形	原音	体系変化前	体系変化後
あくごふ	悪業	(呉)入入	入入 [05 色前 /2-039b-1]	あくごふ HHHH [10 正前]
あくりやう	悪霊	(呉)入去	入去 [05 色前 /2-039a-4]	あくりやう HLLL [10 正節]
あんじち	庵室	(呉)平入	俗云[阿无之知 (平平平平)[02 和名 / 前 3-49b]，俗云アムシ=チ (平平平濁平)[03 名義 / 観 859]，平入アンシ=チ [05 色前 /2-025b-1]	あんじつ HHHL [13 近松]
あんおん	安穏	(呉)去平	去平アノオン [05 色前 /2-039b-2]	あんをん LHLL [10 正前]．[角 戡] 角：去平 [11 補忘 / 元114-3]
いうちやう	優長	(漢)全清全清上	平上イ(ツ)チヤウ [05 色前 /1-013b-2]	いうちやう HLLL [10 正前]
いっさい	一切	(呉)入平	入入イ(ツ) [05 色前 /1-014a-1],入東 / 十十斗十 (十)イツサイ (ノ) [06 四座 / 涅 07-06],入東 / 十十斗十十イツサイ [06 四座 / 涅 10-08],入東 / 十十斗十十イツサイ [06 四座 / 涅 10-09],入平 / 十十斗十 (十)イツサイ (ノ) [06 四座 / 涅 11-08],入平 / 十十斗十十 (十)イツサイ (ノ) [06 四座 / 涅 12-10],入平 / 十十斗十 (十)イツサイ (ノ) [06 四座 / 涅 13-02],入東 / 十十斗十 (十)イツサイ (ノ) [06 四座 / 涅 13-02],入東 / 十十斗十 (十)イツサイ (ノ) [06 四座 / 涅 13-09],入東 / 十十斗十イツサイ [06 四座 / 涅 16-10]	いっさい LLHL [10 正前]．いっさい HHLL [13 近節]
いちもん	一門	(呉)入去(漢)全清入次濁平	入平イーモン [05 色前 /1-013a-1]	いちもん HHLL [10 正前]．戡角：入去 [11 補忘 / 元 21-2]．一門 HLLL [13 近松]
いつしん	一心	(呉)入去	入去 [05 色前 /1-013a-4]	戡角：入去 / 元 19-5]．一心 HHLL [13 近松]
いつだい	一代	(漢)全清入去(呉)入？	入平濁 / 十十斗十十イツタイ [06 四座 / 涅 03-08],入去濁 / 十十斗十(斗)イツタイ(ノ) [06 四座 / 涅 02-05]	いちだい HLLL [10 正前]．一代 HHLL [13 近松]

推定語形	漢語形	原音	体系変化前	体系変化後
いつたん	一旦	(漢)全清入去	入去イッタン [05 色前 /1-012b-2]	いったん HHLL [10 正節],歟角:入去 [11 補忘/元 23-3],一たん HHLL [13 近松]・[角]歟:入去 [11 補忘/元 23-4]
いんえん	因縁	(呉)全去去	去上インエン [05 色前 /1-012b-5],去平/十十十十インエン [06 四座 /涅 03-06],去上/十斗斗斗 (斗) インエン (テ) [06 四座 /涅 15-07]	いんえん HHLL [10 正節]
いんぞつ	引率	(漢)全濁上全清入	上入インツツ [05 色前 /1-012b-4],上入濁 [07 解文/早 110],上○ [07 解文/東 338]	いんぞつ HHLL [10 正節]
うんめい	運命	(漢)濁去去	去平 [15 新猿 /弘安本 023-15]	うんめい LHLL [10 正節]
えいいう	英雄	(漢)全清平全濁平	平平エイイウ [05 色前 /2-017a-3]	えいいう HHHL [10 正節]
えうせう	幼少	(漢)濁去去	去平 [05 色前 /1-013a-4],去平エウセウ [05 色前 /2-017a-3]	えうせう LHLL [10 正節]
えんいん	延引	(漢)濁平入	平上エンイム [05 色前 /2-017a-1]	えんいん HHHH [10 正節]
えんかく	縁覚	(漢)全清上次濁入	上入昆/斗斗十十エンンカク [06 四座 /涅 06-07]	えんかく HHHH [10 正節],[角]歟:去人〈新濁〉 [11 補忘/元 14-5]
かいえき	改易	(漢)全清上次濁入	平上カイエキ [05 色前 /1-110a-1]	かいえき HLLL [10 正節]
かいぞく	海賊	(呉)濁平入	カインク (平平) [03 名義 /観 1098]	かいぞく HHHL [10 正節]
かいだう	海道	(呉)濁平平	平平カイタウ [05 色前 /1-106b-7]	かいだう HHHH [10 正節],かいだう HHHL [13 近松]
かうだう	講堂	(呉)濁平上	平上濁カウタウ俗 [05 色前 /1-091b-5],平上濁カウタウ [05 色前 /1-107a-2],平上濁マウタウ [15 新猿 /古抄本 061-06]	かうだう HHLL [13 近松]
かうにん	降人	(呉)濁平去	平去カウニン [05 色前 /1-109a-1]	かうにん HHLL [10 正節]
かうみやう	高名	(呉)濁去去	去上カウニン [15 新猿 /古抄本 059-10]	かうみやう LLHH [10 正節]

読み	漢字	漢呉	出典	アクセント
かうらい	高麗	呉去？	去平▽ウラヒ [15 新猿／古抄本 073-12]，去平○ライ [15 新猿／康永本 106-08]，去平 [15 新猿／弘安本 023-10]	かうらい LHLL [10 正節]
かふりょく	合力	漢全濁入次濁入	入入カフリョク [05 色前 /1-107b-5]	かふりょく HLLL [10 正節]
かふせん	合戦	漢全濁入去	入去カフセン [05 色前 /1-109a-1]	かっせん HHLL [10 正節]
かふちう	甲冑	漢全清入去	入去カフチウ [05 色前 /1-109a-1]．入平 [15 新猿／康永本 087-11]	かっちう HHHL [10 正節]
かんたん	感歎	漢全清上次濁平	上平カムタム [05 色前 /1-109b-7]	かんたん HHHL [10 正節]
かんびやう	看病	漢去去、(呉去平	去平濁カンビヤウ [05 色前 /1-107a-7]．去平濁 [15 新猿／古抄本 062-01]	かん病 HHLL [13 近松]
きやうがい	境界	(呉)？平	平平昆？／十十十十(十)キヤ゛ヤカイ(二) [06 四座／涅 01-09]	きやうがい HLLL [10 正節]
ぎやうかう	行幸	(呉去平漢全濁平全濁上	(呉去平漢全濁平全濁上平平キヤ゛ヤカウ [05 色前 /2-061a-7]	ぎやうがう HLLL [10 正節]
きやうこう	向後	漢全濁入去	平上キヤ゛ヤカウ [05 色前 /2-061b-5]	きやうこう LHLL [10 正節]
きやうだう	行道	(呉)去平	去平キヤ゛ヤウタウ [05 色前 /2-061a-6]	きやうだう LHLL [10 正節]
きやくしき	格式	漢全清入次濁入	入凛キヤ゛ヤクシキ [15 新猿／古抄本 059-04]	きやくしき HXXX [10 正節]
きゆうせん	弓箭	漢全清平全清去	平平 [05 色前 /2-063a-2]．東平キヤウ○ [15 新猿／古抄本 070-07]	きうせん HHHL [10 正節]
きゆうちゆう	宮中	漢全清平全清平	上平 [05 色前 /2-061b-1]	きうちゆう HLLL [10 正節]
ぐわいせき	外戚	漢全濁平次清入	去濁入 [09 平家／延1本 010b-07]．去濁入○のセキ [09 平家／熱 10-10a-09]	ぐわいせき HXXX [10 正節]
くわうみやう	光明	(呉)去去	去上／十十斗斗斗斗(斗)クワウミヤウ(ノ)[06 四座／涅 04-09]．去上／十十斗斗斗斗(斗)○クワウミヤウ(ラ？)[06 四座／涅 13-09]	[角微] 微・ラ微：去上 [11 補忘／元 147-6]
くわんげん	管絃	漢全清上全濁平	上平濁 [15 新猿／古抄本 062-17]	くわんげん HHLL [10 正節]
けうくん	教訓	漢去去	平上平 [01 古今]	けうくん LHLL [10 正節]

推定語形	漢語形	原音	体系変化前	体系変化後
けちえん	結縁	(呉)入去	入去/十十十十 (斗) ケチエン (ノ) [06 四座/涅 02-09]	飲角○チ○○：入去 [11 補忘/元 101-1]
げんぞく	還俗	(呉)去入	去濁入濁 [09 平家 08-07b-05]	げんぞく LHLL [10 正節]
こうじふ	口入	(漢)次清上次濁入	上入コウシフ [05 色前/2-011a-6]	こうじふ HLLL [10 正節]
こうせい	後生	[漢] 去全濁清平 平去 [呉]	去東 [05 色前/2-010b-7]	ごしやう HLL [10 正節]
こんがう	金剛	(呉)去去	去上濁/十斗斗コンカウ [06 四座/涅 06-08]	(角角)：去上〈本濁〉[11 補忘/元 43-2]
こんじき	金色	(呉)去入	去入濁/十斗斗コンシキ [06 四座/涅 04-09]	金色 LHHH [13 近松]
こんてん	懇念	(漢)次清上次濁上次濁平(呉)？平	上平 [09 平家 089b-07]	こんねん HLLL [10 正節]
こんにち	今日	(呉)去入	去入/十斗十十 (十) コンニッ (ヲ) [06 四座/涅 03-01],去入/十斗十十 (十) コンニッ (ノ) [06 四座/涅 21-06]	こんにち LHLL [10 正節],今日 LHLL [13 近松]
こんぽん	根本	(呉)去平	去平コンホン [05 色前/2-011b-5]	こんぽん LHLL [10 正節]
ざいしやう	罪障	(呉)平平	平平平サイシヤウ [05 色前/2-051b-7]	ざいしやう HHHL [10 正節]
さいぜん	最前	(漢)去全濁平(呉)去去	去上平サイセン [05 色前/2-051b-2]	さいぜん HHLL/HLLL [13 近松]
さいそく	催促	(漢)次清平次清入	平入サイソク [05 色前/2-053a-3]	さいぞく HHLL [13 近松]
さいほう	西方	(呉)去去	去上/十斗斗斗 (斗) サイハウ (ニ) [06 四座/涅 08-09]	去上 [11 補忘/元 45-5],西方 LXXX [13 近松]
さうおう	相応	(漢)去去	去上サウオウ [05 色前/2-053a-3],去上サウオウ [15 新猿/康永 101-02]	去上 LXHX [13 近松],(角角)：去上 [11 補忘/元 65-5]
さうかい	蒼海	(漢)次清平全清上	去上 [05 色前/2-051a-2]	さうかい HLLL [10 正節]
さうかう	糟糠	(呉)去去	去上 [05 色前/2-053b-1],去上サウカウ [15 新猿/弘安本 017-09],上○/去○サウカウ [15 新猿/古抄本 065-02]	さうかう LHLL [10 正節]
さうじよう	相承	(呉)平去	平去濁サウシヨウ [05 色前/2-052a-2]	飲角：平去〈本濁〉[11 補忘/元 118-6]

読み	漢字	声点類	出典	現代アクセント
さうどう	騒動	匣平平	去平サウトウ [05 色前]	さうどう LHLL [10 正節]
さんぎい	参議	匣次清平次濁去	平去濁 [15 新猿／康永本 099-09]	さんけい HHLL [10 正節]
さんごふ	三業	匣去入	去平入 [15 新猿／康永本 101-02]	さんごふ LHLL [10 正節]
さんげん	讒言	匣去次濁平(曼)?去	平平濁サムケム [05 色前 /2-052a-1]	さんげん HHHL [10 正節]
さんぽう	三寶	匣去平	去平昆／十斗十十（十）サンホウ（ノ）[06 四座／涅 01-09]	[角数] 角：去平〈新濁〉[11 補忘／元 117-1]
さんまい	三昧	匣去平	去平 [05 色前 /2-051a-4]	[角数] 角：去平 [11 補忘／元 116-1]．(角数) [角：角：去平 [11 補忘／元 130-6]．[角数] 去平 [11 補忘／元 131-5]．(角角)：上〈新濁〉平 [11 補忘／元 145]．(角角)：上．(角／角)：去平 [11 補忘／元 61-3]．(角角)：去平 [11 補忘／元 77-3]．(角／角)：去平 [11 補忘／元 97-1]
しちにつ	七日	匣入入	入入／十十十十（斗）シチニツ（ヲ）[06 四座／涅 14-06]	しちにつ HHHH [10 正節]
じつげつ	日月	匣次濁入次濁	入濁入濁／十十十十（十）ジツケツ（ノ）[06 四座／涅 23-03]	じつげつ HLLL [10 正節]
しふけん	執権	匣全清入全濁平	入平シツケエン [05 色前 /2-082a-7]	しつけん HXXX [10 正節]
じふしち	十七	匣入入	入濁入 [01 古今]	じふしち HHHL [10 正節]．十七 HHLL [13 近松]
じふぜん	十善	匣入平	平平濁シウセ入[01 古今]．入平／○セン [04 将門／楊 034]	じふぜん HXXX [10 正節]
じふだい	十代	匣入?[優]全濁入去	○上 [01 古今]．入平 [01 古今]	じふだい HLLL [10 正節]
じふはち	十八	匣入入	入濁入 [01 古今]．入?○ [01 古今]	じふはち HHHH [10 正節]
しふへい	執柄	匣全清入去	入上シフヘイ [05 色前 /2-082a-7]	しつへい HHHL [10 正節]
じふろく	十六	匣入入	入濁入 [01 古今]．ワ濁入／十十十十（十）シフロク（ノ）[06 四座／涅 11-08]	じふろく HHHL [10 正節]

推定語形	漢語形	原音	体系変化前	体系変化後
しゃうげう	聖教	(漢)平平	平濁平濁シヤウケウ [05 色前 /2-079b-6]，平平見ノ十十十十シヤウケウ [06 四座 / 涅 01-07]，十十十十(斗)シヤウケウ (ヲ) [06 四座 / 涅 21-07]	しゃうげう HHHL [10 正節]，平平〈新濁〉[11 補忘 / 元 136-5]
しゃうじん	精進	(漢)去平	去平平濁ノ十十十十シヤウケウチウ (ノ) [06 四座 / 康永本 101-03]	しゃうじん LHLL [10 正節]，[角徴]，[角] 角：精進 去平〈新濁〉[11 補忘 / 元 143-6]，精進 LHLL [13 近松]
じゃうぢゆう	常住	(漢)去平	去平濁平濁ノ十十十十十 [四座 / 涅 02-02]	じゃうぢう LHLL [10 正節]
しゃうぼう	正法	(漢)去平入	平ウ濁ノ十十十十十(斗)シヤウホウ (ヲ) [06 四座 / 涅 06-06]	平ウ入〈新濁〉[11 補忘 / 元 129-3]
しゃうらい	将来	(漢)去去	去上シヤウライ [05 色前 /2-080b-6] ，去上 [07 解文 / 早 200]	しゃうらい HXXX [13 近松]
しゅんじう	春秋	(漢)次清平次清平	平平 [05 色前 /2-078b-6]	しゅんじう HLLL [10 正節]
しんかん	心肝	(漢)全清平全清平	平平 [05 色前 /2-081b-7]．平平濁○カム [15 新猿 / 弘安本 016-18]	しんかん HHHL [10 正節]
じんじゃう	尋常	(漢)去去	去濁上濁シムシヤウ [05 色前 /2-084a-3] ，去濁上濁 [09 新猿 / 熱 05-36b-03]	じんじゃう LXXX [13 近松]
じんばい	神拝	(漢)去平	去濁平濁マムヘイ [15 新猿 / 古抄本 070-08] ，去濁平濁 [15 新猿 / 康永本 102-12] ，○平濁 [15 新猿 / 弘安本 020-18]	じんばい LHLL [10 正節]
しんべう	神妙	(漢)全濁平去(曼)去平	○去 [01 古今] ，○平濁 [01 古今] ，平平濁 [01 古今] ，平去濁シンヘウ [05 色前 /2-084b-4]	しんべう HLLL [10 正節]
しんめい	神明	(漢)全濁平次清平	平平 [01 古今]	しんめい HHHL [10 正節]
じんりん	人倫	(漢)次濁平次清平	平平 /○リン [04 将門 / 楊 04-8]	じんりん HHHL [10 正節]
せいぐわん	誓願	(漢)去平	去平 [05 色前 /2-110a-7]	せいぐわん LHLL [10 正節]
せいさう	星霜	(漢)全清平全清平	平平 [05 色前 /2-110a-3]	せいさう HLLL [10 正節]

せいじん	聖人	漢去平次濁平	去平濁 [05 色前 /2-111a-4]	セイ○○：去平〈本濁〉[11 補忘／元 136-4]，セイジン：去平〈本濁〉[11 補忘／元 8-3]
せいばい	成敗	漢全濁平去	平去セイハイ [05 色前 /2-112a-6]	せいばい HLLL [10 正節]，せいばい HLLL [13 近松]
せいひゃう	精兵	漢全清平全清平(曳去夫)	平去セイヒヤウ [05 色前 /2-111b-3]	せいびゃう HLLL [10 正節]
せつたう	窃盗	漢次清入夫(曳夫)	入夫 [15 新猿／康永本 098-14]	せっとう HHHL [10 正節]
せんこう	前駈	漢全濁平次清平	平平センコウ [05 色前 /2-111b-1]	せんごう HLLL [10 正節]
ぜんごん	善根	(曳平夫)	平濁去毘／十十斗斗センコン [06 四座／涅 02-10]．○去濁／十十斗 (斗) センコン (ラ) [06 四座／涅 22-10]	ぜんごん HHHH [10 正節]
せんじゃう	先生	(曳去夫)	去上濁 [15 新猿／古抄本 052-06]．去上濁 [15 新猿／古抄本 062-07]．去上濁 [15 新猿／康永本 083-04]．去上濁 [15 新猿／康永本 083-04]	せんじゃう HHLL [10 正節]
せんたく	洗濯	漢全清上全濁入	上入センタク [05 色前 /2-111b-4]	靉角：上人〈新濁〉[11 補忘／元 152-3]
せんだつ	先達	(曳去夫)	去入 [05 色前 /2-111a-2]	せんだつ LHLL [10 正節]．[角徴] 角○○○チ：去入〈本濁〉[11 補忘／元 151-3]
せんだん	栴檀	(曳去夫)	此間云音華短 (去上)，(平上) [02 和名／京 10-72a]．俗云センタム (平上上濁上) [05 色前 /2-107a-2]．去平センタン／十斗斗斗センタン [06 四座-2]．去上濁センタン [06 前 /2-四座 02-01]，去上／十斗斗斗 (斗) センタン (ノ) [06 四座／涅 14-08]	せんだん HHHH [10 正節]
せんてい	先帝	漢(曳夫？漢全清平去	去平 [05 色前 /2-110b-2]	せんてい LHHL [10 正節]
せんてつ	先哲	漢全清平全清入	平平 [05 色前 /2-111a-4]	せんてつ HHHH [10 正節]，[散角] 角：平徳 [11 補忘／元 149-3]．[角徴] 角：去入 [11 補忘／元 149-3]
せんどう	船頭	漢全濁平全濁平	平平 [05 色前 /2-110a-7]	せんどう HHHL [10 正節]，せんどう・船頭 HHHL [13 近松]

推定語形	漢語形	原音	体系変化前	体系変化後
せんみやう	宣命	漢全清平平(呉去平	平平 [05 色前 /2-110b-4], 平平*○マウ [15 新猿 /古抄本 059-02] .平平 [15 新猿 /康永 090-10]	せんみやう HLLL [10 正節]
そうべつ	惣別	漢全清上全濁入(呉平入	/十十十ツウベツ [06 四座 /渥 18-01]	そうべつ HLLL [10 正節]
だいいち	第一	呉平入	○○/十十十 (斗) タイイツ (ニ) [06 四座 /渥 03-08]	だいいち LHLL [10 正節] .平〈本濁〉[11 補忘 /元 68-4].第一 LHLL/LXXX [13 近松]
だいかく	大覚	呉平入	平○/十十十タイカク [06 四座 /渥 19-06]	徴徴:平〈本濁〉入 [11 補忘 /元 14-5]
だいぐわん	大願	呉平平	平濁平濁/十十十十(十)タイグワン(ラ) [06 四座 /渥 03-04] . 平濁平濁/十十十タイグワン [06 四座 /渥 16-01].平濁平平/十十十十(十)タイグワン(ラ) [06 四座 /渥 22-10], 平平濁/十十十十(十)タイグワン(ノ) [06 四座 /渥 24-01]	だいぐわん HHHL [10 正節]
だいさん	第三	呉平平	十十十斗十(斗)タイサン(ニ) [06 四座 /渥 15-07]	だいさん LLHH [10 正節] , [徴角] 角:平上 [11 補忘 /元 104] , [徴角] 角:平〈本濁〉上 [11 補忘 /元 68-5]
だいしやう	大聖	呉平平	タイシヤウ(ノ)平濁平十十十十(十) [06 四座]	だいしやう HHHH [10 正節]
だいだい	大内	漢平平(呉去去	去去濁 [09 平家 /熱 02-21b-02]	だいだい LHLL [10 正節]
だいほふ	大法	呉平入	平○/十十十(十)タイホウ(ラ) [06 四座 /渥 24-05]	だいほふ HHHL [10 正節]
だいみやう	大名	呉平去	平濁平 [15 新猿 /古抄本 056-16], 平濁平 [15 新猿 /弘安本 010-11]	だいみやう HHHL [10 正節]
だうじやう	堂上	漢全濁平去	平平 [09 平家 /熱 03-08b-06]	だうじやう HLLL [10 正節]
たんじやう	誕生	呉全濁平去	平平毘/十十十十(斗)タンジヤウ(ニ) [06 四座 /渥 02-04] . 平平毘/十十十十タンジヤウ [06 四座 /渥 03-09]	たんじやう HHHH [10 正節]

読み	漢字	声調注記	声点資料	アクセント
ちゅうぐう	中宮	(夐)夫去	去上濁チウグウ [05 色前 /1-069b-1]	ちうぐう LLHH [10 正節]
ちゅうげん	中間	(夐)夫去	去上濁チウゲン [05 色前 /1-069a-1] ,去○/十斗斗斗チウゲン [06 四座/昆 24-04]	中間 LXXX [13 近松]
ちゅうだい	重代	(夐)平？	平濁上濁チウタイ [05 色前 /1-070a-2]	ちうだい HLLL [10 正節]
ちゅうもん	中門	(夐)夫去	去上チウモン [05 色前 /1-069a-5]	ちうもん LHHH/LLHH [10 正節]
ちゅうやう	中央	(夐)夫平平	去平チウヤウ [05 色前 /1-069a-2]	[角濁] 散=去上 [11 補忘/元 47-5]
ちゃうせい	長生	(夐)全濁平全清平	平上ナ平ウセイ [05 色前 /1-069b-5] ,平上 [15 新猿/康永本 086-12]	ちゃうせい HXXX [10 正節]
ちゃうたん	長短	(夐)全濁平全清上	平上濁 [01 古今] ,平上 [01 古今] ,平上 [05 色前 /1-071a-4] 濁チヤウタン [05 色前 /1-071a-4]	[角濁] 角=平上〈新濁〉[11 補忘/元 47-1]
ちゃうぼん	張本	(夐)全清平全清上(夐平平)	上平濁チヤウホン [05 色前 /1-069b-2]	ちゃうぼん HLLL [10 正節]
ちょうあい	寵愛	(夐)夫去平	上去平ウアイ [05 色前 /1-070b-7] ,去平 [15 新猿/康永本 096-09]	ちょうあい LHLL [10 正節]
ちょうじょく	重職	(夐)全清人(夐平平人)	去入濁チヨウシヨク [05 色前 /1-069b-2]	ちょうじょく HHHL [10 正節]
ていねい	丁寧	(夐)次清平次濁平	平平テイネイ [05 色前 /2-022a-7]	ていねい HLLL [10 正節]
てうおん	朝恩	(夐)全清平全清平	平平 [05 色前 /2-022a-5]	てうおん HLLL [10 正節]
てうきん	朝覲	(夐)全清平全清平	去平テウキン [05 色前 /2-022a-4] ,平○テウキン [08 宝物/久 5-28b-04]	てうきん HXXX [10 正節]
てうてい	朝廷	(夐)全清平去(夐)？？	去去 [05 色前 /2-022a-3]	散=角=平去 [11 補忘/元 112-2]
てんじゃう	天性	(夐)去平	去上濁テンシヤ 俗 [05 色前 /2-019a-3]	(角角) ○○セウ：去平 [11 補忘/元 103-4] ,散=角：上平〈新濁〉[11 補忘/元 111-3] ,天じやう L×××× [13 近松]
てんせい	天性	(夐)次清平去	平去濁テンセイ [05 色前 /2-022a-7] ,東○/R上濁 [15 新猿/古抄本 052-07]	てんせい HLLL [10 正節] ,○○セイ：平去 [11 補忘/元 111-3]
てんそん	天孫	(夐)次清平全清平	平平 [09 平家/延 6 本 048a-10]	てんそん HLLL [10 正節]
てんだい	天台	(夐)夫去	去上 [05 色前 /2-022a-2]	[角散] 散=去上〈新濁〉[11 補忘/元 111-4]

推定語形	漢語形	原音	体系変化前	体系変化後
てんにん	天人	呉去去	去上／十斗斗斗テンニン [06 四座／涅 07-06]．去上／十斗斗斗テンニン [06 四座／涅 12-02]．去上／十斗斗斗テンニン [06 四座／涅 12-07]．去○?／十斗斗斗テンニン [06 四座／涅 14-10]	[角徴] 徴：去上 [11 補忘／元 14-5]
てんぴゃう	天平	呉去去	去上濁テンヒヤウ [08 宝物／久 1-05a-01]	てんぴゃう HHHH [10 正節]
でんめつ	珍滅	呉平入濁全濁上次濁入	去濁入 [05 色前 /2-023b-1]．去濁入／十十十（十）テンメツ（ス）[06 四座／涅 13-02]．去濁入／十十十十（十）テンメツ（ス）[06 四座／涅 14-05]	[角徴] 角テン○○：去〈本濁〉慈？ [11 補忘／元 112-3]
どうぎゃう	同行	呉去平	去濁平濁トウキヤウ [05 色前 /1-062b-7]	どうぎゃう LHLL [10 正節]
とうざい	東西	呉去去	去上濁トウサイ [05 色前 /1-063a-5]．十斗斗トウサイ [06 四座／涅 19-07]	東西 L××× [13 近松]
どうだう	同道	呉去平	去濁平濁トウタウ [05 色前 /1-063a-5]	同道 LHHH [13 近松]
とうもん	東門	呉去去	去上／十斗斗斗トウモン（ラ？）[06 四座／涅 12-03]	とうもん L××× [13 近松]
とうりう	逗留	漢去濁次濁平	平濁トウリウ [05 色前 /1-063a-5]	とうりう HHHH [10 正節]
とうゐん	洞院	漢去去	去平 [01 古今]	とうゐん LHLL [10 正節]
とくぎゃう	徳行	呉入平	入平濁トクキヤウ [05 色前 /1-063b-3]	とくぎゃう HLLL [10 正節]
なんほう	南方	呉去去	去上／十斗斗斗（斗）ナンハウ（ラ）[06 四座／涅 08-09]	：去上〈新濁〉[11 補忘／元 45-5]
にんげん	人間	呉去去	去上濁ニンケン [15 新猿／古抄本 052-11]	にんげん LLHH [10 正節]
にんじん	人身	呉去去	○上毘／十斗斗斗（斗）ニンシン（ラ）[06 四座／涅 19-03]．去上 [05 色前 /1-040a-6]．去上	[角徴] 徴：去上〈新濁〉[11 補忘／元 32-3]
はいくわい	徘徊	漢全濁平全濁平	平濁ハイクワイ [05 色前 /1-033a-6]．平去ハイクワイ [07 解文／早 184]	はいくわい HHLL [13 近松]
ばいぞう	倍増	呉平去去	平濁去濁ハイソウ [05 色前 /1-032a-1]	徴角 徴：平〈本濁〉去 [11 補忘／元 28-3]

読み	漢字	声調		
はいらい	拝礼	(曳)平平	平平ハイライ [05 色前 /1-031b-6]	はいらい HLLL [10 正節]
ほうじん	芳心	(曳)次清平全清平	平平濁ハウジム [05 色前 /1-032b-1]	ほうじん HLLL [10 正節]
ぼうせい	昴星	(曳)次濁平上全清平	上濁◯ハウ◯ [05 色前 /2-113a-5] .上濁上 [09 平家 / 熱 06-28b-05]	ぼうせい HHLL [10 正節]
ほうばい	傍輩	(曳)全濁平去	平去濁ハウハイ [05 色前 /1-032a-1]	はうばい HLLL [10 正節],はうばい HHLL/HLLL [13 近松]
ほうべん	方便	(曳)去去	/十斗十十 (十) ハウヘン (ノ) [06 四座 / 逞 17-01]	〈角/角〉:去平 [11 補忘 / 元 134-6],去平 [11 補忘 / 元 143-5],方便 (はうべん) LHXX [13 近松]
ばくだい	莫大	(曳)次濁入去(曳)平入	入濁平ハクタイ [05 色前 /1-033b-1]	ばくだい HHLL [10 正節]
はくはつ	白髪	(曳)全濁入全清入	入入 [09 平家 / 延 2 本 039b-08]	はくはつ HLLL [10 正節]
はんじやう	繁昌	(曳)全濁平次清平	平平濁ハンジヤウ [05 色前 /1-033a-1]	はんじやう HLLL [10 正節],繁昌 HHHL [13 近松]
ひつぢやう	必定	(曳)入去	入平濁ヒチヽヤウ [05 色前 /2-098b-5] ,入 /十十十十 (十) ヒツヂヤウ (ノ) [06 四座 / 逞 05-02]	ひつぢやう HHHL [10 正節]
ひやうせん	兵船	(曳)去平	去平 [05 色前 /2-097b-6]	ひやうせん HHHL [10 正節]
びやうどう	平等	(曳)去去	去濁平濁ヒヤウトウ [05 色前 /2-098b-4] .去濁毘 /十十斗十十 (十) ヒヤウトウ (ノ) [06 四座 / 逞 14-01] .去平ヒヤウトウ [06 四座 / 逞 24-06]	去〈新濁〉平〈新濁〉[11 補忘 / 元 12-6].:上〈新濁〉平〈新濁〉[11 補忘 / 元 56-1]
びんぐう	貧窮	(曳)去去	去濁上濁ヒンクウ [15 新猿 / 弘安本 018-12]	[角飲] 飲ビンクウ:去〈本濁〉上〈本濁〉[11 補忘 / 元 147-1]
ふんみやう	分明	(曳)去声全濁平(曳)平去	去上 [15 新猿 / 康永本 104-07]	ふんみやう HHHH [10 正節],ふんみやう 去上 [11 補忘 / 元 102-3]
べつげふ	別業	(曳)入入	入入濁ヘツケフ [05 色前 /1-052b-4]	べつげふ HLLL [10 正節]
へんじん	遍身	(曳)平去	平去濁毘 /十十斗十ヘンシン [06 四座 / 逞 08-04]	[角飲] 飲角〈新濁〉上 [10 正節],[角飲] 飲角〈新濁〉平去 [11 補忘 / 元 42-3]
ほふかい	法界	(曳)入平	フ◯/十十十 (斗) ホウカイ (ニ) [06 四座 / 逞 23-09]	ほふかい HLLL [13 近松]

推定語形	漢語形	原音	体系変化前	体系変化後
ほうこう	奉公	(漢)全清上+全清平	去平ホウコウ [05 色前 /1-047b-3].去平 [07 解文／東 212].去東 [15 新猿／古抄本 053-08]	ほうこう LHLL [10 正節].奉公 LHLL／奉公 LHLL [13 近松] LXXX
ほふもん	法門	(呉)去平	フ○／十十斗（斗）ホウモン（ノ）[06 四座／涅 16-09]	歛角：フ入去 [11 補忘／元 39-6]
ほうれん	鳳輦	(漢)去次濁上	去上ホウレン [05 色前 /1-048b-4]	ほうれん HLLL [10 正節]
ほんごく	本国	(呉)平入	平入毘／十十斗斗（斗）ホンコク（二）[06 四座／涅 15-01]	ほんごく・本国 HLLL/HHLL [13 近松]
ほんなう	煩悩	(呉)去平	去濁平ホンナウ [05 色前 /1-047b-4]	[角歛] 角：去〈本濁〉平 [11 補忘／元 39-4]
ほんやく	翻譯	(呉)? ?(漢)次清平次濁入	去入ホンヤク [05 色前 /1-047a-6]	[角歛] 角：去入 [11 補忘／元 37-2]
まつだい	末代	(呉)入？	入濁平／十十十斗（斗）マツタイ（二）[06 四座／涅 02-07]	まつだい HLLL [10 正節]
みやうとう	明燈	(呉去入濁)次清平全清平	平平／十十十十十ミヤウトウ [06 四座／涅 02-06]	[角歛] 歛○ウ○○：去上〈新猿〉[11 補忘／元 126-3]
めんめん	面々	(漢)去去	去平／十十十斗（十）メンメン（二）[06 四座／涅 06-10]	めんめん LHLL [10 正節]
もくだい	目代	(漢)次濁入去(呉入)?	入上濁 [15 新猿／古抄本 070-11].入上濁 [15 新猿／康永本 102-14]	もくだい HLLL [10 正節]
もちろん	勿論	(呉)入平	入平 [05 色前 /2-105b-4]	もちろん HHLL [10 正節].歛角○チ○○：入去 [11 補忘／元 148-3].もちろん HHLL [13 近松]
もんだふ	問答	(呉)平入	平入濁モンタフ [05 色前 /2-105b-5]	歛 [歛角]：平フ入〈本濁〉[11 補忘／元 148-5]
ゆいしき	唯識	(呉)平入	去入 [15 新猿／康永本 104-03]	歛角：上入 [11 補忘／元 106-5]
ようがん	容顔	(漢)全濁平次濁平	平平濁ヨウガム [05 色前 /1-117b-3].平平濁マウガン [15 新猿／古抄本 055-05]	ようがん HHHH/HHHL/HLLL [10 正節]
ようじん	用心	(呉)平去	平去ヨウシム [05 色前 /1-117b-2]	ようじん HHLL [10 正節].歛角：平去／元 64-5].用 心 HLL/HLL?〈新濁〉[11 補忘／元][13 近松]

読み	熟語	声類	出典（声調）	アクセント
らうどう	郎等	呉？平漢次平全清上	平平 [15 新猿／古抄本 070-05]	らうどう HHHL [10 正節]
らうをう	老翁	漢次濁上全清平	上平ヲワウ [15 新猿／弘安本 017-16]	らうをう HHLL [10 正節]
らんけい	鸞鏡	漢次濁平去	平去ラム○ [15 新猿／古抄本 064-13]	らんけい HHLL [10 正節]
らんにふ	乱入	漢去濁次濁入	去平 [07 解文／東 346]	らんにふ HLLL（ロ）/LHLL（白）[10 正節]
りゅうじん	龍神	呉去去	去上濁／十斗十斗斗（斗）リウジン（ノ）[06 四座／涅 07-01]	りうじん LLHH [10 正節]
りゃうあん	諒闇	漢去去	去上リヤウアン [01 古今]．去上リヤウアム [05 色前 /1-074b-5]	りゃうあん HHHH [10 正節]
りょうてい	龍踊	漢次濁平全濁平	平去／平平リョウテイ [05 色前 /1-075b-2]	りょうてい HHLL [10 正節]
りんげん	綸言	漢次濁平次濁平	平平濁リンゲム [05 色前 /1-074b-5]	りんげん HHHL [10 正節]
りんでん	輪轉	呉去平	去平濁リンデン [05 色前 /1-075b-3]	[角徴]角：去平〈新濁〉[11 補忘／元 53-3]．[角徴]角：去上 [11 補忘／元 52-4]
れうけん	料簡	呉？？漢去全清上	去平／十斗十斗（ヲ）レウケン（ヲ）[06 四座／涅 22-04]．／十斗十斗斗（斗）[涅 20-09]	[角徴]徴角：入去 [11 補忘／元 26-4]
ろくしん	六親	呉入去	入上ロクシン（二）[06 四座／涅 22-04]	徴角：入去 [11 補忘／元 27-1]
ろくつう	六通	呉入去	入去ロクツウ [05 色前 /1-019a-1]	[角徴]徴角：去上〈本濁〉[11 補忘／元 25-5]
ろんだん	論談	漢去濁全清平	去平濁ロンタン [05 色前 /1-019a-2]	
わうばん	往反	漢全濁上全清上	上上濁ワウハン [05 色前 /1-090a-7]	わうばん HLLL [10 正節]
わうらい	往来	漢全濁上次濁平	上平 [01 古今]．上平ワウライ [05 色前 /1-090a-6], 平○ [15 新猿／康永本 090-12]	わうらい HLLL [10 正節]
ゐんぐう	院宮	呉？去	平上濁インクウ [07 解文／東 373]	ゐんぐう HLLL [10 正節]
ゑんごく	遠国	漢全濁上全清入	上入 [05 色前 /2-089a-6]	ゑんごく HLLL [10 正節], 遠国 HLLL [近松]

終 章

原音声調から漢語アクセントが
形成されるまで

Ⅰ．はじめに

　以上、3つの章を設け、各資料から知られる声点の具体相に基づいて、字音声調から漢語アクセントが形成されるまでを素描してきた。それは概略的には、中国語原音および原音への高い規範性に基いて学習された知識音という段階、すなわち原音の音韻体系と密接な関係にある「字音」から、原音への規範性を離れ日本語の音韻体系・拍構造で捉え直された「語音」までを、ひとつの視野のもとに描く試みであった。

　知識音としての字音は「学習対象としての字音、あるいは特殊な目的に特化された字音」であるために、そこに現れた言語事象をただちに「言語史的な意味での歴史と見なす」（高山知明 2002）ことは難しい。しかし字音が持つ音の特徴は、口頭での伝承を経て、人口に膾炙することを経ていくうちに、日本語の音韻体系に合う形に捉え直され「語音」としての地位を得て行った。「漢文としては正しい字音が保存されてゐたが、語彙的に借用された場合はもはや日本化した発音（四声を含めて）をされたものであらう」（亀井孝 1942）とするのは、その一段階を指すのであろう。比喩的に言えば、字音は語音との対応関係を残しながらも、日本語アクセント体系による「鋳直し」を経て、その線上に語音としての漢語アクセントを成立させていったものと考えられる。

　しかし、字音が知識音としての性格を本質的に有するために、なかには口頭での伝承や日常的な使用に支えられず、字書や音義書の力を借りずには音声の実現が困難であったことも少なくなかったはずである。そのような場合においては、字音と語音とは対応関係を残さず、日本語の音韻体系の力学のなかで新たに漢語アクセントを形成して行ったと考えられる。たとえば本書ではそうしたことの事例として、特定のアクセント型へ収斂していく場合や、あるいは逆に資料ごとに異なる発音が観察されるような散発的な動きをする場合とを見てきた。

　いずれにしても、漢語アクセントが形成されるなかでは、字音と語音とが対応関係を保ちそこに連続的・集合的な一本の線が認められる場合と、対応関係を離れて断続的・離散的（散発的）な動きが認められる場合とがあり、特に後者が無視できない割合で存在することに和語アクセントと異なる大きな特徴があると言わざるを得ない。

本書では、このような枠組みで、字音声調の継承と変容、および漢語アクセントの形成をひとつの視野のもとに描こうとしてきた。そのため、漢籍訓読資料・仏典読誦資料とは位相的に異なる性格を持つ、和化漢文訓読資料や和漢混淆文資料を主として用いてきたわけである。そしてこれらの資料に現れる音注を語音としての漢語アクセントを表そうとしたものであると見て、南北朝期に生じたとされるアクセントの体系変化を経た後の時代の資料と比較し、そこに漢語アクセントの形成史を捉えようとしたのであった。以上の研究目的のもとで得られた分析と考察の結果は、大きく見れば次の三点である。

　第一に漢籍訓読資料のように、和化漢文訓読資料や和漢混淆文資料と比較して、原音に忠実であろうとする態度で加えられた字音注記には、漢文テクストの読解を目的とするものが多く含まれるということである。したがってそうした字音注記には原音の声調体系としての規範が働いており、これをただちに「言語史的な意味での歴史と見なす」ことは難しい。ただし本書で取り上げた漢籍訓読資料『医心方』に含まれる呉音漢語には、原音が規範性を失い「語音」に向かっていく一断面を観察することができた。

　第二に和化漢文訓読資料や和漢混淆文資料に現れる字音には、原音の規範性を継承しながらも、いくつかの点で変容していく姿が見られたことである。そうした変容のある部分は、原音声調との対応が整合的でないため、従来は字音学習や伝承の弛緩・衰退と解釈されてきた。確かに本論でも原音声調との対応が整合的でなく、かつ一定の傾向が見いだせない散発的な現象を観察できてはいる。しかし他方では、漢音漢語における中低形の回避、低起上昇型間の揺れといった、変容に一定の傾向が見て取れる現象も観察することができた。この観察から、原音声調からの変容には、字音学習や伝承の弛緩・衰退だけではなく、日本語のアクセント体系に融和していこうとする言語史的な力を積極的に見ることができると考えてきたわけである。

　第三に、原音声調、それを継承・変容した漢語アクセント、「体系変化」後の漢語アクセントの対応を見ることで、そこに概略的な通時的変遷を描くことができたことである。得られた第二の点で見た、中低形の回避や低起上昇型間の揺れのような一定の傾向が見いだせる現象のみならず、原音声調との対応が整合的でなくかつ一定の傾向が見いだせない散発的な現象であっても、ある段

階で漢語アクセントを形成すれば、音韻史を担っていく場合のあることが明らかとなった。

　序章では、本研究の目的について、(1) 字音声点の認定と字音学習に関わる問題、(2) 原音声調の継承と変容、(3) 漢語アクセントの形成、をそれぞれ明らかにすることとした。本研究の分析と考察を通じて得られた先の三点を、序章の目的に照らしあわせる形で、その詳細をいま一度整理して提示し、結論を述べる。

Ⅱ．字音声点の認定と字音学習に関わる問題
(a) 字音声点と字音系統の認定

　本研究でまず問題としたのは、漢字の周囲に付けられた点の物理的位置情報を声点として認定する手続きである。言うまでもなくその認定手続きは、物理的位置情報に確率的に有意な分布があり、これによって抽象化された点の集合を調類と対照し、対応関係があれば調類が点によって示されているとみなす、という一連の言語情報の処理を言う。ただしその認定手続のうち、物理的位置情報に有意な分布を認める段階においては、漢字の字体・字形の影響が関与する。「1.1.2 声点と声調の対応—軽点の認定に与える字体特徴の影響」では、移点資料である半井家本『医心方』の〈東〉と〈平〉の現れ方に着目し字体・字形の影響を分析した。その結果、漢字を正方形の枠に入れた時、左下位置に左払いがある場合と、左下に縦棒がある場合とでは前者の方に〈東〉が多く認定できることがわかった。これによって、資料に現れた平声軽・入声軽字への〈東〉-〈平〉・〈入〉-〈徳〉の差声率の異なりを調類の別として考える際に、留保が必要であることが確認された。

　また字音声点の伝統性を考える上では、字音の系統を明らかにしなければならない。漢籍直読・訓読資料や仏典読誦資料などにおいては資料の外的徴証等のレベルで、ある程度読みに用いられた字音系統が保証されている。しかし本研究で中心的に使用した和化漢文訓読資料や和漢混淆文資料には、後に改めて記すように一資料内に漢音漢語と呉音漢語、漢呉音混読漢語などが語彙的に定着しながら混在しており、そのような外的徴証としての保証がない。また本研究が声点資料を主として対象とするために、字音系統の判別に有効な仮名音注

376

がない場合も多く、手がかりに乏しい。そこで漢音の判定に『広韻』と『韻鏡』、呉音の判定には「呉音資料」を用い（各資料の詳細は「1.1.1.2 字音来源情報」（pp.25-29）参照）、それらとの一致度に依ることを基本とした。ただし「呉音資料」に現れない字の場合は、基本的には系統不明としながらも、時に「漢音ではない」ことを補助的な手がかりにすることもあった。こうした手続によって声調体系を推定し字音系統を明らかにしたのであるが、研究全体を通して得られた結果からすれば、その手続きは有効であったと言える。

(b) 依拠出典と字音注記

　漢文訓読資料において認定された声点は、広い意味で字音学習・伝承の一環として差声されていることをまず踏まえる必要がある。したがってその声点から推定される声調を、まずはテクストの読解の観点から理解しなければならない。「1.2.1 字音声点の加点目的」では（1）反切によって示された字音からさらに声点によって声調を明示する例、（2）声点によって漢字が持つ複数の意味を限定する例、（3）声点によって漢字が文脈上自立語であることを示す例、（4）声点によって字音系統を明示する例、についてそれぞれ分析を加えた。「1.2.2 字音注記の出典と加点方針」では、医学書という特性を持つ『医心方』において先行文献から字音注記等を引用する際に、『本草和名』を重視したことを具体的に探る。そこでは『本草和名』に字音注がない場合に、『和名抄』等を利用したことを指摘し、さらに『本草和名』と『和名抄』の字音注が異なっており、どちらから引用するか選択可能である場合、引用者の字音知識がどのように関与したのかを明らかにした。「1.2.3 玉篇・切韻系韻書を典拠とする反切注文」では、半井家本『医心方』の移点祖本である宇治本において、玉篇や切韻系韻書が利用されていたことを具体例に基づいて明らかにするとともに、移点段階で玉篇諸本では新しい『大広益会玉篇』や、切韻系韻書では新しい『大宋重修広韻』が、それぞれ用いられていることを明らかにした。また移点時に新たに反切が加えられる際に、当該字の調値は必ずしも考慮されるわけではないことを推定した。

　こうした事実に基づけば漢籍訓読資料の体裁をなす『医心方』の字音声点は、一義的には学習対象としての知識音を反映したものであると言えそうである。

終章　原音声調から漢語アクセントが形成されるまで　*377*

すなわち、漢文テクストを訓読し日本語文として理解することは目指されながらも、その音調はなお外国語としての規範から自由ではなかったことを意味すると考えられよう。一方、第2章で主として扱う和化漢文訓読資料や和漢混淆文資料には、ここに見るような反切や出典注記を持つ典拠の利用は見られなかった。また声点によって漢字が持つ複数の意味を、外国語としての漢文読解上、限定する用法ももちろん現れなかった。したがって『医心方』と和化漢文訓読資料・和漢混淆文資料との間には、漢字音の位相的断層があるといえる。ただしこれも第2章に示したように、『医心方』に現れる呉音系字音に基づく漢語には和化漢文訓読資料等と地続きの現象も見て取ることができる点で、漢籍訓読資料や仏典読誦資料とも異なる性格を持つと考えられる。

Ⅲ. 原音声調の継承と変容

(a) 一つの資料に漢音漢語と呉音漢語が混在すること

　前項末尾で見たように、反切や出典注記を持つ典拠利用等の観点から、和化漢文訓読資料や和漢混淆文資料を読むときの漢語音調は、外国語としての規範から相対的に自由に発音されたと推測した。原音声調の継承と変容のうち、特に変容を観察する上では、こうした資料が外国語としての規範に制限されていないことをまた別の観点から捉えておくべきであろう。

　ところで規範的な字音が要求されにくいと考えられる和文脈では、呉音読み語彙を主として漢音読み語彙も交える（柏谷嘉弘 1987）ことが知られる。和化漢文は位相的には漢文訓読資料等と和文脈の中間にあると考えられ、差声された漢語の音形を字音系統別に見れば、両系統の音が資料内に相互に無視できない割合で混在することが指摘されている（沼本克明 1982, pp.1105-1130、佐々木勇 2009a, pp675-710）。

　ここで本研究で取り扱った資料のうち、半井家本『医心方』、『尾張国郡司百姓等解文』諸本、『新猿楽記』諸本、延慶本『平家物語』を対象として、差声のあった二字漢語の読みを漢音と呉音に分け、その比率を示す（表3.44中の資料1～6）。なお、先行研究で報告される比率も合わせて示す。両字音系統を判定するために、本研究では主として声点を用いるが、先行研究で扱う同表中の資料7～12では仮名音注、および和文（仮名文）資料である資料13～14は

韻分類にそれぞれ依っている点で異なる。ここでは実数には着目せず、その比率を大づかみに把握することを目的とするため、質的に異なる根拠に基づく数字を並べた[*1]。

	資料名	漢音	呉音	漢音%	呉音%
1	半井家本『医心方』	182	144	56%	44%
2	早大本『尾張解文』	53	50	51%	49%
3	東大本『尾張解文』	14	11	56%	44%
4	真福寺本『尾張解文』	4	1	80%	20%
5	『新猿楽記』三種	183	187	49%	51%
6	延慶本『平家物語』	58	9	87%	13%
7	楊守敬本『将門記』	89	107	45%	55%
8	真福寺本『将門記』	51	19	73%	27%
9	西南院蔵『和泉往来』	156	74	68%	32%
10	高山寺本『古往来』	156	117	57%	43%
11	観智院本『注好選』	76	36	68%	32%
12	金剛寺本『注好選』	56	25	69%	31%
13	源氏物語	91	335	21%	79%
14	枕草子	45	140	24%	76%

表 3.44：漢音漢語と呉音漢語の比較

　表3.44からは、まず『尾張解文』と『新猿楽記』における漢音漢語と呉音漢語の比率が、資料7〜12（8除く）の比率と類似した傾向であることが分かる。その意味で、『尾張解文』と『新猿楽記』は和化漢文訓読資料として共通した性格を持つことが、まず確認される。続いて国書漢文訓読資料の『医心方』が、文体としては漢籍等に近くありながら、呉音漢語の交え方が和化漢文訓読資料に近いことも確認される。一方、和文（仮名文）である資料13〜14は呉音漢語のほうが圧倒的に多く、和化漢文訓読資料と異なることも見て取れる。沼本克明 1982, p.1118 によれば、「変体漢文に使用された漢語は、和文系語脈に使用された漢語とは別の流れを形成するものと考えられる」とし、その流れにつ

＊1　資料9は沼本克明 1982, p.1118、資料7〜8および10〜12は佐々木勇 2009a, pp.675-709、資料13〜14は柏谷嘉弘 1987 の調査にそれぞれ基づいている。

いて「仏典からも漢籍からも、異種の出自の漢語を取り込み得る融通性を有する」としながら、その一方でそのような伝統性を継承するのとは別に「新しい字の組合せ方による新しい漢語を無限に発生させる力を内包」するという。

漢音における中低形の回避例もそのような、「新しい漢語を発生させる力」を背景として生まれた事象であると考えられるだろう。また漢呉音混読漢語が一定数含まれることも和化漢文訓読資料の持つ、そのような力の産物と言えるだろう。漢呉音混読漢語は、『尾張解文』の早大本では10例、東大本では3例、真福寺本では3例、『新猿楽記』では20例を数える。和漢混淆文である延慶本『平家物語』においても13例が混読と考えられた。

また『宝物集』における固有名の分析を経て、中国由来の語は漢音声調、印度由来の語は呉音声調という傾向が確認された。これは柏谷嘉弘1987, p.865において、本朝文粋の漢語について「漢籍出自の漢語は漢音読み、佛典出自の漢語は呉音読みの原則」と述べられることと軌を一にしているが、日本の人名については字音系統が不明であるものや仮名音形と声調の字音系統が一致しないものが多く、そこにも新しく漢語を生成する力の存在が窺われるのである。

(b) 声調体系の継承

声調体系が四声と六声のどちらに基づくのかは、〈東〉〈徳〉の軽点の認定と直接的に関わっている。本研究で扱った資料はすべてが移点資料であったので、軽点の問題を正面から取り扱うのに向いていない。曖昧とも見られる点の位置が、差声者のどのような弁別意識、あるいは弁別意識の有無に関わっているのか直接観察することはできない。しかしそれでも例えば、『尾張国郡司百姓等解文』早大本・東大本と『新猿楽記』古抄本・弘安本に六声体系の名残りが見て取れた。

〈東〉や〈徳〉の軽点が11世紀後半から重点へ移行しつつあるという傾向（柏谷嘉弘1965-08）が、字音直読資料・漢籍訓読資料においては南北朝期前半に至るまで続く（佐々木勇2009a, pp.707-708）という指摘がある。佐々木勇2009a, 第二部声調論によれば、字音直読資料においては下降音調の持つ高い調素によって高平調に聞きなされ上声点が差されることがあったとされ、漢籍訓読資料においては、学習・伝承の力によって調類と調値が知識音として理解

されていたが、その伝承が失われた結果差声としても調値としても失われたとされる。入声の軽重は、平声の軽重よりも早い時期から混乱し、調値としては高平調内破音に統合されたようである。

　本研究で用いた和化漢文訓読資料においては、調類の理解に基づく字音学習とその伝承の力によって、また時には語の発音として伝承されそれが固定化することによって、それぞれ字音の《東》が現れたのではないかと考えられる。ただしそれがＦないしＨＬの形で拍構造に開かれて実現し、アクセント型を形成するに至ったかは明らかではない。和語における下降拍と、平声軽音節に由来する字を有する漢語アクセントの方言間対応とを通じての分析と考察からは、平声軽音節の音調そのものが高降りではなく低降りであった可能性すら考えられ、それがある場合には低平調と十分に弁別可能でないまま日本語アクセント体系に受容され、またある場合には高降りに「鋳直さ」れ日本語アクセント体系に受容されることがあった、とも推測されるのである。

　音調の受容の仕方としてそのように不安定であったと推測される平声軽音節を含む漢語が、体系変化後における漢語のアクセント型と整合的に説明できる例もないではないが（「衣裳」《東・平》→《上平》、体系変化後 HLL）、やはりそれを下降とみなさない解釈が成立する場合もある。例えば「山野」《東・上》に〈平上〉とあり、体系変化後は HLL である場合、〈平上〉は六声体系における〈東上〉を不正確に移点、あるいは音声を関与させず四声の枠組みで移点されたものと解釈され、調値としては《東上》という中低形で実現したと考えることもできる。しかし中低形は回避されていると前提するならば、後項の〈上〉が調値としては《平》を示すとは考えにくいので、〈平上〉が《平上》であったと考えることもできるのである。すなわちどちらにせよ、体系変化後のHLL とは整合的であり、前項の差声が加点段階で下降調を写し取った〈東〉なのか低平調を写し取った〈平〉なのかは決定できないのである。

(c)　中低形とその回避

　中国語原音声調には《去》（上昇調）《東》（下降調）などの曲調音節が存在していたため、声調が連続すると《去・去》や《上・去》、あるいは《東・去》や《東・上》などのように、高さの山が２箇所に分かれその間に谷が生じてし

まう。これを本研究では「中低形」と呼び、それが回避される方法について論じてきた。字音がただの連続ではなく、語音として一語化するためには、音調のまとまりとして実現しなければならない。従来より知られている、呉音系字音の《去》が連続する際に《去上》型として実現することは、中低形回避のひとつの実現形であった。漢音系字音においても同様の現象は確認される。例えば、「賈誼（カギ）」〈上上濁〉（［09 平家］）は字音として《上・去》の中低形となってしまう音調を、呉音の場合と同じように後項を高平調化して回避したものであった。

　しかし、和化漢文訓読資料や和漢混淆文資料に現れる漢音系字音においては、《去・去》や《上・去》の連続は、後項を低平調で実現することが多数観察された。これは和語の複合語アクセントが形成されるモデルでいえば、接合段階（秋永一枝 1999）と同じである。すなわち、LH+LH が前部成素のアクセント型を活かし、さらに後部成素も低く始まる特徴を生かして LHLL 型になろうとするのと同様に、《去》＝ LH 同士が接合することで後項を低く＝ LL で実現したと考えたわけである。

　このような動きをするには、《去》が和語 2 拍名詞第 4 類と同様の LH の拍構造で実現し、明確な低起性を有している必要がある。そこで『新猿楽記』を資料として、漢音漢語と呉音漢語の 2 字漢語を拍数構造で分類し、それをさらに語頭環境と非語頭環境とに分け、《去》に平声点・上声点・去声点がどのように現れるかを調査した。その結果、(1) 語頭環境の《去》は漢音漢語では呉音漢語に比べて低起性が保持される傾向がある、(2) 語頭 2 拍環境の《去》は低起性が保たれやすいが、呉音漢語のみ高平化する例がある、(3) 非語頭環境の《去》は漢音漢語では呉音漢語に比べて低起性が明瞭に保持される (4) 中低形の回避では漢音漢語では後項の《去》を低平化するが、呉音漢語では高平化する、との事実を得た。この 4 点はいずれも漢音漢語が呉音漢語に比べて去声字の低起性を実現させやすいことを示している。それは漢音では単字についての分析的な観察が先立ち、これを複合させることで漢語アクセントが形成されたことによると推論した。以下にその実例を示す。

　《上・去》→《上平》型となるもの：

「水旱」[15 新猿]、「海部」[15 新猿]、「永代」[07 解文]、「両收」[07
解文]、「虜掠（リョリャウ）」[07 解文]（〈上去〉[05 色前]、〈上平〉[将門]）、「賄賂」、
[07 解文]（〈上〇〉[05 色前]）、「史記（シ キ）」[08 宝物]、「感降」[09 平家]、「懇
念」[09 平家]

《去・去》→《去平》型となるもの：
「吏捍」[15 新猿]、「世路」[15 新猿]、「戀慕」[15 新猿]、「運命」[15
新猿]、「近代」[15 新猿]、「思救」[07 解文]、「勝計」[15 新猿]、「進退」
[15 新猿][07 解文]（[05 色前]〈去平濁〉）、「叡念（テン）」[09 平家]、「宴
會（クワイ）」[09 平家]、「瑞離」[09 平家]、「吏務」[09 平家]

　こうした漢音漢語における中低形の回避パターンは、和語の複合語アクセン
ト形成と同じメカニズムを持つという点で、原音声調が日本語アクセント体系
に融和したひとつの具体的な典型例と言えるだろう。

（d）低起上昇型間の揺れ

　低く始まり語末に向かって上昇する音調型の間では、その性質を保ちながら
具体的な音調の異なる現象が見られる。例えば「芭蕉」は半井家本『医心方』
に〈去上〉で現れるが、和訓には「ハセヲハ」〈平上上平〉」「波世乎波乃祢」「平
平平上…」と現れる。あるいは同じく『医心方』に「留黄」〈平上〉、観智院本
『類聚名義抄』に「ユワウ」〈平平上〉と現れる類である。[07 新猿]では、「画
女」に古抄本〈去濁上濁〉、康永本〈平濁上濁〉が現れるほか、「蘭奢」「西施」
にも同様の傾向が確認された。
　この現象は語頭に現れる《去》の低起性の実現としてひとまずは理解される。
すなわちその低く始まる特徴を語全体でとらえたときに、それが必ずしも上昇
調音節／上昇拍として実現せずとも、低拍／低平調で始まり語末に向かって高
くなる特徴は実現されるわけである。例えば上記「芭蕉」について言うのであ
れば、秋永一枝 1980，p.538 で述べられるように、《去・去》が観智院本名義
抄に〈去上〉、古今集声点本に〈平上〉と現れることについて後者を「第一拍
の低い LHH 型が生まれた」とし、去声拍の持つ第一拍が低く始まり次拍頭で

終章　原音声調から漢語アクセントが形成されるまで　　*383*

高くなる特徴を RHH 型ではなく LHH 型でとらえるとする。両型の共通する
特徴は低起上昇性と考えるわけである。なお RHH 型は後に去声拍の高平化に
よって、HHH 型に変化するが、LHH 型はこの影響を被らないので、原理的に
は RHH/LHH/HHH の三者がある時代の資料に現れることになる。

　こうした現象が起こりうるためには、個々の字に対する声調についての規範
が弱くなければならない。共通の音調特徴を有していても、それを四声の枠で
捉えれば異なる声調の組合せということになってしまうからである。『医心方』
において「芭蕉」に〈去上〉が差声されても〈平上〉〈平去〉はなく、漢語由
来であっても和訓なみに記載される「ハセヲハ」には〈平上上平〉と差声され
るのは、字音声調の規範に戻りうる漢文本文における発音と、日本語アクセン
ト体系と地続きである和訓における発音との違いを示すのであろう。「3.2.1 漢
字 2 字 3 拍の漢語アクセント」で掲げた次のような低起上昇型間の揺れも、そ
のような観点から考えることができるかもしれない。

- 《去・上》(LH+H) ―〈平上〉(LLH) 例「勝負」[05 色前]
- 《平・去》(L+LH) ―〈平上〉(LHH) 例「苦海」[06 四座]
- 《平・上》(L+HH) ―〈去上〉(RHH) 例「祈祷」[05 色前]

　ところでこうした低起上昇型間の揺れとして現れた具体的な型は、散発的に
現れ一時の泡沫のごとく消えるのか、それとも固定化しそれはそれとしてアク
セント体系に融和し音韻史を担っていくのか。次項「漢語アクセントの形成」
にて論じるように、その一部分は、アクセントの体系変化前後で対応するので、
音韻史を担ったものもあると考えて良さそうである。例えば、上記の「勝負」
は [10 正節] にて HLL で対応する。「苦海」は [11 補忘] にて角徴 (LHH)
で対応する。「祈祷」は [10 正節] に HHH で現れるが、これは RHH ＞ HHH
となったものであろう。もちろん、散発的に現れやがて消えた可能性のある場
合もある。「長時」は《去・去》の組合せとなるが、〈平上濁〉(LLH) [09 平家]
の差声がある。体系変化後では [11 補忘] に〈去上〉・角徴徴 (LHH) とある。
然るに [09 平家] の LLH は音韻史を担わなかったと解釈することができる。
このような一時的に現れはするけれども、そこで途絶える現象について、亀井

孝は、「そだたなかった音韻変化」*2 と呼んでいる。漢語アクセントの成立を考える上では、漢語が基本的に知識音である以上、視野に入れておくべき観点であろう。

(e) 原音声調との対応が整合的でない音調の存在

　和化漢文訓読資料や和漢混淆文資料から窺い知ることができる音調には、字音声調との対応が整合的でないものも観察された。例えば、「公用」〈去平〉[07解文] は、韻書で全清平声＋去声であり、呉音資料で平声＋平声である。前項は仮名注に基づけば呉音で読まれたとも考えられるが、その声点は解釈できない。このような例は、それぞれの個別例について場当たり的に説明できる可能性もないではないが、漢語が知識音である性質を持つことに鑑みれば学習や伝承の力が弛緩することによって生じた散発的な事象であると考えたい。

　資料間で音調が定まらないケースもある。例えば、[07 新猿] では諸本間で差声が異なる例が存在することを指摘した。「胡臭」は古抄本に〈平上〉、弘安本に〈平平〉である。韻書から推定される調値の組合せは《平・去》、呉音資料では《去・平》であることが分かっている。これら揺れとして現れる音調も散発的な事象であると言える。

　こうした例のなかには第3章「漢語アクセントの形成」で見たように、音調型が固定し、後代のアクセント型と対応を示す語もある。
それは原音声調の規範を離れ、和化漢文訓読資料や和漢混淆文資料において新たに音調型を得たことを示すものと見ることができる。

＊2　亀井 1966, pp.136-138 によれば「たとえば、過去のある時期に日本語では aua ＞ au の変化が起こったとおもわれる。目やすい例としては、カワホネ→カウホネ（河骨）、ハワキ→ハウキ（箒）などのほかにいまつけ加えうべきものは、それほど多くはないが、むかしの文献にさぐりをいれると、この変化は、十分に一つの傾向としてその生きていた時代のあったことが、かずかずの実例から推定される。ただ、多くの例では、原形のほうがのちまでながらえて、その意味で変化したほうの形は、ついに育たずじまいに終わっているのである。」という。

終章　原音声調から漢語アクセントが形成されるまで　　*385*

Ⅳ. 漢語アクセントの形成

(a) 位相から捉える漢語アクセントの形成モデル

　本書で描こうとする、「字音」と「語音」の関係を、2つの言語体系の対応関係として図示したものが図3.1である。「A. 原音声調」は中国語としての音韻体系を背後に持つ。漢音系字音・呉音系字音ともにその母胎音は複層性を有するとされるものの、それぞれある一つの体系として説明可能な集合である。平安期には体系的な言語の輸入をほぼ終えているので、その音はもっぱら「B. 学習音・知識音としての音調」として実現されることになる。そこでは、外国語学習を通じて習得した高度な発音や高度でないにせよ外国語を志向する発音が現れる。この「B. 学習音・知識音としての音調」はそれそのものとしては自律的な体系を背後に持たないが、「A. 原音声調」を規範としている点で、擬似的な体系性を有している。その意味でAとBとはともに「字音」のカテゴリに入る。Aは輸入されてから中国語の史的変化とは切り離されているので、その音はある時代から変化することなくとどまっており、BについてもAを規範とするために同様のことが言える。ただしBは学習や伝承の力が弛緩するために散発的な変容を起こしたり、日本語音韻体系の影響を受けてある方向に変化することがあった。漢籍訓読・直読資料や仏典読誦資料に観察される字音注記はAとBの中間段階に位置づけられると考えられる。

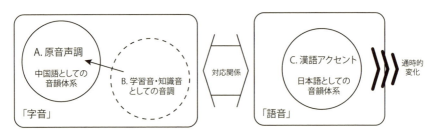

図3.1：原音声調から漢語アクセント形成に至るモデル

　「C. 漢語アクセント」は日本語としての音韻体系を背後に持つ。漢語音が借用語として音配列上の特色を保持し続けるとしても、音の実現そのものは日本語の音韻体系上に成立するのと同じように、漢語アクセントも語を単位とした日本語のアクセント体系上に成立している。その意味で「語音」のカテゴリ

に入る。したがってＣはＡの規範からは自由であり、日本語アクセントとして通時的に変化する。すなわちＣは音韻史を担っている。和化漢文訓読資料や和漢混淆文等の和文資料に観察される字音注記はＢとＣの中間段階に位置づけられると考えられる。

「字音」と「語音」には対応関係がある。より具体的に言えば、「Ｂ. 学習音・知識音としての音調」が日本語音韻体系を背景に持つ言語生活に流入し「Ｃ. 漢語アクセント」が成立するという経緯を経て、両者に対応関係が観察される。しかし「(b)通史から捉える漢語アクセントの形成」で示すように、対応関係から逸脱する場合ももちろんある。ＢからＣへの経緯において、口頭での伝承や日常的な使用に支えられない場合は、両者に対応関係が観察されないこともあった。

以上は「字音」と「語音」の関係を理念的に描いたものである。「原音声調との対応が整合的でない音調」「低起上昇型間の揺れ」「中低形の回避」という現象のいずれも、Ａの規範から「逸脱」している点でＢ・Ｃのどちらで生じているのか、それぞれの現象を単独に観察しても判然としない。そこで「3.2 アクセント体系変化前後に見る漢語アクセントの対応」では、アクセント体系変化後における漢語のアクセント型との対応関係を見ることで、それが音韻史の俎上に乗るかを考察したのであった。

(b) 通史から捉える漢語アクセントの形成

図 3.2 に、原音声調・体系変化前アクセント（「変化前ア」）・体系変化後アクセント（変化後ア）の、それぞれの対応をパターン別に示した。先行研究（桜井茂治 1957、奥村三雄 1961a、蒲原淑子 1989、上野和昭 2006b ほか）では、「原音声調」と「変化後ア」の対応関係を探る試みがすでになされているが、「変化前ア」について対応関係を探る研究はほとんどない。本研究ではこの三者の対応関係を「3.3 アクセント体系変化前後に見る漢語アクセントの対応」にて分析した。その結果を、アからオの５つのパターンに整理した。

（ア）は仏典や漢籍に由来する伝統的な漢語の発音が日本語アクセント体系に融和し、漢語アクセントとして体系変化後まで音韻史を担うケースである。奥村三雄 1974 の言う「由緒正しい漢語」、金田一春彦 1980 の言う「日常親し

終章　原音声調から漢語アクセントが形成されるまで　*387*

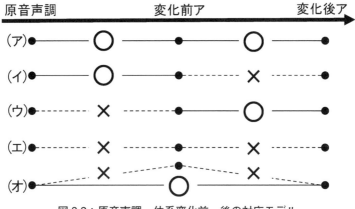

図 3.2：原音声調・体系変化前・後の対応モデル

く用いられてきた字音語」はこのケースに該当するといえるだろう（漢音漢語「和尚」《平・去》:《平去》LLH：HLL、呉音漢語「意見」《平・平》:《平平》LLL：HHL など）。なお漢音漢語・呉音漢語とも中低形の回避も（ア）のケースに含まれる現象と考えた。

（イ）は体系変化前までは原音声調の規範に則った音調を伝承するが、体系変化後には類推変化・散発的な変容を遂げてしまったケースである（漢音漢語「徒然」《平・平》:《平平》LLL：HHH、呉音漢語「第二」《平・平》:《平平》LLL：LHL など）。

（ウ）は体系変化前の段階で類推・散発的な変容を遂げてしまったがその音調型で固定し、体系変化後には漢語アクセントとして日本語アクセント体系に融和していくケースである（漢音漢語「徘徊」《平・平》:《平去》LLLH：HHLL、呉音漢語「大名」《平・去》:《平平》LLLL：HHHL など）。

（エ）は伝承から外れてしまい音調型としてもアクセント型としても対応を見せないケースである。このケースは本研究の範囲では見つけられていない。体系変化前後の資料に現れる漢語の多くは、用例が長期にわたって存在する時点ですでに何らかの形で伝承の線上にあり、エのようなケースは、あるとしても、日常に用いられることのほとんどない知識音ということになろう。

（オ）は原音声調と体系変化後では対応を見せるケースで、一見不自然だが、

要するに体系変化前の資料に記載された声点が伝承から外れた音調を記述しているのであって、伝承上にある音調はそれはそれとして生きていて体系変化後に受け継がれたものであろう（漢音漢語「尋所」《平・上》:《平平》LLL：HLL、呉音漢語「成就」《去・平》:《去上》LHH：LHL など）。このようなケースが当を得た解釈であるかはより多くの資料から帰納するほかない。

　原音声調と体系変化前、体系変化前と体系変化後で、どの程度の対応率が見られるか分析したのが「3.2.2.7 拍数・構造ごとの比較」に示した表 3.35（p.353）であった。いま拍数・構造・字音系統を区別せずに見ると、原音と体系変化前で 78％が対応（281 例対応・80 例非対応）、体系変化前と体系変化後で 54％が対応（210 例対応・178 例非対応）ということになる。拍数構造ごとに見れば、2 拍（1+1 構造）漢語では 70％、3 拍（1+2 構造）漢語では 62％、同じく 3 拍（2+1 構造）漢語では 46％、4 拍（2+2 構造）漢語では 52％が対応する。2 拍と 4 拍の漢語とを比較すれば、その対応率には 20％ほどの開きがある。すなわち拍数の少ない漢語のほうがより規則的な変化をしたと考えられる。また、漢語全体の拍数だけでなく、前項が 1 拍と 2 拍とを比較すると、前項が 1 拍の漢語のほうが対応率が高いことが分かった。

　字音系統別に見ると、漢音漢語が 69％対応（106 例対応・48 例非対応）、呉音漢語が 85％対応（175 例対応・32 例非対応）という結果であり、呉音漢語のほうに対応率が高かった。これは呉音声調が低平調と上昇調の 2 種類しか持たないのに対して、漢音声調が高平調や下降調も含む、より複雑な体系を有することが、アクセント型の成立過程を複雑にしているためと考えられた。この結果は、上野和昭 2011「第 5 章漢語のアクセントとその変遷」に示される、原音声調と体系変化後の対応率の傾向と軌を一にしている。これによればたとえば 3 拍（1+2・2+1 構造ともに）の漢語では、呉音漢語の約 60％が原音声調に対応するという。本研究の分析では、原音声調と体系変化前の比較を行っており、時代的に近い分、対応率が高いと考えて良いだろう。

Ⅴ．おわりに　課題と展望

　字音声点を分析する上での基礎的問題の検討、原音声調の継承と変容の分析を経て、そこに現れた多様な音調型から漢語アクセントが形成されゆくさまを

捉えることを目的として、分析と考察を行ってきた。序章に述べた、「外国語としての発音が志向される声調」＝「字音」と「日本語のアクセント体系に融和した漢語アクセント」＝「語音」とを両極とするパースペクティブに依拠しながら、位相的に異なる具体相を通史的に捉えてきたわけである。もっとも、中心的に取り上げた文献資料の制限から、その時代的な射程は平安期から近世初期に至るまでにとどまる。

　これをさらに推し進めて、「日本語のアクセント体系に融和した漢語アクセント」を、和語のアクセント型に合同し日本語アクセントのなかで変化するまでを見据えようとするならば、現代諸方言間に見られる漢語アクセントの対応現象にまで視野を広げることになるだろう。文献資料と方言音の両方を用いて音韻の史的変遷を見てゆくことは音韻史研究の常套手段であるが、漢語アクセント史研究に限ればどちらもが充分ではない。和語における研究と比べてみれば特に文献資料を用いた方法がとりわけ手薄である。本研究が提示したのは文献資料に基づいて構築される漢語アクセント形成に関わるモデルであって、その論証は様々な時代における数多くの文献資料によってなされる必要がある。

　和語におけるアクセント研究に比べて漢語のそれが困難である理由は、言うまでもなく第一に漢語の基本的な性質が借用語であることによる。漢字が輸入されて 1600 年以上が経過するにも関わらず、現代語において漢語が和語とは別のカテゴリをなすことは、たとえば語頭に濁音の拍を有する語が漢語（や外来語）に偏るなど、語音配列上の特徴が今もって残存することによっても理解されるところだろう。漢語は歴史の様々な時点で「日本語の音韻体系に融和」する指向性は持ちながらも、融和しきらずに特殊な地位を保ち続けたのだろう。そのゆえに、漢語アクセントには和語アクセントとは異なる独自の変化の特徴が生じ得たという視点を持つことも不自然とはいえない。本研究で取り上げた「低起上昇型の揺れ」もそのような視点で捉えるべきものかもしれない。

　第二の困難さは、漢語が臨時的な造語性に優れていることにある。漢字同士が結びつくことによって一語を形成しているように見えながらも、それが一語としての緊密さをどれほど強く有しているかを確かめる手段は、文献資料に基づく場合は特に心もとない。そこから音調の結びつきを見て取ろうとすればなおのことである。本研究では 2 字からなる漢語について、ひとつのアクセント

単位となって変化したものと、1字ずつのアクセントが変化してそれが後に一語をなした場合と、両様あることを明らかにした。その意味では和製漢語「引率」や国字で構成される「繧繝」などは、中国に由来を持つ漢語とは別の音調上の特徴を有する可能性がある点で興味深い。和漢混淆文資料等に見られるあて字の構造についても、これに類した問題が伏在していよう。

　本研究において補助的に利用した資料の一つに、熱田本『平家物語』（本文は15世紀写）がある。本資料は漢字仮名交じり文で書かれたあとで漢文に仕立て上げられたものとして知られる。日本語学からは特徴的なあて字が観察されることで言及の多い資料であるが、例えば語り本系に「尋所（じんしょ）」で現れる語が熱田本で「人訴」〈平濁○〉と記されるものも広義のあて字と言えよう。「尋所」は延慶本『平家物語』に〈平濁平濁〉（漢次濁平次濁上）とあり、第1字への声点は同じであるから、熱田本「人訴」と延慶本「尋所」はどちらも同じ／ジンショ／を表記したものであり、かつその出だしの2拍はLL-だったと考えられる。表記は異なれど音声としての実現には共通する基盤を有していたのだろう。その一方で、表記の異同にとどまらない場合もある。次に示すのは「じんじょ（尋所）」が「秦四寄（せよ）」と理解されたケースである。該当する前後の文脈「去ラハ秦〈去濁〉-四-寄セヨトテ（本文左傍に「人名」）／先_シテ平六カ聟ノ笠原ノ十／郎国久殖原ノ九郎桑原ノ次-郎服部平六_ヲ」（『真字熱田本平家物語』巻12，20丁オ）では、恐らくは「平六」、そしてさらにこれより後の部分に現れる「秦六秦七」からの類推によって「秦四」が導かれ本文が改変されたのだろう。「秦」に対する去声点は呉音であり、「さらばじんじょせよ」が「去らば秦四寄せよ」というテクストへと改変されたことが、漢字表記のみならず声点からも読み取れることになる。すなわち改変されたテクストを声点が音調面から裏打ちしているとも言えるわけである。諸本の分派プロセスや、文学研究における読みの問題としても、声点は重要な意味を有している。

　以上、本研究の結びとして、漢語アクセントの史的形成をさらに明らかにする上での課題と、領域外に派生する問題について述べた。

参考文献

秋永一枝（1972）『古今和歌集声点本の研究　資料篇』, 校倉書房.

————（1980）『古今和歌集声点本の研究　研究篇上』, 校倉書房.

————（1991）『古今和歌集声点本の研究　研究篇下』, 校倉書房.

————（1998）「去声と去声拍」, 『日本語アクセント史総合資料研究篇』, 東京堂出版.

————（1999）「アクセント史からの提言」, 『早稲田日本語研究』, 第7号.

秋永一枝・坂本清恵・佐藤栄作（編）（1999）『医心方　声点付和訓索引』, アクセント史資料研究会.

秋永一枝他（1998）「複合名詞のアクセント」, 『日本語アクセント史総合資料　研究篇』, 東京堂出版.

アクセント史資料研究会（編）（2011）『漢語アクセント史データベース』, http://www.f.waseda.jp/uenok/accent.html.

浅田健太朗（2004）「漢字音における後位モーラの独立性について—仏教声楽譜から見た日本語の音節構造の推移—」, 『音声研究』, 第8巻, 第2号.

浅野敏彦（1985）「『将門記』の漢字とことば—『和漢朗詠集』との比較を中心に—」, 佐藤喜代治（編）『古代の漢字とことば』, 第5巻, 漢字講座, 明治書院.

池上禎造（1960）「「方」字の合音用法」, 『島田教授古稀記念国文学論集』, 関西大学国文学会.

石上英一（2010）「尊経閣文庫所蔵『新猿楽記』の書誌」, 『尊経閣善本影印集成42　新猿楽記』, 八木書店.

石山裕慈（2005）「涅槃講式における漢語声調の変化についての考察」, 『訓点語と訓点資料』, 第115号.

————（2008）「貞享版『補忘記』の漢語アクセント」, 『国語と国文学』, 第85巻, 第3号.

————（2009）「醍醐寺本『本朝文粋』の漢字音」, 『訓点語と訓点資料』, 第122号.

————（2011）「『本朝文粋』における漢語声調について」, 『訓点語と訓点資料』, 第126号.

————（2014）「漢音声調における上声・去声間の声調変化：日本漢文の場合」, 『国文論叢』, 第48号.

伊地知鉄男（1965）『延慶本平家物語　解説・対校表』, 古典研究会.

伊藤智ゆき（1999）「中期朝鮮語の漢字語アクセント体系」言語研究116.

──────（2007）『朝鮮漢字音研究』汲古書院.

稲崎朋子（2002）「『和名類聚抄』所引『本草和名』」,『水門―言葉と歴史』, 第20号.

上田正（編）（1973）『切韻残巻諸本補正』, 第19巻, 東洋学文献センター叢刊, 東洋学文献センター.

──────（1975）『切韻諸本反切総覧』, 均社.

──────（1984）『切韻逸文の研究』, 汲古書院.

──────（1986）『玉篇反切総覧』, 私家版.

上野和昭（1998）「アクセント表示概説・『名目抄』の声点注記」,『日本語アクセント史総合資料　研究篇』, 東京堂出版.

──────（2000）『平家正節　声譜付語彙索引（上）』, アクセント史資料研究会.

──────（2001）『平家正節　声譜付語彙索引（下）』, アクセント史資料研究会.

──────（2006a）「近世漢語アクセントの史的研究―漢字二字四拍の漢語について―」,『音声研究』, 第10巻, 第2号.（→上野和昭2011）

──────（2006b）「近世漢語アクセントの実態と史的位置づけ―二拍・三拍の漢語を対象にして―」,『論集』, 第II巻.（→上野和昭2011）

──────（2007）「近世漢語アクセントの諸相」,『日本語論叢（特別号岩渕匡先生退職記念）』.（→上野和昭2011）

──────（2010）「『平家正節』にみえる漢語サ変動詞のアクセント」,『論集』, 第VI巻.

──────（2011）『平曲譜本による近世京都アクセントの史的研究』, 早稲田大学学術叢書, 第15号, 早稲田大学出版部.

──────（2012）「『名目抄』所載の漢字二字四拍の語に差された声点について」,『論集』, 第VIII号.

宇都宮睦男（2003）「撥音・促音の表記について―『尾張国郡司百姓等解文』の場合―」,『福山大学人間学部紀要』, 第3号.

梅村喬・水野柳太郎（1980）「尾張国解文解説」, 新修稲沢市史編纂会（編）『尾張国解文』, 第資料編三巻, 新修稲沢市史, 新修稲沢市史編纂会事務局.

上野善道（1985）「香川県伊吹島方言のアクセント」,『日本学士院紀要』, 第40巻, 第3号.

──────（1988）「下降式アクセントの意味するもの」東京大学言語学論集'88.

──────（1996）「アクセント研究の展望」,『音声学会会報』, 第211号.

榎木久薫（2003）「高山寺蔵寛喜元年識語本新訳華厳経の漢字声調について―保延本法華経単字との比較―」,『鳥取大学教育地域科学部紀要教育・人文

科学』，第4巻，第2号.

─── (2004)「高山寺蔵寛喜元年識語本新訳華厳経の複数種声点差声字について」，
　　　『鳥取大学教育地域科学部紀要教育・人文科学』，第5巻，第2号.

遠藤光暁 (1988)「『悉曇蔵』の中国語声調」，尾崎雄二郎・平田昌司編『漢語史の諸
　　　問題』京都大学人文科学研究所，『中国音韻学論集』白帝社，2001.

王仁昫 (1964)『唐写全本王仁昫刊謬補缺切韻』，廣文書局.

岡井慎吾 (1933)『玉篇の研究』，東洋文庫.

岡島昭浩 (2009)『シリーズ日本語史2　語彙史』，第4章，岩波書店.

奥村三雄 (1952)「字音の連濁について」，『国語国文』，第21巻，第6号.

─── (1953)「音節とアクセント─呉音声調の国語化─」，『国語国文』，第22巻，
　　　第11号.

─── (1957)「呉音の声調体系」，『訓点語と訓点資料』，第8号.

─── (1961a)「漢語のアクセント」，『国語国文』，第30巻，第1号.

─── (1961b)「呉音声調の一性格」，『訓点語と訓点資料』，第18号.

─── (1972)『講座国語史2　音韻史・文字史』，第古代の音韻章，大修館書店.

─── (1974)「諸方言アクセント分派の時期─語アクセントの研究─」，『広島方
　　　言研究所紀要方言研究叢書』，第3号.

小倉肇 (1983)「〔書評〕・沼本克明著『平安時代鎌倉時代に於る日本漢字音に就ての
　　　研究』」，『国語学』，第135号.

─── (1995)『日本呉音の研究』新典社.

─── (2014)『続・日本呉音の研究』和泉書院.

呉美寧 (2000)「図書寮本類聚名義抄所収の植物　和名類聚抄・本草和名との関連を
　　　中心に」，『古辞書とJIS漢字』，第3号.

柏谷嘉弘 (1965)「図書寮本文鏡秘府論の字音声点」，『国語学』，第61号.

─── (1987)『日本漢語の系譜』，東苑社.

加藤大鶴 (2014a)『中世漢語声点資料による画像付きデータベース』，http://gassan.
　　　t-bunkyo.ac.jp/kango-shouten/.

─── (2014b)「中世漢語声点資料による画像付きデータベースの公開」，『日本
　　　語学会2014年度春季大会予稿集』，日本語学会.

亀井孝 (1942)「国語現象としての外国語の流入」，『現代日本語の研究』，白水社.

─── (1966)『言語史研究入門（別巻）』，日本語の歴史／亀井孝，大藤時彦，山田
　　　俊雄編，平凡社.

川口久雄 (1983)『『新猿楽記』の世界』，東洋文庫，第424号，平凡社.

蒲原淑子 (1989)「漢語アクセントの一性格─『平家正節』を資料として─」，『活水

日文』，第 19 号.

北原保雄・小川栄一（1990）『延慶本平家物語本文篇（上・下）』，勉誠社.

―――――――――（1995）『延慶本平家物語　索引編（上・下）』，勉誠社.

貴重古典籍刊行会（1955）『将門記　楊守敬旧蔵平安初期写巻子本複製』，貴重古典籍刊行会.

金田一春彦（1944）「類聚名義抄和訓に施されたる声符に就いて」，『国語学論集』，橋本博士還暦記念会.

―――――（1951）「日本四声古義」，『国語アクセント論叢』，法政大学出版会.

―――――（1952）「潜在アクセントの提唱」，『日本文学研究』，第 34 号.

―――――（1953）「国語アクセント史の研究が何に役立つか」，『金田一博士古稀記念言語民俗論叢』，三省堂.

―――――（1955）「古代アクセントから近代アクセントへ」，『国語学』，第 22 号.

―――――（1964）『四座講式の研究：邦樂古曲の旋律による國語アクセント史の研究各論（1）』，三省堂.

―――――（1974）『国語アクセントの史的研究　原理と方法』，塙書房.

―――――（1980）「味噌よりは新しく茶よりは古い―アクセントから見た日本祖語と字音語―（上）」，『月刊言語』，第 9 巻，第 4 号.

―――――（2005）『金田一春彦著作集第九巻』玉川大学出版部.

小泉弘（1973a）『古鈔本寶物集　研究篇』，角川書店.

小泉弘編（1973b）『古鈔本寶物集　中世古写本三種』，第 8 巻，貴重古典籍叢刊，角川書店.

小泉弘他（1993）『宝物集　閑居友　比良山古人霊託』，第 40 巻，新日本古典文学大系，岩波書店.

高山寺典籍文書綜合調査団（1977）『高山寺古辞書資料第一　篆隷万象名義』，東京大学出版会.

河野敏宏（1988）「和名類聚抄の音注の文献的性格―本草和名の音注との比較による―」，『愛知学院大学論叢一般教育研究』，第 35 巻，第 3・4 号.

河野六郎（1961）「漢字音とその伝承」，『言語学論叢』，第 3 号.

―――――（1975）「『日本呉音』について」，『言語学論叢』，第 15 号.

小助川貞次（1990）「上野本漢書楊雄伝の声点について」，『国語国文研究』，第 86 号.

小曽戸洋（1985）「新出の『医心方』古写零本巻二十七―現存した国宝仁和寺本の僚本―」，『日本医史学雑誌』，第 31 巻，第 4 号.

小曽戸洋・大上哲廣（1994）「『医心方』所引文献索引」，『醫心方の研究：半井家本醫心方附録』，オリエント出版社.

小曽戸洋・杉立義一（1991）「新出の国宝仁和寺本『医心方』零葉―巻十九第五十九葉」，
　　　　　『日本医史学雑誌』，第 37 巻，第 1 号.

古典保存会（1924）『将門記　真福寺蔵承徳写本影印』，古典保存会.

小林芳規（1967）『平安鎌倉時代に於ける漢籍訓讀の國語史的研究』，東京大学出版会.

小松英雄（1957）「和訓に施された平声軽の声点―平安末期京都方言における下降調
　　　　　音節の確認―」，『国語学』，第 29 号.（→小松英雄 1971）

―――（1971）『日本声調史論考』，風間書房.

―――（1973）『国語史学基礎論』，第 35 巻，笠間叢書，笠間書院.

―――（1981）『日本語の音韻』，日本語の世界第 7 巻，中央公論社.

酒井憲二（1975）「新猿楽記の語彙　序説―付、語彙索引」，『山梨県立女子短期大学
　　　　　紀要』，第 8 号.

坂本清恵（1987）『近松世話物浄瑠璃　胡麻章付語彙索引体言篇』，アクセント史資
　　　　　料研究会.

―――（1998）「体系変化の前後におけるアクセント体系について」，『日本語アク
　　　　　セント史総合資料　研究篇』，東京堂出版.

―――（2000）『中近世声調史の研究』，笠間叢書，笠間書院.

桜井茂治（1957）「『出合』考―アクセント史的考察」，『國學院雑誌』，第 7 号.（→
　　　　　桜井茂治 1977）

―――（1959）「漢語アクセントの国語化―主として「出合」以前について」，『國
　　　　　學院雑誌』，第 60 巻，第 9 号.（→桜井茂治 1977）

―――（1977）『新義真言宗伝『補忘記』の国語学的研究』，桜楓社.

―――（1994）「「出合」アクセント史論」，佐藤喜代治（編）『国語論究第 5 集　中
　　　　　世語の研究』，明治書院.

佐々木勇（1987a）「呉音一音節去声字の上声化の過程」，『鎌倉時代語研究』，第 10 巻.

―――（1987b）「呉音二音節去声字に対する上声点加点例について」，『国文学攷』，
　　　　　第 113 号.

―――（1988）「日本漢音に於ける声調変化―岩崎文庫本『蒙求』を中心に―」，『新
　　　　　大国語』，第 14 号.（→佐々木勇 2009a）

―――（1995）「日本漢音の軽声減少について　漢音国語化の一側面」，『国語国文』，
　　　　　第 64 巻，第 10 号.

―――（1997）「『蒙求』における日本漢音声調の伝承と衰退」，『訓点語と訓点資料』，
　　　　　第 99 号.（→佐々木勇 2009a）

―――（2000）「鎌倉時代における舌内入声音の諸相」，『鎌倉時代研究』，第 23 巻.
　　　　　（→佐々木勇 2009a）

―――――（2003）「日本漢字音史における位相的研究」,『国文学解釈と教材の研究』, 第 48 巻, 第 4 号.

―――――（2009a）『平安鎌倉時代における日本漢音の研究 研究篇』, 汲古書院.

―――――（2009b）『平安鎌倉時代における日本漢音の研究 資料篇』, 汲古書院.

佐藤栄作（1992）「字体から字形へ―『観智院本類聚名義抄』の「ツ」とそれに付された平声点を手がかりに―」,『辻村敏樹教授古稀記念日本語史の諸問題』, 明治書院.

佐藤武義・前田富祺（2014）『日本語大事典 上・下』, 朝倉書店.

柴田武（1962）「「音韻」の項目」,『方言学概説』, 武蔵野書院.

新修稲沢市史編纂会（1980）『尾張国解文』, 第 3 巻, 新修稲沢市史資料編, 新修稲沢市史編纂会事務局.

新村拓（1985）「『医心方』引用書目」,『日本医療社会史の研究』, 法政大学出版局.

趙大夏（2000）「呉音の声調について：朝鮮漢字音の声調と関連して」,『立教大学日本文学』, 第 83 号.

杉立義一（1991）『医心方の伝来』, 思文閣出版.

鈴木豊（1986）「和語の声点資料における差声の体系について―『日本書紀』声点本を中心として」,『早稲田大学大学院文学研究科紀要別冊文学芸術編』, 第 12 号.

―――――（1998）「下降調を有する語について」,『日本語アクセント史総合資料 研究篇』, 東京堂出版.

高松政雄（1971）「延慶本平家物語における声点」,『岐阜大学研究報告（人文科学）』, 第 20 号.

―――――（1979a）「「三声融通」「二声融通」―呉音声調の一研究」,『国語国文』, 第 48 巻, 第 1 号.

―――――（1979b）「呉音の声点」,『国語国文』, 第 48 巻, 第 11 号.

―――――（1980a）「呉音声点の性格」,『国語国文』, 第 49 巻, 第 3 号.

―――――（1980b）「色葉字類抄の声点」,『訓点語と訓点資料』, 第 65 号.

―――――（1982）『日本漢字音の研究』, 風間書房.

高山知明（2002）「日本漢語の史的音韻論的課題」,『音声研究』, 第 6 巻, 第 1 号.

高山倫明（1982）「書紀歌謡音仮名と原音声調」, 文献探求 10（→高山倫明 2012）

―――――（2003）「字音声調と日本語のアクセント」, 国語学 54-3（→高山倫明 2012）

―――――（2012）『日本語音韻史の研究』ひつじ研究叢書言語編 97, ひつじ書房.

竹岡友三（1931）『醫家人名辭書』, 竹岡友三, 南江堂.

中華書局編集部（1985）『原本玉篇残巻』, 中華書局.

──────────（1987）『大広益会玉篇』，中華書局.

築島裕（1959）『国語学要説』，創元社.

──────（1965）「本草和名の和訓について」，『国語学研究』，第 5 号.

──────（1987）「『本草和名』の和訓と『医心方』の万葉仮名和訓」，『国書逸文研究』，
　　　　　　第 20 号.

──────（1994）「半井本医心方の訓点について」，『醫心方の研究：半井家本醫心方附
　　　　　　録』，オリエント出版社.

東京大学史料編纂所（2009）『平安鎌倉古文書集』，第 5 巻，東京大学史料編纂所影
　　　　　　印叢書，八木書店.

當山日出夫（1983）「神田本白氏文集声点考」，『訓点語と訓点資料』，第 69 号.

栃木孝惟・谷口耕一（2000）『延慶本平家物語：校訂. 1』，汲古書院.

中井幸比古（1984）「真鍋式アクセントの所属語彙」，『言語学研究』，第 3 号.

──────（2002）『京阪系アクセント辞典』勉誠出版.

中田祝夫（1978）『倭名類聚抄　元和三年古活字本二十巻本』，第 23 巻，勉誠社文庫，
　　　　　　勉誠社.

────（1982）「日本の漢字」『日本語の世界 4』，中央公論社.

永山勇（1963）『国語意識史の研究』，風間書房.

西崎亨（1995）「半井家本『医心方』所引『玉篇』覚書き」，『武庫川国文』，第 45 号.

沼本克明（1971）「毘富羅声の機能」，『国語学』，第 84 号.（→沼本克明 1982）

──────（1973）「唐末上声全濁字の去声化を通じて見たる日本漢音の体系について」，
　　　　　　『国語と国文学』，第 50 巻，第 2 号.（→沼本克明 1982）

──────（1976）「呉音の声調体系について」，『国語学』，第 107 号.（→沼本克明
　　　　　　1982）

──────（1978）「呉音系字音の祖系音について─声調体系からの接近の試み」，『国
　　　　　　語国文』，第 47 巻，第 7 号.（→沼本克明 1982）

──────（1979）「平安時代に於ける日常漢語のアクセント」，『国語国文』，第 48 巻，
　　　　　　第 6 号.（→沼本克明 1982）

──────（1982）『平安鎌倉時代に於る日本漢字音に就ての研究』，武蔵野書院.

──────（1983）「高山寺蔵理趣経鎌倉期点解説並びに影印」，『鎌倉時代語研究』，第
　　　　　　6 巻.（→沼本克明 1997）

──────（1986a）「古辞書・音義の音注と漢音」，『築島裕博士還暦記念国語学論集』，
　　　　　　明治書院.（→沼本克明 1997）

──────（1986b）『日本漢字音の歴史』，国語学叢書，第 1 期 10 号，東京堂出版.

──────（1993）「鎌倉時代の二字漢語アクセントの構造　妙一記念館本仮名書き法

華経による」,『訓点語と訓点資料』, 第 90 号.（→沼本克明 1997）

─── (1995)「呉音・漢音分韻表」,『日本漢字音論輯』, 汲古書院.

─── (1997)『日本漢字音の歴史的研究─體系と表記をめぐって』, 汲古書院.

服部敏良 (1955)『平安時代醫学の研究』, 桑名文星堂.

林史典 (1982)「日本の漢字音」,『日本の漢字』, 中央公論社.

馬継興 (1985)「「医心方」中的古医学文献初探（「医心方」千年記念講演会講演要旨)」,『日本医史学雑誌』, 第 31 巻, 第 3 号.

肥爪周二 (2015)「小倉肇著『続・日本呉音の研究─研究篇・資料篇・索引篇・外編』」国語と国文学 92-8.

平田眞一朗 (2004)『悉曇蔵』所伝の「金」の声調について」開篇 23.

─── (2005)「『悉曇蔵』所伝の四家の声調について」中国文学研究 31.

平山久雄 (1967)「中古漢語の音韻」,『中国文化叢書 1 言語』, 大修館書店.

─── (1984)「官話方言声調調値の系統分類─河北省方言を例として─」言語研究 86.

─── (2000)「中古音概説」早稲田大学大学院講義資料.

─── (2002)「安然《悉曇蔵》里关于唐代声调的记载～调值问题」（『纪念王力先生百年诞辰学术论文集』商务印书馆).

福島邦道 (1961)「四方なる石」,『国語学』, 第 46 号.

古屋昭弘 (1979)「王仁昫切韻に見える原本系玉篇の反切」,『中国文学研究』, 第 5 号.

─── (1983)「『王仁昫切韻』新加部分に見える引用書名等について」,『中国文学研究』, 第 9 号.

─── (1984)「王仁昫切韻と顧野王玉篇」,『東洋学報』, 第 65 巻, 第 3 号.

前田育徳会尊経閣文庫 (2010)『新猿楽記』, 尊経閣善本影印集成, 第 42 号, 八木書店.

松本光隆 (1979)「書陵部蔵医心方の訓方─助字の訓方を中心として─」,『鎌倉時代語研究』, 第 2 巻.

─── (1980a)「書陵部蔵医心方・成簣堂文庫蔵医心方における付訓の基盤─和名類聚抄・本草和名との比較を通して」,『鎌倉時代語研究』, 第 3 巻.（→松本光隆 2007）

─── (1980b)「平安鎌倉時代における医書の訓読について」,『国文学攷』, 第 87 号.（→松本光隆 2007）

─── (2007)『平安鎌倉時代漢文訓読語史料論』, 汲古書院.

馬淵和夫 (1952)「玉篇逸文補正」,『東京文理科大学国語国文学会紀要』, 第 3 号.

─── (1962)『日本韻学史の研究 I』日本学術振興会.

─── (1983)「三内説について」,『中川善教先生頌徳記念論集 仏教と文化』, 同

朋舎出版.

真柳誠（1987a）「『本草和名』所引の古医学文献」,『日本医史学雑誌』, 第 33 巻, 第 1 号.

―――（1987b）「『本草和名』引用書名索引」,『日本医史学雑誌』, 第 33 巻, 第 3 号.

真柳誠・沈澍農（1990）「『医心方』に記述される「経義解」の検討」,『日本医史学 雑誌』, 第 42 巻, 第 3 号.

三角洋一（2011）「和漢混淆文の成立」『古典日本語の世界 2』, 東京大学出版会.

峰岸明（1986）『変体漢文』, 東京堂出版.

三保忠夫（1980）「『尾張国解文』の研究―古文書における表現方法の基本的原則を 求めて（1）―」,『鎌倉時代語研究』, 第 3 巻.

望月郁子（1974）『類聚名義抄：四種声点付和訓集成』, 笠間索引叢刊 44, 笠間書院.

森博達（1991）『古代の音韻と日本書紀の成立』大修館書店.

山口英男（2009）「『尾張国郡司百姓等解文』解説」, 東京大学史料編纂所（編）『平 安鎌倉古文書集』, 第 5 巻, 東京大学史料編纂所影印叢書, 八木書店.

山田孝雄（1940）『国語の中に於ける漢語の研究』, 宝文館出版.

山田俊雄（1997）「和漢混淆文」『岩波講座日本語 10 文体』, 岩波書店.

山本真吾（2010）「尊経閣文庫所蔵『新猿楽記』の訓点」,『尊経閣善本影印集成 42 新猿楽記』, 八木書店.

与謝野寛他（1926）『本草和名』, 日本古典全集 第 1 期, 日本古典全集刊行会.

吉田幸一（1939a）「医心方引用書名索引（一）」,『書誌学』, 第 12 巻, 第 4 号.

―――（1939b）「医心方引用書名索引（二）」,『書誌学』, 第 13 巻, 第 1 号.

―――（1939c）「医心方引用書名索引（三）」,『書誌学』, 第 13 巻, 第 2 号.

頼惟勤（1951）「漢音の声明と声調」,『言語研究』, 第 17・18 号.

―――（1968）「日本における漢字・漢文」（水田紀久・頼惟勤編『中国文化叢書 9 日本漢学』大修館書店）.

頼惟勤・水谷誠（1996）『中国古典を読むために』大修館書店.

劉復・魏建功・羅常培他（1936）『十韻彙編』, 台湾学生書局.

渡辺さゆり（2002）「金沢文庫本白氏文集に書き込まれた反切注について」,『訓点語 と訓点資料』, 第 108 号.

和田實（1951）「赤とんぼ―いわゆる「基本アクセント型」におちいる語の処置など―」,『国語アクセント論叢』, 法政大学出版会.

本書と既発表論文との関係

　本書の初出を下記一覧に示す。いずれの論文においても、本書の目的に合うように改訂を加えたほか、表記や表現の統一を施している。また、データの修正なども適宜行っている。

序章　本書の目的と構成
　　「中国の漢字の声調と日本漢字音のアクセント（特集漢字音研究の現在）」（『日本語学』（30-3），48-58，2011）

第1章　字音声点を分析する上での基礎的問題
　1.1　声点の認定とそのデータ化に関わる問題
　　　1.1.1　字音「来源情報」と声点の認定
　　　　　　（書き下ろし）
　　　1.1.2　声点と声調の対応——軽点の認定に与える字体特徴の影響
　　　　　　「半井家本医心方における字音平声軽点認定の諸問題——字体・字形による検討」（『早稲田大学大学院文学研究科紀要』（45-3），49-58，1999）
　　　1.1.3　漢音と呉音の認定に関わる問題
　　　　　　「呉音系字音を反映する二字漢語の抽出方法：『半井家本医心方』を用いて【附資料】」（『国語学研究と資料』30，21-35，2007）
　1.2　字音注記とその出典に関わる問題——『医心方』を中心に
　　　1.2.1　字音声点の加点目的
　　　　　　「『医心方』における字音声点の加点目的」（『国文学研究』（137），77-88，2002）
　　　1.2.2　字音注記の出典と加点方針
　　　　　　「『医心方』字音注記出典と加点方針についての一考察——『本草和名』『和名類聚抄』との比較を通じて——」（『アクセント史資料研究会　論集』（1），145-166，2005）
　　　1.2.3　玉篇・切韻系韻書を典拠とする反切注文
　　　　　　「玉篇・切韻系韻書を典拠とする『医心方』の反切注文について」（『早稲田日本語研究』（15），83-94，2006）

402

第 2 章　原音声調の継承と変容

2.1　原音声調の継承と変容の一形態——音調のグループ化と多様化

2.1.1　音調のグループ化

「音調のグループ化——『医心方』呉音系字音二字漢語を資料として
——」（『国語と国文学』（18-1），59-73，2006）

2.1.2　中世和化漢文訓読資料に現れる漢語声点の揺れ

「中世和化漢文資料に現れる漢語声点の揺れ：『新猿楽記』弘安本・康
永本・古抄本の比較から」（『アクセント史資料研究会　論集』（8），
23-41，2012）

2.2　漢語の声点に反映した原音声調の継承と変容

2.2.1　『尾張国郡司百姓等解文』における字音声点

「『尾張国郡司百姓等解文』における字音声点」（月本雅幸・肥爪周二・
藤井俊博編『古典語研究の焦点——武蔵野書院創立 90 周年記念論集』
武蔵野書院，948-931，2010）

2.2.2　『尾張国郡司百姓等解文』における漢語の声点

「『尾張国郡司百姓等解文』における二字漢語の声点」（『アクセント史
資料研究会　論集』（5），29-51，2009）

2.2.3　『宝物集』における漢語の声点

「『宝物集』の漢語声点」（『アクセント史資料研究会　論集』（6），
2010）

2.2.4　延慶本『平家物語』における漢語の声点

「『延慶本平家物語』における声点の資料性——漢語アクセントと和語
アクセントによる検討——」（『アクセント史資料研究会　論集』（2），
39-55，2006）

第 3 章　漢語アクセントの形成

3.1　字音声調から漢語アクセントへ

3.1.1　下降調と下降拍

「字音平声軽音節の音調についての試案——和語下降拍からの検討（特
集　越境する文学・語学研究）」（『国文学研究』（153），139-130，2008）

3.1.2　原音声調における下降調についての試案

「字音下降拍はどのように実現したと考えるか——金田一春彦『日本
四声古義』での音調推定をめぐって——」（『アクセント史資料研究会
論集』（13），97-122，2018）

3.1.3 去声字の低起性実現から考える漢語アクセントの形成プロセス

「去声字の低起性実現から考える漢語アクセントの形成プロセス」（『訓点語と訓点資料』(135), 18-36, 2015）

3.2 アクセント体系変化前後に見る漢語アクセントの対応

3.2.1 漢字2字3拍の漢語アクセント

「音韻史を担う漢語アクセント——中低形回避・低起上昇型間の揺れ・原音声調との非対応例を中心に——」（『アクセント史資料研究会　論集』(10), 31-64, 2015）

3.2.2 漢字2字2拍・4拍の漢語アクセント

「アクセントの体系変化前後に見る漢語アクセントの対応——2字2拍・2字4拍の漢語を中心に——」（『アクセント史資料研究会　論集』(11), 25-58, 2016）

終章　原音声調から漢語アクセントが形成されるまで

（書き下ろし）

あとがき

　大野晋『日本語の文法を考える』（岩波新書,1978 年）を読み、付録「動詞活用形の起源」に好奇心をかきたてられたのは学部の 2 年生だったように記憶している。いわゆる上代特殊仮名遣いが表す日本語音の違いを、中国語音から解明できることに強く興味を持ったのだった。当時、秋永一枝先生が主催され、助手をされていた先輩の田中ゆかり先生が取り仕切っていた国語学研究班で、漢字音に関する研究発表の真似事をした記憶がかすかにある。日本語史のことなどほとんど勉強しないうちのことだったので、偏った関心と専門用語に振り回される、精一杯背伸びをした発表だったと思う。そこで秋永先生や先輩たちにご指導いただいたのが、自分が漢字音への関心を強めていくきっかけだった。以後、今日に至るまで田中先生には研究・仕事の面でさまざまにご助言をいただいている。

　大学院の修士課程に入ったころ、当時秋永先生は『医心方』における和語の複合語アクセントを研究していらした。その『医心方』の漢語声点を研究テーマにしてはどうか、とご指導いただいたことが、漢語アクセント研究への入り口につながっていた。秋永先生がお元気なうちに本書のご報告ができなかった己の怠惰を悔いるばかりである。

　秋永先生がご退職になる年に修士論文を書き、その翌年から博士課程で上野和昭先生と野村雅昭先生にご指導をいただくことなった。上野先生が徳島大学から早稲田に着任されてすぐ、漢語に差された声点の解釈についてどうしたらよいかご相談に伺った。その頃はアクセント史資料研究会による『日本語アクセント史総合索引』の索引篇・研究篇が刊行されたほぼ直後で、アクセント観をめぐる議論などもある中、ご自身のご研究にもお忙しかったはずだが、院生の小さな質問に時間をかけて丁寧にご指導くださったことをよく覚えている。『医心方』の研究から漢語アクセントに関心をどう開いていくか思い悩んでいた時期がその頃だった。私が東北文教大学短期大学部に着任してからも、資料に見える声点が表すものは声調なのか、アクセントなのか何度も考える場を下さり、上京のたびにご指導いただいたことには感謝しつくせない思いである。

　2006 年から 12 年間奉職した東北文教大学短期大学部で研究を進めることが

あとがき　*405*

できたことも幸せだった。信頼する同僚たちとともに校務や教育に忙しくしながらではあったけれども、すぐに成果の出ない研究をじっくり進めることが許される環境だった。同大学はかつて国文科を擁していたこともあり図書館には日本語学の蔵書が充実していたことも幸運だったと思う。鬼武一夫学長のご高配によって、大学から出版刊行助成費をいただいたことに心より感謝申し上げる。

　本書は、早稲田大学大学院文学研究科に提出した博士号申請論文「漢語アクセントの史的形成についての研究」（2016 年・博士（文学）授与）に、加筆・修正を加えたものである。提出に際して主査・副査として丁寧にご指導下さった上野和昭先生・高梨信博先生・森山卓郎先生には深く感謝申し上げる。また本書の編集・装丁、タイトルのアイディアについて笠間書院の重光徹氏には大変お世話になった。中国語の概要については加藤阿幸氏、華南農業大学外国語学院日本語学科の馬之濤氏に、英語の概要については山形大学工学部のジスク・マシュー氏にそれぞれ専門的な見地からコメントをいただき、原文を修正しながら翻訳いただいた。特に英訳については、事前に加藤紘捷氏・川村佑紀氏に試訳を作成する労を取っていただいた。

　参考文献に掲げた先行する研究者への学恩についても、改めて感謝したい。本書の内容は誤りも含め著者の責任のもとにある。厳しく御批正いただければ幸いである。

2018 年 3 月

加藤大鶴

關於漢語詞聲調形成的歷史研究（概要）

I . 本研究的目的以及意義

本研究嘗試解析作為外語發音的原音聲調，如何融入日語聲調體系並漸漸形成漢語詞聲調的過程。因為論述的詞類是漢語詞，而漢語詞是借詞（即外來語），所以在順序上必須先考察該外語當初是如何融入日語的，然後才能探討漢語詞聲調的形成。因此，本研究將研究目的分為以下三點：

1. 確認字音聲點及字音學習時的種種問題
2. 描述原音聲調的傳承及其變化
3. 漢語詞聲調的形成過程

直至目前為止，凡基於文獻字音聲調的研究，大都是以對漢語原音規範性較高的資料，如平安鎌倉時期的漢籍或佛典訓讀、音讀等資料來進行的。這樣的研究，雖然可從作為外語字音聲調是否忠於原音這一標準來對「字音聲調的日語化」加以分析，但是若從另一個角度，即積極地從日語聲調體系的數據解釋來推測漢語詞聲調體系的形成，我們不得不說很少有這方面的研究，所以直至目前我們還無法清楚地知道漢語詞聲調是如何從字音聲調裡蛻變出來的。

本研究以和化漢文訓讀資料以及日漢混淆文資料為主要研究對象，來填補如上所述未被解釋的日語史方面的空隙，亦即漢語詞聲調是如何從字音聲調轉化出來的這一個歷史形成過程。

II . 本論文的結構

本論文由開篇《緒論》，終章《結論》，本論三章（各章兩節）所構成。每章開頭敘述該章目的及概略，提示各章節間的關係。本論共有 16 個部分，詳細如下。

中国語訳要旨　*407*

- 緒論
- 第一章 字音聲點分析的基礎問題
  - 1.1 聲點認定及其數據化的相關問題
    * 1.1.1 字音的「來源信息」及聲點的認定
    * 1.1.2 聲點與聲調的對應——字體特徵對輕點認定的影响
    * 1.1.3 有關漢音及吳音認定的問題
  - 1.2 有關字音註記及其出典的問題——以《醫心方》為中心
    * 1.2.1 字音聲点的加點目的
    * 1.2.2 字音註記出典及其加點方針
    * 1.2.3 以玉篇、切韻系韻書為典據的反切註文
- 第二章 原音聲調的繼承及變化
  - 2.1 原音聲調的繼承及變化的一種形態——音調的族群化及多樣化
    * 2.1.1 音調的族群化
    * 2.1.2 中世和化漢文資料中出現的漢語詞聲點差異
  - 2.2 漢語詞聲點所反映的原音聲調的繼承及變化
    * 2.2.1《尾張國郡司百姓等解文》的字音聲點
    * 2.2.2《尾張國郡司百姓等解文》的漢語詞聲點
    * 2.2.3《寶物集》的漢語詞聲點——詞彙上所繼承的漢音及吳音聲調
    * 2.2.4《延慶本平家物語》的漢語詞聲點
- 第三章 漢語詞聲調的形成
  - 3.1 從字音聲調到漢語詞聲調
    * 3.1.1 下降調及下降拍
    * 3.1.2 關於原音聲調裡的下降調之試行方案
    * 3.1.3 從去聲低起性的實現推測漢語詞聲調形成過程
  - 3.2 聲調體系變化前後反映的漢語詞聲調
    * 3.2.1 漢字 2 字 3 拍的漢語詞聲調
    * 3.2.2 漢字 2 字 2 拍、4 拍的漢語詞聲調
- 終章
- 參考文獻
- 本論文及已刊論文的關係

Ⅲ．本論文概要

第一章　字音聲點分析的基礎問題

　　為了要描述資料中漢語詞聲調，解釋其體系性及歷史變化，必須確定該資料所記載的聲點是基於何種字音體系，而在其字音體系裡曾反映出何種聲調，還必須把握聲點標註者對於字音系統的理解程度等情況，才能保證該認定正確性。此外，筆者認為若想知道所認定的聲點是在怎樣的語域上得以實現的，還必須認清該聲點依據的是聲點標註者的發音，還是作為字音學習、傳承的一環而依據的經典，因此有必要知道聲點標註者對於字音知識程度。即使在把從資料所推測得到的漢語和日語的聲調作為漢語詞音韻史材料使用時，也必須先考慮到這一點。所以在第一章裡，筆者以平安、院政時期所寫的訓點資料《醫心方》諸本為研究資料，對以上的問題分三節加以考察。

　　第一節，論述「聲點認定及其數據化的相關問題和方法」。首先，在「1.1.1 字音的『來源信息』及聲點的認定」裡，筆者認為「來源信息」可作為字音系統認定時的一個較大的依據，因此對其概略及利用時的局限稍加論述。漢音系列字音基本上都是以切韻系列韻書的《大宋重修廣韻》及《韻鏡》為基準的，因此本論文以數據化版《電子廣韻》為基礎，並對其加以擴充進行分析。吳音系列字音是泛指早於漢音系列字音出現的一種多層次字音體系的用語，所以向來被認為不能以特定時代和地域的漢語語音來作為其母體音。因此在原則上，我們不能只以一個「來源信息」作為判斷的依據。所以筆者選定了一組「能夠反映出作為研究對象時代之前所存在的吳音系列字音資料」，並為了論述方便，將其作為研究的「來源信息」使用。但是即使如此，仍然難以避免所參照的吳音系列字音資料本身也持有多層性的問題。因此，筆者在「1.1.3 有關漢音及吳音認定的問題」裡，以「非」漢音系列字音為基準選出一批字音，然後分析這些字音是否可以認定為吳音系列字音。向來吳音系列字音的特徵被認為是其去聲字因環境而變化（例如，該字是否處於詞頭、是1個音節還是2個音節、所連接字的聲調如何等等）。筆者從去聲字的這些特徵，探討是否能推定以此為基準選出詞群的字音系統。

　　此外，當根據「來源信息」來對照漢字周圍聲點的物理位置信息與調值，確定聲點適確與否時，發現六聲體系與四聲體系聲點，特別是在對〈東〉的看法上有出入；並發現在移點過程中，移點者字音知識的有無、聲點體系的差異都會對其造成影響，所以必須對各資料進行個體分析。以上的問題在「1.1.2 聲點與聲

中国語訳要旨　　*409*

調的對應——字体特徵對輕點認定的影响」裡加以論述。就中筆者認為，移點者在把握輕點時是否受到字體或字形的影響這一點上，是有必要考慮的重要問題。比如，移點資料《半井家本醫心方》裡所出現的〈平〉及〈東〉兩個聲點，筆者對有高低基準的「左下為撤的字」跟不具備高低基準而只有相對高低差異的「左下為豎」的字加以區別並分析〈東〉及〈平〉的情況後，發現〈東〉較多出現於前者。

　　第二節，論述有關「依據資料出處及字音註記」等問題。廣義上漢文訓讀資料裡所被認定的聲點，向來都作為字音學習與傳承中的一環而被加入的，這一點筆者別無異議。但是不可以因此就理所當然地把從這些聲點所推定的漢語聲調和日語聲調當作是漢語詞音韻史材料來使用，而是必須先瞭解它們曾經被用作文本解讀過這一個事實。在「1.2.1 字音聲点的加点目的」裡，筆者對以下幾種例子進行分析，確認資料所能提供信息的程度：(1) 以反切註釋字音，並以聲點來表示的漢語聲調的；(2) 以聲點來限定漢字的多個意思的；(3) 通過聲點表示漢字為句中獨立詞的；(4) 以聲點來明確字音系統的。在「1.2.2 字音註記出典及其加點方針」裡，筆者發現具有醫書性質的《醫心方》在引用先行文獻字音註記時，著重於《本草和名》的說明。若《本草和名》裡面沒有字音註，便使用《和名抄》等資料。而當《本草和名》跟《和名抄》的字音註不一致，可以任意引用其一時，引用者的字音知識會對該字音選擇帶來的影響。在「1.2.3 以玉篇、切韻系韻書為典據的反切註文」裡，筆者發現半井家的移點祖本宇治本是利用玉篇及切韻系列韻書來加註的。由此更得以知道在移點階段，玉篇諸本是以新的《大廣益會玉篇》，而切韻系列韻書則以新的《大宋重修廣韻》為參照來加註的。筆者更推論，在移點中加入新的反切時，人們似乎並沒有考慮到該當字的調值如何。

第二章 原音聲調的繼承及變化

　　日語以借用音的形式接受了原音（漢語）聲調體系的幾種調類，其後又是如何延續和發展的？本章，對此進行分析。分析的基本構想是，先設定兩個基準：即具有原音聲調體系規範性的「字音」，和基於日語音韻體系、拍結構的「詞音」。實際上這兩個基準的界線並不十分明顯，兩個基準相混淆的領域，會因各個資料不同的語域性質，而或多或少帶著獨自的特徵出現。本研究所使用的資料是漢文訓讀資料《醫心方》、和化漢文訓讀資料《新猿樂記》諸本‧《尾張國郡司百姓等

410

解文》諸本、和漢混淆文《寶物集》諸本《延慶本平家物語》等，這些資料雖然都是日本的「國書」，但是比起以正規漢文為基礎的規範性較高的字音直讀資料或訓讀資料來講其語域較低，所以適合觀察「字音」和「詞音」的特徵。若要對從這些資料的「字音」和「詞音」的相通視點得到的各種特徵加以解釋的話，從道理上可以有如下兩種形態，即（1）主要由於字音學習的怠弛造成的個別的，臨時的錯誤；（2）在一定的條件下獲得的語音新形態。本章通過觀察發現這兩種形態，筆者特別是對（2），即在「字音」失去規範性而獲得新形態「詞音」的同時，其融入日語裡的過程進行了考察。

第一節對原音聲調的繼承及變化的形態之一──「音調的族群化及多樣化」進行論述。在此解釋了當漢語聲調融入日語音韻體系的過程中，被與詞義相對應的音調型所合併，以及相反，因學習怠弛而導致擴散出多樣形態，這兩種現象。首先，在「2.1.1 音調的族群化」中筆者指出了《半井家本醫心方》的吳音系列字音漢語詞裡面，有關植物的詞彙為〈去上〉型的較多。這並非反映了吳音系列字音聲調體系本身所具有的數目上不均勻，而應該看作是字音在詞音化的過程中所發生的一個現象。又，對於被認為是日常使用的漢語詞的「俗音等註記語」，以及被認為具有跟日語訓讀相等水平的漢語詞聲點中，也可被推定為〈去上〉型的例子很多。通過對這些例子的分析，筆者推定音調的族群化至少在 12 世紀以前就已經發生並固定化了。

接下來的「2.1.2 中世日語化漢文資料中出現的漢語詞聲點差異」中，筆者以《新猿樂記》的（不具有書承關係）三冊抄本，觀察到了以下三點。（1）同一詞語的聲點在不同抄本中有所不同，卻無法解釋其關係的。（2）三本裡的聲點都相同的。（3）三本裡的聲點雖有不同，但是在一定範圍以內可以找到有合理性解釋的。對於第三點，此處姑且舉出幾個具體例子進行說明。例如，低起上昇型之間相異的聲點，亦即〈去上〉（上昇調＋高平調）型跟〈平上〉（低平調＋高平調）型之間有混同現象。又如，三個本子中 2 字 4 拍漢語詞與 2 字 3 拍漢語詞相比，其音調型相對不穩定，筆者推定這是由於拍數長則傳承的規範性容易怠弛所引起的。在第二節裡，以和化漢文訓讀資料以及和漢混淆文資料裡的聲點為對象，探討原音聲調的繼承及變化的具體例子。「2.2.1《尾張國郡司百姓等解文》的字音聲點」中，在分析《尾張國郡司百姓等解文》的漢語詞聲點之前，筆者先對從聲點表現的音調體系、從濁聲點所得知的中世獨特的濁音型、漢音與吳音的比率以

中国語訳要旨　*411*

及漢吳音混讀例的比率等進行分析。然後在「2.2.2《尾張國郡司百姓等解文》的漢語詞聲點」裡從二字漢語詞聲點來明確詞彙類型的音調型。漢音漢語詞、吳音漢語詞幾乎都以各半的比率出現，呈現出和化漢文訓讀資料的狀態。從分析結果看來，筆者觀察到有一個「中低型迴避現象」，即在繼承原音聲調的同時，為了要形成一個獨立的詞語而迴避出現有兩個高點的現象。特別是在漢音裡，呈〈去・去〉、〈上去〉連接型的詞語，後面的〈去〉聲都被低平化，形成較安定的〈去・平〉型或〈上・平〉型。

2.2.3 節後，筆者對和漢混淆文資料裡的漢語詞聲點進行分析。「2.2.3《寶物集》的漢語詞聲點——詞彙上所繼承的漢音及吳音聲調」中，筆者以和漢混淆文為資料來分析其中的漢語詞聲點是如何被加註的。此節特別著眼於固有名詞中的地名、人名，對以下幾點進行了確認：這些固有名詞中若起源於中國或印度，通過漢籍類文獻傳到日本的，大都讀作漢音。若是透過佛典類文獻傳到日本，則較多讀作吳音。另外，如在 2.2.2 節裡所提及的那樣，文獻裡觀察到漢音的中低型迴避現象。在「2.2.4《延慶本平家物語》的漢語詞聲點」裡，筆者先分析日語聲點，確定文獻時代，然後對二字漢語詞的聲點加以分析。結果發現和化漢文訓讀資料跟其他的和漢混淆文聲點都有類似的傾向。

在第二節觀察原音聲調在繼承之後變化的具體例子，這裡發現有一些聲點無法與原音聲調取得對應性的說明。這些聲點，不少是在不同資料中呈現出不同的形態，零散地不規則地出現。但也有些聲點在不同資料中以相同類型或相同聲點組合形態出現。相信這些詞跟繼承原音聲調並使其發生變化的詞群一同，都成為了漢語詞聲調形成的一個因素。

第三章 漢語詞聲調的形成

在前一章，筆者從文獻資料找出具體例子，解釋了當「字音」失去其規範性而以「詞音」為其新的姿態出現並逐漸融入日語時的具體現象。考察的結果，發現當把傳統字音聲調與其漢字加註的聲點相對照時，其大部分都能繼承傳統，但在漢字相連接時會發生變化，或者是背離傳統而以新的音調出現。在本章把這些音調的具體例子當作具備體系性的漢語詞聲調來觀察，並概略地記述其歷史變化。

本章第一節，回顧前面所觀察的資料，針對當字音聲調在音調上的特徵被日語聲調體系所繼承時需要考慮的問題進行論述。此處的研究對象主要都是一些被

稱做「曲調音節」的下降調和上昇調。在「3.1.1 下降調及下降拍」裡，筆者對於以往研究，即漢語詞平聲輕音節的音調，都以跟和語詞下降拍一樣以高降方式去讀，這個說法持懷疑態度。因為在《半井家本醫心方》裡，下降拍都以〈東〉與〈上〉註記，但是字音平聲輕音節則是以〈東〉與〈平〉註記的較多。另外，在先行研究的基礎上，查看方言之間的現代漢語詞聲調對應時，發現漢語詞聲調跟和語詞聲調的類別有相似之處，但是對於由平聲輕音節而來的漢語詞（1拍詞和2拍詞）卻少有這種對應。因此筆者推論，這可能是因為平聲輕音節在漢音的母胎音裡讀作「低下降」型，跟下降拍的「高下降」型是屬於不同音調的。由於筆者的這個推論，在考察漢語詞聲調體系時，有時候並不直接將平聲輕音節改為下降拍，而是有所保留。在《3.1.2 關於原音聲調裡的下降調之試行方案》裡，則以借用外國音（例如日本書紀歌謠的音假名，朝鮮漢字音等）或聲調史等的知識，更進一步地敘述筆者所推論的根據之由來。

在「3.1.3 從去聲低起性的實現所推測的漢語詞聲調形成過程」裡，筆者對以下問題進行檢討：以漢字二字所組成的漢語詞在形成聲調型時，是先形成漢字二字的聲調型後才變成漢語詞聲調，還是在漢字一個字一個字的音調以拍為單位形成之後才組合起來成為漢語詞聲調的？為要探討這個問題，筆者以《新猿樂記》諸本為材料，特別對〈去・去〉兩個單字接連成為一個詞語時，其聲調有的是變成〈去上〉，有的則變成〈去平〉的現象加以考察。考察結果認為這跟漢語詞聲調形成過程的差異有關係，並得出以下的事實：(1) 詞頭環境的〈去〉在漢音漢語詞裡，其低起性的保持頻率比在吳音漢語詞裡高。(2) 詞頭2拍環境的〈去〉其低起性較易保持，但是只在吳音漢語詞裡則出現有高平化的例子。(3) 非詞頭環境的〈去〉在漢音漢語詞裡，其低起性比在吳音漢語詞裡時保持得更為明顯。(4) 中低型迴避在漢音漢語詞裡，其後項的〈去〉會被低平化，但是在吳音漢語詞裡則被高平化。這四點都告訴我們，在漢音漢語詞裡，其去聲字的低起性比在吳音漢語裡更容易被實現。筆者認為這是由於人們先對漢音單字加以分析性的觀察，然後才把其複合起來使之成為漢語詞聲調而造成的。

基於以上的考察，對於在第二章裡所論述過的，從和化漢文訓讀資料、和漢混淆文資料等為中心查找出來的日語聲調體系變化以前的漢語詞聲點，筆者嘗試著把這些當作漢語詞聲調來考慮。因此，以下想把這些漢語詞聲點跟已經被認可的，在南北朝時代發生的日語聲調體系變化後的資料作比較。至今為止，曾經有

研究把出現在體系變化後資料中的漢語詞聲調，跟原音聲調相對應以測試傳統性的程度。而本研究則想利用介於兩者之間的和化漢文訓讀資料以及和漢混淆文資料中的漢語詞聲點為考察對象，一方面探討原音聲調的傳統性，一方面探討原音聲調跟體系變化後資料裡所顯現的漢語詞聲調型的對應。在此基礎上再進行體系變化前的漢語詞聲調型的推論。推論也是把至今為止所觀察到的漢語詞聲點，放在歷史演變過程中觀察，然後描繪其繼承及變化的過程。例如漢音漢語詞的〈去・去〉連續會變成〈去平〉等現象、或者是低起上昇型之間會出現不一致的現象（如同一詞語會出現〈去上〉、〈平上〉等現象）、又或者是從原音聲調難以說明的調值組合，其原因是否是雖在某一個時代和資料裡能觀察得到，但沒能發展至下一個時代的「夭折了的變化」？等等這些問題在歷史演變裡都可以得到說明。對於這些問題，筆者在「3.2.1 漢字 2 字 3 拍的漢語詞聲調」以及「3.2.2 漢字 2 字 2 拍、4 拍的漢語詞聲調」裡舉出具體例子加以考察說明。

結論

本研究的本論部分共有三章，根據各資料所得聲點的具體狀態來描述從字音聲調到漢語詞聲調的形成過程。概略地講，即筆者嘗試描繪具有作為原音聲調體系規範性的「字音」，在融入基於日語音韻體系及拍構造的「詞音」的連續線性變化過程。同時，對於無論從「字音」或從「詞音」方面都不能得到合理說明（即沒有連續性）的、散發的、不固定的音調，和對於從「字音」方面無法說明的「語音」進行考察，使其過程得以清楚顯現出來。

之所以產生這些現象，有的是由於「字音」本來就被做為知識音而傳入日本，例如平安院政時期漢籍或佛典的讀誦就是如此。其中有些是以口頭傳承而來的，有的是在經過了膾炙人口的讀法之後獲得日常「詞音」的地位。我們可以推測實際上可能存在過各種各樣的階段，而字音聲調在這些階段利用音調的近似以及辨義體系，漸漸融入日語聲調體系裡去。

但是，從另一個角度來看，既然「字音」本質上就具有知識音的性質，就有可能從體系與體系之間的規則性關係裡脫離出來。對陌生的詞語，或即使知道這個詞語但沒接受過其音聲傳承，或該詞語的使用頻度不高時，則不僅不能正確地發出原音聲調，還會通過類推變化形成某個特定音調，或是使整個資料都出現不同發音的情況。

本研究就是想要在這種背景與範疇內考察字音聲調的繼承與變化，所以採用跟漢籍訓讀資料、佛典誦讀資料語域不同的，以和化漢文或和漢混淆文為主要材料。並在考察這種材料特徵為前提下，對漢籍訓讀資料裡所出現的字音註記特徵加以分析。此外，為要觀察字音聲調是如何融入日語聲調，直到漢語詞聲調形成並承當音韻史的一個角色，筆者把該字音註記特徵與「日語聲調體系變化」後的資料相比較。通過這些分析及考察，大致得到以下三點結論。

　　第一點，如漢籍訓讀資料一樣，與和化漢文訓讀資料或和漢混淆文資料相比，在忠實於原音原則而加註的字音註記中，包含很多以解讀漢文文本為目的的字音註記。因為這些字音註記具有原音聲調體系的規範性，所以我們很難立刻把這些當作「語言史意義上的歷史」。但是，對於本論所考察的漢籍訓讀資料《醫心方》中所包含的吳音漢語詞，則能觀察得到該原音在失去規範性後走向「詞音」時的一個斷面。

　　第二點，在和化漢文訓讀資料與和漢混淆文資料裡所出現的字音，既繼承了原音的規範性，卻仍然在某些地方產生了變化。這些變化的部分，因為跟原音聲調沒有連續性的對應關係，所以向來都被認為是由於字音學習或傳承的怠弛、衰退所引起的。的確，在本論部分裡，筆者觀察到有跟原音聲調不連續的對應關係，且找不出一定規律的零散現象。但是，另一方面，筆者也在漢音漢語詞裡，發現有的字音聲調出現中低型迴避，低起上昇型之間的不一致等，一定規律性的變化現象。因此可以推測從原音聲調發生的變化，其理由不只是由於字音學習或傳承的怠弛、衰退，也受到融入於日語聲調體系裡的一種語言史方面的力量影響。

　　第三點，通過對原音聲調，及其繼承、變化之後的漢語詞聲調和「體系變化」後的漢語詞聲調的對照觀察，筆者得以成功地描述其歷時變遷的概況。不僅是從上述第二點所觀察到的中低型迴避和低起上昇型之間不一致規律的現象，即使在跟原音聲調的不連續對應，且又沒有一定規律的零散現象裡，只要在某個階段裡漢語詞聲調一旦形成，就可以承擔起音韻史的一個角色。

　　以上，本文以在分析字音聲點的基礎上探討基礎問題；即分析原音聲調的繼承及變化，觀察漢語詞聲調如何在多種的音調型中形成，為目的進行了分析論證。最後，以「以外語發音為發音的聲調」和「融入於日語聲調體系的漢語詞聲調」這兩個方面為基點，從歷時的角度認識了其具體面貌。

Historical outline of the formation of Sino-Japanese pitch accent

KATO Daikaku

1. Goals and significance of current study

Over 1,600 years have passed since Japan began its massive adoption of Chinese language and culture. While Chinese loanwords were assimilated into the Japanese language early on, they have retained a number of unique phonotactic traits, coming to form their own lexical stratum in the modern language. This is apparent in Sino-Japanese (SJ) pitch accent as well, where a number of traits from Middle Chinese (MC) are preserved to this day. At the same time, there are also traits that have been lost entirely. While it is assumed that Chinese classical and Buddhist texts were read as close to the original pronunciation as possible at the time of their transmission to Japan, it is unclear how MC tones evolved into the system of SJ pitch accent that we see today. It is also unclear how conservatively the original pronunciations were preserved throughout the various stages of history. This study aims to draw a vivid picture of the historical development of MC tones into SJ pitch accent through a survey of accent and tone marks in medieval texts. The study consists of three chapters.

In Chapter 1, we take a look at tone marks in 12th century Japanese glosses of Classical Chinese texts and evaluate the linguistic value of such materials. First, we will discuss the character reading stratum—i.e. the older *goon* system vs. newer *kan'on* system—of the materials and what role it plays in the tone marking tradition. Then we will look at the relationship between tone marks and phonetic annotations such as *fǎnqiè* 反切 spelling guides and determine the linguistic value of each text.

In Chapter 2, we look at how MC tones were adapted into the Japanese language through a survey of 13th to 14th century materials: namely, Kamakura period glosses on the pseudo-*kanbun* texts (*waka kanbun* 和化漢文) *Owari no kuni gunji hyakushōra no gebumi* 'Letter from the peasants to the district manager of Owari' and *Shin sarugaku ki* 'Record of the new sarugaku'; and the Chinese-Japanese hybrid texts (*wakan konkōbun* 和漢混淆文) texts *Hōbutsushū* 'Collection of treasures' and *Heike monogatari* 'Tale of Heike', Engyō M.S. All four of these materials belong to a lower register than that of glosses on 'proper' Classical Chinese texts (*seikaku kanbun* 正格漢文) and are thus more susceptible to Japanese influence. Through analysis of these materials, we see that in some cases the various renditions of MC tones converge into a number of set patterns over time, while in others they grow more complicated.

In Chapter 3, we take a look at the development of MC tones into SJ pitch accent using the aforementioned texts. MC tones are traditionally divided into four classes consisting of *píng* 平 'level', *shǎng* 上 'rising', *qù* 去 'departing' and 入 *rù* 'entering' tones. *Píng* tone is sometimes further divided into *píngzhòng* 平重 'heavy level' and *píngqīng* 平輕 'light level', and *rù* into *rùzhòng* 入重 'heavy entering' and *rùqīng* 入輕 'light entering', creating a six tone system. While there are numerous theories concerning the value of each of these tones, in the current study we posit the values of the four (or six) tones as follows:

píng 平 (*píng zhòng* 平重): low level

píngqīng 平輕: falling

shǎng 上: high level

qù 去: rising

rù 入 (*rùzhòng* 入重): low level consonant-final

rùqīng 入輕: high level consonant-final

In contrast, Japanese pitch accent is divided into two types: low pitch (L) and high pitch (H). In this study, we focus primarily on how contour tones—the

MC rising tone (*qù*) and falling tone (*píngqīng*)—were adopted into the Japanese language and what strategies were taken when sequences of such tones arose to avoid the Japanese reading sounding unnatural. The strategies for avoiding sequences of rising tones, in particular, differed between *goon* and *kan'on* texts. Likewise, SJ pitch accent developed quite differently between the two strata of readings. By comparing SJ pitch accent of the 13th to 14th centuries with both MC tones and Early Modern Japanese SJ pitch accent, we were able to draw a number of correlating patterns between the three and determine how rigidly the original tones were preserved throughout the history of the language. The main goals of this study can be summarized as follows:

(1) The current study attempts to draw a picture of the historical process in which MC tones were borrowed into Japanese and developed into SJ pitch accent. In previous studies, only the original MC tones were taken into account when tracing the lineage of SJ pitch accent. The current study, however, focuses on 13th to 14th century texts in order to fill the gaps in this lineage, giving us a full picture of the evolution of SJ pitch accent.

(2) Through surveying materials with heavy Japanese influence such as glosses of pseudo-*kanbun* and Japanese-Chinese hybrid texts, it was possible to paint a more vivid picture of how MC tones were adopted into the Japanese language. In addition, by looking at this process from the perspective of pitch accent, we could gain novel insights to the study of Japanese pitch accent in historical texts.

The foundation for historical studies on SJ phonology was laid down by Numoto Katsuki in the late 20th century through a series of groundbreaking studies on SJ in 9th to 14th century glosses of Chinese classical and Buddhist texts. Numoto's work was succeeded by Sasaki Isamu in the early 21st century, who discovered that in these same texts, there existed differences in the pronunciation of SJ between registers. The study of SJ pitch accent began with the work of Kindaichi Haruhiko in the mid-20th century and was succeeded by Okumura Mitsuo in the 1970s. There has been little progress made since Kindaichi and Okumura, however, besides a number of studies on pitch accent in medieval manuscripts by Sakurai Shigeharu in the 1970s and, more recently, a number of studies on SJ pitch accent in Early Modern Japanese by Ueno Kazuaki. Due to these circumstances, it has been difficult to incorporate SJ pitch accent into studies on the history of accent and accent in dialects. The current study aims to remedy this issue by laying a bridge between studies on SJ phonology and studies on SJ pitch accent, providing valuable insights to the history of SJ pitch accent.

This study is a revised version of the Ph.D. dissertation: *Kango akusento no shiteki keisei ni tsuite no kenkyū* 'Studies on the historical development of Sino-Japanese pitch accent' submitted to Waseda University in 2016.

2. Table of contents

This work consists of an introduction and conclusion with three chapters in between, consisting of two units each. The objectives and outline of each chapter, as well as its relation to other chapters, is stated at the beginning of each chapter. There are a total of 17 subunits. The table of contents is as follows:

Introduction

Chapter 1: Basic methods for analyzing tone marks on Chinese characters

1.1 Methods for properly recognizing tone marks and constructing a database thereof

1.1.1 Information on the origin of character readings and the recognition of tone marks

1.1.2 Tones and tone marks: recognizing *pingqing* 平輕 tone marks across script types

1.1.3 Issues concerning the recognition of *kan'on* and *goon* readings

英語訳要旨　*419*

1.2 Methods for tracing the sources of phonetic annotations: focusing on *Ishinpō*

1.2.1 Motives for adding tone marks

1.2.2 Sources of phonetic annotations and glossing methods

1.2.3 *Fǎnqiè* 反切 spelling guides from *Yùpiān* and *Qièyùn*-based rime dictionaries

Chapter 2: The transmission and adaption of Middle Chinese tones

2.1 The grouping and diversification of tones in the adaption process

2.1.1 The grouping of tones

2.1.2 Fluctuations in tone marks in pseudo-*kanbun* manuscripts of the Late Middle Japanese period

2.2 The transmission and adaption of Middle Chinese tones as seen from tone marks on Sino-Japanese compounds

2.2.1 Tone marks in *Owari no kuni gunji hyakushōra no gebumi*

2.2.2 Sino-Japanese tone marks in *Owari no kuni gunji hyakushōra no gebumi*

2.2.3 Sino-Japanese tone marks in *Hōbutsushū*: Lexical diffusion of *kan'on* and *goon* tones

2.2.4 Sino-Japanese tone marks in *Heike monogatari*, Engyō M.S.

Chapter 3: The formation of Sino-Japanese pitch accent

3.1 From Middle Chinese tones to Sino-Japanese pitch accent

3.1.1 Falling tones and falling moras

3.1.2 A proposal for explaining falling tones in Middle Chinese

3.1.3 How the realization of a low starting position in rising tones contributed to the formation Sino-Japanese pitch accent

3.2 The realization of Sino-Japanese pitch accent before and after the Great Japanese Accent Shift

3.2.1 Sino-Japanese pitch accent in 2-character/3-mora compounds

3.2.2 Sino-Japanese pitch accent in 2-character/4-mora compounds

Conclusion

3. Research results

3.1 Recognizing tone marks and the study of Middle Chinese phonology in medieval Japan

(a) Recognizing tone marks and Sino-Japanese stratum

This study uses tone marks to observe MC tones and SJ pitch accent. In order to recognize a mark placed around a Chinese character as a tone mark, it is necessary to determine whether a given mark is a tone mark or another type of gloss from its physical position. In previous studies, this type of information was gauged by analyzing single Chinese characters as square shapes. We must take into consideration, however, that depending on the shape of the character or variant, such a method is not always accurate.

It is also necessary to determine whether a text adheres to the *goon* or *kan'on* stratum of SJ when determining the lineage of its tone marks. The pseudo-*kanbun* and Japanese-Chinese hybrid texts used in this study contain a mixture of *goon* and *kan'on* lexicon, and in some cases, even *goon-kan'on* hybrids, making it difficult to determine the SJ stratum. In this study, we use the Late MC rime dictionary *Guǎngyùn* and rime table *Yùnjìng* to determine whether a reading is from the *kan'on* stratum and earlier *goon* texts to determine whether it is from the *goon* stratum.

(b) Textual sources and phonetic annotations

Tone marks in Japanese glosses of Chinese texts were typically added for the purpose of studying and preserving the MC pronunciation. Therefore, in order to reconstruct the value of a tone mark, we must first determine its pedagogical purpose. The following four motives were found for adding tone marks to a text: (1) To add the tone of a character whose reading is indicated by a *fǎnqiè* spelling guide; (2) to distinguish between multiple senses of a single character through different tones; (3) to indicate that a character is used independently and not as part of a compound; (4) to distinguish between SJ strata.

英語訳要旨　*421*

It is also necessary to determine how accurately tone marks were added to a text through comparison with other types of phonetic annotations. In our study, we found that when glosses were transferred from one manuscript to another with the addition of *fănqiè* spelling guides, the tone marks were not always modified to match the readings of the spelling guides.

Tone marks in manuscripts of *Ishinpō* 'The heart of medicine', a 10th century Japanese medical text written in Classical Chinese, for example, seem to have been solely for pedagogical purposes, reflecting the proper MC tones. Thus, we can assume that even while this text was commonly read in Japanese through the *kundoku* 訓読 'text transposition' method, the tones were treated as foreign language elements. Pseudo-*kanbun* and Japanese-Chinese hybrid texts, on the other hand, did not make use of phonetic annotations such as *fănqiè* spelling guides and did not use tone marks to differentiate between multiple senses in a character. This shows us that there was a gap in register between proper Classical Chinese texts such as *Ishinpō* and Japanized texts such as pseudo-*kanbun* and Japanese-Chinese hybrid texts.

3.2 The transmission and adaption of Middle Chinese tones

(a) *Goon* and *kan'on* readings intermixed in the same text

It is a well-known fact that in *wabun* 和文 'native Japanese' texts, where there were no strict standards concerning SJ pronunciation, the bulk of SJ lexicon was read in *goon*, with a number of words in *kan'on*. The register of pseudo-*kanbun* and Japanese-Chinese hybrid texts falls somewhere in the middle of *wabun* and proper Classical Chinese texts, and similar to as in *wabun* texts, we find intermixing of *goon* and *kan'on* lexicon in both of these genres. In addition, there are cases where *goon* and *kan'on* are used within a single compound and cases in which lexicon of a certain semantic domain adheres to a specific reading: vocabulary from Chinese classics follow *kan'on*, while Buddhist vocabulary follow *goon*. This shows that in pseudo-*kanbun*

422

and Japanese-Chinese hybrid texts, MC tones were not a major focus of study.

(b) The transmission of Middle Chinese tones

Whether tone marks follow a four tone or six tone system can be determined from the existence of *pingqīng* tone marks. All of the texts used in this study had their glosses transferred from earlier manuscripts and are thus not ideal for determining the existence of *pingqīng* tone marks: even when such marks are observed, it is impossible to judge if they are accurate to the source material or not. Nevertheless, in the Waseda University and University of Tokyo M.S.S. of *Owari no kuni gunji hyakushōra no gebumi* and the Kōan M.S. and an undated M.S. of *Shin sarugaku ki*, there seems to be evidence of a six tone system.

It is said that *pingqīng* tone marks merged with *pingzhòng* tone marks towards the end of the 11th century. Whether the tone marks observed in these texts reflect the actual pronunciation of the time or were simply retained for reasons of prestige is unclear and we were unable to draw any conclusions concerning the value of *pingqīng* tone marks in pseudo-*kanbun* texts. At the time that MC tones were adopted into Japanese, *pingqīng* is believed to have been a falling tone. It is possible that this falling tone had a low start, which would have made the tone perceived as simply a low level tone to Japanese speakers, leading to it not being adopted into the Japanese pitch accent system as a unique element.

(c) Contour sequences and avoidance thereof

Since MC tones consisted of contour tones such as rising and falling, it was common to have a two rising tones, a high level tone followed by a rising tone, a falling tone followed by a rising tone or a falling tone followed by a high level tone in succession. This lead to a 'valley' in between two high points of articulation. In this study, we refer to such pairs of tones as 'concave

英語訳要旨　*423*

sequences' and discuss how such sequences were avoided when adapting tones into Japanese. When pronouncing a 2-character compound with a concave sequence in Japanese, it was normal to raise or lower one of the tones to maintain rhythm. When a *goon* compound contained two rising tones, for example, the second character's tone was raised to a high level tone, and the same phenomenon can be observed with *kan'on* compounds. The compound *ka+gi* 賈誼 (*shǎng* + *shǎng*) (a personal name), for example would have been realized as a high level tone followed by a rising tone in MC, while in Japanese, the second character's tone was raised to a high level tone to avoid the concave sequence.

It was also common to lower the tone of the second character to a low level tone in the case of sequential rising tones or a high level tone followed by a rising tone in pseudo-*kanbun* and Japanese-Chinese hybrid texts. This mirrors the pattern of pitch accent observed in native Japanese compounds. For example, in 2-character SJ compounds containing two 2-mora elements, each with a rising tone (LH+LH), the second element would adjust its accent pattern to conform to the first, forming an LHLL pattern of pitch accent and thus avoiding the concave sequence.

In order for such a phenomenon to happen, it was necessary for the SJ word to be realized with the same mora structure as a 2-mora native Japanese noun, in this case, accent type 4: LH. Through analysis of tone marks added to *goon* and *kan'on* 2-character compounds, we elucidated the following four points:

(1) The starting position of rising tones in the first element of a *kan'on* compound tends to be lower than that of *goon* compounds.

(2) When the first element of a SJ compound consists of two moras, rising tones usually retain their low start; however, there are examples of *goon* compounds in which a rising tone was raised to a high level tone.

(3) In non-initial elements of SJ compounds with a rising tone, the low start is retained more rigidly in *kan'on* compounds than in *goon*

compounds.

(4) In order to avoid concave sequences, the second element is lowered to a low level tone in *kan'on* compounds, but raised and to a high level tone in *goon* compounds.

We can see that, from the four points above, the MC rising tone was realized with a low start more so in *kan'on* compounds than in *goon* compounds. This is believed to be because each character in a *kan'on* compound was analyzed individually and then adapted to conform to Japanese pitch accent patterns. The methods for avoiding concave sequences in *kan'on* compounds work similarly to those seen in the formation of pitch accent in native Japanese compounds, presenting us with a classic example of how MC tones were adapted into the Japanese pitch accent system.

(d) Variation in rising tones with a low starting position

The same low start rising tone is realized differently across texts. For example, the compound *ba+syoo* 芭蕉 'Japanese banana' displays the following three variations in tone:

R+HH (*qù* + *shǎng*) (*Ishinpō*, Nakarai M.S.)

L+HH (*píng* + *shǎng*) (*Kokin wakashū*, glossed M.S.)

L+LH(+H) (kun-yomi: *pasewopa* (LLHH)) (*Ishinpō*, Nakarai M.S.)

As these variations occur in the first element of the compound, we can hypothesize that when adapting a rising tone into the Japanese pitch accent system, it was not necessary for the initial syllable or mora to be realized as a rising tone, as long as the pitch rose at some point prior to the end of the word. Such a phenomenon could only occur if normative consciousness towards MC tones had begun to weaken, for if the original tones had been taken into consideration, even if there were similarities between certain tones, each tone would have been realized differently. Even though 芭蕉 in *Ishinpō* was marked as *qù* + *shǎng* (not *píng* + *shǎng* or *píng* + *qù*), its *wakun* 'Japanese reading' *pasewopa* (it itself derived from MC) was marked as LLHH, which shows that while the tone marks on the kanji compound 芭蕉 retained the original MC tones, these tones were not retained in its Japanized reading. The pseudo-*kanbun* and Japanese-Chinese hybrid texts observed in this study displayed the same tendency.

(e) Tones which do not conform to the original Middle Chinese tones

A number of the tones observed in pseudo-*kanbun* and Japanese-Chinese hybrid texts do not conform to their original MC counterparts. For example, the compound *kou+you* 公用 'official duty' is given the tone marks *qù* + *píng* in *kan'on* texts, but is classified as *píng* + *qù* in rime dictionaries and marked as *píng* + *píng* in *goon* texts. While it may be possible to find circumstantial reasons for individual examples, considering that *kan'on* was the supposed proper Chinese reading of the time, this shows us that the study and transmission of such tones had grown lax.

3.3 The formation of Sino-Japanese pitch accent

(a) The formation of Sino-Japanese pitch accent from the view of registers

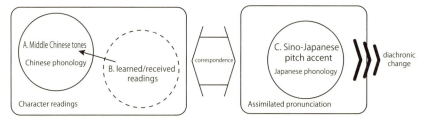

The figure above shows the relationship between character readings and assimilated pronunciation as two corresponding linguistics systems. MC tones (A) are based on Chinese phonology. While there are two strata of character readings in Japanese, *goon* and *kan'on*, each possessing different origins, each of these strata can be viewed as complete systems. By the Heian period (9th to 12th century), the systematic importation of the Chinese language had already come to an end, and MC tones were retained only as learned/

received readings (B). Chinese was originally studied as a foreign language, and the realization of tones would have been as close to the original pronunciation as possible. While these learned/received readings were not based on any autonomous system, they did place MC tones as a standard, and in this sense, they formed a type of artificial system. Thus, we can categorize both the original MC tones and learned/received readings as forms of character readings. Once the MC tones were adopted into Japanese, they were fossilized in the language, removed from the subsequent developments that tones underwent in Chinese. The same can be said for learned/received readings, as these were originally derived from MC. As time passed and traditions became looser, however, these learned/received readings began to show sporadic changes and take on influence from Japanese phonology. The phonetic annotations seen in Japanese glosses of Chinese classics and Buddhist texts seem to display a middle ground between the original MC tones and learned/received readings.

SJ pitch accent (C) is based on Japanese phonology. Just as the pronunciation of Chinese loanwords were adapted to match Japanese phonology—even if SJ lexicon does display a number of unique phonotactic traits—SJ accent was adapted into the Japanese phonological system on the word level. In this respect, we can categorize SJ pitch accent as a form of assimilated pronunciation. The phonetic annotations found in pseudo-*kanbun* and Japanese-Chinese hybrid texts can be viewed as a middle ground between learned/received readings and assimilated pronunciation.

(b) Historical overview of the formation of Sino-Japanese pitch accent

The relationship between MC tones and SJ pitch accent both before and after the Great Japanese Accent Shift (GJAS) of the 14th century can be summarized by the following five patterns (in examples, the MC tones are given first, followed by the pre-GJAS SJ pitch accent pattern and post-GJAS SJ pitch accent pattern):

英語訳要旨　*427*

I. Compounds in which MC tonal features were retained up until and following the GJAS. This group consists of so-called 'proper' SJ lexicon and SJ lexicon used in everyday life: e.g the *kan'on* compound *kwa+syau* 和 尚 'Buddhist priest' *píng* + *qù* > LLH > HLL, the *goon* compound *i+ken* 意 見 'opinion' *píng* + *píng* > LLL > HHL, etc. The avoidance of concave sequences is included.

II. Compounds in which MC tonal features were preserved up until the GJAS, but underwent analogical or sporadic changes afterwards: the *kan'on* compound *to+zen* 徒然 'idleness' *píng* + *píng* > LLL > HHH, the *goon* compound *dai+ni* 第二 'second place' *píng* + *píng* > LLL > LHL, etc.

III. Compounds in which the tonal features changed prior to the GJAS and went on to be adapted into the Japanese pitch accent system afterwards: e.g. the *kan'on* compound *pai+kwai* 徘 徊 'wander' *píng* + *píng* > LLLH > HHLL, the *goon* compound *dai+myau* 大名 'feudal lord' *píng* + *qù* > LLLL > HHHL, etc.

IV. Compounds in which no correspondence is seen between the original MC tone and SJ pitch accent pattern. No such examples were found in this study. If they were to exist, they would most likely be received readings rarely used in everyday speech.

V. Compounds in which correspondence with the original MC tone is seen only after the GJAS. Such compounds seem unnatural at first glance; however, we must assume that it is simply the tone marks recorded in the texts of this study that are unconventional, and that the actual received reading was closer to the original: e.g. the *kan'on* compound *zinzyo* 尋 所 'lead' *píng* + *shǎng* > LLL > HLL, the *goon* compound *zyauzyu* 成就 'accomplishment' *qù* + *píng* > LHH > LHL, etc.

Finally, let us look at what percentage of correspondence can be found between the original MC tones and SJ pitch accent both before and after the GJAS. Without paying heed to mora count, syllable structure or SJ stratum, we find that 78% of compounds retain MC tonal features prior to the GJAS, while 54% of compounds retain these features afterwards. Taking mora count into consideration, we find that the level of correspondence is 70% among 1-mora + 1-mora compounds, 62% among 1-mora + 2-mora compounds, 46% among 2-mora + 1-mora compounds and 52% among 2-mora + 2-mora compounds. We see that there is roughly a 20% gap between 2-mora (1-mora + 1-mora) and 4-mora (2-mora + 2-mora) compounds. In other words, the lower the mora count, the more conservative the pronunciation. This trend also holds true for 3-mora compounds, in which compounds with a 1-mora initial element are more conservative than compounds with only 2-mora initial elements.

Turning our attention to the SJ stratum, we find that 69% of *kan'on* compounds retain MC tonal features, while 84% of *goon* compounds do. This is believed to be because *goon* tones only consist of low level and rising tones, while *kan'on* tones include high level and falling tones as well, making the tonal system more complicated and giving rise to greater variation in the formation of SJ pitch accent.

事項・書名・人名索引

●あ

アクセント型　*15, 17, 29, 145, 196, 296, 302, 345, 381, 385, 388*
　漢語の --- *19, 381*
　--- としての妥当性　*301*
　--- の成立過程　*354, 356, 389*
　--- の対応　*17, 20, 255*
　--- の体系変化　*15*
　--- の特徴　*290*
　--- の認定　*334*
　--- の変化　*352*
　--- の類別対応　*248*
　由来のある --- *351*
　日本語（の）--- *9, 19, 132, 210, 226, 258, 271, 375, 381, 383, 384, 388*
　和語の --- *14, 229, 254, 257, 259*
アクセントの体系変化　*14, 19, 212, 235, 240, 242, 256, 260, 280, 296, 302, 384*
アクセントの分派時期　*255*
『阿弥陀経註』　*14, 55*
安定性の高い型　*131*
安然　*9, 262*

●い

『伊京集』　*170*
『医心方』　*375, 377*
　医家本 --- *109, 117, 141*
　宇治本 --- *31, 35, 36, 38, 43, 68, 80, 83, 85, 107, 108, 117, 119, 121, 141, 377*
　半井家本 --- *14, 23, 31, 32, 36, 47, 48, 80, 83, 107, 127, 128, 141, 249, 254, 376, 377, 378, 383*
　仁和寺本 --- *83, 84, 109, 110, 112, 115, 118, 121, 139, 250*
移声資料　*30*
出合　*15, 280, 290, 292, 302*
　漢字ノ --- *292*
『（前田本）色葉字類抄』　*81, 144, 152, 170, 188, 189, 190, 191, 193, 196, 198, 202, 205, 206, 210, 213, 297*
『韻鏡』　*25, 26*

●う

ウムの下濁る　*187*

●え

栄厳　*229*
『慧琳音義』　*266*

●お

『尾張国郡司百姓等解文』　*19, 166, 188, 297, 378*
　真福寺本 --- *173, 185*
　早大本 --- *170*
　東大本 --- *172*

●か

下降調　*248, 260*
下降拍　*196, 248*
過剰修正　*239, 287*
家説の伝授　*67*
軽点　*34, 169, 173, 189, 213, 249, 253, 380*
　--- の認定　*25*
漢語アクセント　*7, 15, 16, 17, 18, 19, 20, 29, 107, 165, 188, 240, 259, 291, 387*
　--- 史　*20*
　--- の形成プロセス　*271, 293*
　--- の史的研究　*48*
　--- の諸方言対応　*257*
　--- の方言間対応　*381*
　--- 類別対応表　*256*
　諸方言における --- *255*
　体系変化後の --- *296, 375*
　体系変化前の --- *296, 334*
漢呉音混読　*189, 198, 204, 206, 207, 236, 237, 241, 244, 274, 376, 380*
漢語サ変動詞　*16, 75*
漢語声調　*16, 145, 229, 230, 291*
漢数字を含む漢語　*151*
『観無量寿経註』　*14, 55*

●き

規範性　*19, 48, 127, 144, 166, 213, 271, 295,*

302, 318, 334, 375
曲調音節 255, 381
   --- の消滅 253, 254
   --- の衰退 11, 240
『玉篇』 109
   原本 --- 残巻 109
   大広益会 --- 23, 110, 377
《去・去》 15, 75, 125, 131, 150, 151, 152,
   159, 162, 163, 165, 181, 191, 199, 201, 203,
   206, 207, 208, 210, 226, 227, 239, 272, 280,
   281, 286, 288, 290, 311, 381
去声と去声の連接 28
記録体 228

●く

『倶舎論音義』 28
『九条家本法華経音』 27
群化 132
『(金沢文庫本) 群書治要』 289, 344

●け

形骸化 72, 121
『華厳経巻四十』寿永二年点 28
原音声調 19, 48, 210, 239, 295, 296, 383,
   387, 388
   --- からの変容 375
   --- との対応 296, 375
   --- の規範 388
   --- の継承 16, 19, 188, 378
   --- の喪失 127
   --- の伝統 257
   --- の伝統性 18
   --- の反映 255
『源氏物語』 379

●こ

語アクセント 272
語アクセント化 54, 131
『廣韻』校正宋本 25
『広韻』大宋重修 24, 25, 50, 110, 377
高起無核型 140
『黄帝内経』 56
『黄帝内経明堂』 80
高平調化 14, 56, 163, 182, 184, 185, 202,
   224, 240, 272, 382
『(高山寺本) 古往来』 187

『古今訓点抄』 351
古今和歌集声点本 297
五声体系 9
語の同定 67
『金光明最勝王経音義』 11, 27, 54, 57, 131,
   133

●さ

差声体系 8, 146, 147, 213, 214, 289
三声体系 10, 28, 52
『三帖和讃』 28

●し

字音の連濁 176
字義の同定 67
『四座講式』 252, 254, 262, 297, 301, 303,
   307, 308
   元禄版 --- 16
   大慈院本 --- 16
『四種相違疏』 28
『四声出合私記』 290
四声体系 10, 30, 173, 186, 213, 236, 253,
   300, 310
   --- による把握 214
   --- の枠組み 146, 155
『四声并出合読誦私記』 290
『四声秘伝鈔』 290
『悉曇蔵』 9, 252, 261, 262
『悉曇秘伝記』 262
『悉曇要訣』 262
『十韻彙編』 110, 112
周祖謨 25
『貞元華厳経音義』 50
《上・去》 151, 152, 181, 191, 207, 209, 210,
   214, 227, 239, 286, 381
『小品方』 80
『将門記』 191, 207, 297
   真福寺本 --- 187, 189, 203
   楊守敬旧蔵本 --- 187, 189
シラビーム言語 13
心空 262
『新猿楽記』 19, 145, 271, 297, 378
   --- 弘安本 145, 147, 151
   --- 康永本 145, 147, 152, 164
   --- 古抄本 145, 147, 152, 164
新式声点 29

『新修本草』　*80, 86*
『新修本草音義』　*88, 91*
仁揖　*86*
『新撰字鏡』　*119*
新濁　*213*
信範　*262*

● せ

声調体系　*9, 31, 36, 147, 170, 380*
　　漢音（系字音）の ---　*253*
　　原音の ---　*375*
　　呉音（系字音）の ---　*10, 11, 28, 50, 130, 131, 307*
　　中国語の ---　*19*
声調変化　*10, 11, 28, 52, 215, 230, 253*
　　連音上の ---　*11, 307*
切韻系韻書　*25, 28, 49, 50, 110*
接合　*273, 281, 286, 341, 355*
接合型　*281*
接合段階　*290, 292, 382*
『節用集』
　　易林本 ---　*170*
　　黒本本 ---　*170*
　　天正十八年本 ---　*170*
　　饅頭屋本 ---　*170*
　　明応五年本 ---　*170*
『千金方』　*56*
潜在アクセント　*132*
全濁上声字　*50*
全濁上声字の去声化　*7, 26, 49, 72, 182, 185, 201, 216, 239*

● そ

宋韻　*116, 122*
俗音　*137*
俗音注等注記語　*54*
俗音等注記語　*124, 138, 139, 140*

● た

『大慈恩寺三蔵法師伝』鎌倉初期点　*205, 344*
『太素経』　*80*
平康頼　*211*
濁声点　*169, 186*
多数型　*130, 132, 306, 336, 338, 340*
丹波重成　*109*
丹波重基　*80, 84*

丹波知康　*109*
丹波康頼　*31*

● ち

近松浄瑠璃本　*297, 306*
『注好選』
　　観智院本 ---　*187, 379*
　　金剛寺本 ---　*379*
中低形（の）回避　*16, 162, 165, 191, 199, 207, 210, 214, 220, 221, 222, 224, 227, 239, 272, 287, 295, 301, 303, 306, 340, 375, 380, 382*
中期朝鮮語　*266*

● て

低起上昇型　*15, 140, 247, 296, 306, 310, 350*
　　--- 間の揺れ　*317, 334, 345, 375, 384*
低起無核型　*14*
低平調化　*272, 286*
テクストの読解　*67, 375, 377*
『篆隷万象名義』　*110*

● と

『唐韻』　*110*
『東宮切韻』　*110*
〈東〉〈東点〉　*8, 23, 30, 47, 146, 147, 149, 152, 161, 169, 213, 248, 249, 289, 310, 376, 380*
　　--- の消滅　*254*
　　--- の衰退　*259*

● な

中原師長　*109, 117*

● に

日意上人　*212*
日常的な漢語　*10, 13, 124, 143, 295*
日常的な場　*271*
日常的な発音　*145, 188, 244*
日春　*212*
『日葡辞書』　*170*
日本語アクセント史　*354, 356*
『日本書紀』　*266*
日本書紀歌謡　*266*

● は

パースペクティブ　*132*

事項・書名・人名索引　433

『（金沢文庫本）白氏文集』 *119*
『八十一難経』 *80*

●ひ

鼻音韻尾 *176*
非漢音語 *51, 128*
低降り *269*
平声軽点→とうてん〈東〉 *8*

●ふ

複合語アクセント *209, 291, 292, 382, 383*
複合名詞のアクセント *163*
藤原行盛 *80, 84*
藤原明衡 *145*
藤原元命 *166*
『補忘記』 *15, 16, 290, 297, 351*
　　貞享版 --- *16*
　　元禄版 --- *28*

●へ

『平家正節』 *16, 297*
　　--- の漢語アクセント *351*
『平家物語』 *297*
　　延慶本 --- *19, 228, 229, 378*

●ほ

『保延本法華経単字』 *28*
『宝物集』 *19, 211, 297*
　　久遠寺本 --- *211, 212, 215*
　　光長寺本 --- *211, 212, 215*
　　最明寺本 --- *211*
　　本能寺本 --- *211*
『法華経音義』 *10, 50*
『法華経音訓』 *27, 262*
『（保延本）法華経単字』 *29, 54, 57, 133*
法華経単字 *11*
『本草注音』 *86, 88, 91*
『本草和名』 *23, 83, 87, 377*
　　台湾国立故宮博物院蔵 --- *84*
『本朝文粋』 *145*
　　久遠寺蔵 --- 鎌倉中記点 *203*

●ま

『枕草子』 *379*

●み

『妙一記念館本法華経』 *54*
明覚 *262*
『名目抄』 *29*

●も

『蒙求』 *344*
　　岩崎本 --- *259*
モーラ言語 *13*

●ゆ

由緒正しい漢語 *18, 255*
癒合段階 *290, 292*

●よ

楊玄操 *86*

●り

龍宇純 *26*
臨時的 *19, 144, 165, 211, 227, 295, 317*

●る

『類聚名義抄』 *17, 54, 56, 137, 140, 297*
　　観智院本 --- *27, 57, 87, 131, 133, 280, 307, 383*
　　高山寺本 --- *307*
　　図書寮本 --- *50, 252*

●ろ

六声体系 *8, 9, 30, 47, 67, 155, 213, 214, 249, 252, 253, 310, 381*
　　--- の名残 *146, 147, 153, 186, 380*
　　--- の理解の衰退 *169*

●わ

和音化 *49*
和化漢文訓読資料 *19, 107, 144, 145, 166, 168, 169, 187, 188, 196, 209, 227, 228, 295, 375, 376, 378*
和漢混淆文 *228*
和漢混淆文資料 *19, 213, 215, 295, 375, 376, 378*
和訓の声点 *139, 249*
『和名類聚抄』 *23, 54, 56, 83, 84, 88, 91, 95, 96, 99, 100, 101, 104, 137, 143, 377*

京本 --- *139*
--- 古写本声点本 *139*

事項・書名・人名索引　*435*

著者名索引

●あ行

秋永一枝 *32, 67, 132, 163, 209, 231, 233, 234, 235, 250, 272, 280, 281, 290, 292, 302, 307, 382, 383*

アクセント史資料研究会 *296, 302*

浅田健太朗 *14*

浅野敏彦 *189*

池上禎造 *57*

石上英一 *146*

伊地知鉄男 *229*

石山裕慈 *16, 144, 150, 239, 272, 287, 296*

伊藤智ゆき *266, 267*

稲崎朋子 *88*

上田正 *85, 87, 107, 110*

上野和昭 *viii, 16, 29, 151, 163, 273, 288, 290, 296, 297, 306, 307, 311, 345, 351, 387, 389*

宇都宮睦男 *167, 168*

梅村喬 *167, 168*

上野善道 *132, 257, 267*

榎木久薫 *272, 273, 290*

遠藤光暁 *264*

王仁昫 *110, 111*

大上哲廣 *85*

岡井慎吾 *85, 87, 107, 110*

岡島昭浩 *295*

小川栄一 *228, 229, 236*

奥村三雄 *11, 18, 49, 52, 55, 131, 163, 176, 182, 226, 254, 255, 258, 260, 262, 265, 272, 279, 291, 296, 306, 307, 340, 354, 387*

小倉肇 *27, 48, 127, 166, 229, 267, 271*

●か行

呉美寧 *88*

柏谷嘉弘 *9, 51, 72, 169, 213, 226, 253, 378, 379, 380*

蒲原淑子 *16, 296, 306, 340, 354, 387*

亀井孝 *4, 48, 127, 247, 384*

川口久雄 *146, 147, 155, 274, 288*

魏建功 *110*

北原保雄 *228, 229, 236*

金田一春彦 *15, 16, 49, 132, 155, 208, 226,*
250, 252, 254, 255, 258, 260, 265, 272, 285, 302, 387

小泉弘 *212, 216*

高山寺典籍文書綜合調査団 *87*

河野敏宏 *87, 88*

河野六郎 *27, 49, 266*

小助川貞次 *68*

小曽戸洋 *84, 85*

小林芳規 *68, 173, 233*

小松英雄 *12, 32, 67, 81, 127, 132, 144, 150, 252, 253, 260*

●さ行

酒井憲二 *145, 146*

坂本清恵 *viii, 212, 250, 306*

桜井茂治 *15, 272, 290, 296, 387*

佐々木勇 *10, 26, 55, 127, 141, 144, 149, 150, 169, 186, 187, 189, 196, 205, 209, 229, 253, 254, 255, 260, 269, 272, 285, 289, 291, 302, 344, 378, 379, 380*

佐藤栄作 *32, 250*

佐藤武義 *228*

柴田武 *13*

新村拓 *85*

杉立義一 *68, 80, 83, 84, 102*

鈴木豊 *146, 250*

●た行

高松政雄 *16, 28, 50, 130, 228, 236, 244*

高山知明 *141, 259, 295*

高山倫明 *266*

竹岡友三 *68*

中華書局編集部 *87, 109*

趙大夏 *27*

沈涓農 *86*

築島裕 *31, 51, 68, 80, 83, 88, 108*

當山日出夫 *67*

栃木孝惟 *228*

●な行

中井幸比古 *257*

中田祝夫 *87*

永山勇　*137*
西崎亨　*68, 85, 107, 110, 115*
沼本克明　*9, 27, 48, 51, 54, 68, 72, 83, 107,*
　110, 121, 131, 137, 144, 169, 171, 182, 240,
　252, 260, 262, 263, 272, 307, 308, 378, 379

●は行

服部敏良　*80*
林史典　*127, 141*
肥爪周二　*267*
平田眞一朗　*264*
平山久雄　*140, 264*
福島邦道　*57*
古屋昭弘　*111*

●ま行

前田富祺　*228*
馬継興　*85*
松本光隆　*68, 80, 83, 84, 87, 88, 108*
馬淵和夫　*85, 87, 107, 110, 127*
馬渕和夫　*264*
真柳誠　*84, 86*
水野柳太郎　*167, 168*
三保忠夫　*166*
望月郁子　*32*
森博達　*266*

●や行

山田孝雄　*143*
山本真吾　*145*
与謝野寛　*87*
吉田幸一　*85*

●ら行

頼惟勤　*252, 263, 264*
羅常培　*110*
劉復　*110*

●わ行

渡辺さゆり　*119*
和田實　*132*

著者名索引　*437*

語彙索引

●ア

アイシ（愛子）170, 193
アイシュ（愛酒）276
アウク（奥区）241
アクゴフ（悪業）346, 359
アクリャウ（悪霊）346, 359
アバリヂョ（安婆利女）218
アブ（亜夫）241
アユウシ（阿用子）218
アンオン（安穏）347, 359
アンジチ（庵室）346, 359
アンソク（闇塞）61, 135
アンヂ（安置）312, 320
アンネイ（安寧）237
アンラクエン（安楽塩）148

●イ

イウケイ（幽閨）148
イウジョ（遊女）320
イウタウ（遊蕩）161, 283
イウチャウ（優長）342, 359
イウヂョ（遊女）312
イウム（酉夢）217
イウリ（傭里）237
イケン（意見）305, 320, 355
イシャウ（衣裳）196, 299, 304, 309, 320
イシュ（意趣）339, 357
イジュウ（移住）193
イショク（衣食）196, 300, 304, 320
イチゴ（一期）314, 320
イチジュ（一樹）314, 320
イチダイ（一代）344
イチトクエン（壹徳塩）149
イチネン（一稔）178
イチボク（一墨）148
イチモン（一門）359
イチレツ（一列）148
イッサイ（一切）346, 359
イッシン（一心）346, 359
イッダイ（一代）342, 359
イッタン（一旦）342, 360

イテフ（移牒）150
イナン（巳南）282
イワウ（醫王）276
インエン（因縁）347, 360
インギョウ（允恭）242
イングゥ（因果）315, 320
インゾツ（引率）176, 177, 191, 343, 344, 360
インボン（淫奔）160, 277, 278
インミャウ（因明）278

●ウ

ウシツツ（烏瑟）276
ウゼンダイワウ（優闐大王）218
ウヅ（烏頭）56, 61, 62, 77, 81
ウンゲン（繧繝）162
ウンチン（運賃）178, 179, 204, 206, 208
ウンメイ（運命）153, 277, 278, 287, 343, 344, 360

●エ

エインホフシ（永胤法師）218
エイエン（永延）191
エイガク（叡岳）148
エイザイ（永財）182, 199
エイセイ（営世）148, 162, 283
エイダイ（永代）200, 207
エイデン（叡念）237
エイヘイ（永平）237
エイユウ（英雄）342, 360
エウエン（妖艶）152, 284, 289
エウゲキ（夭蘖）174, 179, 196
エウセウ（幼少）343, 344, 360
エウレイ（遙嶺）237
エキミン（役民）174, 191
エンイン（延引）343, 360
エンガク（縁覚）347, 360
エンギャウ（偃仰）161
エンクヰイ（宴会）237
エングヮン（宴丸）152
エンケキ（鋋戟）60
エンマワウグウ（焔魔王宮）221
エンリョウ（冤凌）196

●オ

オンヤウ（陰陽）225

●カ

カイエキ（改易）349, 360
カイギャク（痎瘧）65
カイクヮ（開化）242
ガイサイ（睚眦）162, 278
カイシスイ（芥子推）217
ガイセキ（外戚）343
カイゾク（海賊）346, 360
カイダ（懈惰）61, 135
カイダウ（海道）346, 360
ガイニン（改人）174
ガイニン（改任）176, 197
カイフ（海部）283, 287
カウアン（孝安）237
カウエイ（更嬴）237
カウエン（講演）202
ガウエン（強縁）283
ガウガ（江河）311, 314, 320
ガウカイ（江海）176, 197
カウゲン（孝元）237
カウサイ（高才）241
カウサウ（行操）184, 204
カウジ（講師）314
カウダウ（講堂）283, 346, 350, 360
カウタン（交談）237
ガウチュウナゴン（江中納言）220
ガウニウ（剛柔）151, 160, 162, 278
カウニン（降人）347, 350, 360
カウミャウ（高名）278, 347, 360
カウライ（高麗）361
カウレイ（孝霊）237
カエン（家薗）197
カギ（賈誼）237
ガクギ（楽器）314, 320
ガコン（我今）305, 320
カシャウ（河上）282
カショク（稼穡）206, 276
カタイコウ（夏大后）217
カヂ（加持）339, 357
カヂ（退迡）179
カッホ（合浦）220
カツヲウ（渴嘔）77

カフセン（合戦）343, 361
カフチウ（甲冑）342, 361
カフリョク（合力）343, 361
ガンエン（頷厭）62
カンカウ（感降）237
カンキャウ（干薑）62
カンキョ（閑居）312, 320
カンコ（諫皷）237
カンザウ（甘草）61, 135
カンシツ（干漆）65
カンジャウ（勘状）283
カンショウ（甘松）162, 277
カンスイ（甘遂）61, 135
カンタン（感歎）342, 361
カンチク（甘竹）148
カンヂュウ（肝中）283
カンヂワウ（干地黄）76
カンハウ（閑放）237
カンハウ（韓彭）242
カンハウ（肝皰）62
カンバツ（旱魃）149, 278
カンビャウ（看病）277, 347, 361
カンモン（勘文）162, 283
カンラン（寒嵐）238
ガンリャウ（含霊）62
ガンレウ（幹了）176, 191
カンヲウ（乾歐）62, 135

●キ

キイ（奇異）339, 357
キイイ（熙怡）204
キウゴ（九五）238
ギウヂ（灸治）277, 287
キウネン（久年）178, 205
キウミン（救民）184
キウヤ（九野）242
キウリャウ（舊領）185, 204
キカイ（鬼界）220
キカン（飢寒）202
キケイ（帰敬）238
ギケウセウシャウ（義孝少将）219
キコン（機根）308, 309, 320
キシ（貴使）275
ギシキ（儀式）305, 320
キシャウ（起請）308, 309, 320
キタイ（希代）308, 309, 320

語彙索引　439

キタイ（気躰）*276*
キタウ（祈祷）*306, 320*
キチャウ（几帳）*276*
ギヂャウ（議定）*321*
キトウ（祈祷）*304*
ギドウサンジ（儀同三司）*220*
キトク（奇特）*305, 308, 321*
キナイ（畿内）*309, 321*
ギバ（耆婆）*218, 275*
キフレウ（給料）*150*
キボ（規模）*338, 357*
キャウガイ（境界）*361*
ギャウカウ（行幸）*336, 346, 350, 361*
ギャウギ（行基）*218*
ギャウギボサツ（行基菩薩）*218*
キャウケイ（狂鶏）*238*
キャウコウ（向後）*343, 344, 361*
キャウシン（狂心）*180, 205*
ギャウダウ（行道）*347, 361*
ギャウバチ（刑罰）*193*
キャウホウ（経方）*57, 65*
ギャウメウ（形貌）*162, 278*
キャクシキ（格式）*148, 361*
キュウクツ（窮屈）*148*
キュウセン（弓箭）*148, 283, 289, 342, 361*
キュウチュウ（宮中）*342, 361*
キュウミン（窮民）*174, 177, 187, 191, 201,
　206
ギョウ（御宇）*238*
ギョウバチ（刑罰）*171*
キョウバン（興販）*148, 284, 289*
キョウラン（凶乱）*238*
ギョシュツ（御出）*304, 321*
ギョダツ（魚奪）*174, 178, 184, 187, 191, 203*
キョヂュウ（居住）*282, 289, 300, 304, 321*
キョネン（去年）*306, 321*
キンコクエン（金谷薗）*221*
キンダイ（近代）*153, 278, 287*
キンライ（近来）*277*

●ク

クウシャウ（空青）*62, 278*
クエウ（九曜）*240*
クオク（胸臆）*305, 321*
クカイ（苦海）*305, 307, 321*
クギフ（供給）*148, 176, 197*

クキャウ（究竟）*305, 321*
ククウ（芎藭）*62*
グクヮン（貢官）*176*
グゴ（貢御）*174, 176, 197*
グコウ（虞公）*238*
グシ（五四）*155, 275*
クシャ（倶舎）*275*
クシャク（猶脊）*60*
クシン（苦参）*59, 76*
グシン（具進）*178, 203*
クヂュウ（九重）*305, 321*
グテウ（貢朝）*176, 197*
クドク（功徳）*305, 321*
グブ（供奉）*357*
グメ（貢馬）*174, 176, 197*
クヤウ（供養）*305, 321, 339, 355*
クヨウ（公用）*200*
クラウ（功粮）*197*
クヮイエン（灰煙）*148*
クヮイケイ（會稽）*148, 277*
グヮイコク（外国）*178, 187, 201*
グヮイセキ（外戚）*361*
クヮウシン（廣深）*205*
クヮウニョ（皇女）*312, 321*
クヮウブ（荒蕪）*174, 197*
クヮウミャウ（光明）*62, 347, 361*
クヮウヤウ（滉瀁）*242*
クヮゲツ（花月）*224*
クヮシツ（過失）*148, 276*
クヮシャウ（和尚）*282, 304, 321*
クヮタク（火宅）*305, 307, 322*
グヮヂョ（画女）*155, 275*
グヮツクヮウワウ（月光王）*218*
グヮフ（寡婦）*240*
クヮヤウトウ（花陽洞）*221*
クヮレイ（花麗）*224*
クヮンイ（浣衣）*71*
クヮンイウ（寛宥）*172*
クヮンギ（歓喜）*276*
クヮンキン（蘿菌）*60, 71*
クヮンクヮ（嬽寡）*197*
クヮンクヮ（貫花）*159, 276*
クヮンゲン（管弦）*342, 361*
クヮンゴ（官庫）*177, 193*
クヮンザイ（官裁）*197, 204, 206*
クヮンシ（官使）*148*

クヮンジ（官使）*152, 177, 183, 199, 276*
クヮンジン（寛仁）*222*
クヮンブ（官府）*177, 197, 313, 322*
クヮンボフ（官法）*177, 193*
クヮンモツ（官物）*177, 203*
グヮンモン（願文）*278*
グンモン（軍門）*238*
クンワウ（勲黄）*62, 76*

● ケ

ケイエイ（経営）*191*
ケイカウ（頚項）*71*
ケイキ（傾危）*238*
ケイクヮイ（経廻）*185, 204*
ゲイゲフ（藝業）*179, 206*
ケイコ（瓊戸）*238*
ケイシクヮウ（鶏子黄）*76, 78*
ケイショ（経書）*159, 277*
ケイシン（桂心）*62*
ケイテイ（境程）*197*
ケウクン（教訓）*343, 344, 351, 361*
ケウショ（教書）*277*
ケウタイ（交替）*204*
ゲキャク（解却）*175, 193*
ゲコク（外国）*174, 187*
ケゴン（華厳）*322*
ゲダイ（外題）*282*
ゲダツ（解脱）*305, 308, 322*
ケヂ（家治）*155, 275*
ケチエン（結縁）*346, 362*
ゲヂョ（解除）*282*
ゲヂン（解陳）*240*
ケツボン（缺盆）*66*
ケヘン（華扁）*65*
ゲンギ（玄義）*276*
ゲンゲ（芫花）*62*
ケンゴ（堅固）*176, 177, 181, 193*
ケンコウ（権公）*191*
ケンザン（兼算）*219*
ケンシ（間使）*62, 135*
ケンシャウ（肩井）*62*
ケンシン（遣針）*277*
ゲンジン（見任）*174, 194*
ケンセイ（肩井）*135*
ゲンセイ（厳制）*174, 178, 191*
ゲンソウ（玄宗）*217*

ゲンゾク（還俗）*347, 362*
ゲンヂキ（減直）*197*
ケンデン（檢田）*283*
ケンボク（検牧）*174, 194*
ケンボフ（憲法）*148, 150, 176, 177, 197*
ケンラウ（堅牢）*62*

● コ

コウザ（高座）*276*
コウサン（恒山）*63*
コウジ（講師）*322*
コウジフ（口入）*362*
コウセイ（後生）*362*
コウノウ（弘農）*238*
コウバウ（公望）*218*
コウブン（後聞）*238*
ゴカイ（五戒）*305, 322, 339*
ゴガウシャウコウ（後江相公）*219*
ゴキ（五畿）*282*
コキャウ（故郷）*304, 322*
コキャク（沽却）*197*
コクシ（国司）*322*
ゴクショ（告書）*283*
コクタン（黒疸）*66*
コクレイ（国例）*200*
ゴケ（五家）*178, 203*
ゴケイ（御禊）*309, 322*
ゴサン（呉山）*157*
コシ（顧私）*275*
コシウ（胡臭）*157, 282*
ゴシキ（五色）*309, 322*
ゴジフ（五十）*304, 305, 322*
ゴシャウ（後生）*322*
ゴショ（五處）*62, 135*
ゴショ（吾胥）*216*
ゴショ（御所）*275, 338, 339, 357*
ゴショ（御書）*282*
コショウ（扈従）*304, 306, 322*
ゴタウ（後湯）*77*
ゴチャウ（後頂）*59, 135*
コチュウ（蠱虫）*201*
ゴヅ（牛頭）*275, 338, 339, 357*
コドク（孤独）*191*
コニ（健兒）*282*
コフウ（古風）*148*
ゴフゴ（合期）*197*

語彙索引　*441*

ゴフシャク（合夕）*148*
ゴフン（胡粉）*157, 276*
コホ（虎歩）*282, 287*
ゴマ（護摩）*339, 357*
ゴミ（五味）*59, 135*
コモン（古文）*282*
ゴラン（御覧）*308, 309, 322*
ゴリ（五里）*62, 135*
ゴワウ（牛黄）*63, 76*
コンガウ（金剛）*362*
コンガク（崑岳）*221*
コンジキ（金色）*347, 362*
コンジャウ（今上）*240*
コンジャウ（紺青）*278*
コンデン（懇念）*362*
コンニ（健児）*155*
コンニチ（今日）*347, 362*
コンネン（懇念）*238, 342*
コンボン（根本）*347, 362*
コンボン（混本）*277*
コンヤ（今夜）*315, 322*

●サ

サイギャウ（才行）*178, 185, 204*
サイクウ（斎宮）*224*
サイゲキ（災蘖）*201*
サイゴ（最後）*315, 323*
ザイサン（財産）*200*
ザイシャウ（罪障）*346, 362*
サイシュツ（裁恤）*197*
サイショク（菜色）*170*
サイシン（済進）*183*
サイシン（細辛）*63, 135*
サイゼン（最前）*347, 350, 362*
サイソク（催促）*342, 362*
ザイチャウ（税帳）*157, 194*
サイホウ（西方）*348, 362*
サウ（左右）*338, 339, 357*
サウオウ（相應）*278, 343, 344, 362*
サウカイ（蒼海）*342, 362*
サウカウ（糟糠）*278, 348, 362*
ザウクウ（造宮）*277*
サウクゥ（造化）*311, 313, 323*
サウサウ（嬌嬌）*197*
サウシフ（燥濕）*65*
サウジョウ（相承）*346, 362*

サウデン（相伝）*224*
ザウデン（造殿）*277*
サウドウ（騒動）*363*
サウフ（蚕婦）*182, 191*
サウホン（相反）*60, 135*
サウヰ（相違）*314, 316, 323*
ザクロヒ（石留皮）*78*
サタ（沙汰）*340, 357*
サホフ（作法）*305, 323*
サンガイ（残害）*241*
ザンガイ（残害）*194*
ザンギ（慙愧／慚愧）*315, 323*
サンギャウ（算経）*283*
サンキョ（鑷去）*59, 72, 135*
サンゲイ（参詣）*284, 289, 342, 363*
サンゲン（山玄）*238*
サンゲン（讒言）*343, 344, 363*
サンゴフ（三業）*278, 347, 363*
サンシャウ（三章）*222*
サンゼン（山川）*180, 205*
サンヅ（三途）*313, 316, 323*
サンバウ（散亡）*174, 177, 187, 191, 203*
サンボウ（三寶）*347, 363*
サンマイ（三昧）*347, 363*
サンヤ（山野）*300, 312, 323*
サンリ（三里）*62*

●シ

シウギン（愁吟）*174, 179, 197, 206*
シウサイ（秀才）*156, 275*
シウジン（衆人）*277*
シウト（秋荼）*222*
ジカウ（字行）*157, 282*
シキ（史記）*222*
シキウ（思救）*181, 192, 208*
シキシャウ（職掌）*170, 194*
シキョ（死去）*183, 199*
シキョ（死去）｜ *207*
シキンカウ（紫金膏）*148*
シザイ（資材）*305*
シザイ（資財）*323*
ジザイ（自在）*305, 323*
シサン（四三）*282*
シシ（刺史）*275*
シシメイ（史師明＝吏師明）*217*
ジジャウ（事状）*200*

ジシャク（慈石）*65, 78*
ジシン（自身）*282*
シゼン（自然）*304, 323*
シソン（子孫）*282, 298*
シダイ（次第）*305, 323*
ジタイ（辞退）*304, 323*
シチサ（七佐）*283*
シチシュツ（七出）*148*
シチニツ（七日）*346, 363*
シヂャウ（笞杖）*205*
ジツゲツ（日月）*363*
シツタン（悉曇）*284*
シテウギ（史朝義＝吏朝義）*218*
シネツ（熾熱）*60*
ジヒ（慈悲）*339, 357*
シフ（市夫）*184, 204*
シフ（詩賦）*148, 152, 155*
ジフク（十九）*314, 323*
シフケン（執権）*342, 363*
ジフゴ（十五）*314, 323*
ジフシ（十四）*314, 324*
ジフシチ（十七）*346, 363*
ジフゼン（十善）*346, 363*
シフタイ（十代）*363*
ジフニ（十二）*313, 324, 355*
ジフハチ（十八）*346, 363*
シフヒ（濕痺）*66*
シフヘイ（執柄）*363*
シフベン（執鞭）*198*
ジフロク（十六）*346, 363*
シフヱ（集會）*324*
シボウ（私謀）*174, 197*
ジモン（耳門）*63, 135*
シャウガン（象眼）*278*
ジャウキ（上気）*59, 135*
シャウキャウ（生薑）*63*
シャウゲウ（聖教）*346, 364*
ジャウゴフ（成業）*279*
シヤウサイ（上宰）*238*
シャウザイ（正税）*157*
ジャウサイ（攘災）*240*
シャウザン（商山）*221*
シャウジ（障子）*314, 324*
シャウジ（生死）*315, 324*
シャウジャウ（清浄）*240*
シャウジャウ（猩々）*224*

ジャウシャウ（上星）*59*
シャウジュ（聖衆）*223*
ジャウジュ（成就）*315, 316, 324*
ジャウジュク（成熟）*148, 279*
シャウジン（精進）*277, 347, 364*
ジャウセウ（上焦）*63, 135*
シャウソ（翔楚）*242*
ジャウヂュウ（常住）*347, 364*
シャウヅ（政頭）*53, 59, 77*
ジャウトウモンヰン（上東門院）*219*
シャウブ（菖蒲）*63, 135*
シャウボウ（正法）*364*
シャウミャウ（生命）*62, 135*
シャウモク（青木）*279*
シャウモン（正文）*283*
シャウライ（将来）*194, 348, 364*
シャウリンヱン（上林苑）*221*
シャウレイ（唱礼）*278*
ジャウヰ（譲位）*315, 316, 324*
ジャククヮン（弱冠）*148*
シャクジュ（積聚）*66*
シャクタン（積淡）*66*
シャクナンサウ（石南草）*78*
ジャケン（邪見）*324*
シャコ（鷦鴣）*242*
ジャボウ（邪謀）*238*
シャミジャクネン（沙弥寂然）*219*
シャメン（赦免）*309, 324*
ジュウシャ（従者）*276*
ジュウルイ（従類）*194*
シュクエウ（宿耀）*284, 289*
シュザイ（輸税）*156, 275, 282, 289*
シュシャ（朱沙）*63*
ジュシャ（従者）*224*
シュジャウ（衆生）*324*
ジュシュ（数珠）*339, 357*
シュジュウ（主従）*305, 307, 324*
シュショウ（殊勝）*324*
ジュズ（数珠）*338*
シュヂュウ（衆中）*282*
シュツイ（輸椎）*71*
シュツジフ（出入）*148*
ジュテツ（儒轍）*178, 179*
シュト（衆徒）*339, 357*
シュバキャ（術婆迦）*218*
ジュリャウ（受領）*305, 325*

語彙索引　*443*

シュル（醜樓）282
ジュンエイ（准頴）176, 197
シュンシウ（春秋）342, 364
ジョ（自余）194, 339, 357
ショイウ（謔遊）242
ショウ（私用）194
ショウカウテン（承香殿）222
ショウゲ（勝計）153, 180, 278, 287, 315, 325
ショウコ（証拠）314, 325
ショウジュ（勝趣）313, 325
ショウゼン（承前）192
ショウチ（勝地）314, 325
ショウニュウ（鍾乳）63, 135
ショウブ（勝負）310, 313, 325
ショウマ（升麻）63
ショクカウ（蜀江）221
ショクセウ（蜀椒）66
ショザイ（所在）194
ショジン（庶人）174, 178, 192
ショブツ（諸佛）305, 325
ショキ（所為）194, 339, 357
シラン（私乱）194
シリョ（思慮）339, 357
シヲン（紫苑）63, 135
シンイ（瞋恚）315, 325
シンオン（神恩）238
シンカン（心肝）342, 364
ジンカン（人間）238
ジンギ（神祇）220
シンケウ（秦膠）59
シンコ（新古）194, 315, 325
シンザウ（心操）284, 289
シンシ（參差）312, 325
シンジ（心事）238
シンジ（身子）276, 315, 325
シンジ（進止）310, 313, 325
ジンジャウ（尋常）348, 364
ジンショ（人庶）238
ジンジョ（尋所）241, 310, 312, 313, 317, 325
シンジン（心神）192
シンゼイ（真済）219
シンソウ（深窓）148
シンダイ（身軆）277
シンダイ（進退）153, 179, 185, 201, 208,
　278, 287
ジンチュウ（人中）64

シンツウ（心痛）49, 63
ジンバ（人馬）312, 325
ジンバイ（神拝）277, 347, 364
シンブン（晋文）238
シンベウ（神妙）343, 364
シンメイ（神明）343, 364
シンラ（新羅）277
ジンリン（人倫）342, 364

●ス

スイカン（水旱）284, 287
ズイキ（随喜）315, 325
スイセイ（綏靖）242
スイハ（水波）312, 325
スイハウ（酔飽）65, 135
スイヒャク（水癖）61, 135
ズイリ（瑞離）238
スイロ（垂露）283
スウハン（崇斑）238
スシャ（朱沙）135
スショ（数所）182, 200
スタ（数多）182, 200, 338, 339, 357
スハウ（蘇芳）276

●セ

セイガ（笙歌）223
セイガウ（精好）176, 177, 192
セイグヮン（誓願）347, 364
セイサウ（星霜）342, 364
セイシ（制止）194
セイシ（西施）159, 276
セイシ（青侍）241, 312, 325
セイシュ（聖主）313, 325
セイジン（聖人）343, 365
セイゼイ（精誠）242
セイゼイ（済々）278, 287
セイダイ（青黛）148, 284, 289
セイヂ（薺苨）59, 71
セイト（世途）192
セイトク（勢徳）148, 279
セイバイ（成敗）343, 365
セイヒャウ（精兵）349, 350, 365
セイム（政務）313, 325
セイロ（世路）153, 201, 277, 287
セウキ（少気）59, 135
ゼウショ（詔書）224, 241

セウセキ（消石）76
セウゼン（悄然）238
セウソク（消息）148, 279
セウブ（消蒲）76
セウレキ（消濼）65
セウワウ（照王）217
セカイ（世界）305, 326
セケン（世間）305, 326
セジャウ（世上）300, 303, 304, 306, 326
セツタウ（窃盗）342, 365
ゼヒ（是非）339, 357
ゼンウ（単宇）242
ゼンギン（軟錦）161
セング（前駈）326
セングウ（前駈）238, 365
ゼンゴ（前胡）56, 63
ゼンゴ（前後）315, 326
ゼンゴン（善根）347, 365
センジ（宣旨）326
センジ（前司）175, 176, 177, 197, 298
センジャウ（先生）278, 348, 350, 365
ゼンジャウ（軟障）161
センシユ（仙陬）238
センセイ（専城）192
センゾ（先祖）176, 177, 200, 314, 326
ゼンタウ（前湯）77
センタク（洗濯）342, 365
センダツ（先達）347, 365
センダン（栴檀）348, 350, 365
ゼンチャウ（前頂）56, 61
センテイ（先帝）349, 365
センテツ（先哲）342, 365
センドウ（船頭）343, 365
センミャウ（宣命）349, 366
センリウ（千流）205

● ソ

ゾウイウ（増祐）219
ソウガ（僧賀）219
ゾウギホフシ（増基法師）219
ソウジャウ（奏状）283
ソウジャク（痩弱）61, 71, 135
ソウヅカクガ（僧都覚雅）219
ソウドウ（騒動）349
ソウベツ（惣別）346, 366
ソウユウ（僧融）217

ゾクダン（続断）66
ソクハ（束把）148
ソクリ（息利）194
ソザイ（租税）197
ソシャウ（曽青）63
ソシャク（咀嚼）72
ソリャク（疎略）192
ソンイフ（村邑）148
ソンガイ（損害）194
ソンキ（尊貴）241
ソンスウ（尊崇）238
ソンナン（村南）238

● タ

タイイウ（大友）201
ダイイチ（第一）346, 366
タイカイ（台階）243
ダイカク（大覚）346, 366
ダイグヮン（大願）346, 366
タイゲフ（大業）150, 279
タイコ（太鼓）276, 313, 326
ダイゴ（第五）313, 316, 326
ダイサウ（大棗）59, 76
ダイサン（第三）345, 346, 366
ダイシ（大師）314, 316, 326, 355
ダイジ（大慈）314, 326
ダイシャ（大赦）313, 317, 326
ダイシャウ（大聖）346, 366
ダイセン（大山）283
タイソウ（逓送）175, 194, 277
タイソケイ（大素経）77
タイダイ（大内）343, 366
タイタウ（大唐）277
ダイタウ（代稲）162, 278
ダイチ（大地）314
ダイヂ（大地）326
ダイヂョ（大杼）71
ダイニ（第二）314, 326
タイフ（大夫）313, 327
ダイブ（大夫）314, 327
ダイホフ（大法）346, 366
ダイミャウ（大名）283, 346, 350, 366
タイユウレイ（大庾嶺）221
ダイワウ（大黄）53, 60, 76, 77
ダイワウリュウタウ（大黄龍湯）76, 77
タウカ（刀下）192

語彙索引　445

タウカ（堂下）313, 317, 327
タウキ（當歸）63
ダウキャウ（道鏡）219
タウゴク（當國）176, 177, 192
タウシャウ（堂上）343, 366
ダウジャウ（道場）283
ダウシャクゼンジ（道綽禅師）219
タウシュカウ（湯酒膏）77
タウゼン（當千）278
ダウセン（道宣）238
タウゾク（盗賊）197
ダウダツ（堂達）279
タウニン（桃人）63, 76
タシウ（他州）200
ダセウ（茶昭）243
ダチン（駄賃）276, 287
タンイン（淡飲）59
タンカ（短歌）277
タンキ（丹祈）243
タンキ（短気）59, 135
タンジャウ（端正）277
タンジャウ（誕生）346, 347, 366
タンジャク（短弱）148, 279
タンシン（炭薪）277
タンゼイ（丹誠）238
ダンチュウ（膻中）63, 71
タンネツ（淡熱）61
タンフ（擔夫）206
タンマイ（段米）278
タンヨクゼズイ（但欲是随）223
タンリ（貪利）194

●チ

ヂウヂ（住持）327
チウリク（誅戮）197
ヂカイ（持戒）275
ヂギ（地祇）282
チコウ（池溝）175, 183
ヂコク（治国）276
ヂモク（除目）327
ヂャウエン（定縁）283
チャウカ（長歌）283
チャウジ（長時）314, 316, 327
チャウジ（停止）313, 327
チャウジャ（長者）159, 313, 316, 327
チャウセイ（長生）283, 343, 367

チャウダン（長短）343, 367
チャウブンセイ（長文成）216
チャウボン（張本）342, 367
チャクシ（嫡子）312, 314, 327
チャワン（茶碗）304, 327
チュウアイ（仲哀）239
チュウアウ（中央）347, 367
チュウグウ（中宮）348, 367
チュウクヮ（中花）201
チュウゲン（中間）63, 135, 367
ヂュウダイ（重代）367
ヂュウヂ（住持）314
チュウモン（中門）348, 367
チョウアイ（寵愛）347, 367
チョウジョク（重職）343, 352, 367
ヂョウテイ（聴帝）60
チョクカン（直幹）284
ヂンカイ（塵芥）178, 184, 203
チンジャウ（陳状）283
チンダイ（沈滞）283

●ツ

ツウサウ（通草）63, 135
ツウソウ（痛惚）59, 135
ツウダツ（通達）279
ヅキン（頭巾）327
ヅゲン（頭眩）62, 77

●テ

テイカ（藤原定家）220
テイコツ（躰骨）149
テイシン（鼎臣）243
デイスイ（泥酔）179
テイネイ（丁寧）342, 367
テウアイ（寵愛）277
テウオン（朝恩）342, 367
テウキン（朝覲）342, 367
テウケン（朝憲）239
テウシ（調子）310, 313, 327
テウシ（鳥枝）194
テウソ（晁錯）243
テウテイ（朝廷）342, 367
テウビ（調備）185, 206, 208
テウヘイ（彫弊）175, 183, 199
テウホ（朝哺）216
デウヨウ（調庸）198

446

デウワ（調和）*151, 159, 277*
デシ（弟子）*339, 358*
テツシャウ（鐵精）*66*
テンカ（天下）*148, 283, 300, 312, 327*
テンガ（天下）*289, 310*
デンガク（田楽）*279*
テンシ（典侍）*239*
テンシ（天子）*312, 327*
デンジャ（田舎）*312, 327*
テンジャウ（天性）*347, 367*
テンゼイ（天性）*148, 342, 367*
テンソン（天孫）*239, 342, 367*
テンダイ（天台）*348, 367*
デンチウ（田疇）*194*
テンテウ（天朝）*198*
テンニン（天人）*348, 368*
テンビャウ（天平）*224, 348, 350, 368*
デンメツ（殄滅）*346, 350, 368*
テンモン（天文）*177*
テンユウ（天雄）*63, 135*

●ト

ドウギャウ（同行）*347, 368*
ドウキン（同襟）*239*
ドウクヮウ（銅黄）*278*
トウザイ（東西）*348, 368*
ドウジ（童子）*276, 315, 316, 327*
ドウシャウ（同姓）*224*
トウジン（等身）*283*
トウダイ（燈臺）*278*
ドウタイ（童帝）*241*
ドウダウ（同道）*347, 368*
ドウネン（同年）*278*
トウモン（東門）*348, 368*
トウリウ（逗留）*343, 368*
トウリャウ（棟梁）*277*
トウキン（洞院）*343, 344, 368*
トクイ（得意）*314, 328*
トクギャウ（徳行）*346, 368*
ドクホ（獨歩）*312, 328*
トクヮイ（屠膾）*175, 183, 199*
トサン（土産）*328*
トショ（渡書）*240*
トゼン（徒然）*304, 306, 328*
トソ（覩曾）*282*
トソウ（斗藪）*239*

ドド（度々）*339, 358*
トモウ（土毛）*174, 182, 183, 199, 210, 282*
トリ（肚㾏）*71*

●ナ

ナイミャウ（内明）*283*
ナンケ（難化）*315, 328*
ナンシ（男子）*315, 316, 328*
ナンニョ（男女）*276, 315, 328*
ナンホウ（南方）*368*
ナンボク（南北）*352*

●ニ

ニウナン（柔軟）*277*
ニウワ（柔和）*314, 328*
ニジフ（二十）*305, 307, 328*
ニョウゴ（女御）*314, 328*
ニョホフ（如法）*328*
ニンギャウ（人形）*278*
ニンゲン（人間）*278, 348, 368*
ニンコク（任国）*174, 198*
ニンシ（人屎）*64, 76*
ニンジン（人参）*63, 76, 81*
ニンジン（人身）*348, 368*
ニンダイ（人躰）*277*
ニンチュウ（人中）*76*
ニンネウ（人溺）*64, 76*
ニンモツ（人物）*178, 203*

●ヌ

ヌビ（奴婢）*339, 358*

●ネ

ネンレウ（年料）*174*

●ノ

ノウジン（農人）*160*
ノウヂ（能治）*178, 203, 277*
ノウデン（能田）*174*
ノウフ（農夫）*174, 198*
ノウヱ（膿壊）*62*

●ハ

ハイクヮイ（徘徊）*181, 183, 199, 342, 343, 368*
バイゾウ（倍増）*347, 368*

語彙索引　*447*

バイバイ（賣買）278
ハイライ（拝礼）346, 369
バウイ（防已）77
ハウクヮ（放火）313, 328
バウコク（亡国）174
バウザン（亡残）178, 179, 187, 201, 206
バウシツ（房室）65
ハウジン（芳心）342, 369
ハウジン（傍人）239
バウセイ（昴星）342, 369
バウセウ（芒消）53, 60, 76, 81
ハウバイ（傍輩）343, 369
バウフウ（防風）64, 77, 81, 135
バウヘイ（亡弊）179
バカ（馬下）224
ハクカ（薄荷）66
ハクシ（博士）312, 328
バクシ（麦歯）149
ハクセン（白鮮）66, 135
バクダイ（莫大）342, 369
ハクトウヲウ（白頭翁）77
ハクバ（白浪）224
ハクハツ（白髪）343, 369
ハクユ（伯瑜）217
ハクヮンタウ（破棺湯）77
ハショク（播殖）148
ハヅ（巴豆）56, 64, 155
バツザ（末座）300, 312, 328
バフウ（馬風）174, 192
ハブン（把分）194
ハンアンジン（潘安仁）216
バンガ（万河）179, 186, 206
バンキ（万機）174, 198, 313, 328
ハンキフ（班給）150
ハンコ（斑固）217
ハンコ（斑固）217
ハンジャウ（繁昌）369
ハンシン（煩心）64, 135
ハンヒウ（斑彪）217
ハンブン（繁文）222
ハンヨキ（樊於期）217
バンリ（万里）313, 328
ハンル（蘩蔞）60
ハンレイ（范蠡）216

●ヒ

ヒイキ（贔屓）313, 316, 328
ヒザウ（秘蔵）304, 328
ビシ（微子）239
ヒジャウ（非常）305, 329
ビジン（美人）304, 329
ヒスイ（翡翠）156, 276
ヒタイ（悲啼）304, 329
ヒタン（悲嘆）301, 304, 305, 308, 329
ヒツセイ（筆勢）284, 289
ヒツヂャウ（必定）346, 369
ビハ（琵琶）339, 358
ビヤウ（微陽）241
ヒャウシ（拍子）314, 329, 355
ヒャウセン（兵船）347, 369
ヒャウヂャウ（兵杖）194
ビャウブ（屏風）277, 314, 329
ビャクシ（白芷）66
ビャクダン（白檀）284
ヒャクレン（百錬）284, 289
ビャクレン（白歛）66
ヒャクエ（百會）66
ビョウドウ（平等）369
ヒリ（非理）194
ヒリン（鄙悋）194
ヒルイ（悲涙）305, 308, 329
ビレイ（美麗）282, 287, 304, 308, 309, 329
ヒロウ（披露）300, 304, 329
ビロウ（尾籠）304, 329
ビンガ（頻伽）159, 277, 283
ビンギ（便宜）312, 329
ビングウ（貧窮）278, 348, 369
ビンケ（貧家）277

●フ

ブイク（撫育）176, 192
フウカン（風寒）77
フウゲ（封家）176, 198
フウシ（風市）64, 77
フウフ（夫婦）300, 312, 329
フウモン（風門）77
フウモンネツフ（風門熱府）77
フウラウ（風浪）148
フウン（浮雲）304, 329
フオウ（浮甌）61

フカ（不可）192
ブガク（舞楽）304, 306, 329
ブクシン（伏神）66
フクダイ（腹内）178
フゲン（浮言）309, 330
フサウ（輔相）224
フシ（父子）192, 338, 358
ブシ（附子）59
フシウ（俘囚）275
ブシタウ（附子湯）77
フシャウ（府生）220
フジュク（不熟）276
フソ（咬咀）49, 60, 72
フヂ（不治）194
フテフ（符牒）157
ブニン（夫人）305, 308, 330
フバウ（蜂房）64
フヒツ（輔弼）198
フフ（夫婦）282
フホ（鮲鰤）201
フホ（鮲鰤）179
フボン（不犯）276
フミャウ（負名）174, 175, 183, 199
フルイ（負累）175, 194
ブワウ（蒲黄）53, 60, 76, 135
ブワウ（武王）216
ブンキョ（文挙）216
ブンセイ（文成）216
ブンフ（分附）178, 203
フンミャウ（分明）278, 349, 350, 369
フンユ（扮楡）239
ブンワウ（文王）216

●ヘ

ヘイア（病痾）243
ヘイイ（弊衣）276
ヘイケイ（萍桂）239
ヘイジ（瓶子）312, 330
ヘウエウ（飄颻）148
ヘウソ（瘭疽）64
ヘウリ（表裏）312, 330
ベツゲフ（別業）369
ベツゲフ（別行）346
ベツジョ（蔑如）312, 330
ベンギ（便宜）330
ヘンジャク（鶣鵲）278

ヘンジン（遍身）347, 369
ヘンチク（萹蓄）61
ヘンバ（偏頗）312, 330

●ホ

ボアク（暴悪）182
ホウイ（布衣）330
ホウガン（豊顔）148, 161
ボウキョ（毛挙）310, 312, 330
ホウグウ（宝宮）240
ボウケイ（謀計）283
ホウケツ（鳳厥）198
ホウコウ（奉公）148, 184, 202, 277, 343, 370
ホウシ（方士）148
ホウシャウ（褒賞）198
ホウソウ（蓬叟）198
ホウヂ（方除）158, 277
ホウビ（褒美）310, 312, 330
ホウベン（方便）369
ホウレン（鳳輦）343, 370
ホカウ（歩行）304, 330
ボクサイ（牧宰）174, 179
ボクセウ（朴消）53, 66, 76, 78, 81
ボタン（牡丹）62, 304, 330
ホツキ（発起）312, 314, 330
ホフカイ（法界）346, 369
ホフケ（法華）314, 330
ホフゲンジツクヮイ（法眼実快）219
ホフシ（法師）314, 330
ホフモン（法門）347, 370
ホフワウ（法王）284
ホベン（蒲鞭）198
ボモウ（牡蒙）62
ボレイ（牡蠣）65
ホンイ（本意）314, 330
ホンゴク（本国）346, 370
ホンサウ（莽草）64, 135
ボンジ（梵字）314, 330
ボンシャク（樊石）65, 78
ボンナウ（煩悩）347, 370
ボンブ（凡夫）314, 331
ホンヤク（翻譯）370

●マ

マウゲ（萌芽）243
マウザウ（罔像）61, 135

語彙索引　449

マウソウ（孟宗）221
マツダイ（末代）370
マワウ（麻黄）64, 76, 81
マワウタウ（麻黄湯）76, 77
マンレイギョ（鰻鱺魚）71

●ミ

ミケン（眉間）331
ミヂン（微塵）331
ミメウ（微妙）305, 331
ミャウガ（茗荷／蘘荷）64
ミャウトウ（明燈）347, 370
ミャウボフ（明法）149, 279
ミャウモン（命門）60, 135
ミンエン（民烟）148, 174, 192

●ム

ムシャウ（無性）305, 331
ムネン（無念）305, 331
ムミャウ（無明）331
ムヨ（無餘）339, 358

●メ

メイオン（冥恩）240
メウカウ（妙高）283
メンジャウザン（綿上山）221
メンメン（面々）343, 344, 351, 370

●モ

モクダイ（目代）370
モクボ（木母）216
モチロン（勿論）346, 370
モンジ（文字）315, 331
モンタフ（問答）370
モンドフ（問答）346

●ヤ

ヤウフウ（養風）148, 161
ヤカン（野干）282
ヤクシ（駅子）171, 192
ヤズイ（野水）276
ヤホツ（夜發）149, 276

●ユ

ユイシキ（唯識）279, 347, 370
ユイショ（由緒）312, 331

ユウカン（勇捍）277
ユウワウ（雄黄）64, 76, 135
ユライ（由来）64, 135

●ヨ

ヨウイ（用意）313, 331
ヨウガン（容顔）343, 355, 370
ヨウジン（用心）347, 370
ヨウソ（癰疽）64
ヨウト（用途）194
ヨウフ（庸夫）241
ヨウメウ（容貌）151, 278
ヨメイ（餘命）282

●ラ

ライバン（礼盤）283
ラウタウ（莨菪）59
ラウトウ（郎等）371
ラウヲウ（老翁）342, 371
ラトウ（蘿洞）239
ランケイ（鸞鏡）283, 343, 371
ランシ（濫絲）198
ランジャ（蘭麝）159
ランニフ（乱入）178, 202, 343, 371

●リ

リウクヮン（劉寛）198
リウワウ（留黄）60, 76, 135
リカン（吏捍）276, 287
リクカイ（陸海）198
リクギ（六儀）149
リサン（離散）183, 195, 199
リジュン（利潤）174, 183, 186, 199, 206, 208
リタウ（利稲）195
リチウ（理仲）64
リツタウ（率稲）197
リハツ（理髪）149, 276
リフイン（立印）150
リフラウ（立浪）192
リム（吏務）239
リャウアン（諒闇）343, 344, 371
リャウジ（令旨）314, 316, 331
リャウシウ（両収）192, 207
リャウシャウコウ（梁上公）216
リャウス（領数）59
リャウビン（両鬢）151, 152, 284

リャウリ（良吏）283
リヤク（利益）305, 331
リュウコツ（龍骨）65
リュウジン（龍神）348, 371
リュウタン（龍膽）64, 135
リュウナウ（龍脳）277
リョウキデン（綾綺殿）222
リョウテイ（龍蹄）342, 343, 371
リョウヒ（龍飛）159
リョウラ（綾羅）192
リョグヮイ（慮外）178
リョリャウ（虜掠）181, 192, 207
リンア（林阿）192
リンウ（霖雨）198
リンキャウ（隣境）241
リンゲン（綸言）343, 371
リンジ（臨時）195
リンジ（綸旨）198
リンデン（輪轉）347, 371

●ル

ルイソウ（羸痩）60, 135
ルザイ（流罪）331
ルス（留守）339, 358
ルツウ（流通）305, 331
ルラウ（流浪）305, 308, 331

●レ

レイコ（例擧）195
レイジャ（霊蛇）225
レイタイ（厲兌）64
レイヘイ（愍跰）198
レイラン（嶺嵐）239
レウエン（遼遠）205
レウケン（料簡）371
レウシツ（療疾）149, 279
レフシ（猟師）312, 331
レンカウ（練行）202
レンゲウ（連翹）64, 135
レンジツ（連日）179
レンジャ（輦車）243
レンボ（戀慕）148, 153, 277, 287, 313, 332
レンリ（連理）313, 316, 332

●ロ

ロウキョ（籠居）312, 332

ロウサウ（弄槍）277
ロクシャウ（緑青）284
ロクシン（六親）347, 371
ロクツウ（六通）347, 371
ロクロ（轆轤）206
ロメイ（露命）282
ロンギ（論議）314, 316, 332
ロンダン（論談）343, 371

●ワ

ワイロ（賄賂）192, 207
ワウギ（黄耆）65, 72, 76, 78
ワウケイ（往詣）243
ワウゴ（往古）176, 192
ワウゴン（黄芩）64, 76, 81
ワウシ（横死）314, 332
ワウジ（往事）313, 317, 332
ワウシャウ（王祥）216
ワウシャウ（王相）277
ワウジャウ（皇麕）148, 161
ワウシンゲ（王臣家）176, 183
ワウダン（黄疸）81
ワウバク（黄蘗）65, 76, 78
ワウバン（往反）343, 344, 371
ワウバン（椀飯）205, 208
ワウビャウ（黄病）76
ワウメイ（皇命）204
ワウライ（往来）343, 344, 371
ワウレン（黄連）65, 76, 78, 81, 135
ワギ（和儀）224

●ヰ

ヰゼン（喟然）178, 201
ヰネウ（囲繞）308, 309, 332
ヰネウ（遺尿）59, 71
ヰヒン（渭濱）220
ヰングウ（院宮）179, 204, 371
ヰンダイ（韻題）152

●ヱ

ヱイクヮン（衛官）277
ヱカウ（廻向）305, 332
ヱシ（繪師）282
ヱンキャウ（遠境）241
ヱンゴク（遠国）343, 344, 371
ヱンリ（遠離）277

エンロ（遠路）*243, 310, 312, 332*

● ヲ

ヲウゲキ（嘔逆）*61, 77, 78*
ヲウゲキトリ（嘔逆吐利）*77*
ヲウト（嘔吐）*77*
ヲケツ（瘀血）*71*
ヲワウ（雄黄）*156, 276*
ヲンア（瘟痙）*59*
ヲンジ（遠志）*59, 135*
ヲンモン（瘟門）*60*
ヲンリ（遠離）*314, 333*

452

著者略歴

加藤　大鶴（かとう・だいかく）

愛知県稲沢市を言語生育地とする
1999年4月　早稲田大学第一文学部日本文学専修助手
2005年3月　早稲田大学文学研究科日本文学専攻博士課程 単位取得満期退学
2006年4月　東北文教大学短期大学部（旧山形短期大学）専任講師
2010年4月　東北文教大学短期大学部 准教授
2015年3月　博士（文学）早稲田大学

著書
『医心方　字音声点・仮名音注索引』（単著, 2001年8月, アクセント史資料研究会）
『東京のことば』（共著, 2007年3月, 明治書院）
『遠い方言　近い方言』（共著, 2012年3月, 山形大学出版会）
『日本語ライブラリー　日本語の音』（共著, 2017年4月, 朝倉書店）

漢語アクセント形成史論
Historical outline of the formation of Sino-Japanese pitch accent

2018年（平成30）3月31日　初版第1刷発行

著　者　加　藤　大　鶴

装　幀　笠間書院装幀室
発行者　池　田　圭　子

発行所　有限会社 **笠間書院**
〒101-0064　東京都千代田区神田猿楽町2-2-3
☎03-3295-1331　　FAX03-3294-0996
振替00110-1-56002

ISBN978-4-305-70862-5　　　　組版：ステラ　印刷／製本：モリモト印刷
©KATO Daikaku 2018
落丁・乱丁本はお取りかえいたします。　　　　　（本文用紙：中性紙使用）
出版目録は上記住所までご請求下さい。http://kasamashoin.jp/